K线入门与实战操作经典读本

从零开始学K线

股市K线获利实战技法

栾振芳　江　河◎编著

北京联合出版公司
Beijing United Publishing Co.,Ltd.

图书在版编目（CIP）数据

从零开始学 K 线：股市 K 线获利实战技法 / 栾振芳，江河编著 . — 北京：北京联合出版公司，2015.10（2022.7 重印）

ISBN 978-7-5502-6035-1

Ⅰ . ①从… Ⅱ . ①栾… ②江… Ⅲ . ①股票投资 – 基本知识 Ⅳ . ① F830.91

中国版本图书馆 CIP 数据核字（2015）第 200488 号

从零开始学 K 线：股市 K 线获利实战技法

编　　著：栾振芳　江　河
出 品 人：赵红仕
责任编辑：王　巍
封面设计：韩　立
内文排版：潘　松

北京联合出版公司出版
（北京市西城区德外大街 83 号楼 9 层　100088）
河北松源印刷有限公司印刷　新华书店经销
字数 650 千字　720 毫米 × 1020 毫米　1/16　28 印张
2015 年 10 月第 1 版　2022 年 7 月第 2 次印刷
ISBN　978-7-5502-6035-1
定价：68.00 元

前言 |

　　每个进入股市的投资者，都离不开 K 线图，也都对之情有独钟，深深被它的魔力所吸引，有人为之狂喜，有人为之痛哭，有人用它赚到了千万之金，也有人散尽亿万家财，各路投资者不管是技术面的、基本面的都想从 K 线图上看出来股价涨跌的奥秘，进而掌握财富的钥匙，打开通往财务自由的大门。

　　K 线图是技术分析的一种，最早日本人于 19 世纪所创，起源于日本 18 世纪德川幕府时代（1603～1867 年）的米市交易，用来计算米价每天的涨跌，被当时日本米市的商人用来记录米市的行情与价格波动，包括开市价、收市价、最高价及最低价，阳烛代表当日升市，阴烛代表跌市。这种图表分析法在当时的中国以至整个东南亚地区均尤为流行。由于用这种方法绘制出来的图表形状颇似一根根蜡烛，加上这些蜡烛有黑白之分，因而也叫阴阳线图表。通过 K 线图，人们能够把每日或某一周期的市况表现完全记录下来，股价经过一段时间的盘档后，在图上即形成一种特殊区域或形态，不同的形态显示出不同意义，可以从这些形态的变化中摸索出一些有规律的东西出来。K 线图形态可分为反转形态、整理形态及缺口和趋向线等。后来 K 线图因其细腻独到的标画方式而被引入到股市及期货市场。股市及期货市场中的 K 线图的画法包含四个数据，即开盘价、最高价、最低价、收盘价，所有的 k 线都是围绕这四个数据展开，反映大势的状况和价格信息。如果把每日的 K 线图放在一张纸上，就能得到日 K 线图，同样也可画出周 K 线图、月 K 线图。

　　可不要小看这些 k 线，其中大有学问，你可以从这些图线预知大盘和个股的走势。K 线图实际上为考察当前市场心理提供了一种可视化的分析方法，它简洁而直观，虽不具备严格的逻辑推理性，却有相当可信的统计意义，真实、完整地记录了市场价格的变化，反映了价格的变化轨迹。比之西方的线性图，K 线图技术要早 100 年左右，且其信号更丰富、更直观、更灵活、更提前。经过近 300 年的演化，特别是经过西方社会近 20 年的推广，K 线图技术被广泛应用于全世界的证券市场、期货市场、外汇市场等领域，成为技术分析中的最基本的方法之一。K 线作为一种力量巨大的技术分析工具，是我们行走股市的指示灯。K 线是对股市过往的记载，股市中的酸甜苦辣、涨涨跌跌都凝聚成阴阳交错的 K 线了。它直观、立体感强、携带信息量大，能充分显示股价趋势的强弱、买卖双方力量平衡的变化。根据 K 线的形态，我们可以获知一定的投资依据，分析预测股价的未来走势，指导投资方向，从而赚取巨额的投资回报。

K 线是一种特殊的市场语言，不同的形态有不同的含义。对与投资者而言，要掌握所有的 K 线形态是比较困难的事情。事实上，我们只要掌握几种常见的、实战性高的几种形态就足够了，当然掌握得越多越好，这就要求投资者不断努力地学习。本书从 K 线入门知识出发，详细讲述了阳线、阴线、十字线、锤子线等各种 K 线，重点介绍了 K 线的经典组合、K 线整理形态、K 线反转形态以及 K 线缺口形态等。为了帮助投资者在实战中更好地利用 K 线进行买卖操作，本书对 K 线的起涨起跌信号、K 线技术指标、K 线趋势、K 线与成交量的综合运用、主力坐庄的 K 线形态以及常见 K 线陷阱等都做了讲解。本书内容翔实、通俗易懂、简明实用，可以作为初入股市与有一定经验投资者的参考用书。

目录 |

第一章　K线基础知识

第二章　K线组合形态实战解析

第三章　K 线中的买入信号

第四章　K线中的卖出信号

第五章　K线形态透析主力操盘过程

第六章 大盘指数 K 线形态分析

第一章
K线基础知识

认识K线图

　　K线图也叫蜡烛图或阴阳线，起源于日本，它是日本德川幕府时代大阪的米商用来记录一天、一周或一月中米价涨跌行情的图示法，后因其细腻独到的标画方式而被引入股市及期货市场。目前，这种图标分析法在我国以至整个东南亚地区都较为流行。

　　K线图具有直观、立体感强、携带信息量大等特点，蕴含着丰富的东方哲学思想，能充分显示股价趋势的强弱、买卖双方力量平衡的变化，预测后市走向较准确，是现今应用较广泛的技术分析手段之一。

　　K线最大的优点是简单易懂而且运用起来十分灵活，最大的特点在于忽略了股价在变动过程中的各种纷繁复杂的因素，而将其基本特征展现在人们面前（如图1-1所示）。

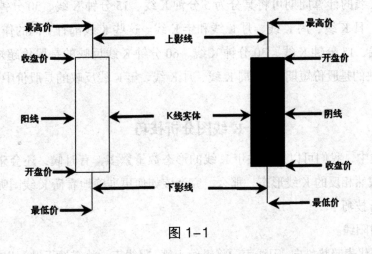

图1-1

K 线的种类划分

1.K 线的形态划分

（1）阴线。

阴线是指收盘价低于开盘价的 K 线，阴线按其实体大小也可分为大阴线、中阴线和小阴线（如图 1-2 所示）。

（2）阳线。

阳线是指收盘价高于开盘价的 K 线，阳线按其实体大小可分为大阳线、中阳线和小阳线（如图 1-3 所示）。

（3）同价线。

同价线是指收盘价等于开盘价，两者处于同一个价位的一种特殊形式的 K 线，同价线常以"十"字形和"T"字形表现出来，故又称十字线、T 字线。同价线按上、下影线的长短、有无，又可分为长十字线、十字线和 T 字线、倒 T 字线、一字线等（如图 1-4 所示）。

图 1-2　　　　图 1-3　　　　图 1-4

2.K 线的周期划分。

根据 K 线的计算周期可将其分为 5 分钟 K 线、15 分钟 K 线、30 分钟 K 线、60 分钟 K 线、日 K 线、周 K 线、月 K 线和年 K 线。这些 K 线都有不同的作用。例如，5 分钟 K 线、15 分钟 K 线、30 分钟 K 线、60 分钟 K 线反映的是股价超短期走势；日 K 线反映的是股价短期走势；周 K 线、月 K 线、年 K 线反映的是股价中长期走势。

K 线图分析技巧

在实践中，我们可以发现关于 K 线的形态数量繁多，有时候，还会碰到形态相似后市却截然相反的 K 线形态。那么，究竟该如何更准确地看懂 K 线图呢？以下介绍三种分析技巧：

1. 看阴阳线。

阴阳线代表趋势方向，阳线表示将继续上涨，阴线表示将继续下跌。以阳线为例，在经过一段时间的多空搏斗，收盘高于开盘表明多头占据上风，根据牛顿力学定理，在没有外力作用下价格仍将按原有方向与速度运行，因此，阳线预示着股价在下一阶段仍将继续上涨，最起码在下一阶段初期能够保持惯性上冲。这一点也非常符合技术分析中三大假设之一：股价沿趋势波动，而这种顺势而为也是技术分析最核心的思想。同理，阴线代表着股价将继续下跌。

2. 看实体大小。

实体大小代表内在动力，实体越大，上涨或下跌的趋势越明显；反之，趋势则不明显。以阳线为例，其实体就是收盘高于开盘的那部分，阳线实体越大，说明了上涨的动力越足，就如质量越大与速度越快的物体，其惯性冲力也越大的物理学原理一样，阳线实体越大，代表其内在的上涨动力也越大，其上涨的动力将大于实体小的阳线。同理可知，阴线实体越大，其下跌动力也越足。

3. 看影线长短。

影线代表转折信号，向一个方向的影线越长，越不利于股价向这个方向变动，即上影线越长，越不利于股价上涨，下影线越长，越不利于股价下跌。以上影线为例，在经过一段时间的多空争斗之后，多头终于晚节不保败下阵来。不论 K 线是阴还是阳，上影线的部分已构成下一阶段的上档阻力，股价向下调整的概率居大。同理，下影线预示着股价向上攻击的概率居大。

K 线图的画法

一条完整的 K 线包罗四个要素：开盘价、收盘价、最高价、最低价。以一周为一时间段，这周一开盘时的股票价格为 K 线的开盘价，周五收盘时的股票价格为 K 线的收盘价。这一周内股票成交的最高价为 K 线的最高价。这一周内股票成交的最低价为 K 线的最低价。按照以上四个要素画出本周的资金 K 线，每一周的资金 K 线连起来，组成 K 线图。

若以绘制日 K 线为例来说明，则要首先确定开盘和收盘的价格，它们之间的部分画成矩形实体。如果收盘价格高于开盘价格，则 K 线被称为阳线，用空心的实体表示。反之称为阴线，用黑色实体表示。目前很多软件都可以用彩色实体来表示阴线和阳线，在国内股票和期货市场，通常用红色表示阳线，绿色表示阴线。但涉及到欧美股票及外汇市场的投资者应该注意：在这些市场上通常用绿色代表阳线，红色代表阴线，和国内习惯刚好相反。用较细的线将最高价和最低价分别与实体连接。最高价和实体之间的线被称为上影线，最低价和实体间的线称为下影线。

用同样的方法，如果用一分钟价格数据来绘 K 线图，就称为一分钟 K 线。用一个月的数据绘制K线图，就称为月K线图。绘图周期可以根据需要灵活选择。

K线图有直观、立体感强、携带信息量大的特点，能充分显示股价趋势的强弱、买卖双方力量平衡的变化，预测后市走向较准确，是各类传播媒介、电脑实时分析系统应用较多的技术分析手段。K线是一种特殊的市场语言，不同的形态有不同的含义。如下表所示。

阳线	阴线	十字线
常以红色、白色实体柱或空心黑框表示	常以绿色、黑色或蓝色实体柱表示	
股价强	股价弱	股价走平
收盘价高于开盘价	收盘价低于开盘价	收盘价等于开盘价
最高价等于收盘价时，无上影线	最高价等于开盘价时，无上影线	最高价等于开盘价时，无上影线
最低价等于开盘价时，无下影线	最低价等于收盘价时，无下影线	最低价等于开盘价时，无下影线

第二章
K 线组合形态实战解析

第一节　基本的 K 线形态及组合

大阳线

大阳线是股价走势图中常见的 K 线，其基本形态如图 2-1-1 所示：

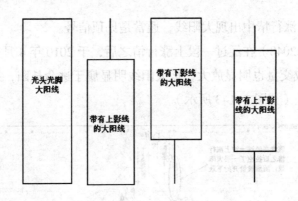

图 2-1-1

大阳线的特征主要有以下三点：

（1）股价涨幅一般在 5% 以上。

（2）阳线实体越长，则力量越强；反之，则力量越弱。

（3）在涨停版制度下，最大的日阳线实体可达当日开盘价的 20%，即以跌停板开盘，涨停板收盘。

大阳线出现的位置不同，含义就有很大区别。一般而言，在股价上涨初期或中途出现大阳线，后市看涨。

轴研科技（002046）在拉出大阳线之前一直出于横盘状态，在 2010 年 4 月 8 日拉出大阳线之后，多头终于战胜空头，股价一路上涨（如图 2-1-2 所示）。

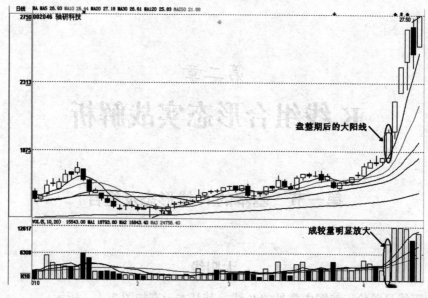

图 2-1-2

在连续加速上涨行情中出现大阳线，通常是见顶信号。

宁波华翔（002048）在经过一段上涨行情之后，于 2010 年 4 月 9 日拉出了一根大阳线，此时的成交量也明显放大，该大阳线明显属于逃命长阳，果然，该阳线出现之后，股价大跌（如图 2-1-3 所示）。

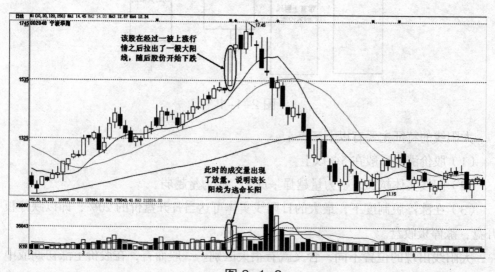

图 2-1-3

另外，在下跌途中出现大阳线可能是诱多的陷阱，要谨慎对待；在连续下跌的行情中出现大阳线，有见底回升的意义。

大阴线

大阴线也是股价走势图中常见的 K 线，其基本形态如图 2-1-4 所示：

图 2-1-4

大阴线（又称长黑线）是股价走势图中常见的 K 线，此种 K 线形态表示最高价与开盘价相同（或略高于开盘价），最低价与收盘价一样（或略低于收盘价），上下没有影线（或上下影线短）。该 K 线形态的出现多表明卖方占优势，股市处于低潮。持股者不限价格疯狂抛出，造成股市恐慌心理，市场呈一面倒的局势，直到收盘，价格始终下跌，表示强烈的跌势。

大阴线的力度大小，与其实体长短成正比，即阴线实体越长，力度越大，反之，力度越小。大阴线的出现对多方来说是一种不祥的预兆。但也不能一概而论，并不是所有的大阴线都是后市看淡的信号，大阴线出现在不同的阶段其含义也是不同的。

一般来说，在上升初期或中期，股价整体涨幅不大的前提下，大阴线很可能是主力凶悍洗盘的结果；在大幅上涨后出现大阴线，是见顶信号，投资者必须清仓出局；在下跌刚开始时出现大阴线，后市看跌；在下跌途中出现大阴线，继续看跌；在连续加速下跌行情中出现大阴线，有空头陷阱之嫌疑，一旦止跌反而是介入的好时机。

2010 年 4 月 26 日，东风汽车（600006）在经过一波上涨的行情之后的高位出现了一根大阴线，这代表着后市看跌。果然，高位大阴线出现之后，股价开始转入跌市。在经过一段时间的下跌之后，2010 年 5 月 17 日又拉出了一根大阴线，这种出现在下跌途中的大阴线是对跌势的进一步确认，表示下跌还将持续，随后，股价继续一路下行。在 2010 年 6 月 29 日，股价又出现了一根大阴线，此时遇到这根大阴线之后，投资者不可盲目看空，因为这根阴线的出现表明后市即将反转。在这根大阴线出现之后，又出现了股价见底信号——阴线锤头，这两种信号结合起来，就足以说明跌势已经到头。果然，在出现阴线锤头之后，股价开始了一波上涨行情（如图 2-1-5 所示）。

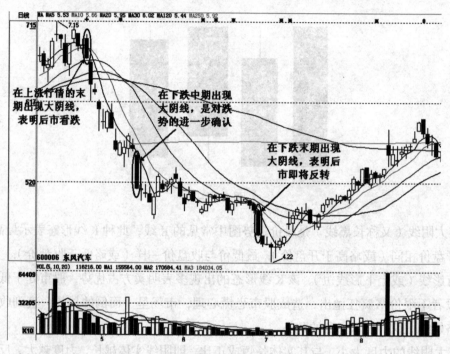

图 2-1-5

长十字线

"长十字线"的开盘价和收盘价相同，成为"一"字，但最高价与最低价拉得很开，因此与"十字线"相比其上下影线都很长（如图 2-1-6 所示）。

如果在涨势中出现"长十字线"，尤其是股价有了一段较大的涨幅之后，则预示股价见顶回落的可能性极大，投资者此时应及时出局；如果在股价上涨的途中出现，则意味着后市被看好，股价继续上涨的可能性很大。

2009 年 8 月 4 日，济南钢铁（600022）在股价上涨的高位出现了"长十字线"，随后股价开始加速下跌（如图 2-1-7 所示）。

在跌势中出现"长十字线"，尤其是股价有了一段较大的跌幅之后，预示着股价见底回升的可能性极大。如果是在下跌途中出现，则意味着股价继续下跌的可能性

图 2-1-6

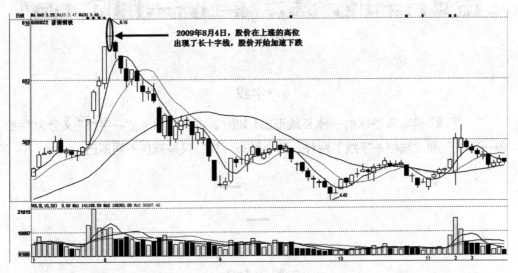

2009年8月4日，股价在上涨的高位
出现了长十字线，股价开始加速下跌

图 2-1-7

很大。

2010 年 6 月 21 日，双鹤药业（600062）股价在下跌途中出现了"长十字线"。出现在下跌途中的"长十字线"意味着股价将继续下跌，果然，"长十字线"出现之后股价继续之前的跌势。在经过几个交易日的下跌之后，股价拉出了一根大阴线，第二个交易日出现了"底部十字线"，此十字线才是股价止跌的信号。随后，该股开始一波上涨行情（如图 2-1-8 所示）。

一般来说，"长十字线"和"十字线"的意义是相同的，但"长十字线"所代表的意义以及可靠程度要比后者高很多，在实际操作中如果遇到这种形态后，一定要看好其出现的阶段，谨慎操作。

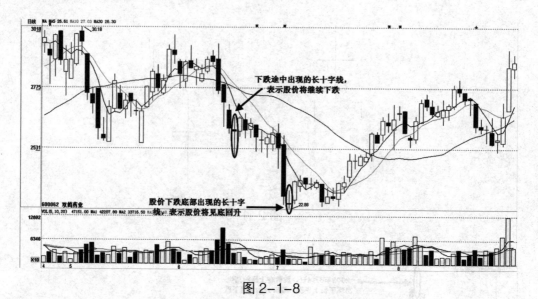

图 2-1-8

一字线

"一字线"是非常特殊的一种 K 线形态 (如图 2-1-9 所示)。"一字线"又分为"涨停一字线"和"跌停一字线"两种，两个形态一样，只是颜色不同而已。

图 2-1-9

1. 涨停一字线。

股价以涨停板的形式开盘和收盘，且中间没有被打开，即当天的最高价格、最低价格、收盘价以及开盘价都是相等的，形成 "一" 的形状，这种走势形态被称为"涨停一字线"。

与其他 K 线形态一样，这种 K 线也和其所处的位置密切相关，但通常是强烈看涨的信号，比如出现在长期下跌之后的区域，或者上涨初期及上涨中途等情况。

如图 2-1-10 所示，该股在上涨初期出现"涨停一字线"，且成交量并没有放大，说明主力控盘良好，随后股价走出一波大幅拉升的行情，但在股价经过大幅上涨的高位区域以及见顶后急跌的反弹中出现这种形态，后市则不被看好。

如图 2-1-11 所示，该股就是在大幅上涨之后又连续两天出现这种"涨停一字线"，且是缩量涨停，给人感觉是主力在高度控盘，其目的则是欲迷惑投资者来接盘，为

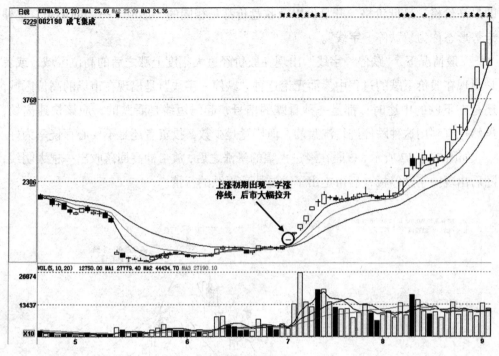

图 2-1-10

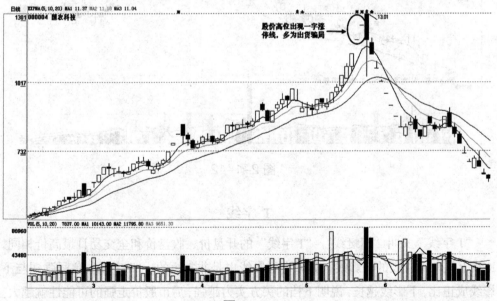

图 2-1-11

其出货打基础，可以看到随后股价便走出快速下跌的行情。

2.跌停一字线。

股价以跌停的价格开盘和收盘，并且在当天的运行过程中始终没有打开跌停板，即最高价格、最低价格、开盘价以及收盘价都是相同的，形成"一"的形态，这种走势形态称为"跌停一字线"。

一般情况下，"跌停一字线"出现在股价经过大幅度上涨之后的高位区域，或者是出现在股价下跌的过程中。而无论这种"跌停一字线"是出现在市场的高位区域，还是在下跌的中途时，都是一种看跌的信号，起码短线是看跌的，应该快速离场，虽然也有利用这种跌停进行洗盘的，但毕竟是少数，投资者还是不要心存侥幸为好。

如图2-1-12所示，该股在经过大幅的暴涨之后，放量冲高回落收出一根大阴线，随后出现一字跌停板，后市走出了一波快速下跌的行情。

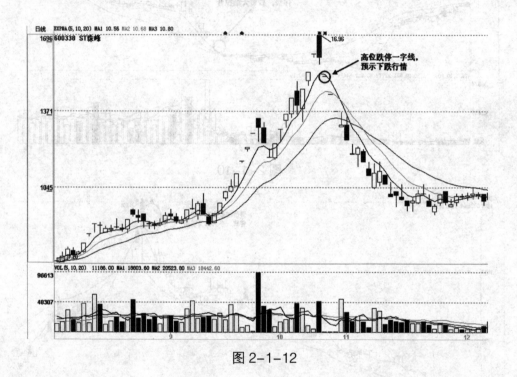

图2-1-12

T字线

"T字线"又叫"蜻蜓线"。"T字线"的开盘价、收盘价和全交易日最高价相同，K线上只留下长长的下影线，如果有上影线也是非常短的。"T字线"信号强弱与下影线成正比，下影线越长，说明下档的买方实力越强，后市股价走强的可能性就越大。（如图2-1-13所示）。

"T字线"是一种主力线，它是完全由主力控盘造成的。"T字线"既有可能出现在股价上涨的途中，也有可能出现在股价下跌的过程中，它出现的位置不同，所表达的含义也不同。

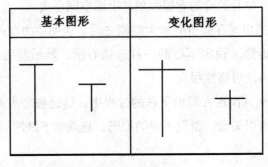

基本图形	变化图形

图 2-1-13

（1）在股价有较大涨幅之后，在高位拉出的"T字线"，其实就是主力为了掩护高位出货释放的一枚烟雾弹，为见顶信号，表明后市即将下跌。如图 2-1-14 所示，该股在经历过长期上涨之后的高位区域出现了这种"T字线"的形态，虽然第二天股价出现了继续冲高的走势，并创出本轮上涨行情的新高，但最终股价还是没有逃脱连续跌停的命运。

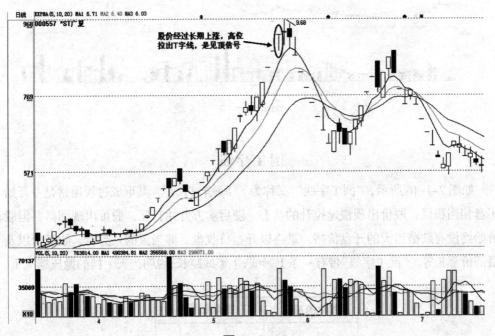

图 2-1-14

（2）"T字线"如果出现在股价上涨之初或中途，才是主力真正的洗盘动作，属于技术上涨信号。如图 2-1-15 所示，该股在底部区域刚启动不久后，就出现了这种"T字线"的形态，随后，股价便走出了一波漂亮的上涨行情。在上涨的中途，"T字线"

也多次出现，表明多方拉升股价的意愿强烈，上涨空间巨大。

（3）"T字线"如果出现在股价有较大跌幅之后，表明主力在低位建仓后利用先抑后扬的"T字线"走势来稳定军心的一种迫切心情，预示着后市即将出现反弹，甚至走出一波上涨行情的可能性很大。

（4）"T字线"如果其出现在股价下跌的过程中，这是被套主力在刻意制造止跌企稳的假象，以此来吸引买盘，派发手中的筹码，是继续下跌的信号。

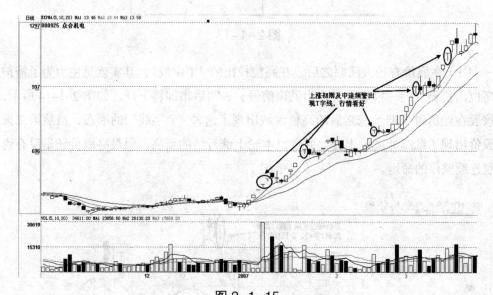

图 2-1-15

倒 T 字线

如图2-1-16所示，"倒T字线"又称为"下跌转折线"，其形成过程通常是一开始买盘相当积极，股价出现快速拉升的状态，随后卖方开始打压，股价出现回落，但股价始终没有跌破当天的开盘价格，最终以开盘价收盘。即当天的开盘价、收盘价以及最低价都相等。"倒T字线"带有一条上影线，上影线越长，说明当天上档的抛压越沉重。

基本图形	变化图形

图 2-1-16

"倒T字线"在下跌末期出现是买入信号，后市将迎来上涨行情。特别是末期下跌三连阴后出现"倒T字线"或者两黑夹一红后出现"倒T字线"，则是一个非常好的切入点。

如图2-1-17所示，该股在低位区域出现"倒T字线"，第二天股价就开始走强，并最终引发一波不错的上涨行情。

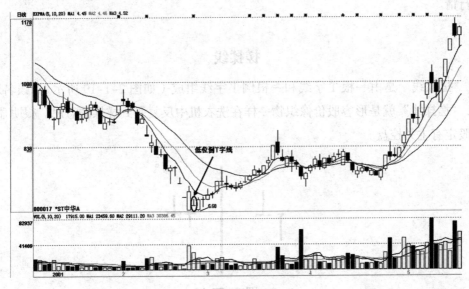

图 2-1-17

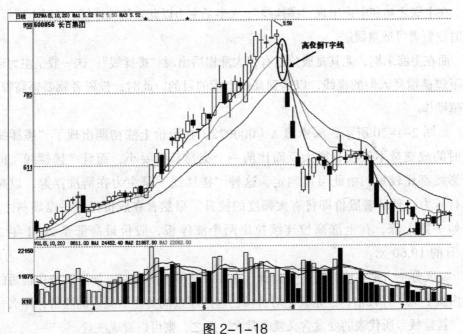

图 2-1-18

如果倒 T 字线在股价长期上涨的高位区域出现，或者在股价快速大幅度上涨的阶段性高位出现时，就要引起投资者高度的注意，这往往是主力出货的征兆。

如图 2-1-18 所示，该股在高位出现了"倒 T 字线"的走势，当天大幅低开，随后盘中多方展示出拉抬股价的强烈意愿，无奈空方力量过于强大，股价最终还是没能站稳而跌回至开盘价位上收盘，留下了长长的上影线，从而引发了一波快速下跌的行情。

搓揉线

"搓揉线"是由一根 T 字线和一根倒 T 字线组成（如图 2-1-19 所示）。顾名思义，"搓揉线"就是形容股价像织物一样在洗衣机中反复受到搓揉的意思。很明显，该股定有主力控盘。

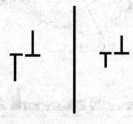

图 2-1-19

在上涨之初和中途出现"搓揉线"，大多是主力以此来清洗浮筹，减轻上行压力，此时投资者可适量跟进。

而在上涨末期，尤其是股价已有很大涨幅后出现"搓揉线"，这一般是主力通过上下震荡搅乱人们的视线，以达到高位出货的目的。此时，投资者就要提高警惕，谨慎操作。

如图 2-1-20 所示，深赤湾 A（000022）在股价上涨初期出现了"搓揉线"，此时的成交量不仅没有增大反而比前一个交易日的要小，而且"搓揉线"的上下影线都比较短，由此可以判定，这种"搓揉线"是主力在清洗浮筹，以减轻上行压力，预示着股价即将有大幅度的拉升。果然，在股价经过一盘震荡之后，开始一路上涨，在上涨高位连续拉出两个涨停板，股价最高涨至 2011 年 2 月 21 日的 19.60 元。

要区分主力是在洗盘还是变盘就一定要看清股价的涨幅，如果股价在很短的时间内就上涨了好几倍，或是其绝对价位已远远超过同类性质股票的股价，那么，此时"搓揉线"所代表的变盘含义就非常大，反之，则可以看成洗盘。

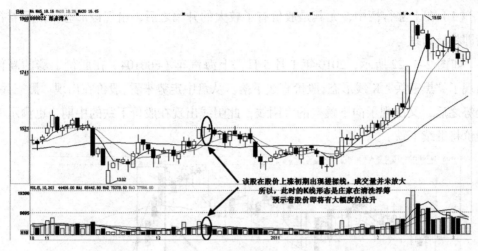

该股在股价上涨初期出现探线，成交量并未放大
所以，此时的 K 线形态是庄家在清洗浮筹
预示着股价即将有大幅度的拉升

图 2-1-20

但是利用涨幅来判断是洗盘还是变盘，难免会发生错误，比如说，一个超强的
个股往往涨势难以预料，这时就很难断定其是否涨势已经过大了。此时，你可以用
以下几点来判断：

1. 从上下影线来判断。

如果是上涨途中洗盘，T 字线和倒 T 字线的影线一般都较短，为小 K 线形态；
而上涨末端的变盘，其影线都很长。

2. 从成交量上来判断。

如果是上涨途中洗盘，成交量较少；而上涨末端的变盘，成交量很大。

黑三兵

"黑三兵"也叫"绿三兵"，由三根小阴线组成，其最低价一根比一根低。因为
这三根小阴线像三个穿着黑色服装的卫兵在列队，故名为"黑三兵"（如图 2-1-21
所示）。

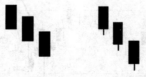

图 2-1-21

"黑三兵"可出现在涨势中，也可出现在跌势中，其出现在不同的趋势以及在趋
势中的不同位置都具有不同的技术含义：

（1）在上涨行情中，尤其是股价有了较大的升幅之后，出现该形态，预示着行情即将转为跌势。

如图 2-1-22 所示，2010 年 1 月 5 日，上海汽车（600104）在股价上涨的高位出现了"黑三兵" K 线形态，股价直线下落。从盘中走势来看，股价在出现"黑三兵"走势之后，又出现了向下跳空的大阴线，此阴线出现在股价下跌的中期，也预示着股价将继续下跌。

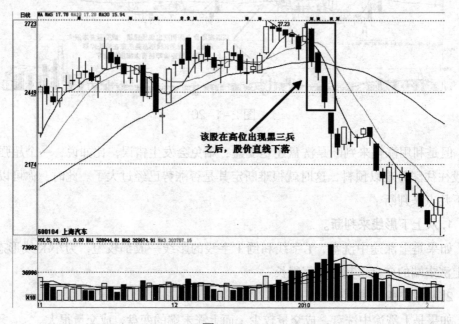

图 2-1-22

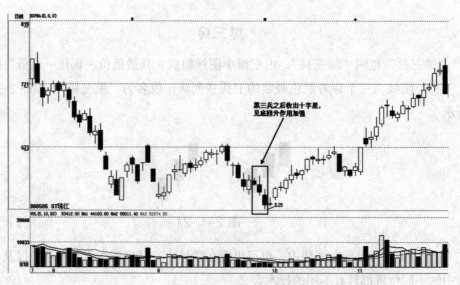

图 2-1-23

（2）出现在跌势中，尤其是股价已经有了一段较大的跌幅或者连续急跌之后，表示探底行情短期内即将结束，有可能转为一轮升势。

如图 2-1-23 所示，该股经过剧烈震荡下行，遭遇"黑三兵"，后又收出"底部十字星"，股价收跌反转，走出一波不错的上涨行情。

因此，投资者见到"黑三兵"后，可根据"黑三兵"出现的位置，决定操作策略，即在上涨行情中出现"黑三兵"要考虑做空；在下跌行情中出现"黑三兵"，要考虑做多。

螺旋桨

"螺旋桨"是指那些开盘价与收盘价相近，K线实体很小，但最高价位与最低价位拉得很开，上下影线较长的图形（如图 2-1-24 所示）。

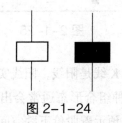

图 2-1-24

"螺旋桨"是一种转势信号，如果这种图形出现在上升行情中，并且是在有一段较大的涨幅之后，它所起到的作用是领跌；反之，如果出现在下跌行情中，尤其是经过一段较大的跌幅之后，它所起的作用是领涨。

如果个股的绝对价位不高，基本面良好，没有股本扩张的历史，我们称之为"螺旋桨王"。"螺旋桨王"往往是盘整市中机会较大的个股。

能够形成"螺旋桨"K线形态的个股通常都是大部分筹码已经集中在主力手中，在大势不是特别低迷的情况下，这类个股非常容易出现较大的升幅。沪深两市中出现涨幅翻倍的黑马中绝大多数出自这个行列。这种个股的最大优势是在大盘跌势中比较抗跌，一旦有利好配合反应也较迅速，是中小资金分批投入实战的良好目标。

在实战中，无论是大盘或个股，一旦大幅上涨后，出现这样的K线形态，且随后几根K线在其下影线部位运行，那么头部就基本形成了，继续下跌的可能性就非常大，应果断止损。如果以后的K线在它的上影线部位运行，它有可能是上升途中的过渡形式，是一种上升中的中继形态，投资者应持股观望。

有一点需要提醒投资者，如果在"螺旋桨"之后以横盘形式出现了几个小阴、小阳线，此时可结合 5 日均线变化情况观察 2~3 天再决定是否买卖。

孕线

"孕线"由一根阴线和一根阳线组成，第二根 K 线实体全部深入到第一根 K 线实体之内，其形象有如一个孕妇，因此得名（如图 2-1-25 所示）。第二根 K 线为十字星的孕线形态，又被称为"十字胎"。

"孕线"是一种转势信号，其所包含的两根 K 线组合结构不同，相应表达的转换意义也不同。

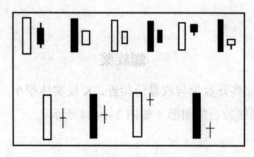

图 2-1-25

1. 阴线孕育阳线。

第一根 K 线是阴线，第二根 K 线是阳线，阳线实体在阴线实体之内，这种孕线形态就是"阴线孕育阳线"。这种组合形态通常会出现在长期下跌的低位区域，说明第二个交易日的卖盘在减弱，预示着股价下跌空间有限，市场正在积蓄能量，后市随时都可能出现反转行情。

如图 2-1-26 所示，该股经过长时间的下跌之后出现"阴线孕育阳线"组合，随后股价开始反弹，走出一波上涨行情。

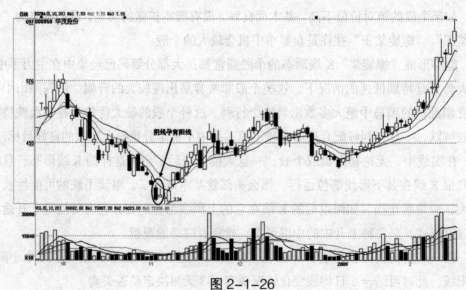

图 2-1-26

2. 阳线孕育阴线。

第一根 K 线是阳线，第二根 K 线是阴线，阴线实体在阳线实体之内，这种孕线形态就是"阳线孕育阴线"，它一般是出现在股价运行的高位区域或股价上涨的中途。出现这种组合，表明第二个交易日的股价走势陷入滞涨，买盘力量严重不支，这是股价即将大幅下跌的前兆。

如图 2-1-27 所示，该股在经过一轮大幅上涨之后，出现"阳线孕育阴线"组合，不久，股价即开始下跌。

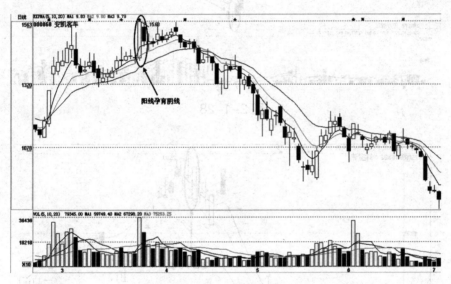

图 2-1-27

3. 十字胎。

"十字胎"是一种特殊的孕线形态，往往出现在股价长期下跌的低位或者在股价长期上涨的高位区域，具有预测市场反转的意义。

（1）如果在股价长期下跌的低位出现这种组合，则标志着买盘在转强，虽然在出现十字线的当天买方的力量较前一天有所减弱，但要是在接下来的第二天股价能够继续走强，那么后市股价出现上涨的可能性相当大。

如图 2-1-28 所示，该股在股价经过一段长期的下跌之后，在低位区域出现"十字胎"形态，股价随后迎来一波上涨行情。

（2）当在股价上涨的高位区域出现"十字胎"时，投资者就要注意，这往往昭示着股价即将下跌。

如图 2-1-29 所示，该股就是在高位出现"十字胎"组合，股价随后开始了下跌的走势。

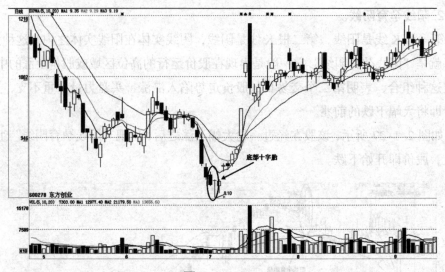

图 2-1-28

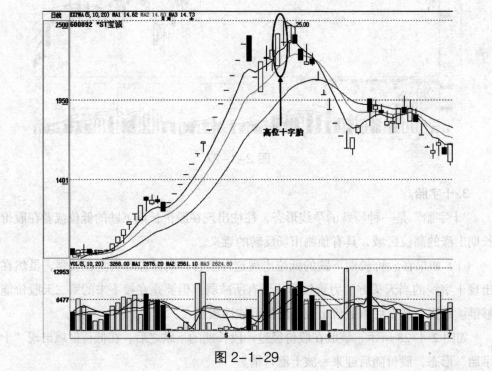

图 2-1-29

尽头线

如图 2-1-30 所示，"尽头线" K 线组合的基本特征是：

（1）既可出现在涨势中，也可出现在跌势中。

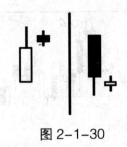

图 2-1-30

（2）由一大一小两根 K 线组成

（3）出现在涨势中，第一根 K 线为大阳线或中阳线，并留有一根上影线，第二根 K 线为小十字线或小阳小阴线，依附在第一根 K 线的上影线之内。

（4）出现在跌势中，第一根 K 线为大阴线或中阴线，并留有一根下影线，第二根 K 线为小十字线或小阳小阴线，依附在第一根 K 线的下影线之内。

"尽头线"是典型的转势信号。当它出现在上涨行情中的时候，意味着股价即将下跌，投资者此时要考虑减仓操作。

如图 2-1-31 所示，该股在上涨过程中出现了"尽头线"组合，表明上升遇阻，空头已占据优势，多头即便拉升意愿强烈，依然难以改变股价下跌的趋势。从图上看出，该股后市陷入绵绵阴跌之中。

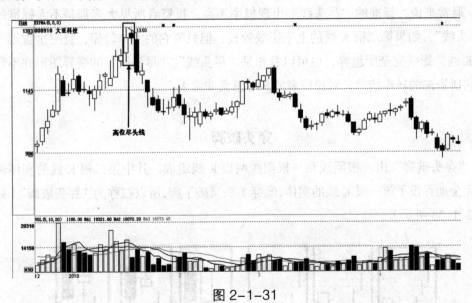

图 2-1-31

反之，当其出现在下跌行情中的时候，往往预示着股价即将迎来上涨行情，此时，投资者可适量跟进。

如图 2-1-32 所示，该股在股价大幅下跌的情况下，碰到了"尽头线"组合，此

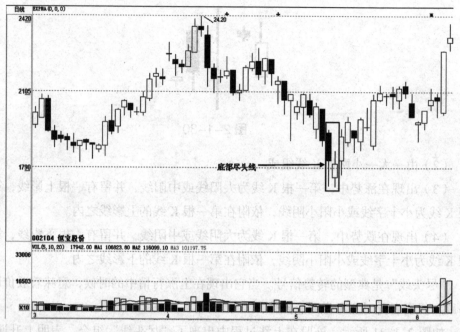

图 2-1-32

后逐浪上涨，甚至创出新高。

通常来说，标准的"尽头线"出现概率不高，投资者所见大多都是不太标准的"尽头线"，如果第二根 K 线的上下影线较长，但只要它的实体较短，且完全被第一根 K 线的影线完全所包容，也可以看作是"尽头线"。"尽头线"的变异图形并不影响它所带来的转市信号，对投资者的参考意义非常大。

穿头破脚

"穿头破脚"由一根阴线和一根阳线两根 K 线组成，其中第二根 K 线的实体部分完全地吞没了第一根 K 线的实体，既穿了头又破了脚，所以被称为"穿头破脚"（如图 2-1-33 所示）。

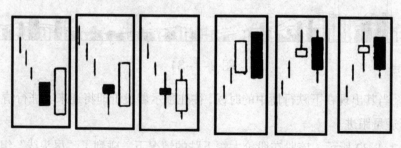

图 2-1-33

根据阴线和阳线的前后顺序不同，穿头破脚又可分为"阴包阳"和"阳包阴"两种形态。

1. 阴包阳。

在 K 线图中，阳线出现在前，阴线随后，且阴线实体完全吞噬阳线实体的组合形态，就叫"阴包阳"。这种形态通常在股价经过一轮上升行情后出现，其后的回落较为明显，走势转淡。

2. 阳包阴。

在 K 线图中，阴线出现在前，阳线随后，且阳线实体完全吞噬阴线实体的组合形态，叫作"阳包阴"。这种形态通常在股价有了一段跌幅之后出现，表明多方组织反攻，空方无力抵抗，后市向好。

"穿头破脚"的使用方法很简单：

（1）在股价下跌的低位，如果出现阳包阴"穿头破脚"，阳线对应的成交量出现了明显的放大，那么后市上攻的力度要更强一些，特别是股价连续下跌之后，此时投资者可以放心买入。

（2）在股价运行的高位区如果出现阴包阳的"穿头破脚"，说明抛压沉重，行情见顶，如果对应着天量，则应证天量天价，投资者应该果断逃顶，至少应该减仓操作。

镊子线

如图 2-1-34 所示，"镊子线"的基本特征是：

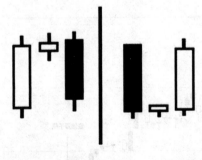

图 2-1-34

（1）既可以出现在股价上涨的过程中，也可以出现在股价下跌的过程中。

（2）由两大一小三根 K 线组成。

（3）三根 K 线的最高价几乎处在同一水平位置上，从图上看就像有人拿着镊子夹一块小东西。

"镊子线"出现在股价上涨的途中，尤其是有了一段较大涨幅之后，往往预示着股价将会见顶回落，此时投资者就要进行减仓操作。

如图 2-1-35 所示，该股前期涨幅已经很大，之后出现"镊子线"，基本上可以判断这是见顶信号。该股此后持续下跌，跌幅巨大，验证了"镊子线"的见顶作用。

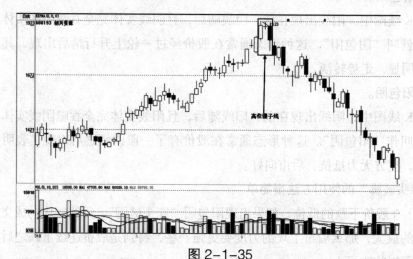

图 2-1-35

反之，"镊子线"出现在跌势中，尤其是有了一段较大跌幅之后，往往预示着股价会见底回升。投资者此时便可以适量买进。

如图 2-1-36 所示，该股在低位出现"镊子线"，获得支撑，随后稳健上行，涨幅较大。

投资者如果见到这种图形出现在涨势中，就要进行减仓操作，如果这种图形出现在跌势中，可适量买进。

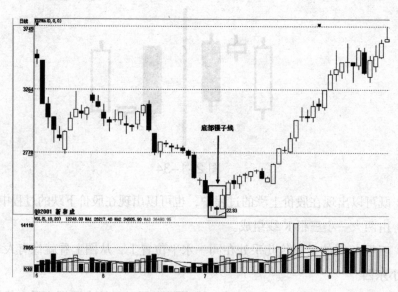

图 2-1-36

倒锤头线

简单地说,"倒锤头线"就是把"锤头线"倒过来(如图 2-1-37 所示)。从形态上看,"倒锤头线"与"锤头线"正好相反,"锤头线"是带长长的下影线,而"倒锤头线"是带长长的上影线。

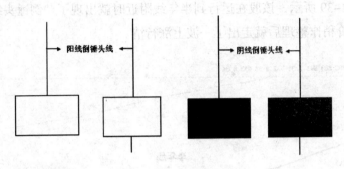

图 2-1-37

"倒锤头线"所带的上影线的长度至少是实体部分长度的 3 倍,一般没有下影线,否则就不能称为标准的"倒锤头线"。

在股价运行的不同位置,"倒锤头线"代表的市场意义也会有所不同。

(1)在股价长期下跌之后的低位区域出现该 K 线,则预示着后市股价出现反弹甚至是反转的可能性相当大。

如图 2-1-38 所示,该股在长期下跌后,就出现了这种"倒锤头线"的走势形态。

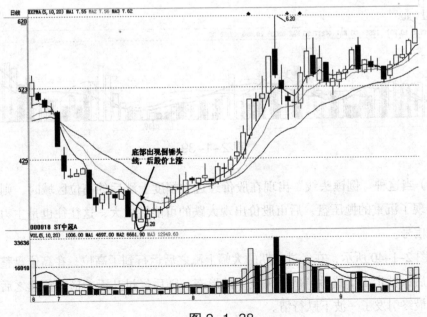

图 2-1-38

第二天股价在运行的过程中，虽然出现了回落，但截至收盘时，却收出了一根上涨的阳线，之后便迎来一波上涨行情。

（2）在股价运行到重要的技术压力位置附近时出现该 K 线，预示这个位置附近可能存在一定的阻力。后市股价如何运行由具体的盘面情况而定。

如图 2-1-39 所示，该股在运行到半年线附近时就出现了"倒锤头线"的走势形态，之后股价稍作整理后就走出了一波上涨行情。

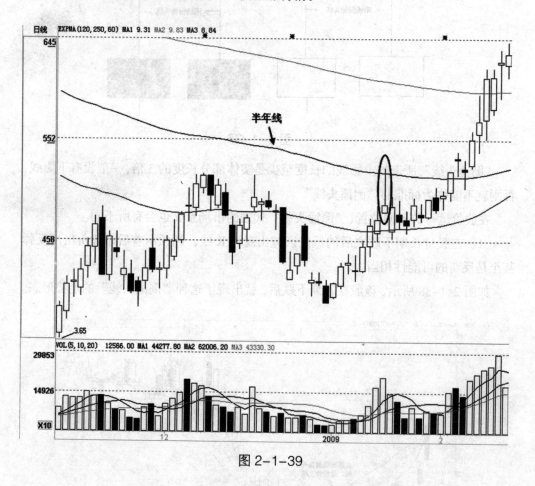

图 2-1-39

（3）当这种"倒锤头线"出现在股价经过大幅度上涨后的高位区域时，则表示上档出现了沉重的抛压盘，后市股价出现大跌的可能性极大，这往往也是主力出货尾声的信号。

如图 2-1-40 所示，在经过前期的大幅上涨之后运行到了高位，在高位盘整一段时间之后，就走出了这种"倒锤头线"的形态，随后经过几天的横盘整理之后向下破位，最终引发了一波下跌行情。

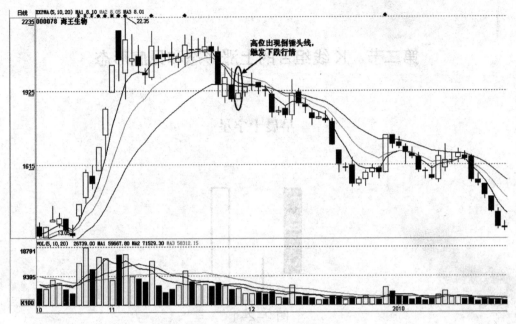

图 2-1-40

加速度线

"加速度线"形容股价走势就像一个长跑运动员一样，越接近终点步伐越快，出现涨跌幅加速的现象（如图 2-1-41 所示）。这种形态在上涨趋势或下跌趋势中都有可能出现，上涨时为头部信号，下跌时为底部信号。

在上涨行情中，一些个股先是缓慢爬升，后来越涨越快，接连拉出很有力度的中阳线或大阳线，投资者见到这种信号，千万不要因为连续出现的阳线而急于买进，因为这是一种见顶信号，预示着上升行情已经走到了尽头。

在下跌行情中，一些个股先是缓慢地下滑，后来越跌越快，接连拉出很有力度的中阴线或大阴线。这种形态意味着股价的下跌已经见底，即将反弹。此时投资者应该多看少动，待股价回升的时候，再准备买入。

图 2-1-41

第二节　K 线组合的上涨形态和见底形态

早晨十字星

图 2-2-1

图 2-2-1 显示的是"早晨十字星"的标准形态，它有两个重要特征：

（1）通常出现在股价连续下跌的过程中，跌幅比较大。

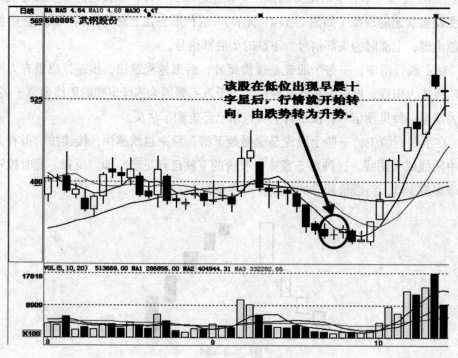

该股在低位出现早晨十字星后，行情就开始转向，由跌势转为升势。

图 2-2-2

（2）由三根 K 线组成，第一根 K 线为阴线，第二根 K 线为十字线，第三根 K 线为阳线，最好是跳空高开的阳线。第三根 K 线实体深入到第一根阴线实体之中。

出现"早晨十字星"，说明股价经过大幅回落之后，做空能量基本上已经大量释放，股价无力再创新低，这是明显的大势转向信号。投资者如果见到这种图形，可以适量买进。

2010 年 9 月 20 日，武钢股份（600005）在经过一波下跌行情之后的低位出现了"早晨十字星"，盘中做空能量基本上已经释放，随后，股价转头向上，走出一波上涨行情（如图 2-2-2 所示）。

需要提醒投资者注意的是，"早晨十字星"还有三种变异形态，如图 2-2-3 所示：

另外，"早晨之星"与"早晨十字星"形态相似，又叫希望之星，不同于"早晨十字星"的是，它的第二根 K 线是小阴线或小阳线，其反转信号不如"早晨十字星"强。

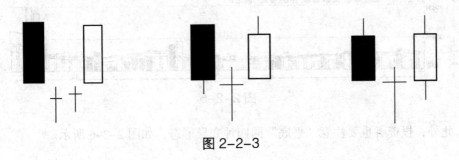

图 2-2-3

平底

"平底"是在股价下跌过程中出现的，由两根或两根以上的 K 线组成，最低价处在同一水平位置上，如图 2-2-4 所示。"平底"是股价见底回升的信号，后市看涨，投资者可择机介入。

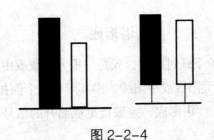

图 2-2-4

2010 年 9 月 29 日，上海机场（600009）在股价经过一波下跌行情之后的低位出现了"平底"形态，此后，行情反转，股价上涨（如图 2-2-5 所示）。

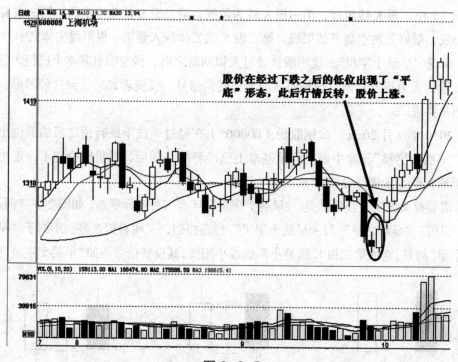

股价在经过下跌之后的低位出现了"平底"形态，此后行情反转，股价上涨。

图 2-2-5

此外，投资者也要注意"平底"的四种变异形态，如图 2-2-6 所示。

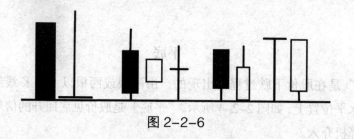

图 2-2-6

塔形底

"塔形底"出现在股价下跌过程中，先是一根大阴线或中阴线，后为一连串的小阴小阳线，最后出现一根大阳线或中阳线。因其形状像个倒扣的塔顶，所以称为"塔形底"，如图 2-2-7 所示。"塔形底"是股价见底回升的信号，后市看涨，投资者可在此时抓住机会跟进做多。

2010 年 9 月 15 日和 11 月 30 日，特锐德（300001）在底部两次形成了塔形底，股价都出现了大幅上扬行情（如图 2-2-8 所示）。

图 2-2-7

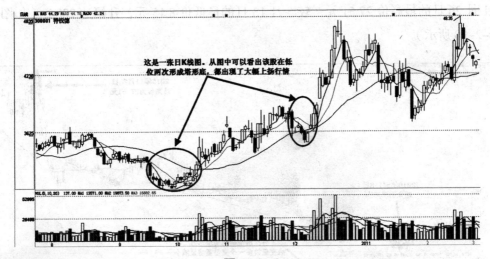

图 2-2-8

曙光初现

"曙光初现"出现在下跌趋势中，由一阴一阳两根 K 线组成，先是一根大阴线或中阴线，接着出现一根大阳线或中阳线，阳线的实体深入到阴线实体的 1/2 以上处。如图 2-2-9 所示：

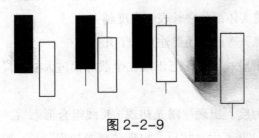

图 2-2-9

顾名思义，"曙光初现"的意思就是黑暗的长夜已经过去，黎明即将到来。从技术上来分析，该形态出现以后，暗示着股价已经见底或者已经到了阶段性的底部，股价回升的可能性很大，投资者此时可以考虑买进一些股票，适量做多。

2010 年 5 月 18 日，华神集团（000790）在底部出现了曙光初现 K 线组合图形，随后，股价开始上涨。但涨势并没有持续太长时间便拉出一根阴线，反身向下，随后拉出一根阳线，这根阳线几乎达到前一天阴线实体的一半左右，当天的成交量较前一个交易日明显缩小。种种迹象表明，股价此时已经见底，回升的可能性很大。事实正是如此，在经过回调之后，股价开始了一波强劲的上涨行情，在 2010 年 11 月 19 日、22 日、23 日、24 日四个交易日拉连续拉出了四个涨停板，股价最高涨至 11 月 26 日的最高价 27.51 元，较 5 月 13 日的最低价 8.15 元，升幅达 238%（如图 2-2-10 所示）。

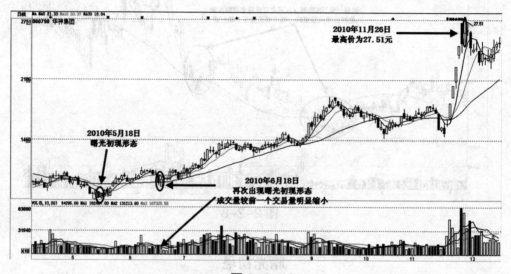

图 2-2-10

在操作实践中，利用"曙光初现"的时候，要抓住以下两个关键点：

（1）阳线的实体部分应超越阴线实体部分一半以上才有意义。

（2）第二根阳线的实体部分愈长表示力度越大。

在运用"曙光初现"选股时还要注意以下几点：

（1）股价所处的阶段。当该形态出现在个股涨幅过大的时候，骗线的可能性非常大。

（2）行情展开的力度。出现"曙光初现" K 线组合形态后，如果股价立即展开上升行情，则力度往往并不大。相反，出现"曙光初现"后，股价有一个短暂的蓄势整理过程的个股，往往会爆发强劲的上涨行情。

（3）成交量的变化。伴随 K 线组合形态同时出现缩量，表明股价已经筑底成功。

旭日东升

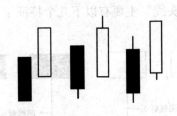

图 2-2-11

常见的"旭日东升"K 线组合如图 2-2-11 所示，这种形态具有下列特征：

（1）通常出现在下跌趋势中。

（2）由一阴一阳两根 K 线组成。

（3）先是一根大阴线或中阴线，接着出现一根高开的大阳线或中阳线，阳线的收盘价已高于前一根阴线的开盘价。

"旭日东升"是明显的见底信号，且阳线实体深入阴线实体部分越多，信号越强。旭日东升的买入时机有两个：

（1）在出现"旭日东升"之际逢低买入，最好在出现"旭日东升"的当天收盘前积极买入。

（2）在"旭日东升"出现后上攻途中出现回档时，比如股价回档至 10 日或 20 日均线附近逢低吸纳，只要股价仍保持原始上升趋势，这不失为较好的介入时机。

如图 2-2-12 所示，该股在已经大幅下跌的背景下，先后收出一根中阴线和一根中阳线，构成"旭日东升"K 线组合，此后便走出一波不错的上涨行情。"旭日东升"是较好的反转向上信号，投资者可以积极买入。

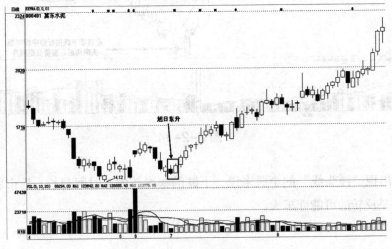

图 2-2-12

锤头线

如图 2-2-13 所示，"锤头线"主要有以下几个特征：

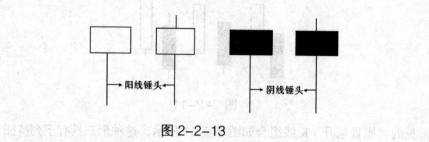

图 2-2-13

（1）该形态一般出现在股价下跌的过程中。

（2）该形态既可以是阴线也可以是阳线，其阴线或阳线的实体很小，一般没有上影线，即使有，上影线也非常短，但下影线部分的长度必须是实体部分的 3 倍以上。

（3）该形态是一种典型的见底信号，后市看涨。

特锐德（300001）在经过一段时间的下跌后，于 2010 年 2 月 3 日出现了阴线锤头，股价见底，次日反弹，随后走出了一波上涨行情（如图 2-2-14 所示）。

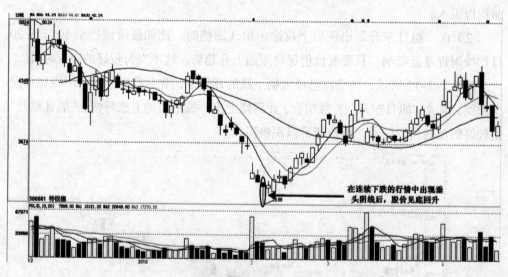

图 2-2-14

对于出现"锤头线"的个股来说，下跌的幅度越大，时间越长，后市股价出现反弹或者是反转的可能性越大。

红三兵

"红三兵"由连续拉出的三根阳线构成，一般出现在长期下跌的底部区域，或者在上涨时回调反弹的过程中（如图 2-2-15 所示）。

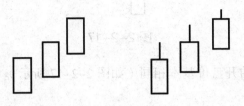

图 2-2-15

标准的"红三兵"是指每一天的开盘价都低于前一天的收盘价，但是收盘价却高于前一天的收盘价，最高点在不断地提高。这种形态表明买盘很积极，预示着后市股价出现上涨的可能性很大，是典型的买进信号，如果此时的成交量也明显放大，投资者可以考虑买入。

2010 年 7 月 20 日，中集集团（000039）股价在"红三兵"出现之后，多方在成交量的支持下，将股价一路推高，一直涨至 2011 年 2 月 18 日的最高价 29.62 元（如图 2-2-16 所示）。

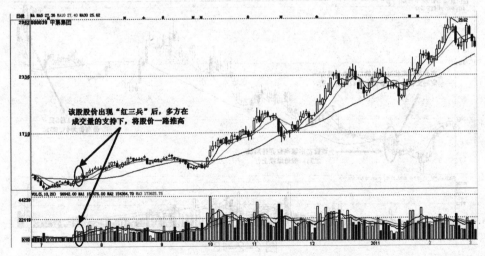

图 2-2-16

高位并排阳线

"高位并排阳线"出现在行情上涨的途中，由两根阳线组成；第一根阳线跳空向上，其收盘时在前一根 K 线上方留下一个缺口，第二根阳线与第一根阳线并排，

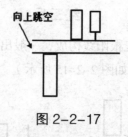

图 2-2-17

开盘价与第一根阳线的开盘价基本相同（如图 2-2-17 所示）。还有人称这种图形为"升势恋人"。

"高位并排阳线"的出现，意味着股价将会继续上涨，其向上跳空的缺口对日后股价走势有较强的支撑作用，但如发现日后股价跌破这个缺口，股价走势就会转弱，投资者此时应该停损离场。

如图 2-2-18 所示，该股在股价上涨一段时间之后出现"高位并排阳线"，股价继续上行。"高位并排阳线"形成的缺口对股价的上行具有一定的支撑作用，途中虽有几次回档，但始终运行在缺口上方。最高涨至 2011 年 1 月 5 日的 41.80 元，相较 2010 年 7 月 2 日的最低价 18.20 元，升幅高达 130%。投资者也要注意，股价在上涨途中一旦跌破缺口，就一定要提高警惕，担心后市逆转。

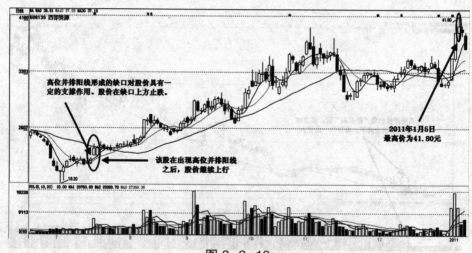

图 2-2-18

低位并排阳线

"低位并排阳线"的特征是：股价经过一段时间的下跌，出现了一根跳空低开的阳线，至收盘时留下一个缺口，紧接着又出现一根与之并列的阳线，两根阳线最低价几乎相同（如图 2-2-19 所示）。

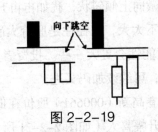

图 2-2-19

"低位并排阳线"出现在大幅下跌后是见底反转信号，后市看涨，可适量做多。

冉冉上升形

如图 2-2-20 所示，"冉冉上升形" K线组合的基本特征是：

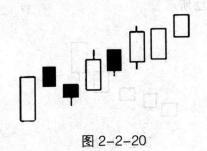

图 2-2-20

（1）在盘整后期出现。

（2）由若干小K线组成，一般不少于8根，其中以小阳线居多，中间也夹杂小阴线、十字线。

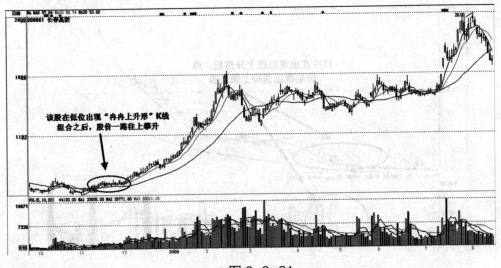

图 2-2-21

（3）整个 K 线排列成略微向上倾斜状，犹如冉冉升起的旭日。

这种形态在初期的升幅不太大，但往往是股价大涨的前兆，如果成交量也呈温和放大的态势，则上涨的可能性会更大一些。投资者见此 K 线组合，可适量做多，如果日后股价出现拉升现象，可继续加码买进。

2008 年 11 月 15 日，长春高新（000661）股价在低位出现冉冉上升形 K 线组合之后，股价一路往上攀升，升幅喜人（如图 2-2-21 所示）。

徐缓上升形

"徐缓上升形"通常出现在涨势初期，先是连续出现几根小阳线，随后出现一、两根中、大阳线，这表明多方力量正在加强，后市看涨，投资者遇到这种图形的时候可适量跟进（如图 2-2-22 所示）。

图 2-2-22

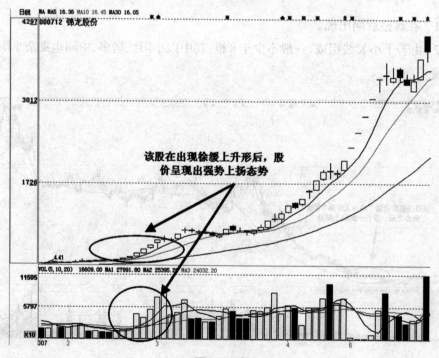

图 2-2-23

锦龙股份（000712）股价在运行的底部出现徐缓上升形 K 线组合形态，表明盘中多方力量正在逐步壮大，股价呈现出强势上扬态势，此时投资者可适量跟进（如图 2-2-23 所示）。

上升抵抗形

"上升抵抗形"一般出现在股价上涨的过程中，由若干连续高开的 K 线组成，即使中间收出阴线，收盘价也要比前一根 K 线的收盘价高（如图 2-2-24 所示）。

图 2-2-24

"上升抵抗形"是一种延续上升势头的中继形态，它的出现意味着买方力量逐渐增强，股价将会继续上涨。因此，投资者在遇到这种形态的时候，可保持积极看多的心态。

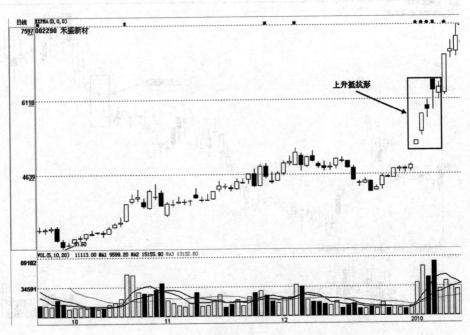

图 2-2-25

如图 2-2-25 所示，该股在上升中途出现"上升抵抗形"的 K 线组合，后市仍强势上行。

上涨两颗星

"上涨两颗星"一般出现在涨势初期或中途，由一大二小三根 K 线组成；在上涨时先出现一根大阳线或中阳线，随后就在这根阳线的上方出现两根小 K 线，这两根小 K 线可以是两个小阳线，可以是一个小阳线和一个小阴线，也可以是两个小小的十字线，如图 2-2-26 所示。

图 2-2-26

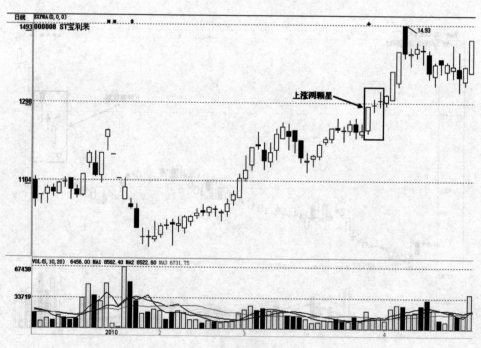

图 2-2-27

"上涨两颗星"的出现是可信度极高的买进时机，股价展开新一轮上升行情的可能性会很大，此时如果成交量出现明显放大，那么，投资者可以适量增加仓位，持筹待涨。

如图 2-2-27 所示，该股在加速上涨时期出现"上涨两颗星"的 K 线形态，短线涨幅仍很可观。见到这种图形，只要此后趋势没有完全破坏，投资者可以继续持股待涨。

连续跳空三连阴

"连续跳空三阴线"是在股价下跌途中出现的，连续三天的阴线，每天的开盘价都比前一天的收盘价要低，且收盘时创出新低（如图 2-2-28 所示）。这种形态的出现表示股价已经见底，是强烈的买进信号。对于激进型的投资者来说，此时就可以积极看多了。

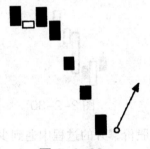

图 2-2-28

如果在随后的走势中，股价拉出了一根或者两根阳线及时回补了下跌的第三个缺口，这说明多方反攻在即，股价上涨的可能性将大大增加。稳健型的投资者可以

图 2-2-29

在此时跟进做多，而激进型的投资者此时就可以继续加仓，持筹待涨。

2010年6月29日，*ST中葡（600084）在股价下跌的低位出现了"连续跳空三阴线"之后，股价见底回升，马上走出了一波上涨行情。在盘中见此形态之后，空仓的投资者可跟进做多，激进型的投资者可以适量加仓，持筹待涨（如图2-2-29所示）。

跳空上扬形

在上涨的趋势中，出现了一根跳空上行的阳线，但交易第二天不涨反跌，拉出一根阴线，不过它的收盘价收在前一根K线跳空处附近，缺口没有被填补。这种K线组合图形叫作"跳空上扬形"，又称"升势鹌鹑缺口"（如图2-2-30所示）。

图 2-2-30

这种形态的出现说明在股价攀升的过程中遇到少许阻力，后经过多方努力，终于摆脱了这些麻烦，继续把股价往上推高。

在上涨初期或中期出现这种K线组合，预示着股价将会继续向上攀升，投资者可做入场打算。

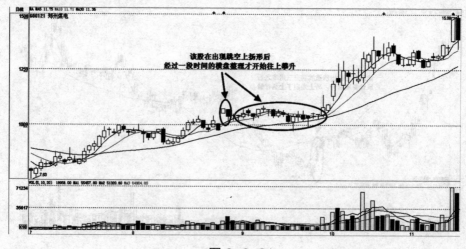

图 2-2-31

2010 年 8 月 26 日，郑州煤电（600121）在股价上涨途中出现"跳空上扬形"后进入横盘整理阶段。在经过将近一个月的横盘整理之后，9 月 29 日，拉出一根阳线，该阳线立于短期、中期和长期均线上方，随后，股价开始向上攀升（如图 2-2-31 所示）。

第三节　K 线组合的下跌形态和滞涨形态

黄昏十字星

"黄昏十字星"与"早晨十字星"的含义相反，它一般出现在股价经过一波涨幅之后，出现了向上跳空开盘，开盘价与收盘价相同或者非常接近，而且留有长长上下影线的十字星，接着第二天股价拉出了一根向下的阴线，且将第一天上涨的幅度全部吞没（如图 2-3-1 所示）。

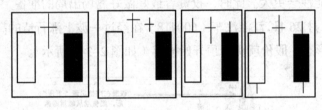

图 2-3-1

"黄昏十字星"一般出现在长期上涨的顶部或者阶段性顶部，此时大势即将由升

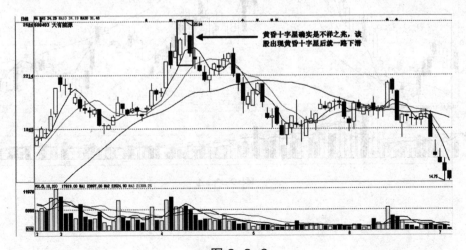

图 2-3-2

势转为跌势，一轮下跌行情即将展开。投资者遇到这种K线形态应及时离场。

2010年4月9日，大有能源（600403）股价在经过一波上涨行情的高处出现了"黄昏十字星"K线组合形态，随后，股价就一路下滑（如图2-3-2所示）。

平顶

"平顶"是由两根或两根以上的K线组成的，其重要特征是构成K线的最高价处在同一水平位置上。"平顶"一般在股价的上涨过程中出现，属于转势信号，它的出现，预示着股价即将由升势转为跌势，一波下跌行情即将到来（如图2-3-3所示）。

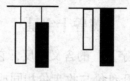

图 2-3-3

"平顶"如果和其他K线形态，比如说，"穿头破脚""吊颈线"等同时出现时，股价下跌的可能性会更大。此时，投资者最好做好离场出局的准备。

2010年10月26日，江淮汽车（600418）在经过一波上涨行情的高位出现了"平顶"K线组合形态，股价就从峰顶开始滑落（如图2-3-4所示）。

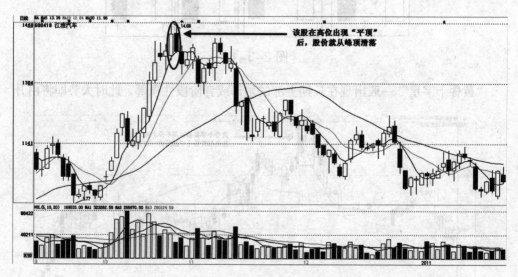

图 2-3-4

塔形顶

股价在上涨的过程中，首先拉出一根大阳线或中阳线，然后涨势开始变缓，出现了一连串的小阳小阴线，最后出现一根向下倾斜的大阴线或中阴线，就形成了"塔形顶"形态（如图2-3-5所示）。

图2-3-5

"塔形顶"的出现意味着行情开始转为下跌趋势，投资者如果遇到这种图形应及时离场，以免股价下跌给自己带来损失。

如图2-3-6所示，该股在涨势中途和末期屡屡收出大阳线，股价也接连创出新高，涨势喜人；但随后出现小阴小阳，直到股价跳空下跌收出长阴线，此时确认"塔形顶"反转形态确立。该股先后两次铸成"塔形顶"结构，均出现了股价下行走势，第二次更是出现深幅走低，足见"塔形顶"的威力。

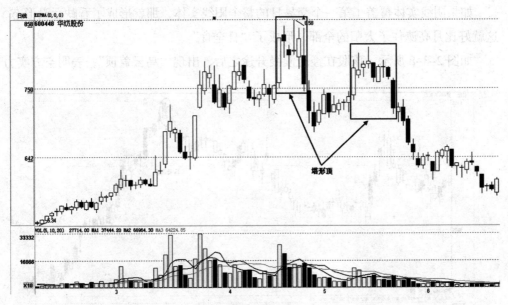

图2-3-6

乌云盖顶

"乌云盖顶"形态又称"乌云线"形态，通常出现在涨势中，由一根中阳线或大阳线和一根中阴线或大阴线组成（如图 2-3-7 所示）。阴线已深入到阳线实体 1/2 以下处，且有放量迹象，说明调整或者下跌行情即将到来，阴线实体深入阳线实体部分越多，则该形态构成顶部反转的可能性就越大。

"乌云盖顶"属于一种典型的见顶回落的转势形态，遇到这种形态的时候，投资者的操作策略可以参考以下几点：

图 2-3-7

（1）在"乌云盖顶"形态中，第二个交易日阴线实体的收盘价向下插入第一个阳线实体的程度越深，则该形态构成股价运动顶部的机会越大。

如果阴线实体覆盖了第一个交易日的整个阳线实体，那就形成了看跌吞没形态，这就好比月亮遮住了太阳的全部，形成了"日全食"。

如图 2-3-8 所示，该股在经历漫漫升途之后，出现"乌云盖顶"，表明空方实力

图 2-3-8

强劲,打压力度很大,预示着股价已经见顶,投资者应该见机迅速离场。从图中看出,"乌云盖顶"之后,股价一路下挫,跌幅巨大。

在"乌云盖顶"形态中,阴线实体仅仅向下覆盖了阳线实体的一部分,这就好比月亮只遮住了太阳的一部分,形成了"日偏食"。如果在第三个交易日出现了一根长长的阳线实体,并且其收盘价超过前两个交易日的最高价,那么就可能预示着新一轮上攻行情的到来。

如图 2-3-9 所示,该股前期逐浪上升,"乌云盖顶"之后拉出一根大阳线,后市继续大幅上涨。这说明并非所有的"乌云盖顶"都是下跌的信号,需要结合股价的整体走势来研判。

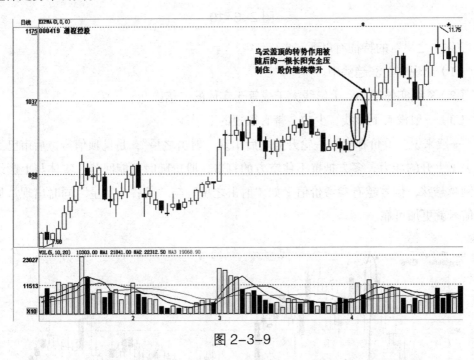

图 2-3-9

(2)在"乌云盖顶"形态中,如果第二个交易日阴线实体的开盘价高于某个重要的阻力位,但是最终又未能成功突破该阻力位,那么就有可能是多头乏力,无力控制局面。

(3)如果在第二个交易日开盘的时候交易量非常大,就有可能形成"胀爆"现象。

具体来说,当开盘价创出了新高的同时出现大量的成交,那么就可能意味着很多新的买家终于下定决心进场了,但是随后的局面是空头的抛售接踵而至。于是过不了多久,这群为数众多的新多头就会意识到他们登上的这条船原来是"泰坦尼克号"。

射击之星

"射击之星"和"倒锤头线"的形态几乎相同，区别在于"射击之星"出现在股价的上涨行情中，而"倒锤头线"出现在股价的下跌行情中（如图 2-3-10 所示）。

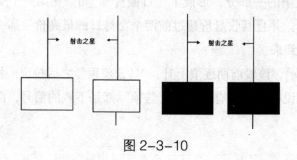

图 2-3-10

"射击之星"的特征有以下三点：

（1）出现在上涨趋势中。

（2）K 线实体很小，上影线大于或等于实体的二倍。

（3）一般没有下影线，少数会带有很短的下影线。

一般来说，股价在经过一轮升势之后出现"射击之星"，是见顶信号，后市已经失去了上升的能力，多方抵抗不住空方的打击，股价随时可能回落。实体与上影线比例越悬殊，信号越有参考价值；如"射击之星"与"黄昏十字星"同时出现，见顶信号就更加可靠。

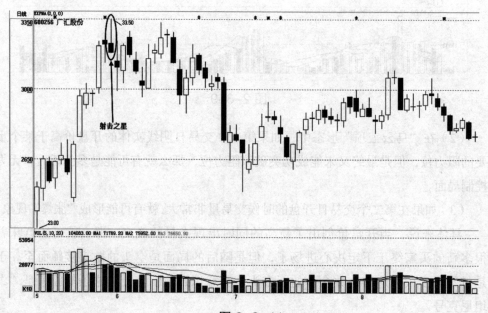

图 2-3-11

遇到这种形态，投资者应以退出观望为主。

如图 2-3-11 所示，该股在经历一番上涨之后，出现"射击之星" K 线形态。说明上档抛压严重，股价上升遇阻，此时，投资者需要小心行事。之后，如果该股跳空下行，基本可以确认股价已经到达阶段性顶部，投资者应及时撤出。从图中不难看出，该股后续跌幅较大。

倾盆大雨

"倾盆大雨"的 K 线组合是一阳一阴，与"旭日东升"相反。该 K 线形态一般出现在股价的上涨趋势中，先出现了一根大阳线或者中阳线，接着出现了一个低开低收的大阴线或者中阴线（如图 2-3-12 所示）。这种形态的出现意味着股价将步入跌势，而且阴线实体低于阳线实体部分越多，转势信号越强。投资者在遇到这种图形的时候，最好以退出观望为主。

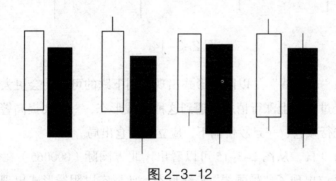

图 2-3-12

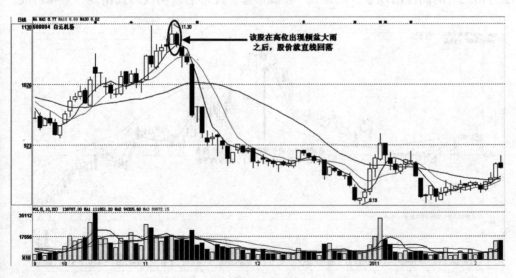

该股在高位出现倾盆大雨之后，股价就直线回落

图 2-3-13

2010 年 11 月 8 日，白云机场（600004）在经过一段上涨行情之后的高位出现了"倾盆大雨"K 线形态，随后，股价直线回落（如图 2-3-13 所示）。

吊颈线

股价经过一轮上涨后，在高位出现一条带有长长下影线的 K 线实体，这被称为"吊颈线"，如图 2-3-14 所示。"吊颈线"是强烈的卖出信号，而且下影线越长，转势信号越强。

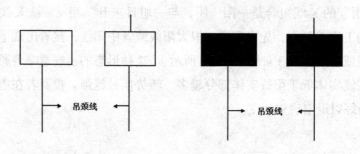

图 2-3-14

此时，如果"吊颈线"是以阴线形式出现，则下跌的可能性会更大一些。投资者如果在股价经过一波上涨行情之后遇到这种 K 线形态，一定要提高警惕，不管后市如何，可以先行减仓，一旦股价向下，应立即清仓出局。

2010 年 4 月 9 日，从图 2-3-15 可以看出，北方国际（000065）在经过一段上涨行情之后的高位出现了"吊颈线"K 线形态。此形态以阴线形式出现，意味着股

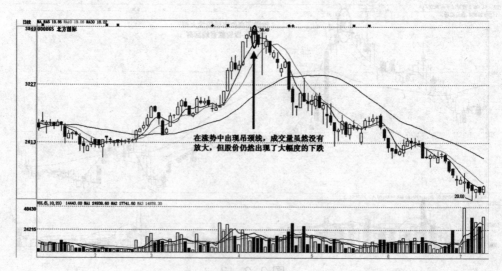

图 2-3-15

价下跌的可能性更大一些。

果然，股价在第二个交易日拉出阴线之后，一路向下，跌幅非常深，没来得及出逃的投资者被深套其中。

下降覆盖线

"下降覆盖线"一般出现在上涨行情中，首先出现了一个"穿头破脚"的K线组合，第三根K线是一根中阳线或小阳线，但阳线的实体通常比前一根阴线要短，之后又出现一根中阴线或小阴线，阴线实体已深入到前一根阳线实体之中甚至以下这就构成了"下降覆盖线"（如图2-3-16所示）。

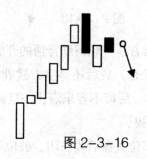

图 2-3-16

这种形态的出现，属于典型的见顶信号，暗示上涨行情已经到头，股价下挫的可能性非常大，投资者如果见到这种图形，最好停损离场。

如图2-3-17所示，该股前期在高位横盘震荡，突然拉出"下降覆盖线"的K线组合，此后股价一路下滑，跌幅不小。投资者遇到这种情形，应该及时卖出股票，切莫心存侥幸。

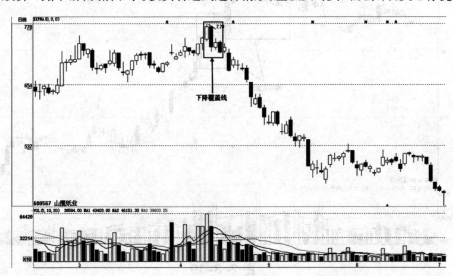

图 2-3-17

低档盘旋形

"低档盘旋形"一般出现在股价下跌途中，其特征是当股价经过一轮下跌进入小阴小阳的横向整理时，随后出现一根大幅向下的中阴线或大阴线破位下行，若是跳空下跌则跌势更猛，一举打破前期的整理局面（如图 2-3-18 所示）。

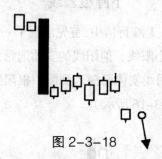

图 2-3-18

"低档盘旋形"的出现，意味着新一轮下跌行情的开始，前面的小阴小阳整理可以看作是多空战斗的一个胶着状态，最后还是空方战胜了多方，多方缴械投降了。这种形态大多是下跌的中继平台，后市不容乐观，一旦破位下跌，投资者应立即止损出局，因为后市还有更大的跌幅。

如图 2-3-19 所示，该股在高位久盘后收长阴，破位下行，进入一个短期整理平台，看似多头还有力量，然而此后股价继续走低，一蹶不振，说明前次盘整实际是主力支撑股价诱多出货的伎俩。

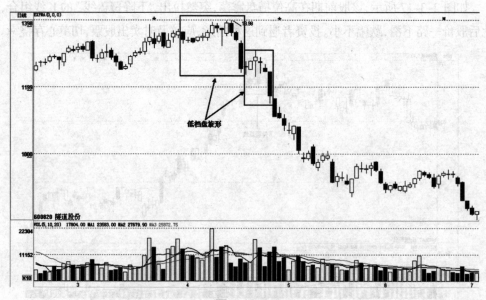

图 2-3-19

倒三阳

"倒三阳"由三根阳线组成,但这三根阳线的走势就如同连拉三根阴线一样,股价一天比一天收低(如图2-3-20所示)。这种形态一般出现在股市下跌的过程中,多见于庄股之中,实际是主力为了出逃而放出的一颗烟幕弹。"倒三阳"的出现,意味着股价已步入跌势,投资者千万不要被阳线所迷惑,趁早离场为妙。

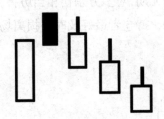

图 2-3-20

2010年4月30日,平煤股份(601666)在股价下跌横盘整理之际出现了倒三阳形态。此形态出现在股价下跌盘整过程中让很多投资者步入了陷阱。这种在盘整末端出现的倒三阳更能说明主力出逃的决心,此时买入,被套是一定的。有心的投资者可以结合该股的MACD指标来分析,从图中可以看出,在股价横盘末端,MACD指标出现死叉,提示投资者此时应及时卖出。在此后的走势中,股价虽拉出了倒三阳,但MACD指标始终未给出买进信号,反而一直在0轴之下运行,暗示投资者此时应保持看空思维。所以,投资者千万不要被跌势中的倒三阳迷惑,这只是主力的陷阱而已(如图2-3-21所示)。

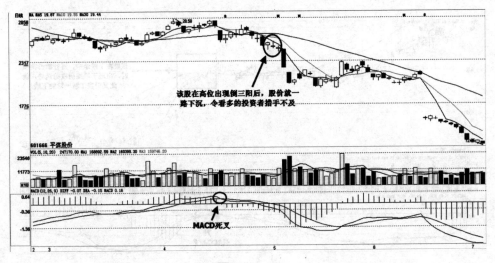

图 2-3-21

绵绵阴跌形

　　"绵绵阴跌形"与"冉冉上升形"的图形正好相反,它是一组向下倾斜的小 K 线(一般不少于 8 根),其中以小阴线居多,中间也可夹着一些小阳线（如图 2-3-22 所示）。这种 K 线形态犹如绵绵细雨下个不停,看似每天的跌幅不大,但它预示着股价后期的走势将极不乐观,很有可能长期走弱。这就是股市中那句经典名言：急跌不可怕,最怕就是阴跌。阴跌往往下跌无期,对多方杀伤相当厉害,所以,投资者要对这种"绵绵阴跌"的形态保持高度警惕,持仓者最好及时停损离场,空仓者不要轻易进入。

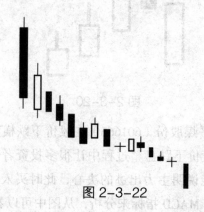

图 2-3-22

　　2010 年 1 月份,万科 A（000002）在下跌过程中出现了横盘整理。此次横盘时间长达两个月左右。2010 年 4 月 6 日,股价拉出一个大阴线,在随后的两个交易日里,又出现了两根阴线。此时,MACD 指标也形成死叉,发出卖出信号。投资者此时就应将手中的持股卖出,以空仓为宜。在随后的走势中,股价连续出现小阴小阳

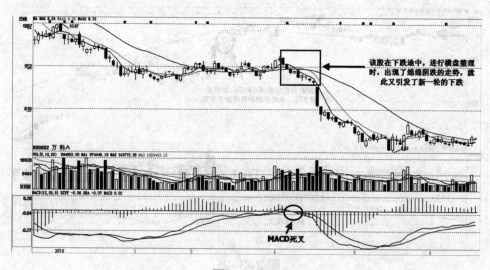

图 2-3-23

的 K 线形态，继续下跌，形成了典型的"绵绵阴跌形"。此形态形成之后，股价又开始了新一轮的下跌（如图 2-3-23 所示）。

下跌三颗星

"下跌三颗星"一般出现在下跌行情初期或中期。股价在收出一根大阴线或中阴线之后，下方接连出现三根小 K 线，这就是"下跌三颗星"（如图 2-3-24 所示）。

图 2-3-24

"下跌三颗星"是卖出信号，表明市场买卖意愿不强，市场将以盘跌为主。投资者还是趁早出逃为好，不要抱有侥幸心理，盲目等待抄底抢反弹。

如图 2-3-25 所示，该股在反弹不久再次破位下跌，途中出现"下跌三颗星"，摆出三颗整理形态的小 K 线，股价看似止跌企稳，实际却是下跌的中继平台。此后股价进入下行通道。

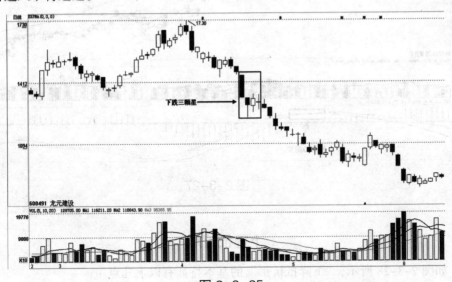

图 2-3-25

徐缓下降形

"徐缓下降形"一般出现在股价下跌行情的初期，在走势图上连续出现了几根小阴线，随后又出现了一到两根中阴或者长阴线，中阴线或者长阴线的出现表明空方的力量正在逐渐壮大，后市的下降趋势已成定局，只是下跌时间的早晚而已（如图2-3-26所示）。所以，遇到这种图形，投资者最好能够及时出局。

图 2-3-26

2010 年 4 月 12 日，凌钢股份（600231）拉出一根小阴线，随后连续 6 个交易日均是阴线，形成了徐缓下降 K 线组合，股价呈加速下跌态势。仔细观察盘中的走势，MACD 指标在股价未形成徐缓下降形态之前就形成了死叉，此为典型的卖出信号（如图 2-3-27 所示）。

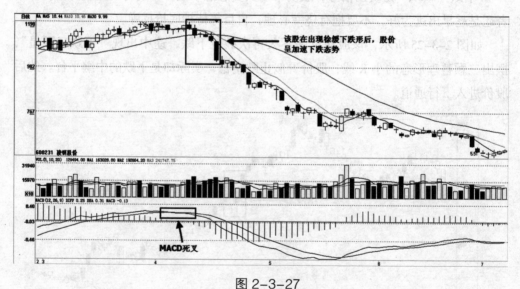

图 2-3-27

下降抵抗形

如图 2-3-28 所示，"下降抵抗形"的基本特征有以下几点：

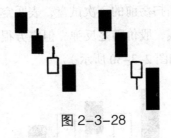

图 2-3-28

（1）出现在下跌途中。

（2）由若干根阴线和阳线组成，但阴线大大多于阳线。

（3）连续跳低开盘，即使中间收出阳线,但收盘价也要比前一根阴线的开盘价低。

需要说明的是，这种K线形态中出现的阳线是多方不甘心束手就擒的表现，但不管多方如何，此时总的下降趋势已成定局，多方已经无力回天。

这种形态会给投资者一种错觉，认为此时的股价即将反弹，结果买进后被套。所以，投资者遇到这种图形的时候，千万不要抢反弹，要谨慎，以观望为主，如果拉出阳线之后，股价第二天收出一根阴线，就一定要及时卖出。

中泰化学（002092）的股价在2010年4月26日上涨至最高价26.80元，拉出一根带有长长上影线的阴线，随后股价开始下跌。在下跌过程中形成了"下降抵抗性"K线形态，此后，股价便义无反顾地往下探底，一路下跌至7月2日的最低价15.88元，跌幅达69%（如图2-3-29所示）。

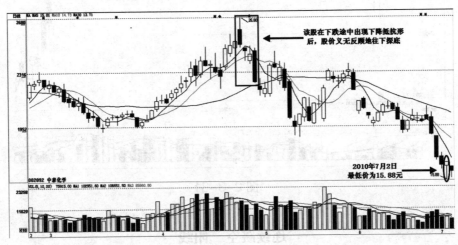

图 2-3-29

空方尖兵

"空方尖兵"通常出现在下跌的行情中。走势图上出现这种K线形态，实际上是空方主力向多方进行全面扫荡前的一次试盘，表明空方遇到多方的反抗，出现了一根带有较长下影线的阴线，股价随之反弹，但空方很快又发动了一次攻势，股价就穿越了前面的下影线（如图 2-3-30 所示）。

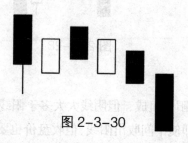

图 2-3-30

"空方尖兵"的出现意味着股价仍会继续下跌。投资者见此形态应适时做空，以减少股价继续下行带来的风险。

如图 2-3-31 所示，该股在相对高位长期横盘震荡，突然遭遇"空方尖兵"后迅速下挫，跌幅巨大。

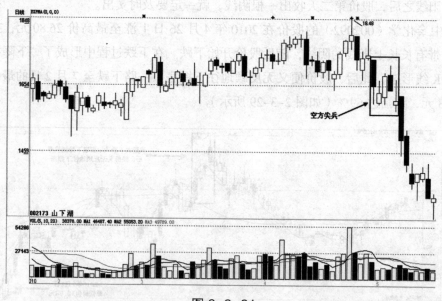

图 2-3-31

连续跳空三阳线

如图 2-3-32 所示，"连续跳空三阳线"一般出现在股价上涨的过程中，从图形上看，多头气势高昂，连续拉出三根向上跳空高开的阳线。但由于一鼓作气，再而衰，三而竭，多方用尽了最后力气，此时空方趁机组织力量反攻，多方就无力抵抗。

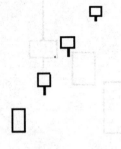

图 2-3-32

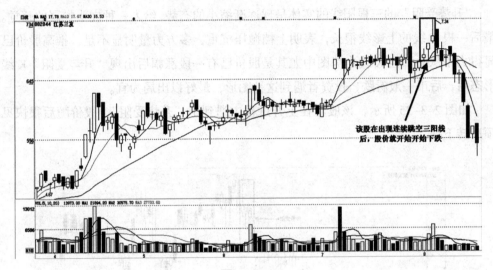

图 2-3-33

如果在上涨途中出现了这种图形态，投资者一定要提高警惕，因为这种形态大多是加速信号，预示后市即将见顶，见此图形，最好能够及时离场。

2009 年 8 月 3 日，江苏三友（002044）在股价上涨的高位出现连续跳空三阳线，随后股价开始下跌。从图中可以看出，空方连续拉出四个大阴线，跌势非常之凶猛（如图 2-3-33 所示）。

升势受阻

如图 2-3-34 所示，"升势受阻"的特征是：

1. 出现在涨势中。

2. 由三根阳线组成。

3. 三根阳线的实体越来越小，最后一根阳线的上影线较长。

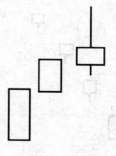

图 2-3-34

"升势受阻"的三根阳线的实体呈现逐渐缩小的态势，给人一种虎头蛇尾的感觉。最后一根 K 线的上影线很长，表明上档抛压沉重，多方力量明显不足，推高股价已显得力不从心。当 K 线走势图中尤其是股价已有一段涨幅后出现"升势受阻"K 线形态后，后市一般看跌，投资者遇到这种图形，最好以出局为宜。

如图 2-3-35 所示，该股就在上升过程中遇到了"升势受阻"，股价随后很快见顶反转下跌。

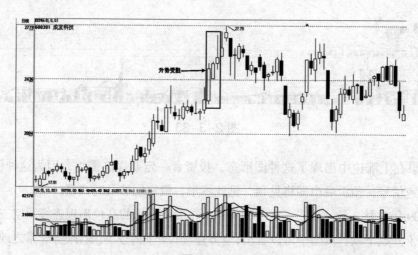

图 2-3-35

升势停顿

如图 2-3-36 所示，"升势停顿"的特征是：

（1）出现在涨势中。

（2）由三根阳线组成。

（3）上升时先拉出两根大阳线或是中阳线，第三根阳线实体很小。

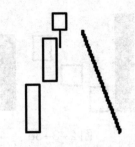

图 2-3-36

　　"升势停顿"出现在涨势中，尤其是股价已有了很大升幅之后，表明短期内多方力量已经接近极限，股价很有可能见顶反转。投资者对此应保持足够的警惕，当股价拉升无力时应及时出局以保护胜利果实。

　　如图 2-3-37 所示，该股在涨势末期收出一根带有较长上影线的中阳线，说明上档抛压比较重。第二个交易日，该股出乎意料地收出大阳线，多头加强了攻势。进入交易第三天该股即原形毕露，收出小阳线，显示股价上攻乏力，盘中出现下行的迹象。

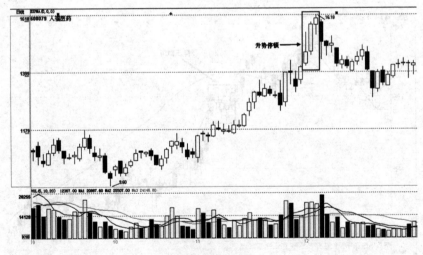

图 2-3-37

下降三部曲

　　"下降三部曲"又被称为"下降三法"，也叫作"降势三鹤"，其特征是股价在下降趋势中出现了一根大阴线或中阴线，随后出现三根向上爬升的小阳线，但这三根小阳线都没有冲破第一根阳线的开盘价，最后一根大阴线或中阴线，又全部或大部分吞吃了前面三根小阳线。（如图 2-3-38 所示）。

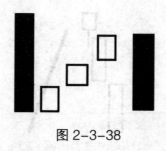

图 2-3-38

"下降三部曲"的出现，说明主力在制造股价回升的假象，自己趁机出逃。通常在出现下降三部曲后股价会加速下跌。那么，三根小阳线的反弹就是投资者最后的逃命机会。

如图 2-3-39 所示，该股在下跌途中出现"下降三部曲"组合，股价随后出现绵绵阴跌。

投资者要注意，在走势图中，我们很难发现非常标准的"下降三部曲"，也就是说，位于两条阴线中间的阳线有可能是三根，但也有可能是多根，这些形态都是标准形态的变异图形，投资者在使用的时候一定要活学活用，不要生搬硬套。

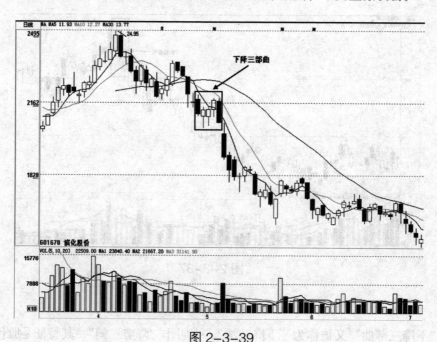

图 2-3-39

两阴夹一阳

如图 2-3-40 所示，"两阴夹一阳" K 线组合的基本特征是：

（1）既可出现在涨势中，也可出现在跌势中。

（2）由两根较长的阴线和一根较短的阳线组成，阳线夹在阴线之间。

（3）第三根阴线最好创出新低。

图 2-3-40

这种形态出现在股价上升的过程中意味着股价涨势已到尽头，股价有可能见顶回落；出现在下跌过程中意味着股价经过短暂的修整，将会继续下跌。

如图 2-3-41 所示，该股自横盘平台破位下跌，走势低迷。途中出现"两阴夹一阳"组合，表明空头力量强大，多头节节溃退，后市将继续低迷走势。从图中看出，该股此后逐浪下跌，跌幅巨大。

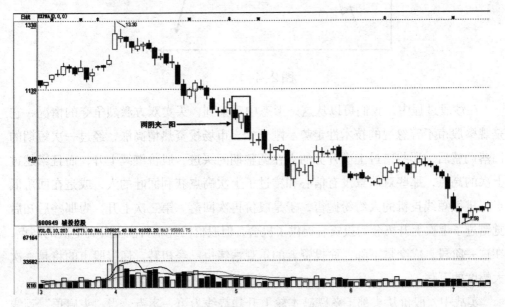

图 2-3-41

第四节　K线组合反转形态

头肩顶

"头肩顶"是最常见也是比较可靠的反转形态。"头肩顶"的形态呈现三个明显的高峰，其中位于中间的一个高峰较其他两个高峰的高点略高。在成交量方面，出现阶梯式下降（如图2-4-1所示）。这是一个长期性趋势的转向形态，通常在牛市的尽头和阶段性顶部出现。

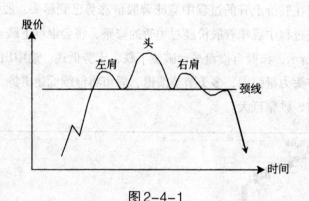

图2-4-1

在炒股过程中，我们可以从这一形态中观察到，买卖双方激烈争夺的情况，它是观察股市不容忽视的技术性走势。刚开始，市场投资热情高涨，经过一次短期的回落调整后，那些错过上次升势的人在调整期间买进，股价继续上升，而且攀越过上次的高点，那些对前景没有信心和错过了上次高点获利回吐的人，或是在回落低点买进做短线投机的人纷纷抛售，于是股价再次回落。第三次上升，为那些后知后觉错过了上次上升机会的投资者提供了机会，但股价已经不可能上升到上次的高点，在这一阶段，成交量下降，而投资者的乐观情绪也已经扭转。迎接股市的将是一次大幅度的下跌。

实战中，股价从头部下落跌破本轮上升趋势线为第一卖点。当"头肩顶"颈线被击穿时，就是另一个极重要的卖出信号。虽然此时股价与最高点比较已经有相当幅度的回落，但跌势只是刚刚开始，未出货的投资者应继续卖出。一旦有效跌破颈线，股价有机会出现反弹，回抽确认颈线时为最后的卖出机会。

华泰股份（600308）在一段上涨行情的末端出现了"头肩顶"形态，随后股价开始一路下跌，从"头肩顶"头部的最高价 17.74 元下跌至 2010 年 7 月 2 日的最低价 8.8 元，跌幅达 102%。观察该图可以发现，如果对 K 线图形不是特别敏感的话，这种不太明显的头肩顶形态是很不容易被识别出来的，但投资者也别着急，此时可以借助其他因素进行分析。从图中我们可以发现此时的均线系统出现了首次粘合向下发散的形态，而 MACD 指标也出现了拒绝金叉形态，DIFF 和 DEA 双线向下运动，并位于 0 轴下方，这说明市场已经转为空头，应该看空。不过，如果识别出头肩顶形态的话，投资者就可以在其右肩出现的时候马上卖出，这样会比其他投资者更抢占先机（如图 2-4-2 所示）。

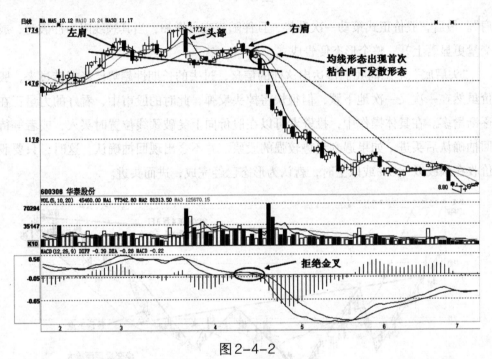

图 2-4-2

头肩底

如图 2-4-3 所示，"头肩底"形态是一种常见的反转形态，具有很强的预测功能。"头肩底"形态又称"倒转头肩式"。股价处于明显的下跌途中，突然会走出一波加速下跌的走势，下跌到一定程度之后出现了反弹的行情，从而形成底部的第一个低点，即"左肩"。随后股价又再次下跌且跌破上次的最低点，成交量再次随着下跌而增加，较"左肩"反弹阶段时的交投为多——形成"头部"；从"头部"最低点回升时，成交量有可能增加。当股价反弹到前次反弹的高点附近再次遇阻回落，但这次股价并没有创出新低，而是前次低点之前涌出了大量的买盘，将股价再次托起，形成"右

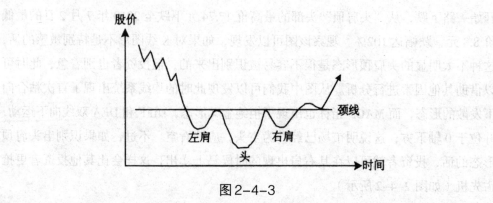

图 2-4-3

肩"。最后，股价正式策动一次升势，且伴随成交量增加，当其颈线阻力冲破时，成交量更显著上升，整个形态便告成立。

"头肩底"形态向我们传达出这样的信息，过去的长期性趋势已经扭转过来，股价虽然在一次又一次地下跌，但很快将掉头反弹，此时的股市中，看好的力量正在逐渐增多。在具体操作中，投资者可以在股价向上突破颈线位置时买入，或者等待回抽确认后买进；如果遇到走势较强的股票，并不会出现回抽确认，这时，只要股价收在颈线以外 3% 或以上时，就认为形态已经完成，进而买进。

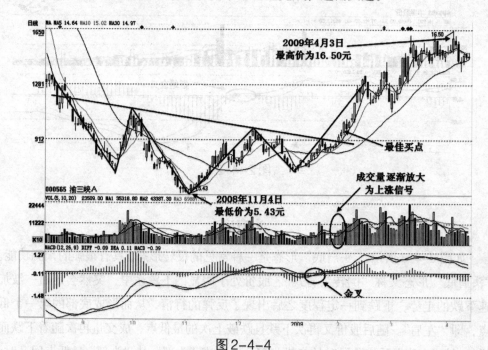

图 2-4-4

渝三峡 A（000565）在下跌的底部出现了头肩底形态之后，股价一路上涨，从 2008 年 11 月 4 日的最低价 5.43 元涨至 2009 年 4 月 3 日的最高价 16.50 元，涨幅达

204%。出现头肩底形态后，股价突破颈线时激进型的投资者就可以买进，而稳健型的投资者可以等股价回抽之后出现放量的时候再积极买进。（如图 2-4-4）。

复合头肩形

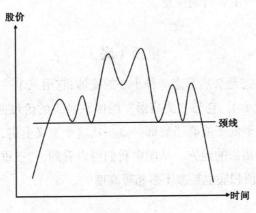

图 2-4-5

如图 2-4-5 所示，"复合头肩形"是"头肩式"（头肩顶或头肩底）的变形，其走势形状和"头肩式"十分相似，只是肩部、头部、或两者同时出现多于一次，大致来说可划分为以下几大类：

1."一头双肩式"形态。

一个头分别有二个大小相同的左肩和右肩，左右双肩大致平衡。比较多的是一头双右肩，在形成第一个右肩时，股价并不马上跌破颈线，反而掉头回升，不过回升却止于右肩高点之下，最后股价继续沿着原来的趋势向下。

2."一头多肩式"形态。

一般的头肩式都有对称的倾向，因此当两个左肩形成后，很有可能也会形成一个右肩。除了成交量之外，图形的左半部和右半部几乎完全相等。

3."多头多肩式"形态。

在形成头部期间，股价一再回升，而且回升至上次同样的高点水平才向下回落，形成明显的两个头部，也可称作两头两肩式走势。有一点必须留意：成交量在第二个头部往往会较第一个减少。

"复合头肩形"的分析意义和普通的"头肩式"一样，当其出现在股价运行的底部时，即表示一次较长期的升市即将来临；假如其出现在股价运行的顶部，即表示市场将转趋下跌。

在形成"复合头肩形"的初期，因成交量可能不规则，使形态难以辨认，但只要耐心观察其后的走势,就可以看出它和"头肩形"的趋势完全一致。当股价跌破(向上突破)"复合头肩形"的颈线时,投资者最好能及时卖出(买进)。

很多投资者认为,这种"复合头肩形"的威力一定要比单纯的"头肩形"的威力大,其实,这种想当然的想法并不正确,它所表达出来的含义要比"头肩形"弱。所以,投资者在应用的时候一定要特别注意。

三重顶(底)

"三重顶"(底)形态是头肩形态一种小小的变体,它由三个一样高(低)的顶(底)组成(如图 2-4-6 所示)。它与"头肩形"的区别是头的价位向回缩到与肩差不多相等的位置,有时甚至低于或高于肩部一点。从这个意义上讲,"三重顶"(底)与"双重顶"(底)也有相似的地方。从图中我们可以看到,"三重顶"(底)的颈线差不多是水平的,三个顶和底也是差不多相等高度的。

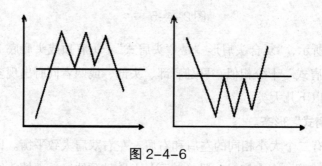

图 2-4-6

对于"三重底"形态,其突破颈线位后的理论涨幅,将大于或等于低点到颈线位的距离。所以,投资者即使在形态确立后介入,仍有较大的获利空间。

激进型的投资者可以在股价即将突破颈线位且成交量有明显放大时买入;稳健型的投资者可以在股价已经成功突破颈线位时买入。

如图 2-4-7 所示,该股在经历过很深的跌幅之后,形成一个徐徐上行的"三重底"形态,并在稍后引领了一波上涨行情。

"三重顶"的最小跌幅是从顶部到颈线的位置,且顶部越宽,跌幅越大。实战中,当第二个波峰形成时,成交量出现顶背离现象,投资者要适当减仓。一旦第三个波峰形成,成交量出现双重顶背离的时候,则需要考虑离场,特别是在三重顶形成之前股价已经大幅炒高的时候。而当股价跌破颈线位时,是一个重要的卖出信号,持股者应该坚决卖出。

如图 2-4-8 所示,该股一路高歌猛进,在突破"三重顶"形态的颈线位置后迅

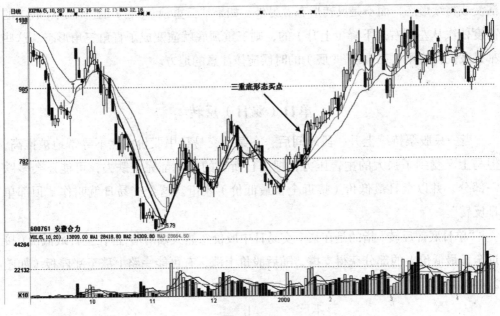

图 2-4-7

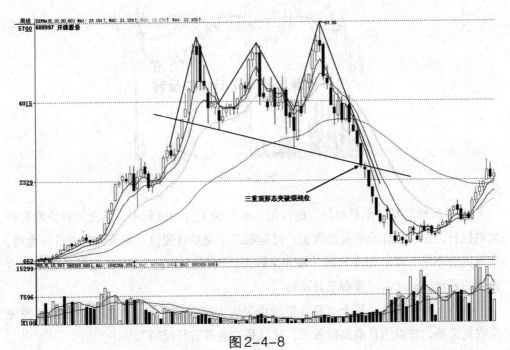

图 2-4-8

速下滑。

　　投资者要注意，因为"三重顶"（底）的颈线和顶底（或低部）连线是水平的，这就使得三重顶底具有矩形的特征。比起"头肩形"来说，"三重顶"（底）更容易演变成持续形态，而不是反转形态。另外，如果"三重顶"（底）的三个顶（底）的高度依次从左到右是下降（上升）的，则三重顶底就演变成了直角三角形态。这些都是我们在应用"三重顶"（底）的时候应该注意的地方。

单日（双日）反转

当一只股票持续上升一段时间后，在某个交易日中股价突然不寻常地被推高，但马上又受到了强大的抛售压力，把当日所有的升幅都完全跌去，可能还会多跌一部分，并以全日最低价（接近全日最低价）收市。这个交易日就叫作"顶部单日反转"。

"单日底部反转"指的是在某个交易日中股价忽然大幅滑落，但在全日最低价（接近全日最低价）的部分获得支撑，随后股价上涨，有可能一路上涨至涨停板（如图2-4-9所示）。

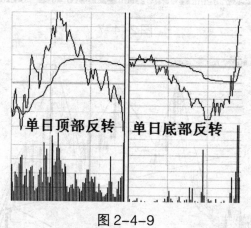

图 2-4-9

"双日反转"是"单日反转"的变形。在股价上升的过程中，某交易日该股股价大幅拉升，并以全日的最高价收市。可是第二个交易日股价以昨天的收市价开盘后，全日价格不断下跌，把昨日的升幅完全跌去，而且可能是以上日的最低价收市。这走势的表现就称之为"顶部双日反转"。

同样，在下跌时，某个交易日里股价突告大幅滑落，但接着的一个交易日便完全收复失地，并以当日最高价收市，这就是"底部双日反转"。

"单日（双日）反转"所表达的市场意义是什么呢？我们以"单日反转"为例来说明。"单日反转"形态的市场含义至少有两点：

（1）大市暂时见顶（当"顶部单日反转"出现），或是见底（当"底部单日反转"出现）。"顶部单日反转"通常在消耗性上升的后期出现；"底部单日反转"则是在恐慌性抛售的末段出现。

（2）单日反转形态并非长期性趋势逆转的信号，这种反转形态一般通常出现在整理形态中，虽然亦可能在长期性趋势的顶点（或底点）出现。

在使用单日反转形态的时候，要注意以下几点：

（1）单日反转当天，成交量突然大增，而价位的波动幅度很大，两者较平时都明显增大。如果成交量不高或全日价格波幅不大，形态就不能确认。

（2）当日股价在两个小时内的波动可能较平时三四个交易日的波幅更大。顶部单日反转时，股价开市较上个交易日高出多个价位，但很快地形势逆转过来，价格迅速以反方向移动，最后这一天的收市价和上个交易日比较几无变化。底部单日反转情形则是完全相反。

（3）一般在临收市前 15 分钟，交投突然大增，价格迅速朝反方向移动。

（4）两日反转的成交和价位，两天的波幅同样巨大。顶部两日反转第二个交易日把前交易日的升幅完全跌去；而底部两日反转则完全升回前交易日的跌幅。

圆弧顶

"圆弧顶"出现的频率并不大，但它的预测功能相当强。通常出现在长期上涨的高位区域，有时也出现在下跌的过程中。它经常出现在大蓝筹股中，由于持股者心态稳定，多空双方力量很难出现急剧变化，所以主力在高位慢慢派发，股价呈弧形上升。此时的股价虽然不断升高，但升不了太多就会回落，先是新高点较前点高，后是回升点略低于前点，这样把短期高点连接起来，就形成一个"圆弧顶"，它是一种典型的反转形态（如图 2-4-10 所示）。

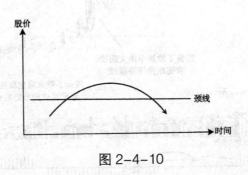

图 2-4-10

"圆弧顶"的出现预示着大跌市即将来临，未来的下跌趋势将急转直下，投资者应及时离场，未进场的投资者则不要参与，实战中应注意以下几点：

（1）"圆弧顶"没有像其他图形一样有着明显的卖出点，但其一般形态耗时较长，有足够的时间让投资者依照趋势线、重要均线及均线系统卖出。

（2）在"圆弧顶"末期，股价缓慢盘跌到一定程度，引起持股者恐慌，会使跌幅加剧，常出现跳空缺口或大阴线，此时是一个强烈的出货信号。

（3）有时当圆弧头部形成后，股价并不马上下跌，反复横向发展形成徘徊区域，这个徘徊区称为"碗柄"。一般来说，这个"碗柄"很快便会突破，股价继续朝着预期中的下跌趋势发展。

深赤湾 A（000022）在股价上涨的顶端出现了"圆弧顶"形态，投资者应该在"圆弧顶"形成之际及时卖出。投资者还可以结合 MACD 指标判断卖出的时机，如图，在"圆弧顶"形成之际，MACD 指标也出现拒绝金叉的形态，双线张口向下发散并下穿 0 轴，这说明后市将进入空头市场，投资者应该及早退出。

那么，遇到这种走势形态，投资者什么时候才可以买进呢？从图中我们可以发现，在股价下跌的过程中出现了大阴线，这种在下跌过程中出现的大阴线为持续性大阴线，暗示着后市继续看淡，投资者应该坚持看空思维。随着股价的继续下跌，又出现了一根大阴线，见到这根大阴线投资者就要警惕，这有可能是股价即将见底的信号，但不要急于操作，要看后市股价的走势，在几天之后，股价收出了一根 T 字线，这种出现在股价下跌末端的 T 字线暗示着后市即将上涨，此时投资者就可以保持看多的思维，而此时的 MACD 也出现的金叉的形态，投资者就可以在此寻找买进时机了（如图 2-4-11 所示）。

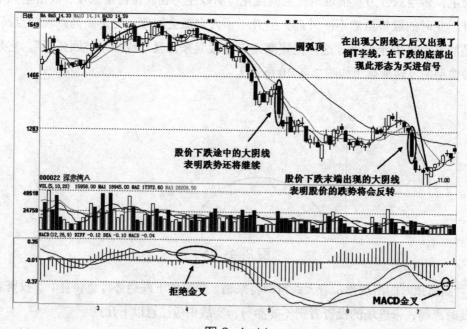

图 2-4-11

圆弧底

如图 2-4-12 所示，股价经过一波长期的下跌之后，跌势逐渐缓和，开始以小阴小阳的方式缓慢下移，成交量也同步萎缩，并最终停止下跌进入筑底过程；在整个筑底过程中，每天的涨跌幅度相当小，但是在底部整理一段时间之后重心就会开始上移，继而出现一个向上跳空的缺口，"圆弧底"形态就此确立。

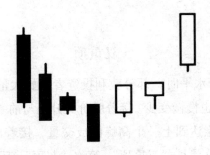

图 2-4-12

这种技术形态可以出现在长期下跌的底部，也可以出现在上涨的途中，或者是重要的技术压力位置，但无论出现在那个区域，都是一个看涨的形态，后市转为升势的可能性很大。投资者见到这种图形之后，可适当做多。

"圆弧底"的最佳买入时机是在其右边往上微微翘起的时候。在"圆弧底"筑成之后，其股价一般都沿着翘涨的惯性不断地往上冲，直至出现快涨。在其右边往上

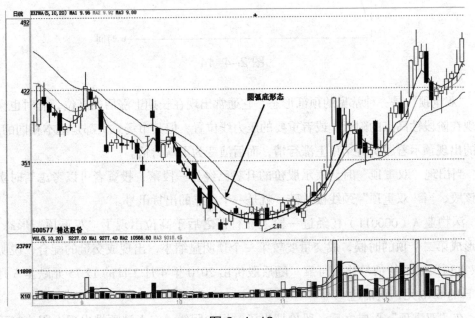

图 2-4-13

翘涨的过程中，一般有好几个交易日，每天的 K 线保持着小阴小阳，涨跌幅度都很小，整体呈现温和上涨，温和放量态势，在此期间，适宜买进。另外要尽量寻找构筑圆弧底部时间相对较长的个股，因为时间越长，底部基础越扎实，日后下跌的可能性越少，很少有主力会花太长的时间去做一个完整的形态陷阱。

如图 2-4-13 所示，该股就是在底部构筑了"圆弧底"K 线组合图形，随后，股价就一路上行。

双重顶

股价上升到某一个水平时，部分获利投资者开始大量抛出，成交量有效放大，股价随之下跌，成交量也慢慢变少。接着股价又升至与前一个价格几乎相等的顶点，成交量随之增加却不能达到上一个高峰的成交量，接着出现第二次下跌，股价的移动轨迹就像 M 字。这就是"双重顶"，简称"双顶"，又称"M 顶"（如图 2-4-14 所示）。

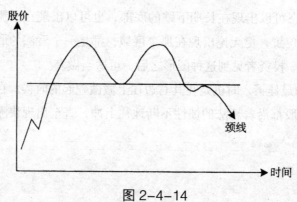

图 2-4-14

"双重顶"是一种常见的顶部形态，它通常出现在长期上涨后的高位，有时也会出现在阶段性高点的附近，或者重要的压力线位置，但其市场意义都是基本相同的。它的出现预示着股价将结束上涨行情，而后演变为下跌行情。

当出现"双重顶"时，表示股价的升势已经告一段落，投资者可以考虑暂时卖出该股，当"双重顶"颈线被跌破，就是一个可靠的出货讯号。

深物业 A（000011）在经过一段上涨行情之后于高位出现了"双重顶"形态，在形成第二个顶的时候，成交量要较第一个顶明显缩小，出现成交量的配合，说明"双重顶"表示的信号比较可靠。随后股价由 2010 年 4 月 2 日的 12.75 元跌至 5 月 21 日的 6.46 元，跌幅达 97%。

在"双重顶"形成之后，股价拉出了一根大阴线，在上涨顶端出现大阴线暗示着股价的跌势已成定局，投资者对后市不要抱有幻想，而且从图中还可以发现，在经过几天的连续下跌之后，又出现了一根大阴线，这根在下跌途中出现的大阴线同样是股价继续下跌的可靠信号，投资者此时要保持看空思维，谨慎操作，以观望为主（如图 2-4-15 所示）。

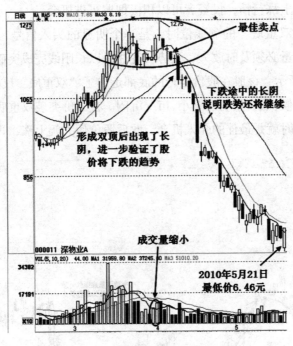

图 2-4-15

双重底

当股价经过一波下跌行情之后开始筑底，股价随后开始逐步回升，甚至是快速拉升，形成第一个底部，但在股价经过一定幅度的回升之后，再次遇到了阻力出现

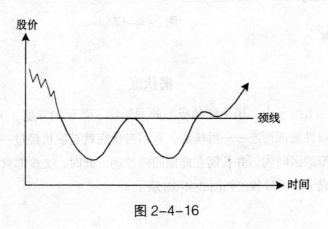

图 2-4-16

回落，在回落的过程中形成了第二个底部，随后股价再次向上反弹，形成"双重底"，又叫"双底"。由于其整个走势类似于字母"W"，所以也叫作"W 底"（如图 2-4-16 所示）。

"双重底"形态通常出现在长期下跌之后的底部，是一个反转形态，表示跌宕告一段落，即将出现上涨行情，投资者可以积极把握买进机会。

当股价突破"双重底"的颈线位时，是一个明显的买入信号，需要注意的是，上破颈线时，成交量必须及时放大，强势股往往是以长阳线完成突破的。

如图 2-4-17 所示，该股在股价运行的底部走出了"双重底"反转形态，此时第二个底部形成的时候，成交量明显缩小，市况沉闷。在股价突破双重底的颈部位置时，放量拉出长阳，此时就是最佳的介入机会，此后股价便大幅上涨，再不回头。

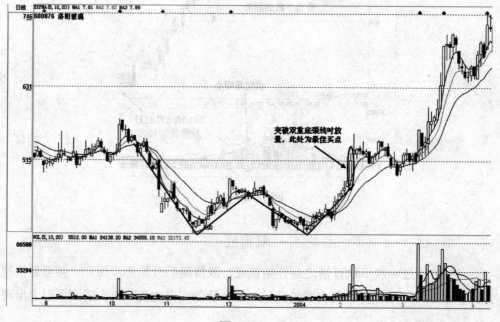

图 2-4-17

潜伏底

在股市技术图形中，属于底部形态的图形除了常见的双底、头肩底、圆底外，还有一种爆发性底部形态——潜伏底。所谓潜伏底就是股价经过一段跌势后，开始处于一个狭窄的区间内，并长期在此期间内波动，此时，交投非常清淡，股价和成交量各自形成了一条带状（如图 2-4-18 所示）。

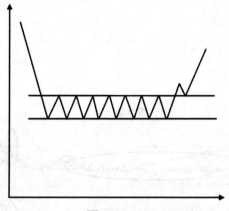

图 2-4-18

这里投资者要将潜伏底和矩形形态区分开来，一般来说，潜伏底的形态较矩形来说更狭长，而且矩形形成之后股价的运行方式一般有两种，向上或向下突破，但潜伏底形成之后，股价的走势就一种，那就是向上突破，一旦股价向上突破，就会一路上涨，很少出现回探现象。这是因为股价横盘的时间已经很长，换手相当彻底的缘故。

在实践中，投资者遇到这种形态后要谨慎选择入市时机，一般在股价放量上冲的时候买进为好。这主要是因为潜伏底形成的时间比较长，历时数月甚至数年之久的潜伏底屡见不鲜。如果买进的时间过早，有可能经受不住股价不死不活的长时期的折磨，在股价发动上攻行情前离它而去。所以，一定要谨慎选择买入点。

武钢股份（600005）在出现潜伏底之后出现了一段很长时间的上涨行情，投资者可以在潜伏底出现之后股价回抽出现放量上涨时买进，因为此时风险一般相对较小。该股的 MACD 指标还出线了双线合一，该双线合一属于位于"安全区"，股价上涨还远未达到顶峰，在平台之中横盘，没有大幅度的上下波动，此时只要 MACD 双线张口向上，则会出现较为缓慢的上涨趋势，投资者应该把握住时机（如图 2-4-19 所示）。

另外，投资者还要注意，遇到潜伏底的时候要敢于追涨。通常，潜伏底一旦爆发，上攻势头十分猛烈，常常会造成连续逼空的行情。但对于大多数投资者来说，因为没有掌握潜伏底的基本特征，在股价上涨的过程中看到连续拉出的大阳线之后，就不敢再追涨，害怕走势发生反转。

其实，一旦潜伏底出现，只要股价的上涨幅度不超过 50%，成交量保持价升量增的态势，就可以追涨。

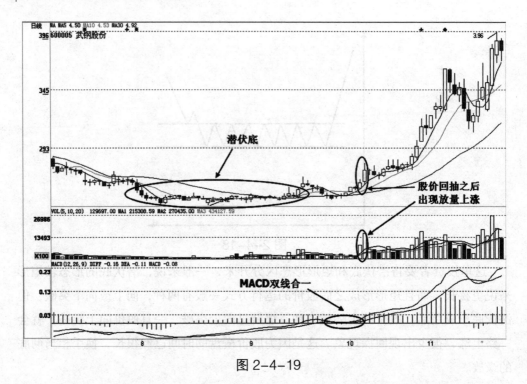

图 2-4-19

　　一般来说，潜伏底上扬时往往会出现大阳线后再拉大阳线，超涨之后再超涨的现象，这是潜伏底往上突破的一个重要特征。因此在潜伏底涨升初期，对它追涨应该是一个比较好的选择。

底部岛形反转

　　股价有了一定的跌幅后，某日却突然跳空低开，留一缺口，随后股价继续下探；但股价自下跌到某低点又突然峰回路转，向上跳空开始急速回升；这个向上跳空缺口与前期下跌跳空缺口，基本处在同一价格区域的水平位置附近。这样，两个缺口就把 K 线形态分成了两个部分，底部的就像一个孤岛，这就是"底部岛形反转"形态（如图 2-4-20 所示）。

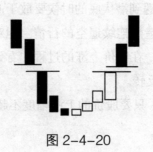

图 2-4-20

"底部岛形反转"是一个转势形态，表明股价已见底回升，将从跌势化为升势。虽然这种转势并不会一帆风顺，多空双方会有一番激烈的争斗，但总的形势将有利于多方。通常，在底部发生"岛形反转"后，股价有时会发生震荡，但多数情况下回抽到缺口处会止跌，而后再次发力上攻。

投资者面对这种"底部岛形反转"的个股，应首先想到形势可能已经开始逆转，不可再看空了。对于激进型的投资者来说，可在"岛形反转"后向上跳空缺口的上方处买进，而稳健的投资者可在股价急速上冲回探向上跳空缺口获得支撑后再买进。

中国宝安（000009）在出现"底部岛形反转"形态之后，就一路上涨，最高涨至2007年10月9日的16.00元，较7月6日的最低价9.43元，涨幅达70%（如图2-4-21所示）。

但在买进的时候也要注意，当股价回探封闭了向上跳空缺口时，应不要买进，以密切观望为主。因为如果向上跳空的缺口一旦被封闭，后市将会转弱。

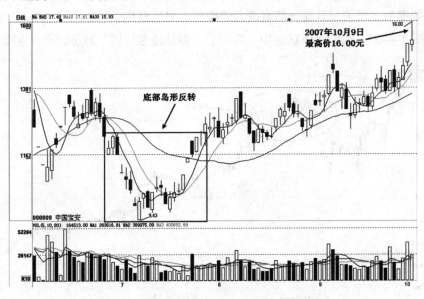

图 2-4-21

顶部岛形反转

在一轮上涨行情的末期，股价在拉升过程中出现向上的跳空缺口，接着会出现滞涨现象，多空双方在此缺口上展开争夺，此时也恰恰是主力出货的好时机，当然最终结果是以空方的胜利而告终，随后在下跌过程中也出现跳空缺口，方向向下。至此，整个股价K线图被分成了上下两截，使高位争持的区域在K线图上看来，就像是一个远离海岸的孤岛形状，这就是"顶部岛形反转"形态（如图 2-4-22 所示）。

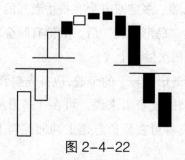

图 2-4-22

这种形态常常出现在长期或中期性趋势的顶部，有时也会出现在下降过程中，但不管出现在哪个位置，都是一种看跌的形态，其最大的特点就是两边的跳空高开和跳空低开，否则不构成"顶部岛形反转"形态。"顶部岛形反转"形态一旦成立，说明近期股价下跌已成定局，此时持筹的投资者只能认输出局，如果继续持股必将遭受更大的损失；而空仓的投资者最好不要再过问该股，即使中途有什么反弹，也尽量不要参与，可关注其他一些有潜力的股票，另觅良机。

如图 2-4-23，该股在下跌途中，形成了"顶部岛形反转"形态，股价继续走低。

图 2-4-23

V 形和伸延 V 形

股价连续加速下跌之后，受到突如其来的某种因素扭转了整个趋势，在底部伴随大成交量，形成十分尖锐的转势点，出现了快速反弹，成交量也跟着快速放大，

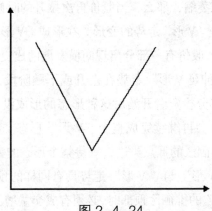

图 2-4-24

从而形成"V形"走势（如图 2-4-24 所示）。"V形"是一种强烈的上涨信号。

这种形态既可以出现在长期下跌之后的低位区域，也可以出现在上涨的中途甚至是大幅上涨后的高位。在不同的位置出现这种形态，其所代表的意义也不同。比如出现在长期下跌的低位区域，则预示着后市股价出现反弹的行情；而出现在大幅上涨后的高位，则往往是主力为了出货制作的假象。

"V形"反转形态形成时间较短，是研判比较困难、参与风险较大的一种形态，这种形态爆发力大，可在短期内赢取暴利。

那么，投资者要如何准确地把握住"V形反转"带来的机会呢？在此，我们总结了以下几点，投资者要注意：

1. 涨跌幅度。

一般来说，如果股价在短期内的涨跌幅度越大、动力越强，那么，出现"V形反转"的可能性也就越强，如果超过 5% 以上的巨阳或巨阴出现，就是很好的配合证据。

2. 价量配合。

通常而言，当"V形反转"即将形成的时候，成交量会明显放大，尤其转势前后成交量的放大，实际上是最后一批杀跌盘的涌出和主力接货造成的。

3. 结合中长期均线进行研判。

一般我们多采用 20 日均线。当股价第一次突破 20 日均线时，虽不能明确"V形反转"能否确立，但这却是激进的做多或做空信号，一旦出现第二次突破 20 日均线，基本上可以确认反转趋势的确立，这是稳健的做多或做空信号。

如图 2-4-25 所示，棱光实业（600629）在出现了"V形"走势之后，就走出了一波上涨的行情，由 2008 年 10 月 30 日的最低价 5.48 元涨至 2009 年 3 月 27 日的 15.00 元，涨幅高达 174%。一般在该形态形成之后，股价都会有一个反抽回探的过程，如果此时的成交量出现萎缩，那么，当股价再次拉升的时候，就是买进的最佳时期。

"伸延 V 形"走势是"V 形"走势的变形。在形成"V 形"走势期间，其中上升（或是下跌）阶段呈现变异，股价有一部分出现向横发展的成交区域，其后打破这徘徊区，继续完成整个形态。"伸延 V 形"走势在上升或下跌阶段，其中一部分出现横行的区域，主要是因为大部分投资者开始对这种形态的形成没有信心导致，但这股弱势力量被消化后，股价就会再继续完成整个"V 形"形态。在出现"伸延 V 形"走势的徘徊区时，可以在徘徊区的低点买进，等待整个形态的完成。

一般来说，"伸延 V 形"与"V 形"走势具有同样的预测威力。但在此要注意，股价在突破"伸延 V 形"的徘徊区顶部时，必须有成交量增加的配合，在跌破倒转"伸延 V 形"的徘徊底部时，则不必要成交量增加。

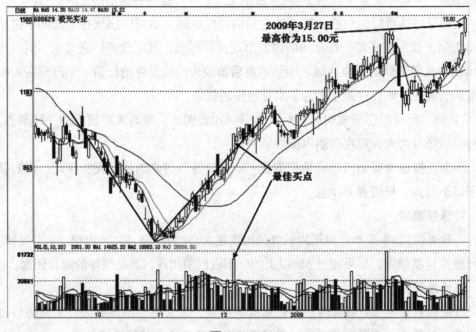

图 2-4-25

喇叭形

"喇叭形"又被称为"扩散三角形"，一般出现在股价上涨的过程中，上升的高点越来越高，而下跌的低点越来越低，如将两个高点连成直线，再将两个低点连成直线，即可形成一个喇叭状，这就是"喇叭形"（如图 2-4-26 所示）。

"喇叭形"一般常出现在投机性很强的个股上，当股价上升时，投资者受到市场热烈的投机气氛或谣言的感染，疯狂地追涨，成交量急剧放大；而下跌时，则盲目

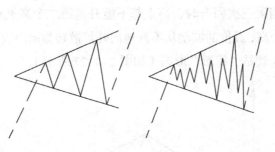

图 2-4-26

杀跌，正是由于这种原因，造成了股价的大起大落。

"喇叭形"是股价大跌的先兆。当投资变得毫无理智时，其中蕴含的风险也就不言而喻，而"喇叭形"正是人们过度投机心理在图表上的反映，它暗示升势已经穷尽，下跌一触即发。

面对"喇叭形"，投资者的操作策略只有两个字——退出，因为此时投资的盈利机会很小，风险却很大，一旦股价向下击破"喇叭形"的下边线，将可能引发一轮跌势，逃之不及的人，就可能被深度套牢。

因此，普通投资者尽量不要参与买卖，持股的投资者最好进行减仓，如一旦发现"喇叭形"往下突破，应及时把股票全部卖出，停损离场。

这里需要补充一点，虽然"喇叭形"经常是以下跌告终，但也会有特殊情况出现，尤其是当上边线不是向上倾斜而是水平发展的时候，这时股价可能向上突破，展开一轮升势。

但在实践应用中，这种情况很少出现，一般出现"喇叭形"之后，股价向下突破居多，在"喇叭形"即将形成的时候卖出股票，总是对的时候多，错的时候少。另外，"喇叭形"如果要向上突破，是会有一些蛛丝马迹显露在盘面上的，通常的表现是，在形态内的第三次下跌时，成交量会出现迅速萎缩，这说明市场情绪正在发生变化，人们的持股信心已趋稳定，这与"喇叭形"最后阶段成交量急剧放大正好相反。随后股价会在这种形态的上边线稍作停留，或者进行一次小幅回调，下跌明显无力。在对这些情况进行确认之后，才可以说，此时的"喇叭形"才有可能发生变异，向上突破。如果投资者发现了这种异向，再决定买进也不迟。

菱形

"菱形"反转形态可以看成是"喇叭形"接连"对称三角形"的合并图形，左半部和"喇叭形态"一样，其市场的含义也相同，第二个上升点较前一个高，回落低点亦较前一个低，当第三次回升时，高点却不能升越第二个高点水平，接着的下跌回落点却又较上一个高，股价的波动从不断地向外扩散转为向内收窄，右半部和"对称三角形"一样，这就是"菱形"形态（如图 2-4-27 所示）。

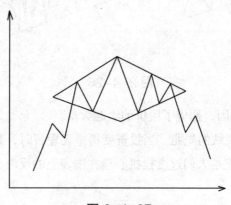

图 2-4-27

"菱形"的另一个名称叫"钻石形"，是另一种出现在顶部的看跌形态。它比起上面的"喇叭形"来说，更有向下的愿望。由于它的前半部分类似于"喇叭形"，后半部分类似于"对称三角形"。所以，"菱形"有"对称三角形"保持原有趋势的特性。前半部分的"喇叭形"形成之后，趋势应该是下跌，后半部分的"对称三角形"使这一下跌暂时推迟，但它们结合之后的图形，终究是摆脱不掉股价即将下跌的命运的。所以，投资者在走势图中遇到这种形态之后，一定要在这种形态确认之后，及时卖出，当然，如果你有前瞻能力，趁该形态未形成的时候卖出就更好了。

由于"对称三角形"的存在，"菱形"还具有测算股价下跌深度的功能。"菱形"的形成过程的成交量是随价格的变化而变化的，开始是越来越大，然后是越来越小。

"菱形"的测算功能是以菱形的最宽处的高度为形态高度的，今后下跌的深度从突破点算起，至少下跌一个形态高度。

识别"菱形"时有几点应该注意：

（1）技术分析中，形态理论中的"菱形"不是严格的几何意义上的菱形。这一点同别的形态是一样的。

（2）"菱形"上面两条直线的交点有可能并非正好是一个高点。左、右两边的直线由各自找的两个点画出，两条直线在什么位置相交就不要求了。同理，"菱形"下面两条直线也有与上面两条直线相似的可能。

（3）"菱形"有时也作为持续形态，不出现在顶部，而出现在下降趋势的中途。这时，它还是要保持原来的趋势方向，换句话说，这个"菱形"之后的走向仍是下降。

第五节　K线组合整理形态

收敛三角形

股价在一定区域的波动幅度逐渐缩小，即每轮波动的最高价都比前次低，而最低价都比前次高，呈现出收敛压缩图形。将这些短期高点和低点分别以直线连接起来，就形成了一个对称的三角形，即"收敛三角形"，又叫"对称三角形"（如图 2-5-1 所示）。

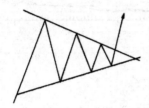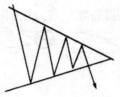

图 2-5-1

一般情况下，"收敛三角形"属于整理形态，即价格会继续原来的趋势移动。这种形态形成出现时，成交量随越来越小幅的价格变动而递减，反映出多空力量对后市犹豫不决的观望态度，然后当价格突破"收敛三角形"的上下边线时，成交量随之而变大。如果突破后有反抽行为，就是最佳的买卖时机。

金证股份（600446）在 2010 年 7 月份走出了"收敛三角形"整理形态，随后股价向上突破，涨至 11 月 2 日的 16.00 元，涨幅达 81%。当股价"突破三角形"的上边线，拉出放量阳线的时候就是投资者的最佳买点。另外，如果在三角形的形成过程中投资者没能够准确认出这种形态，也可以观察其 MACD 指标，该指标在股价经过一段下跌向上发力的时候走出了金叉，并一路向上移动到 0 轴的上方，这说明市场已转入多头，投资者尽可以看多（如图 2-5-2 所示）。

在判断这种形态的买卖点的时候，要注意此时在三角形顶端突破时的成交量。如果成交量能有效放大，说明向上突破是真实可信的，可判定增量向下倾斜只是空头陷阱，往往很快会恢复为上涨行情；如果在三角形顶端突破时的成交量处于萎缩状态，那么证明向下突破是真实可信的，而缩量向上的突破大多是假突破。因此，当大盘产生突破性行情时，投资者可以根据量能的变化研判大盘最终的发展趋势。

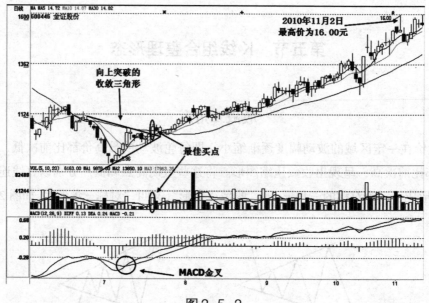

图 2-5-2

另外还要注意大盘突破后的回调。"收敛三角形"突破后通常有回调走势，如果在短时间内能迅速结束回调走势，并且不跌破原来的顶点位置，说明大盘向上突破是有效的。如果收敛三角形突破后股指无力上攻，回调时轻易跌破顶点位置，则说明大盘向上突破是无效的。

此外，投资者还要注意这种形态规模的大小。一般情况下"收敛三角形"的形成时间越长，构成规模越大，一旦向上突破后，相应的理论上涨空间也较大。但这并不说明"收敛三角形"的规模越大越好，如果出现了长达数年的"收敛三角形"走势，这种情况在实际操作就没有多少效果了，因为三角形的走势反映了投资者的一种短期投资心态，而投资者是不可能会受到几年前的心态影响的。一般由数月时间构筑的"收敛三角形"的突破力度最强。

上升三角形

"上升三角形"一般在股价的上涨途中出现，股价上涨的高点基本上处于同一位置，但回落的低点却是在不断上移，股价波幅渐渐收窄，与此同时，成交量也在不断萎缩，不过在上升阶段的成交量较大，下跌时的成交量较小。如果将上边的高点和下边的低点分别用两条直线连在一起，则形成了一个向上倾斜的三角形（如图2-5-3所示）。

"上升三角形"是一个强烈的中级技术整理形态，一般在最后都会选择向上突破，但必须注意的是，"上升三角形"向上突破时，一般都伴随较大的成交量，无量往上突破可能是假突破，投资者此时不可贸然进入。通常，在当股价运行到上边线 2/3 左右的位置后，就会向上穿越上边线，随后继续上涨，此时的上边线成为一个强支撑线。

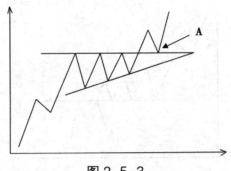

图 2-5-3

出现这种形态，意味着股价在蓄势上扬，是典型的买进信号。在实际操作中，可在股价突破上档压力线，小幅回落，再次发力创新高之后（图中所标示的 A 点）跟进。

上海梅林（600073）在 2009 年初出现"上升三角形"形态之后，就一路上涨，从其形态形成之际的最低价 6.26 元上涨至 2009 年 8 月 6 日的最高价 10.88 元，涨幅为 74%。投资者可以在股价向上放量突破三角形的上边线的时候买进（如图 2-5-4 所示）。

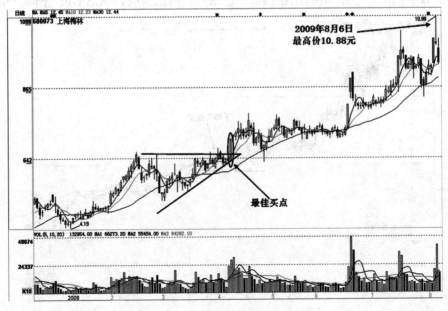

图 2-5-4

下降三角形

当股价下跌一定阶段后，会出现反弹，高点会逐步降低，但每次下探的低点都几乎处于同一水平位置上，反弹时成交量不能放大，下跌时却比弹升时的成交量要大（如图 2-5-5 所示）。

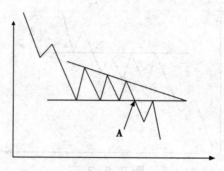

图 2-5-5

"下降三角形"的形成是由于卖方显得较为积极，抛出意愿强烈，不断将价格压低，在 K 线图上表现为压力颈线从左向右下方倾斜；而买方只将买单挂在一定的价格之上，在水平支撑线附近苦苦抵抗。如果用两条直线将上边的高点和下边的低点连在一起，则形成了一个向下倾斜的三角形。股价会在该三角形内运行一段时间，当运行到下边线 2/3 的位置后，就会跌穿下边线，随后继续下跌。

"下降三角形"在未跌破阻力线（即下边线）前不能轻易判定图形成立，因为该图形的看空指示信号相当强，出错的概率也很低。所以当股票图形形成"下降三角形"

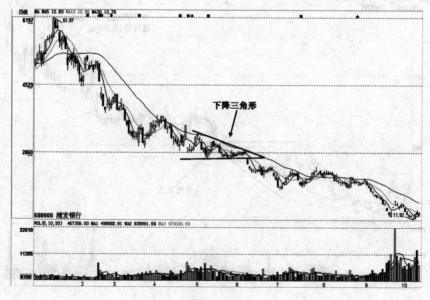

图 2-5-6

后，就该考虑卖出股票了。

如图所示，该股在下跌的过程中形成了"下降三角形"的整理形态，股价跌破"下降三角形"的下边线之后进入一段长时间的低迷期（如图2-5-6所示）。

上升楔形

股价经过一次下跌后有强烈技术性反弹，价格升至一定水平又掉头下落，但回落点较前次为高，又上升至新高点，比上次反弹点高，然后再回落，形成一浪高过一浪之势。把短期高点和短期低点相连，形成两条向上倾斜的直线，上面一条较为平缓，下面一条则较为陡峭。这就是所谓的"上升楔形"（如图2-5-7所示）。

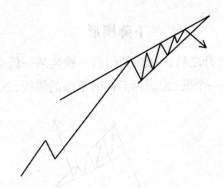

图 2-5-7

在"上升楔形"形成的过程中，成交量不断减少，整理上呈现出价升量减的反

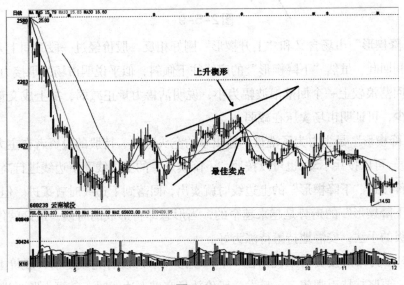

图 2-5-8

弹特征，但当这种形态最终形成之后，往往以向下突破居多。因此从本质上来说，"上升楔形"是股价下跌过程中的一次反弹，是多方在遭到空方连续打击后的一次无力挣扎而已。

"上升楔形"为投资者传递出的信号即是，个股走势正在逆转中。投资者如果遇到这种形态后，一定要记住，它只是股价的反弹，并不能改变股价原有的下跌趋势。因此，持股者趁反弹时及时减磅操作；如果股价跌穿"上升楔形"的下边线，赶紧清仓离场；持币者耐心观望。

如图 2-5-8 所示，云南城投（600239）在下跌途中出现"上升楔形"之后，股价仍继续往下滑落。

下降楔形

股价在经历了大幅上升之后，从高处回落，跌至某一低点后回升，高点一个比一个低，低点亦是一个比一个低，形成两条同时下倾的斜线，这就是"下降楔形"（如图 2-5-9 所示）。

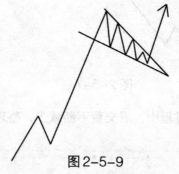

图 2-5-9

"下降楔形"市场含义和"上升楔形"刚好相反，股价经过一段时间上升后，出现了获利回吐，虽然"下降楔形"的底线往下倾斜，似乎说明市场的承接力量不强，但新的回落浪较上一个回落浪波幅为小，说明沽售力量正减弱，加上成交量在该阶段的减少，可证明市场卖压在减弱。

"下降楔形"是主力为了洗盘制造出来的空头陷阱，持股的投资者在主力进行打压的时候，可以按兵不动，也可以按照"下降楔形"的上边线和下边线进行高抛低吸，即当股价接近"下降楔形"的上边线时就卖出，回落到下边线时就买进。但要注意，因为"下降楔形"的走势是越来越窄的，当形态即将形成的时候，最好就停止这种高抛低吸的手法，安静地持筹待涨为好。

而对于持币的投资者来说，在"下降楔形"形态没有完成之前，股价上上下下波动时，要坚持持币观望。一旦发觉股价放量突破上边线时，就可大胆买进。

如图 2-5-10 所示，该股在经历一波较强的涨势之后，见顶回落，形成一个"下降楔形"走势，其跌幅和成交量都在收窄；后面于某一点上突破了"下降楔形"的上边线之后持续向上，涨幅可观。

需要注意的是，在"下降楔形"形成过程中成交量是不能萎缩的，或者其形成的过程不能太长，如果形成时间超过了一个月，其整理失败的可能性就大一些。

图 2-5-10

矩形

如果将股价横盘时出现的两个最高点用直线连起来，将股价横盘时出现的两个最低点也用直线连起来，即可画出一个长方形，即"矩形"，又称"箱形盘整"（如图 2-5-11 所示）。

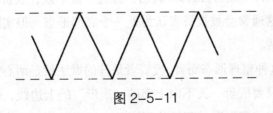

图 2-5-11

此时，股价就在这个"矩形"内不断上下波动，当股价上升到"矩形"的上边线时就往下回落，而回落到"矩形"的下边线时就往上弹升，直到一方力量耗尽，股价就会选择突破向上或跌破向下。

1. 突破矩形。

当处于盘整阶段的"矩形"走势选择向上突破时，我们称之为"突破矩形"。一旦矩形向上突破时，其最小涨幅与这个"矩形"本身的高度相等。稳健型的投资者最好选择在突破颈线位置处买入。

如图 2-5-12 所示，该股就在阶段性底部形成了一个向上突破的"矩形"形态。

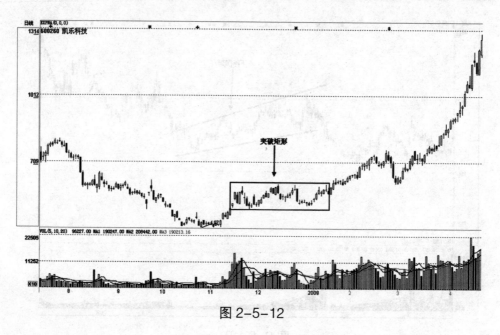

图 2-5-12

2. 跌破矩形。

"跌破矩形"与"突破矩形"类似，所不同的是，突破方向不是向上，而是向下跌破矩形的下边线，通常出现在上涨的高位区域，或者下跌的途中。

实际操作中，如果遇到这种走势的个股，在股价跌破"矩形"下边线的当天就要卖出股票。

如图 2-5-13 所示，该股自顶部反转后，经过一段下跌，股价横盘整理，形成一个"矩形"形态。这通常会被投资者认为是一个底部形态，但实际上更多的只是下跌途中的一个中继站。

对于"矩形"这种整理形态而言，投资者最佳的做法就是耐心等待，以观望为主，并抱定一个宗旨，只要股价一天不向上突破"矩形"的上边线，就一天不买进。另一方面，一旦股价在"矩形"整理后往下突破"矩形"的下边线，就应毫不犹豫地清仓离场。

图 2-5-13

上升旗形

股价经过一段陡峭的上升行情后，其走势形成了一个成交密集、向下倾斜的股价波动区域，把这一区域的高点与低点分别连接在一起，就可发现其图形像一面挂在旗竿上迎风飘扬的旗子，这种走势就被称为"上升旗形"（如图 2-5-14 所示）。

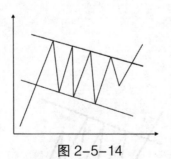

图 2-5-14

投资者如果遇到这种形态，千万不要被股价低点下移所迷惑，要警惕这是市场主力诱空行为，可静观其变，一旦放量向上突破旗形的上边压力线，就是最佳的买入时机，表明股价将会有一段上升行情，投资者应果断买入。

如图 2-5-15 所示，该股在上涨的过程中出现了"上涨旗形"的形态。

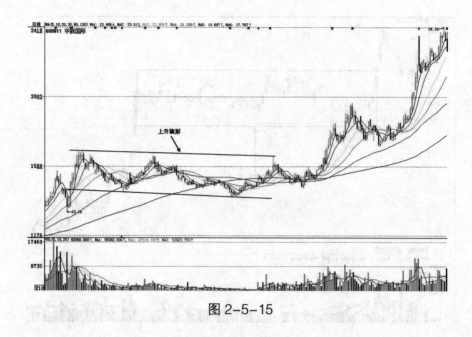

图 2-5-15

下降旗形

"下降旗形"与"上升旗形"正好相反，当股价出现急速下跌以后，接着形成一个波幅狭窄却略微上倾的价格密集区域，类似于一条上升通道将高点和低点分别连接起来，就可以画出两条平行线向上倾的平行四边形，这就是"下降旗形"，如图 2-5-16 所示。在这种走势形态中，如果股价向下突破下边线，就可以确认下跌形态成立，投资者应该及时离场。

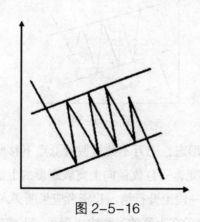

图 2-5-16

如图 2-5-17 所示，该股在下跌过程中出现一个典型的"下降旗形"走势，其股价随后继续下跌，旗形末端的一根大阴线处为最后逃命机会。

图 2-5-17

扇形

　　扇形整理形态是连接图形的上升和下降趋势而产生的，它可以分为上升的扇形和下降的扇形两种（如图 2-5-18、2-5-19 所示）。

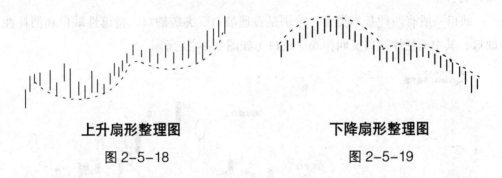

上升扇形整理图	下降扇形整理图
图 2-5-18	图 2-5-19

　　在上升的扇形中，当股价在每个圆形底部下跌时，交易量也降低。随着股价在每个圆形的后期的上升，其交易量也随之上升。圆形中的股价上升价位通常要比原先开始下跌的价位高些，成交量也会多些。新的圆形的低价要比前一个圆形的低价要高。新的圆形的顶级也要比前一个圆形的顶级要高。于是，股价在各个圆形的连接中，逐个往上递增，形成上涨的走势。

　　下降扇形是由两个或两个以上的圆形顶连接而成。其股价的总体趋势是下跌的。

　　华侨城 A（000069）在底部形成扇形形态，整理结束后股价向上突破，出现了一波比较强劲的上涨行情（如图 2-5-20 所示）。

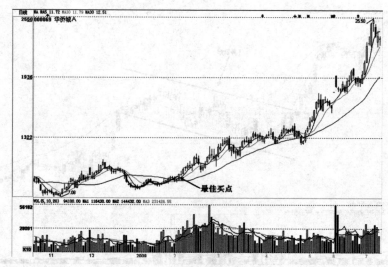

图 2-5-20

缺口

缺口是指股价走势中某一价格区域出现空白交易的现象，通常又叫作跳空。当股价出现缺口后，经过几天甚至更长时间的变动，回到原来缺口的价位时，缺口封闭，被称为补空。

缺口一般有四种基本类型，分别是普通缺口、突破缺口、持续性缺口和消耗性缺口，其中消耗性缺口又叫作竭尽缺口（如图 2-5-21 所示）。

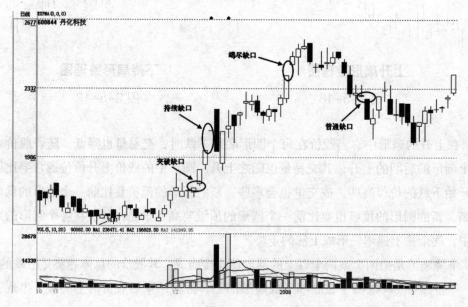

图 2-5-21

1. **普通缺口。**

这类缺口通常在密集的交易区域中出现，因此，那些需要较长时间形成的整理或转向形态，如三角形、矩形等，都可能存在这类缺口。

普通缺口最重要的意义就是辅助某种 K 线形态的形成，它在整理形态时要比在反转形态时出现的机会大得多，所以当发现发展中的三角形和矩形有许多缺口时，就应该增强它是整理形态的信念。

一般缺口都会填补，因为缺口是一段没有成交的真空区域，反映出投资者当时的冲动行为；当情绪平静下来时，投资者反省过去行为有些过分，于是缺口便告补回。缺口填补与否对分析者观察后市的帮助不大。

2. **突破缺口。**

突破缺口是当一个密集的反转或整理形态完成后，股价突破盘局时产生的缺口。当股价以一个很大的缺口跳空远离形态时，这表示真正的突破已经形成了。因为普通的移动很少会产生缺口，同时缺口能显示突破的强劲性，突破缺口越大，表示未来的变动越强烈。

突破缺口的分析意义较大，经常在重要的转向形态如头肩式的突破时出现，这类缺口可帮助我们辨认突破信号的真伪。

假如缺口发生前有大的交易量，而缺口发生后成交量却相对减少，则有一半的可能不久缺口将被封闭；若缺口发生后成交量并未随着股价的远离缺口而减少，反而加大，则短期内缺口将不会被封闭。

3. **持续性缺口。**

离开形态或密集交易区域后的急速上升或下跌，所出现的缺口大多是持续性缺口。这种缺口可帮助我们估计未来后市波动的幅度，因此亦称之为量度性缺口。

持续性缺口的技术性分析意义最大，它通常是在股价突破后远离形态至下一个反转或整理形态的中途出现，因此持续缺口能大概预测股价未来可能移动的距离，所以又称为量度缺口。

股价在突破某区域时急速上升，成交量在初期放大，然后在上升中不断减少；当股价停止原来的趋势时成交量又迅速增加，这是多空双方激烈争持的结果，其中一方取得压倒性胜利之后，便形成一个巨大的缺口，这时候成交量又再开始减少了。这就是持续性缺口形成时的成交量变化情形。

4. **消耗性缺口。**

在急速的上升或下跌中，股价的波动越来越急，跳升或跳位下跌均有可能发生，如果该股无法在成交量大幅变化的同时，出现相应的股价变动，此缺口就是消耗性缺口。消耗性缺口大多在恐慌性抛售或消耗性上升的末段出现。

在缺口发生的当天或后一天若成交量特别大，而且，这就可能是消耗性缺口。假如在缺口出现的后一天收盘价停在缺口之边缘，形成了一天行情的反转时，就更可确定这是消耗性缺口了。消耗性缺口很少是突破前一形态大幅度变动过程中的第一个缺口，绝大部分的情形是它的前面至少会再现一个持续缺口。

消耗性缺口通常是在形成缺口的当天成交量最高，接着成交量减少，显示市场买卖动能皆已消耗殆尽，于是股价很快便告回落（或回升）。

持续缺口是股价大幅变动中途产生的，因而不会在短时期内封闭，但是消耗性缺口是变动即将到达终点的最后现象，所以多半在短期内被封闭。

第三章
K 线中的买入信号

第一节 K 线图形中的买入信号

早晨之星

在股市中，人们常常发挥自己的想象力，根据它们的寓意，给不同 K 线组合取了不同的名字。"早晨之星"，意思就是在太阳尚未升起的时候，黎明前最黑暗的时刻，一颗明亮的启明星在天边指引着那些走向光明的夜行人。早晨之星，又叫希望之星，预示着跌势将尽，大盘正逐步走向光明。

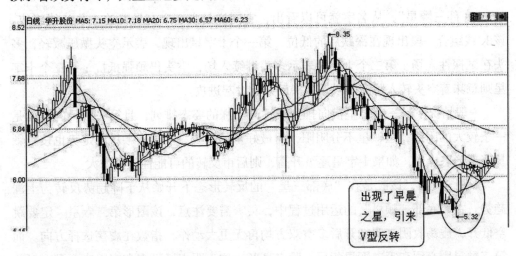

图 3-1-1　华升股份（600156）2011 年 10 月 21 日~25 日日线图

图 3-1-1 中，华升股份在大幅下跌后出现了早晨之星，引来了 V 型反转首先由在下跌趋势中出现大阴线，继而在后来的交易日里价格继续下跌，但开盘价与收盘

价相距收窄（价位波幅收窄）而形成星体，第 3 个交易日出现一根阳线，并在第一根阴线范围之内。由此，我们可以判断，此时是买入有利时机。

我们在运用早晨之星时，还需要注意几点：

（1）于大幅下跌后出现的早晨之星，其信号可靠性较强；下跌幅度不大，可靠性则稍差一些。

（2）如果是在见底后上行过程中出现早晨之星 K 线组合，那么就意味着股价将继续上涨。

（3）中间的 K 线如果不是小阳或小阴，而是螺旋桨、锤头线、倒锤头线等带着很长影线的 K 线，那么见底信号更强。

（4）当 K 线收出早晨之星后，并不就是意味着股价马上要出现上涨行情，而是意味着股价见底或阶段性见底。此后可能上涨，也可能经过盘整后在上涨。这是需要耐心持股的，特别是套牢者。

底部三颗星

"底部三颗星"，也称"多头三星"，是"早晨之星"的"变种"，是指在低位连续出现的三颗星形图线的走势，"底部三星"背后蕴含的多空力量较量更加激烈。该形态出现后，价格多会止跌企稳，继而出现一段上涨行情。它是空头平仓、多头建立头寸的可信依据。

"底部三颗星"，从名字就可以看出，它同样是由 3 个交易日的 3 条 K 线组成。该 K 线组合一段出现在深跌后的低位，第一个十字星出现，表示空头抛压减轻，多头在试探性入场；第二个十字星表示多头继续入场，空头仍顽强抵抗；第三个十字星则意味着空头转入防守阶段，多头已开始发起进攻。

一般情况下，三颗星呈横向排列或逐渐上涨的姿态排列，且第一颗星的前面是一条较大的阴线，三颗星不分阴阳，但最好全是阳线。多于三颗星的走势也按三颗星底部形态操作，如果十字星逐级升高，则后市反转的可能性逐渐增大。

如图 3-1-2，该股是在"底部三星"的反转形态下开始从下降趋势反转为上涨趋势。在"底部三颗星"的运用过程中，买家需要注意，该图形第二颗星一定要跳空低开，震荡收阴表明低开后多空双方均再无更大动作，指数在震荡选择方向。而第三颗星则必须和第二颗星相反，跳空高开，这表明市场做多态度坚决，马上对前一天的跳空缺口进行对冲回补。买家不可盲目进场，应根据第三颗星的涨跌变化决定进场时间。如果第三颗星为阳线时，则可在当天做多；当第三颗星为阴线时，则应等到第二天，根据价格是否突破第三颗星的开盘价来决定是否进场。

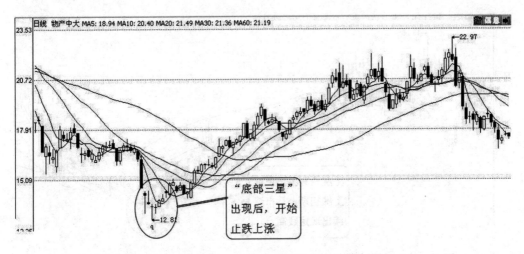

图 3-1-2 中大股份（600704）2010 年 6 月 29 日 ~ 7 月 1 日日线图

上涨两颗星

"上涨两颗星"是一种比较经典的 K 线组合，一般情况下，上涨两颗星在上涨初期或中期出现，虽然名称叫作"上涨两颗星"，但实际上这个 K 线组合是由一大二小三根 K 线组成的。先出现一根大阳线或中阳线，随后就在这根阳线的上方出现两根小 K 线（既可以是小十字线，也可以是实体很小的阳线、阴线）。这种短线 K 线组合是一种攻击形态，它预示着股价短线继续上涨。

对于这三根 K 线，从它的具体形态来看，我们应该关注以下三点：

（1）第一根 K 线通常是一根具有突破性质的放量中阳线，说明多方发起反攻，正处于强势途中或强势刚刚开始，而且常常伴随着明显的放量。

（2）第二颗星的开盘与收盘价位都要比第一颗星的要高一点，同时第一颗星的收盘价收于前一日中阳线的上方。

（3）两颗星是空中加油的战法，不应该有过多的追涨盘出现，所以应保持缩量为佳。一旦出现这样的量价配合，则后市上涨的几率很高。相反，如果成交量配合得不好，上涨就可能受阻。由此可见，根据上涨两颗星买入，成交量非常关键。

如图 3-1-3，这个组合还是比较标准的，该股收出上涨两颗星 K 线组合之后，股价次日即跳空上行，明显加快了上涨的速度，后市也连续出现了短线更高的点位，此后股价一路由 14 元上涨到 21 元。

需要注意的是，和所有的 K 线组合一样，"上涨两颗星"也只有出现在特定走势中才有应用的意义，它的出现意味着后市还应该存在着短线高点。因此，它只适用于股价上行途中的判断，如果在股价连续的下跌过程中出现这种组合，就没有多

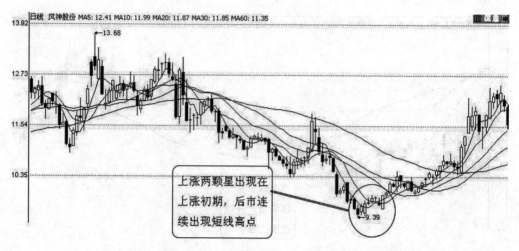

图 3-1-3　风神股份（600469）2011 年 1 月 27 日~29 日日线图

大意义了。而且，"上涨二颗星"只具有短期趋势判断的意义，对于个股运行的空间以及中长线趋势趋势判断作用不大，还需借助其他的分析工具。

底部十字星

十字星是一种只有上下影线，却没有实体的 K 线图形，即开盘价和收盘价处于同一价位。十字星形态一般都表示盘中多空双方的力量势均力敌，最终以开盘价格收盘。通常情况下，上影线越长，表示卖压越重；下影线越长，表示买盘旺盛。在股价高位或低位出现十字线，一般称为转机线，意味着情形将会出现反转。

当股价连续下跌了一段时间，或经过了数浪下跌时，已产生了较大的跌幅，此时卖方做空的力量已经不足，下跌也没什么动力，而买方受连续下跌的阴影影响，应采取谨慎买入的态度，但因超跌又有少量的买盘现象。此时，多、空力量在一个极小的范围内达到了某种平衡，这便会出现开盘价和收盘价相同，并带有一定上下影线的十字星。这就是底部十字星。

一般来说，出现底部十字星的操作特点为：

（1）底部十字星都是在一定幅度下跌后出现的，一般情况下，股价在短期内不会跌破该十字星的最低价位。

（2）一旦确认了底部十字星后，便可大胆进场。股价只要不迅速飙涨，还可以低吸或分批建仓。

（3）底部十字星出现之时，量能也会缩小至阶段性的低水平。

（4）底部买入后，买家要有相当的耐心握紧筹码，如果股价一直站稳 5 日线以上，那么后市还有上涨的空间。

（5）在收出底部十字星后，如果股价连续拔高，且放量上攻重要均线，则说明个股正处于强势状态中。

如图 3-1-4，自从该股 2010 年 5 月 24 日除权后，开始扭转了西水股份一跌再跌的局面。自从 7 月 2 日该股底部出现十字星后，一根放量成交的大阳线明显地突破了前边多根阴线形成的下跌趋势，当日大阳线一举达到 10 日均线之上。此时是买入的最佳时机，一旦买入，必将获利丰厚。西水股份正是在出现底部十字星后，放量突破开始上涨趋势的。

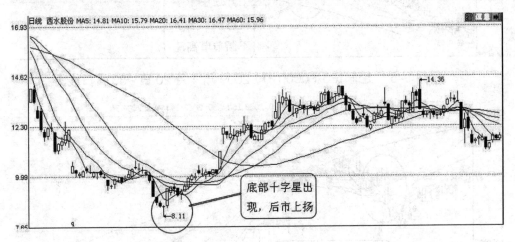

图 3-1-4　西水股份（600291）2010 年 7 月 2 日~3 日日线图

上升途中十字星

股价在上升途中出现一根大阳线后，接着出现一颗十字星，这种 K 线组合称为上升途中十字星。上升途中十字星是强烈的买入信号，后市行情还会继续上扬。

如图 3-1-5，上证 180 指数在 2009 年 4 月 30 日当天形成上升途中十字星，此后，股市大涨，接连出现多个短线高点。投资者应该抓住机会，尽早介入，以获得更大的利润。

如图 3-1-6，继一根大阳线之后，2011 年 6 月 27 日上证 50 指数收了一颗十字星。此后股市继续上涨，迎来新的短线高点。短线投资者应该抓住这次机会。

上面两个案例已经验证了 - 上升途中十字星 - 的确是很强的买入信号。在股价涨升的启动阶段出现十字星是继续买入的大好时机。其实，十字星本身并无特殊的含义，只是因为它出现的位置不同，所以所代表的意义也不同。我们在具体操作过程时一定要仔细辨别它所处的位置，以免出现错误的操作。在对待上升途中十字线

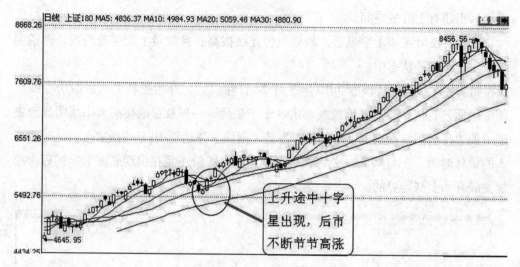

图 3-1-5　上证180（000010）2009年4月20日~30日日线图

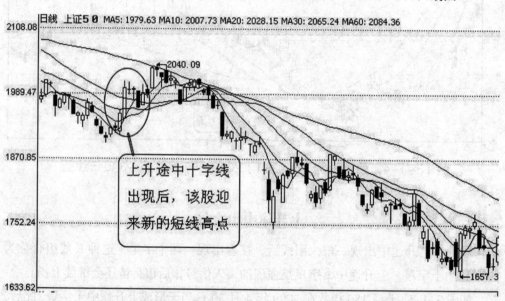

图 3-1-6　上证50（000016）2011年6月24日~27日日线图

时，投资者应该防止错把顶部出现的十字星当成上升途中的十字星来对待，那就会造成不必要的损失。

上升三部曲

上升三部曲，又叫上升三法。它指的是股价经过一段时期的上涨后，在一根大阳线或中阳线之后，接连出现三根小阴线，但三根小阴线都没有跌破前面这个阳线

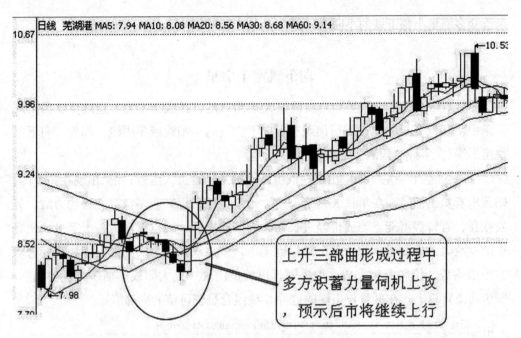

日线 芜湖港 MA5: 7.94 MA10: 8.08 MA20: 8.56 MA30: 8.68 MA60: 9.14

上升三部曲形成过程中多方积蓄力量伺机上攻，预示后市将继续上行

图 3-1-7　芜湖港（600575）2003 年 12 月 10 日 ~19 日日线图

的开盘价，并且成交量也开始减少，随后就出现一根大阳线。

标准的上升三部曲是：一是由大小不等的 5 根 K 线组成；二是先拉出一根大阳线或中阳线，接着连续出现了 3 根小阴线，但都没有跌破前面的开盘价，随后出现了一根大阳线或中阳线，其中走势有点类似英文字母的"N"字。

一般情况下，在上升三部曲出现之后，股价都会形成一轮较大的升势。而且在具体操作中，中间小阴线不一定是 3 根，也可能是 4 根、5 根或多根。小阴线是主力清洗浮筹的手段，当一些人看淡时主力会突然发力，再拉出一根大阳线。宣告一轮震仓洗盘暂告一个段落，接着又要发动向上的攻势了。

从图 3-1-7 中可以看出，该股经过底部的震荡整理后，该股重新企稳并开始上涨。图中可以看出股价上涨时出现一波上升三部曲的变形 K 线组合形态，即两根放量的大阳线中间夹着七根很小的 K 线。股价在放量上涨出现阳线时成交量表现出明显的放大迹象，而中间出现小的 K 线时却是缩量状态。如果把中间的七根小的 K 线近似看成缩量下跌的小阴线，那么这就是一个标准的上升三部曲了。

上升三部曲说明了此时多方正在积蓄力量，伺机上攻。预示后市将继续上行。因此投资者在操作过程中，应该抓住机会。在这里需要提醒投资者注意的是：在应用上升三部曲时，投资者应该主要关注这个 K 线组合形态中是否有两根大阳线，并且在两根大阳线中都出现了放量的现象。如果是两根连续放量上涨的大阳线之间夹杂着众多缩量小幅下跌的小阴线，那么上升三部曲形态就基本上确立了。

向下跳空十字星

所谓"向下跳空十字星"是由两根K线组成的，是股指（价）连续下跌后出现一条中阴线或者长阴线，随后出现一条向下空跳的小阳线或小阴线，称为"向下空跳星形线"，俗称"雨滴"，预示下跌接近尾声。

"向下跳空十字星"如果出现在低价区，则意味着买入信号；如果出现在高价区，则预示着卖出信号。在单日K线形态中，十字星通常意味着多空双方势均力敌，买卖变盘，有转势可能。当股价经过长期大幅下挫之后，跳空出现一颗十字星，最好伴随有放大的成交量。预示着下跌接近尾声，多空双方势力从空方占优势演变为双方形成均势，筑底有望完成。如果隔日再放量出现一根大阳线，则多方优势确立，股价将急转直上。在低价位出现的这种K线组合是较可信的底部信号。

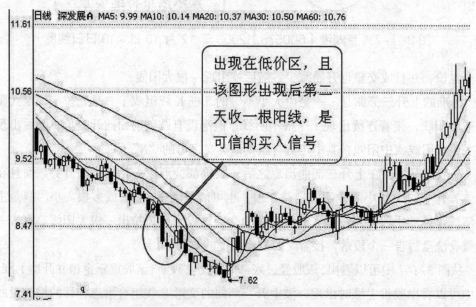

图3-1-8 深发展（000001）2003年10月28日日线图

从图3-1-8中可以看出，该股在低位出现这种K线组合，是很可信的买入信号，适时买入获利几率颇大，为了慎重起见，当"向下跳空十字星"出现后，观察一天再进场，若明日收上升的阳线，可大胆买入，若收阴线则等待。

从图3-1-9可以看出，该指数两次出现"跳空放量十字星"的买入信号，第一次该图形出现后，后市小幅上涨后下跌，但下降幅度不大，第二次"跳空放量十字星"出现后，后市一路上扬，涨势凶猛。投资者应该抓住这个买入信息，及时介入。

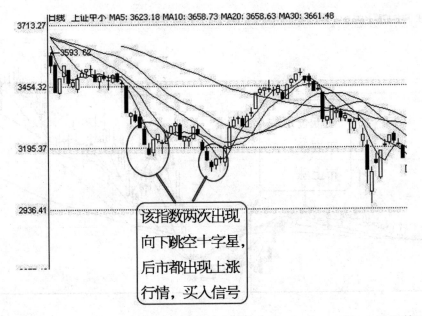

日线 上证中小 MA5: 3623.18 MA10: 3658.73 MA20: 3658.63 MA30: 3661.48

该指数两次出现
向下跳空十字星，
后市都出现上涨
行情，买入信号

图 3-1-9 上证中小（000046）2011 年 5 月 27 日 ~6 月 20 日日线图

投资者在操作过程中需要注意以下几点：

（1）"向下跳空十字星"一定要位于股价长期下跌之后的低价区，可信度才较高。

（2）"向下跳空十字星"的出现常伴随着成交量的放大。

（3）隔日若出现放量阳线，则信号更可信，可大胆跟进，中线持有。

平底线

股价下跌到低位后，出现了两条最低价为同值的图线，这两条 K 线，就称为"平底线"，又叫"锯底"或"平头底"。

平底线有多种形态，它不分阴阳，前阴后阳，或前阳后阴，或前后均为同性质的图线，所显示的见底信号没有差别。平底线出现的频率较高，可在任何部位出现，但只有处在低价圈或波段底部低点部位的平底线才是可信的买入信号。其他部位出现的平底线，投资者需要慎重操作。

如图 3-1-10，海虹控股在突破平底线后，投资者可以追进买入，该股在的行情说明了平底带来的利润是巨大的。股票止跌后逐步构筑了扎实的底部，一旦突破这一区域，并且有成交量配合，就可以买入，享受短线利润。

平底线是较为可信的见底信号，因此投资者要充分运用。依据该 K 线组合做多的，一般能获得 5% 以上的收益。投资者在操作过程中需要注意以下几点。

（1）平底线可在任何位置出现，只有处在大底低位的平底线和处在波段低位的

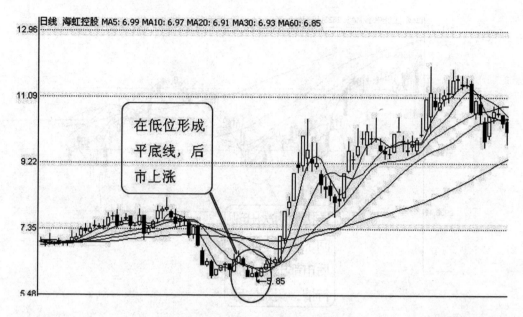

图 3-1-10　海虹控股（000503）2009 年 8 月 31 日~9 月 1 日日线图

平底线才是可信的做多信号。鉴于平底线的多形态性，只要处在低位的两根 K 线的最低价同值，就是可操作的平底线。

（2）平底线一般是由两条相邻的图线构成，但两条图线之间夹有其他图线（一般不超过三条图线），最低价为同值的图线，也可视为平底线。

（3）有的股票在下跌过程中，很难判别它是处在下降途中，还是已经跌到大底的底部。因此，除了用股价下跌的幅度进行判定外，还可用前期的低点（包括历史低点）作为判定的依据。如果股价在前期的低点四周，出现了平底线，则可视为低位平底线，可以放心做多。如果在上升途中出现波段低位平底线，则应根据出现的波段位置判断，只要是出现在第一上升波段或第三上升波段的平底线，均可放心操作。在其他位置出现的平底线，就应慎重对待了。

跳空下跌三颗星

在股市下跌过程中，某一日，收一根向下空跳并留有缺口的 K 线（不分阴阳），随后两天创出新低，第四天收一根十字星，这样的情况就被称为向下跳空下跌三颗星。

"跳空下跌三颗星"具有如下特征：

（1）该 K 线组合一般出现在下跌趋势中；

（2）出现的"跳空下跌三颗星" K 线组合里，三根小阴线与第一根阴线之间有一个明显的空白区域，即通常所说的缺口；

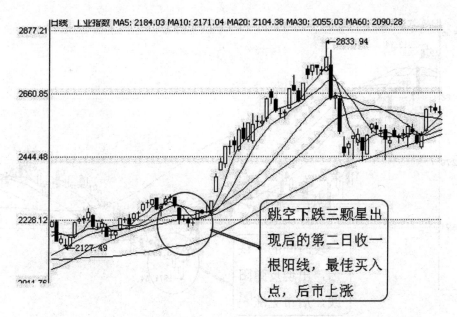

图 3-1-11　工业指数（000004）2010 年 9 月 16 日 ~27 日日线图

（3）如果三根阴线后出现一根大阳线，上涨的可能性就更大。

（4）"跳空下跌三颗星"是强烈的见底信号，十字星后如果收阳线则是最佳买点，投资者应及时介入。

从图 3-1-11 中该指数的走势，可以验证"跳空下跌三颗星"的可靠性，图中该 K 线组合形成次日收了一根阳线，买入信号得到了进一步确认，后市上涨。因此，该 K 线组合的出现即意味着股价可能已经见底或者到了一个阶段性底部，投资者可适量买进。

在这里需要提醒投资者注意的是，向下跳空三颗星在周 K 线图中很难找到的，一旦发现就应果断介入，以免错失良机。

反弹阳线

股价经过长时间的下跌之后，某一天出现一根阳线，这根阳线就是"反弹阳线"。"反弹阳线"是买进信号，如果反弹阳线附带着长长的下影线，表示低位已有庄家大量承接，行情将反转而上。

一般来说，阳线表示买盘较强、卖盘较弱，这时，由于股票供不应求，会导致股价的上扬。同时，如果上影线越长，则表示上档的卖压越强，意味着股价上升时会遇到较大的抛压；反之则表示下档的承接力道越强，意味着股价下跌时会有较多的投资者利用这一机会购进股票。

图 3-1-12　工业指数（000004）2010 年 7 月 6 日日线图

如图 3-1-12，工业指数从 2010 年 4 月 15 日开始下跌，持续了几个月后，于 7 月 6 日止跌上升，收一根反弹阳线，此后，该指数一扫前几个月的低迷，出现了一个反弹。总体上来说，这根阳线的出现在一定程度上稳定了投资者的信心。

在这里需要提醒投资者的是，如果反弹阳线上附带的上影线过长的话，后势上涨则可能失败。这是因为，如果大盘真的要反转，主力机构就一定会抓住反转当日的最佳建仓时间积极建仓，就一定不会允许带出长长的上影线。带出长长的上影线表明，做多主力积极性并不充足，相反，大幅拉高后，反而引发大量抛盘。甚至不排除主力刻意拉高后，故意诱多，制造多头陷阱，从而达到主动出货目的的可能。因此，投资者需要谨慎对待。

低位并排阳线

"低位并排阳线"是指在下跌趋势中，由两根阳线组成，第一根阳线跳空低开，在前一根 K 线下方留下缺口，紧接着又出现一根与之并列的阳线，成交量也随着逐渐放大。

在下跌行情中，在低价圈内接连出现多条小阳线，暗示逢低接手力道不弱，底部接近形成，股价即将反弹。而股价在低档连续多日低开高走，表明空方已成强弩之末，买气转旺，为较厚实的底部形态，可信度较高。"低位并排阳线"的出现往

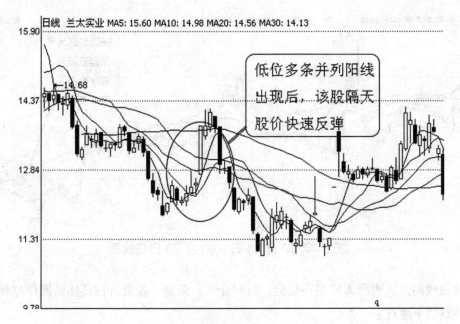

图 3-1-13　兰太实业（600328）2011 年 5 月 10 日日线图

往预示着股价已到谷底，或到阶段性底部的信号。因此投资者见此 K 线图形可考虑适量建仓。

如图 3-1-13，该股 5 月 10 日当天股价走势出现 – 低位多条并列阳线 –，此时是买进的大好时机，如果当天以 12.58 元的价格买进，隔天股价快速反弹时以 13.78 元的价格卖出，则持股一天就可获利 9.33%。

"低位并排阳线"实际上是一种底部盘整形态，虽然底部信号可信度较强，但真正的突破还需要大中阳线（且带量）的出现。在这个过程中，投资者需要留意两个买入点：一是形态形成时即可买进，二是等待出现大阳线突破时买进。

低档五阳线

低档五根阳线是指在下跌行情中，连续拉出大小不等的 5 根阳线（多为小阳线）所组成的 K 线组合。一般情况下，在低位区连续出现 5 根或 5 根以上的小阳线，则说明逢低吸纳者众多，买盘强劲，底部已经形成，多方蓄积的能量即将爆发，后市上涨的可能性极大。

如图 3-1-14，国农科技在经历了之前的连续下跌后，10 月 21 日至 10 月 28 日连续五个交易日股价连续上攻，正式形成"低档五阳线"。

通过上面案例，进一步确认了低档五阳线是投资者的买点，此后股市连续迎来

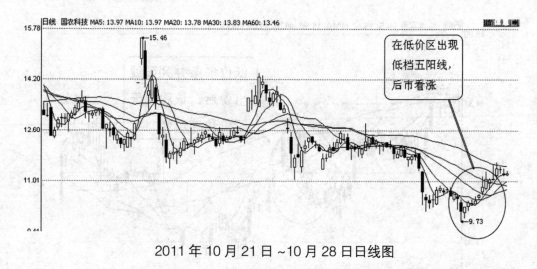

日线 国农科技 MA5: 13.97 MA10: 13.97 MA20: 13.78 MA30: 13.83 MA60: 13.46

在低价区出现低档五阳线，后市看涨

2011 年 10 月 21 日 ~10 月 28 日日线图

新的短线高点，投资者应抓住机会，及时介入。但是，投资者在具体的操作过程中应注意以下两点：

（1）低档五阳线不一定都是 5 根阳线，有时也可能是 6 根、7 根阳线。

（2）在对阳线的判断过程中，如果阳线的上影线比实体短则表示买方在最高处只是暂时受阻，买方实力仍很强大，准备第二天与卖方继续抗战。如果上影线与阳线实体的长度相等，则表示买房实力较强，但继续上行将要付出更大的代价，买方应该在第二天使出全力去应付卖方的抛压才行。

低位开盘秃阳线

所谓开盘秃阳线，也叫光脚阳线，即只有上影线而没有下影线的阳线，表示开盘后买方发动较强攻势，卖方难以阻挡，股价一路上升，但在收盘前，股价受打压，价格回落。

低位开盘秃阳线，是指股指（价）经过深幅回调，且在低价位出现地量，如果此时出现小盘秃阳线，这就是见底迹象，此后会有一段涨升行情，第二天若继续收阳线，就是最佳的买入时机。

如图 3-1-15，自"低位开盘秃阳线"出现后，物产中大股价一路上扬，从 8 月 31 日的 4.6 元左右上升到 9 月 22 日的 6.03 元，升幅达 30%。

如图 3-1-16，"低价位开盘秃阳线"是强烈的买入信号，但要注意的是该线要确实在底部出现，阳线的实体不宜过长。并且，必须第二天继续收小阳线才能买入，如果收阴线则宜观望。

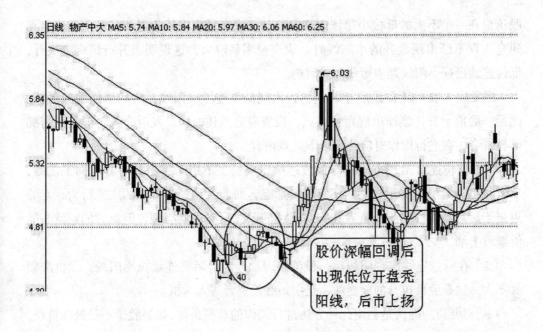

图 3-1-15　物产中大（600704）2004 年 8 月 31 日日线图

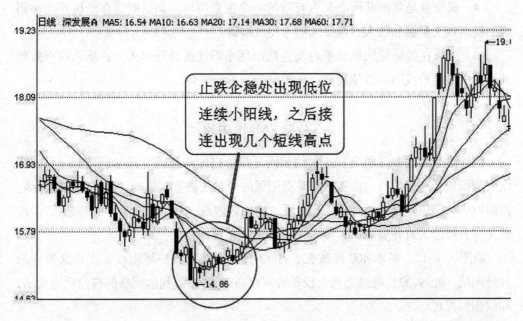

图 3-1-16　深发展 A（000001）大盘 2011 年 1 月 21 日~2 月 14 日日线图

低位连续小阳线

　　股价经过一轮下跌而止跌趋稳时，阳线数量开始增多，甚至超过阴线数量，特别是连续出现数根小阳线后才有小阴线出现，一般有庄家在悄悄地吸货建仓，此时股价也在一个不大的低位小箱体内横向波动，成交量表现较为温和且不再缩小，到建仓末期不断出现盘升的小阳线时，成交量明显放大，这说明上升行情将要展开，低位连续出现小阳线是中短线买入时机。

深发展 A 在一轮深跌后止跌企稳，出现低位连续小阳线，市场恐慌气氛缓解。此后，股价上升，接连出现短线高点。投资者应抓住时机，及时介入。但是还需提醒投资者，在进行操作时应注意以下几点内容：

（1）低位连续出现小阳线与低位连续出现长上下影十字星具有异曲同工之妙，后者是更为典型和更易识别的庄家吸货形态，而前者是最为常见的庄家行为，走势更强于后者，也许中小投资者往往对连续的阳线具有畏惧心理，但此时的它就是能够继续上涨。

（2）在低位连续出现阳线后，股价出现盘升走势后又连续拉小阳线，股价涨幅又不大，这是股价拉升的前奏曲，是中短线投资者买入时机。

（3）对低位的确认是利用此种方法进行操作的首要条件，如果股价不是处在低位，此方法则不能奏效。判断股价是否处于低位可以查看该股历史走势。

（4）成交量是判断此形态是否有效的一个重要指标。如果股价在低位连拉小阳线的同时成交量温和放大，则买入信号比较准确。

（5）如果在股价形成底部平台而连续出现小阳线或盘升时买入，那么在有效跌破平台的最低价或明显破位是就应止损出局，另寻机会。

高位跳空并排阳线

在行情上涨途中，两个有着大约相同开盘价格的阳线跳空升起，与上一日的阳线之间形成了一个缺口。由于两根跳空阳线的开盘价格基本相同，是一种并排阳线。因而取名为高位并排阳线。从图形上看，它们好像是一对"肩并肩"的"恋人"。因此又叫升势恋人肩并肩缺口。

如图 3-1-17，基本 400 指数在 5 月 13 日向上跳空收一根阳线，次日又收一根并排阳线。此后，股价继续上涨。投资者可以适时买入，等到达到新的高位后再卖出，利润相当可观。

高位并排阳线的出现，表明股价仍然会继续上扬，这个向上跳空缺口，往往会成为今后一段时期内股价运行的一个支撑区域，当股价下跌至该区域时，一般能够得到较强的支撑。但如果股价跌破这个缺口，市场很有可能向相反的方向逆转，股价走势就会转弱。所以，投资者见到高位并排阳线 K 线组合后应以做多为主，但日后股价滑落到该缺口之下后应立刻反手做空，停损离场，规避风险。

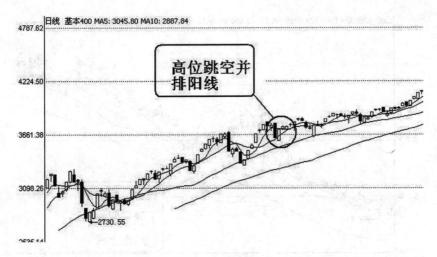

图 3-1-17　基本 400（000966）2009 年 5 月 13 日 ~14 日日线图

下降阴线

在上升的趋势中，如果连续出现三条下降阴线，且第四天阳线超过昨日的阴线追涨。则为逢低承接的大好时机。通过下面两个案例来带大家具体认识一下。

如图 3-1-18，道博股份在涨升途中出现下降三阴线，而后收一根阳线，超过昨日阴线追涨，且三根阴线没有吃掉阳线。这是一个买入时机，投资者应该抓住时机。

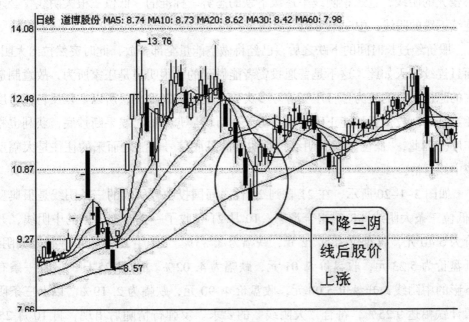

图 3-1-18　道博股份（600136）2009 年 9 月 24 日 ~9 月 30 日日线图

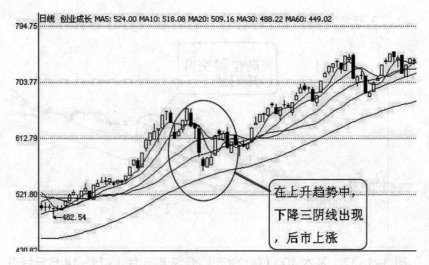

图 3-1-19　创业成长（399958）2009 年 2 月 24~3 月 2 日日线图

如图 3-1-19，在涨升中，创业成长股价出现下降三阴线，在短暂的下跌后股价持续上涨。因此，此时是投资者及时买入的良机，不可错过。

低位三根大阴线

"低位三根大阴线"是指股价在经过一段较长时间的下跌之后，连续三日出现三根较大的阴线，且三根阴线呈逐级下跌的态势。标准的"低位三根大阴线"必须是连续下跌的阴线，中间不可插入阳线。

股价经过长时间的下跌之后，已经将做空能量全部释放，此时突然拉出大阴线，而且连续三天如此，这不是普通投资者能做到的，很明显是庄家所为，故意制造跳水的恐慌，目的是为了打压吸筹。多头势力迅速控制局面，所以一旦反转，力度也相当强劲。投资者如能正确判断，勇于在市场最悲观的时候果断抄底，获利也相当丰厚。因此，"低位三根大阴线"是明确的见底信号，随之而来的往往是大幅反弹或中线行情。

如图 3-1-20 所示，在 21 日到 25 日之间国投中鲁所收的三条阴线是很典型的"低位三条大阴线" K 线组合形态。10 月 21 日收了一条有上下影的中阴线，开盘价为 5.40 元，收盘价为 5.22 元，跌幅为 3.33%。10 月 22 日收了一条光头阴线，开盘价为 5.23 元，收盘价 5.01 元，跌幅为 4.02%。10 月 25 日，又收一条有上下影的中阴线，开盘价 5.08 元，收盘价 4.90 元，跌幅为 2.19%。以上三条阴线累计跌幅达 9.25%，符合"大阴线"的要求。反弹行情随后出现，自 10 月 25 日的第三条阴线出现后，股价就由这天的 4.90 元，上升到 2004 年 11 月 22 日的 6.19

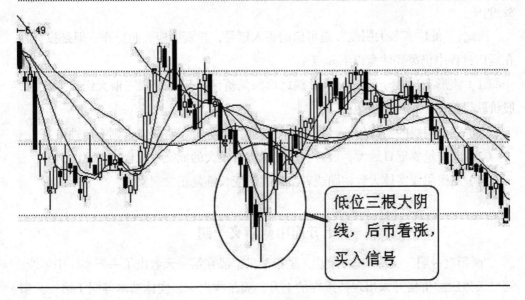

图 3-1-20 国投中鲁（600962）2004 年 10 月 21~10 月 25 日日线图

元，上涨了 26.23%。

如图 3-1-21 所示，在 14 日到 18 日之间，乐凯胶片出现的三条阴线也是很标准的"低位三条大阴线"形态。随后，该股狂涨了半个多月，股价由第三条大阴线出

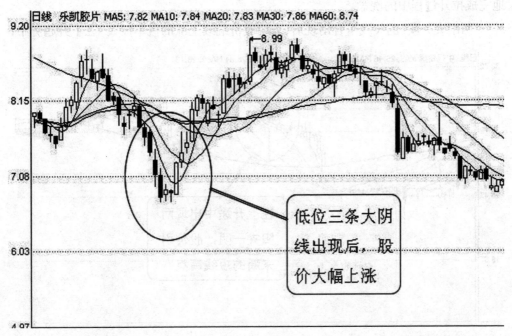

图 3-1-21 乐凯胶片（600135）2004 年 10 月 14~10 月 18 日日线图

现，由 2004 年 10 月 18 日的 6.76 元，上升到 2004 年 11 月 10 日的 8.99 元，涨幅为 32.99%。

因此，"低位三条大阴线"是可信的买入信号，投资者应大胆操作。但是投资者在运用过程中仍需要注意以下几点：

（1）该形态出现于股价长期下跌之后的低价区，且在地位三根大阴线形成前，股价跌得越深，则可信度更强；

（2）三根阴线的实体较长，见底信号越强，如伴有跳空缺口，则有效性更高；

（3）成交量要逐日放大，最后一根阴线需有较大的成交量配合；

（4）三根阴线实体大致相同或者实体逐渐变长都是正常现象。

上升途中两阳夹一阴

"两阳夹一阴"又称"多方炮"，是指某只个股在第一天收出了一根实体中阳线，第二天该股的价格并未出现持续性的上升，而是收出一根实体基本等同于第一天阳线的阴线，但第三天的股价又未承接第二天的跌势，反而再次涨了起来，还是收出中阳线，实体也基本等同于前两日 K 线的实体部分。

"两阳夹一阴" K 线组合的构造过程其实是庄家的震仓行为，由于其点位是处于箱顶、上升途中或底部，所以容易令投资者的筹码脱手，从而使庄家可以顺理成章地完成拉升过程中的洗盘。

"两阳夹一阴"的 K 线组合出现后，表明股价继续上涨的概率极大。在上升趋势中，

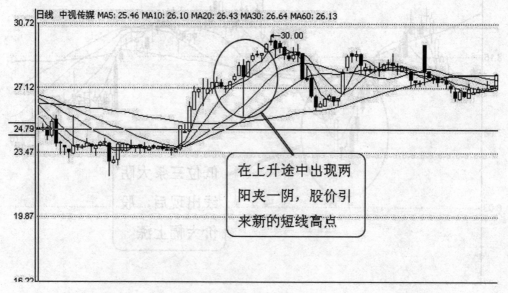

图 3-1-22　中视传媒（600088）2001 年 4 月 3 日 ~5 日日线图

如果阴线是向上跳空突破的，则表明后市将会看涨，如果成交量急剧放大，那么可以肯定后市必会大涨，投资者应果断进入。

"两阳夹一阴"本身就是阳盛阴衰的表现，它出现在市场的底部有着预示行情转势，若出现在上涨或者震荡上行的行情中代表行情的涨势持续。

如图3-1-22，中视传媒在上升途中出现两阳夹一阴，之后迎来新高。股价涨到最好点30元，投资者应及时介入。

如图3-1-23，中信国安在上涨途中形成两阳夹一阴的K线组合，之后该股在小幅调整后继续上扬。最高涨到11.78元，涨幅接近10%。

投资者在运用过程中应注意以下两点：

（1）"两阳夹一阴"属于短线性的K线组合形态，其中处于箱顶和上升中途的，要求以短线进出为好，并不适合中长线投资者的参与，只有那种处于底部的才适合中长线投资者逢低买入。如果在周线上使用，比较适合做中长线的朋友，最好是处于底部。

（2）一旦"两阳夹一阴"这种K线组合形态明显构成，不管是空仓者还是刚被震出仓者，均可立即半仓介入，另外半仓可待该汇价创出新高后再次介入。

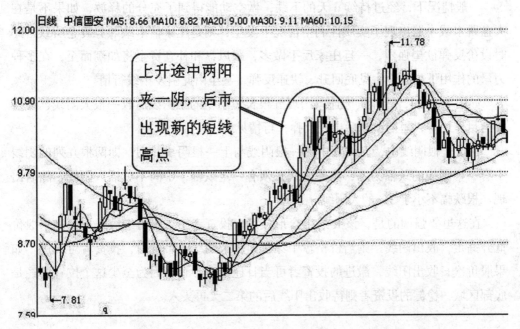

图3-1-23　中信国安（000839）2003年1月13日日线图

五根阴线后一根大阴线

在一波下跌行情的末期，如果形成五根阴线后出现一根大阴线的K线组合，即表示买入信号，投资者可适当介入。

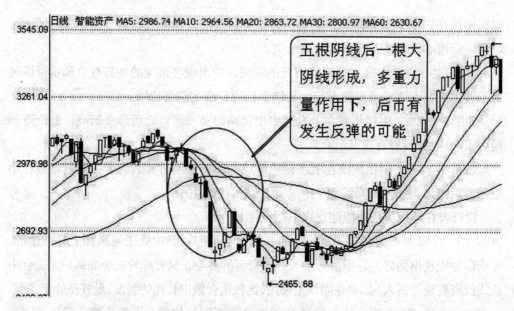

图 3-1-24　智能资产（000983）2007 年 10 月 18 日~25 日日线图

一般情况下，经过持续 6 天的下跌，做空动能得到了充分的释放，如果不是在大盘跳水或个股出现了实质性利空情况下发生，则是庄家借下跌顺势震仓所致，此时设价反弹欲望强烈，一旦庄家反手做多，跟风盘和补仓资金将如潮而至，在多种力量的作用下，股价将见底回升、快速反弹，甚至由此引发中线行情。

如图 3-1-24，智能资产连续出现五根长短不一的小阴线后收一根大阴线，在多重力量作用下，短期盘整后出现反弹，行情见好。

在这五根阴线中，允许其中的一根阴线与上一根阴线并列，即两根并列的阴线中有一根阴线的跌幅为零，其他阴线必须有一定跌幅，中间不可插入阳线，随后出现一根跌幅不小于 3% 的大阴线。

在这里要强调的是，该 K 线组合形成后，投资者第二天可继续观望，如果股价低开高走，收出阳线，则当价格盘中穿越前一天阴线收市价时，投资者可跟进；如果股价次日收出阳线，激进的投资者可当日逢低建半仓，因为至少这个位置已经是底部区域，稳健的投资者则待收出阳线后的第二天再买入。

连续跳空三阴线

当股市行情在下跌趋势时中出现三根向下跳空低开的阴线时，表明卖方不会继续出货，市场买方力量会逐步增强，反攻在即，此为强烈的买进信号，股价反弹上升的可能性较大。

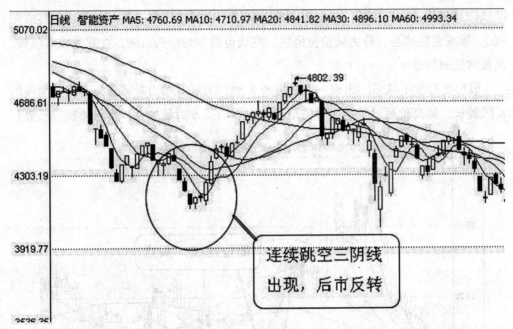

图 3-1-25　智能资产（000983）2011 年 6 月 16 日 ~20 日日线图

如果之前股市下跌幅度较大，有时会出现 3 根以上的跳空阴线，那么就需要此 K 线组合与后面的 K 线形成复合见底信号才可靠，如果之后拉出的 1 根或 2 根阳线能及时回补下跌的第三个缺口，并且在下跌过程中伴随着交易量的放大，则股价上升的可能性极大。此时"连续跳空三阴线"得以确立。投资者可以适量买进，持股待涨。

如图 3-1-25，智能资产在一轮连续下跌末期出现连续跳空三阴线，次日，即收一根阳线，此后，股市迎来新一轮上涨，最高达到 4802.39 点。

投资者在操作此 K 线组合时应注意以下几点：

（1）有些个股因受重大利空因素的影响，在下跌过程中不仅会出现"三空"，有时甚至会出现"四空""五空"，对这样的股票，投资者应慎重选择。

（2）有些个股在"三空"之后并没有马上转入反弹，而是要在底部横盘整理多时后才出现买入信号，对于这样的个股，就需要投资者耐心等待了。

（3）在"连续跳空三阴线"的应用上，投资者应灵活掌握，不可太过拘泥。例如，有的个股只回补其中的两个缺口后就停止上升，还有的个股只回补其中的一个缺口就停止了。

低位抱线

抱线由两根 K 线组成，右边的 K 线完全包住了左边线（包括影线），其形态和孕线刚好相反，一日在低价位出现一条小K线，次日又出现一条大K线（阴线或阳线），形成包容状态，称为低价位抱线。抱线也被称为穿头破脚、吞并线或者包线，是最常见的信号。

股价在持续下跌后，出现一根较短的K线，表示下跌力量减弱，而次日出现的K线较长，最高价超过了前一日的最高价，表示买方力量加强，卖压减轻，形势利

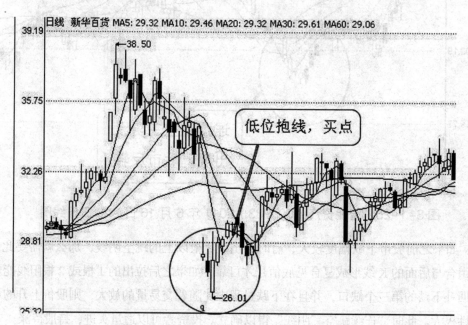

图3-1-26 新华百货（600785）2010年5月21日日线图

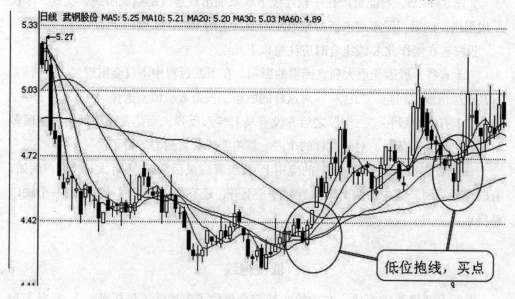

图3-1-27 武钢股份（600005）2011年2月9日~4月8日日线图

于多方。因此，该 K 线组合不论是阳抱阴，还是阴抱阳，还是阳抱阳，或者阴抱阴都是买入信号。

从图 3-1-26 我们可以看出，新华百货 K 线于 2010 年 5 月 21 日形成抱线，抱线的最低价为 26.01 元，此后，该股反弹，曲折中上涨。

图 3-1-27 中这两处都是典型的低位抱线，在下跌途中出现此 K 线图形，则表明将出现反弹，后市看涨，投资者应该抓住时机，及时介入。

投资者在运用"低位抱线"时应当注意以下几点：

（1）一般情况下，"低价位抱线"是比较准确的买入信号，尤其是"异性相抱"（"阴抱阳"或者"阳抱阴"）更加准确；在低价位出现，显示见底特征，此时买入，风险较小。

（2）周抱线也比日抱线更加准确，若周线图在低价位出现"抱线"，可以放心买入。

（3）投资者还需要注意，在下降途中的"阴抱阴"形态一般是股市反弹信号，此时介入风险较大，最好不抢反弹，如果一定要介入搏点差价，则建议快进快出。

低位孕线

"孕线"是指由两条 K 线所组成的图形。第一条 K 线是长线，第二条 K 线为短线，第二条 K 线的最高价和最低价均不能超过前一 K 线的最高价和最低价。这种前长后短的组合形态，形似怀有身孕的妇女一样，所以称为孕线。"孕线"，顾名思义是孕育着希望的意思，表明趋势随时都可能会反转向上。

在中国的股市上，孕线的出现通常意味着底部的出现，是一个标准的买入信号。而且，"低位孕线"可分为"阴孕阴""阴孕阳""阳孕阳""十字星孕线"等形态，在低价区，上述 K 线组合均为标准的买入信号。

如图 3-1-28，ST 中源下跌到低位时，出现低位孕线的 K 线组合，预示着将迎来新的反弹，投资者可适当买进，待到 9 月 10 日的高位抱线出卖出，可赚得一定的差价。

如图 3-1-29，莱钢股份当天形成低位孕线的 K 线组合，在一段时间的底部横盘后，于 12 月 8 日后股价开始上涨，表现出强势反弹，股价最高达到 5.54 元。

如图 3-1-30，红阳能源股价在下跌一段时间后，形成了低位孕线的 K 线组合形态。这显示市场行情已经由空方主导转变为多空僵持，股价有见底反弹的可能。5 月 16 日，该股股价高开高走，这说明多方在前日的僵持中胜出，看到这个形态后，投资者可以积极买入股票。

低价位的孕线是可信的买入点位。但投资者在运用低位孕线的过程中，还应注

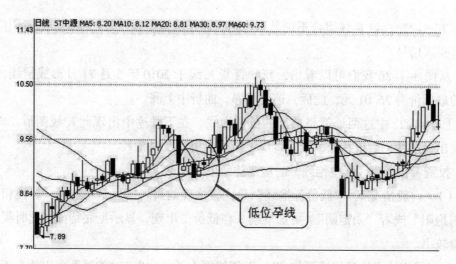

图 3-1-28　ST 中源（600645）2010 年 8 月 26 日日线图

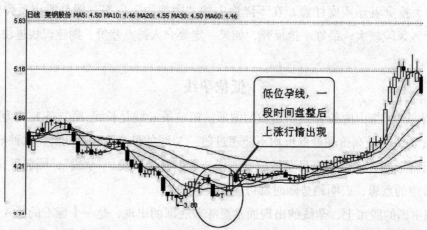

图 3-1-29　莱钢股份（600102）2005 年 11 月 11 日日线图

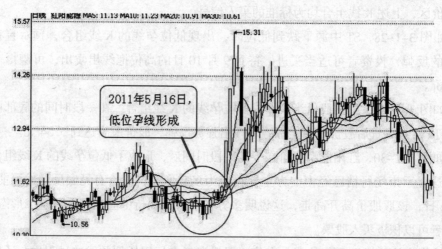

图 3-1-30　红阳能源（600758）2011 年 5 月 13 日至 16 日日线图

意以下两点内容。

（1）左边的 K 线为实体阳线时，可以带有上下影线，如果是光头光脚的中阳线或大阳线并伴随着成交量的放出，可信度会比较高。

（2）在判断孕线是不是真正的低位时要严格分析，如果处在下降途中的孕线，则是继续卖出的信号。

跳空上扬

跳空上扬形，又称升势鹤鸦缺口，是指在上涨趋势中，由 2 根一阳一阴的 K 线组成。第一天，先拉出一根跳空上扬的阳线，留下一个缺口，第二天又出现一根下降阴线，但它收在前一根阳线缺口上方附近。

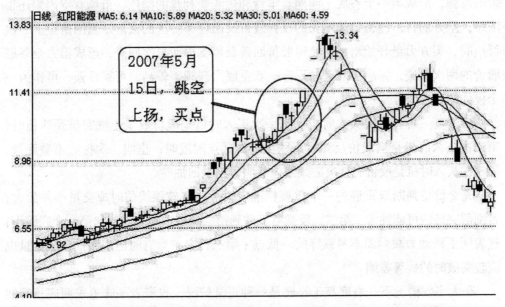

图 3-1-31　红阳能源（600758）2007 年 5 月 14 日~15 日日线图

从图 3-1-31 中可以看出，红阳能源在 5 月 15 日形成跳空上扬的 K 线组合后，加速上涨。一般来说，该组合形态的出现，说明是上涨前的洗盘换手，是股价加速上涨的前兆。投资者见到此 K 线组合时不必惊慌抛售股票，可持股待涨，股价必将持续前一段涨势继续上扬，红阳能源股价最高点达到 13.34 元。

通常情况下，跳空上扬型出现在涨势初期、中期，行情有可能出现两种发展模式：一是股价经过一段时期盘整后再度上扬；二是股价经过短暂调整就开始发力上攻。但是不管何种模式，在上涨初期、中期出现这种 K 线组合，都预示股价会继续往上攀升。

第二节 K 线形态中的买入信号

双重底形成

股票价格由两个相同或相差不多的低点所组成的由下降趋势转为上升趋势的底部反转形态称为双重底，因为两次探底的运行轨迹就像字母 W，又叫 W 底。

双重底一般很少出现在下跌的途中，一般出现在股价波段跌势的末期，有两次探底或筑底的过程：股价经过连续下跌，部分先知先觉的投资者逢低买入，推动股价的反弹，形成第一个谷底；前期套牢盘和短线获利盘的抛压，市场看空因素还很浓厚，空方的打击使得持续不长的反弹股价又出现再一次的回落；当回落至上一次低点时，买方力量开始增加，使得股价回落获得支撑而再次回升，形成第二个谷底股价的两次探底，完成了双底的形态。双重底出现频率较高，可靠性强，可作为一个极佳的买入信号。

双重底一共有三次买入时机。第一次买入时机是股价放量上涨突破颈线位时，第二次买入时机是当股价反弹后下跌至前次低点附近时，也叫二次探底不破底价，第三次买入时机是股价有效突破颈线位后明显缩量回抽时。

成交量是判断双重底的一个重要标准。第一，突破颈线位时成交量必须放大，否则假突破的可能性大；第二，反弹后下跌到第二个底的成交量应比第一个底缩小，这表明下跌动力减弱而不易跌穿前一低点；第三，突破后有时出现回抽，成交量也应较突破时的显著萎缩。

在大多数情况下，右底高于左底是一种正常情况，投资者一味追求两底相等往往会导致错失良机。不过，偶尔也会出现右底低于左底的情况。当出现右底低于左底的情况时，投资者就有必要提高警惕，因为这时候走势有可能演化成下降三角形或下跌过程中箱形整理或假突破，其后再创新低继续下跌。所以在右底下跌至左底附近买入的股票，当股价有效跌穿左底时应止损；股价向上突破颈线位和回抽颈线时买入的股票，在股价跌至颈线位之下而又无上涨迹象的时候应暂时出局观望。由此可见成功的双重底形态并不需要两次低点完全相等。

投资者在实际操作过程中，面对股价下跌创出新低的市场行情，不仅要分析量能变化，更要结合技术面进行分析。在对双重底进行技术分析时：一方面要重点分析技术指标的背离状况；另一方面需要结合多种指标进行综合分析。在这里需要强调一点，在实战中，经历过持续大跌或者持续整理时期的市场，很容易找到双重底的图形，投资者在具体操作中要敢于在这两次买入点位及时进场。这样才能享受到成功探底后的巨大利润。

<h2 style="text-align:center">二次探底不破底价</h2>

当股价再一次由高位下跌至以前的低点附近获得支撑，然后直接转为上升趋势，且这一低点至少是数星期之前的低点，一般是数月之前甚至是一年之前的低点。这时股价往往经过了较长时间的下跌，股价跌幅已深，市场交易冷淡，风险已经很小，一旦有利好刺激或庄家入场，股价就会大幅上涨，而且大多会重新涨回起跌点甚至更高位置。我们把这种形态就称为二次探底不破底价。

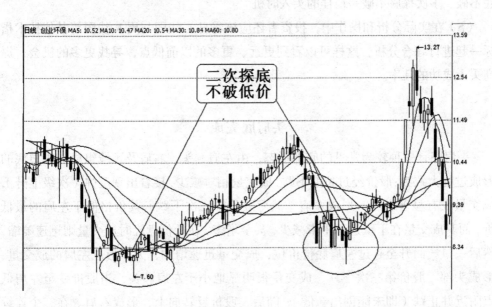

图 3-2-1　创业环保（600874）2007 年 11 月 7 日 ~2008 年 2 月 4 日日线图

从图 3-2-1 中可以看出，创业环保 11 月 7 日第一次见底，最低价 7.6 元，持续上涨后几个月后于 2 月 4 日第二次见底，跌至以前的低点附近获得支撑，最低价 7.9 元。之后直接直接反转上升。

二次探底不破底价是难得的中长线买入时机。空仓或轻仓的投资者如果在第一波反弹行情中踏空，则可以趁这个机会积极介入；重仓套牢的投资者可以利用这段有利时机，对手中部分涨升潜力不大的个股进行换股操作，换入具有投资价值、价格低廉、涨升潜力大、在未来行情中有可能演变为主流热点的个股。

投资者在具体操作过程中应该注意以下几点内容：

（1）二次探底的买入点在以前的低点之上 3% 左右的幅度范围内或者是在以前的低点附近，但未创以前的新低或者即使跌穿了以前的低点但很快又回升至以前的低点之上时。

（2）股价在下跌过程中，主要的支撑是以前的成交密集区和以前所形成的低点附近，后者的支撑作用更为明显，在以前上升过程中连拉阳线或振荡上行的中途是很少有支撑的。

（3）二次探底中，第二次低点距离第一次低点的时间越长，就越可靠，且股价在低位停留的时间非常短，往往是几个交易日甚至是盘中短时间的，而其后的上升却是迅速和持续的。

（4）股价下跌至以前低点附近获得支撑的次数越多，则越可靠。因此，三次探底不破、多次探底不破是最佳的买入时机．

（5）在实际分析和操作中，投资者还应该将日 K 线图与周 K 线图等其他技术指标一起进行综合分析，这样可以看到更远、更多的以前低点，寻找更多的机会，提高买入成功的几率。

头肩底完成

头肩底是一种较为常见的底部形态，由左肩、头、右肩及颈线组成。头肩底的形成过程大致为:股价经过长期下跌,成交量相对减少,接着出现反弹（次级上升），成交量没有显著增加，形成左肩。然后股价第二次下跌，其价格低于左肩的最低价，而其成交量在下跌过程中未减少，甚至增多，在低价盘旋时成交量则迅速萎缩，然后一口气回升至越过左肩底价价位，成交量迅速增加，大于形成左肩的成交量，形成头部。股价第三次下跌，成交量很明显地小于左肩和头，当股价跌至左肩低点附近并止跌（即未能创出新低）。随后，股价反转向上，形成右肩。在三个连续的谷底中，以中谷底（头）最深，第一个及最后的谷底（分别为左、右肩）较浅、接近对称。我们将左肩高点和右肩高点之间的连线称为颈线，股价在巨量的推动下一举突破颈线，当收盘价突破幅度超过 3% 以上时为有效突破。因而形成头肩底形态。

头肩底的形成即意味着市场实现了阶段性止跌，此后有望展开一轮反弹走高的行情，因此形成头肩底形态后往往会成为支撑市场信心的标志。一般情况下，股价在跌破颈线之后往往会有回抽过程，颈线支撑变成压力，回抽过程为头肩底形态的逃命点。

如图 3-2-2，首钢股份在 2010 年 6 月初至 8 月中旬构成头肩底，此后股价略微

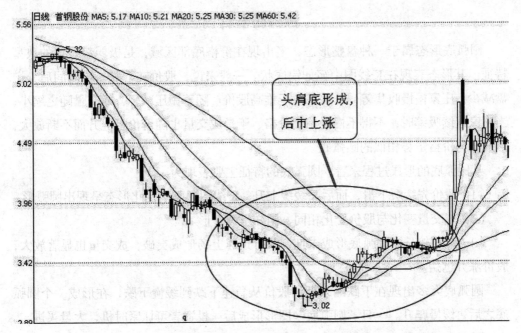

图 3-2-2　首钢股份（000959）2010 年 6 月 ~8 月日线图

冲高后一路下跌，最低见 3.5 元，于 6 月初形成左肩，随后微弱反弹，反弹过程中成交量放大迹象不明显。该股在稍微反弹后迅速向下滑落，至 7 月初形成头肩底的头部，此时庄家开始真正建仓。然后股价小幅反弹，至 8 月份股价再度回落，构筑右肩，此次回落很明显只是为了震仓洗盘而已，经过几次对颈线的冲击，于 8 月 20 日拉出涨停，23 日继续涨停，成为一匹黑马。

　　从以上几个例子中，我们可以看出，买入的时机是右肩附近。一旦股价放量冲破颈线时，投资者就可考虑买进一些股票，这通常称为第一买点。如果股价冲破颈线回抽，并在颈线位附近止跌回升时，投资者可加码买进，这通常称为第二买点。这些都是非常典型的短线买入技巧，如果买入成功，得到的收益非常丰厚。

　　在具体操作过程中，投资者还需要注意以下几点：

　　（1）如果股价向上突破颈线时成交量并无显著增加，说明此时很可能是一个假性突破，投资者应逢高卖出，考虑暂时退出观望。

　　（2）所谓的"肩"的位置（即横盘整理的平台）不应太长，其时间在两周附近，太长时间横盘的个股要注意其中的风险。

　　（3）向下突破探底的时候，其下跌的幅度不应太深，反弹的时候速度要大于下跌的速度。

圆弧底末期

圆弧底形态属于一种盘整形态，多出现在价格底部区域，是极弱势行情的典型特征。其形态表现在 K 线图中宛如锅底状。一般来说，股价在下跌一段时间后，抛盘减少，庄家慢慢收集筹码，并不急于推高股价。随着抛压减轻，成交量随之缩小；当庄家继续吸筹时，不得不慢慢抬高价格，于是成交量也随着价格上升而不断放大，形成了与价格走势相似的圆弧底。

从圆弧底的形成过程来看，圆弧底的特征主要表现为：

（1）股价先缓缓下滑，而后又缓缓上升，K 线图形整个变化形态呈现出圆弧形。

（2）成交量变化与股价变化相同，同样呈圆弧形。

（3）耗时较长；圆弧底形成末期，股价迅速上扬形成突破，成交量也显著放大，股价涨升迅猛。

圆弧底大多出现在下跌的末期，股价从急速下跌到缓慢下跌，在形成一个圆弧底之后再缓慢爬升。一旦"圆弧底"图形形成后，投资者可抓紧时机，大量买进。

圆弧底形态是多空力量转换的过程，是明确的底部反转信号。圆弧底的构筑时间越长，反转的力度越大，构筑时间可能是半年也可能是更长周期。而且期间的成交量极度沉闷，不过在圆弧底末期，成交量会温和放大，未来的涨幅将会相当惊人。大多数情况下，圆弧底都预示着庄家在收集筹码。一旦收集完成，股价会有可观升幅。因此，在突破圆弧底并有成交量配合时，投资者应该果断跟进。

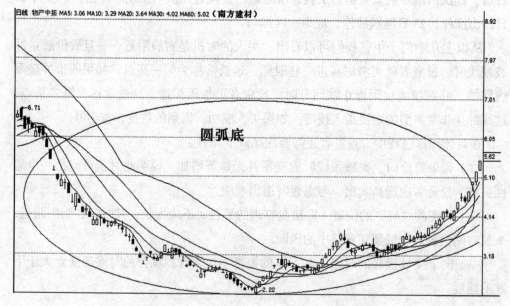

图 3-2-3　南方建材（000906）2008 年 8 月 1 日~2009 年 2 月 6 日日线图

如图 3-2-3，该股形成了一个非常大的圆弧底，之后股价持续上涨。圆弧底形成耗时半年左右，时间较长，根据圆弧底的构筑时间越长，反转的力度越大的原理，该股后市行情仍然上涨，行情看好。

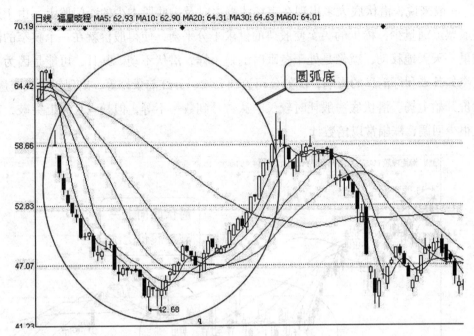

图 3-2-4　福星晓程（300139）2011 年 4 月 15 日 ~7 月 7 日日线图

在图 3-2-4 中，福星晓程已经形成了标准的圆弧形（锅底形），当股价放量突破时就是最佳介入点。投资者可适量买进，以获得差额利润。

圆弧底是重要的反转形态，形成的时间一般较长，形态上也比较好辨认。一旦个股出现了圆弧底形态的特征，投资者应当抓住时机，及时买入。不过，还需要强调以下几点：

（1）圆弧底重要的特征就是股价在大幅下跌之后，在构筑底部的过程中，股价和成交量的变化均呈现圆弧状且完成的时间较长。

（2）右半部圆形形成时，中线投资者则可以分批买入，股价放量向上突破时是非常明确的买入信号。

（3）如果公认的圆弧底久攻不能突破或突破后很快走弱，特别是股价跌破圆弧底的最低价时，投资者仍应止损出局观望。

潜伏底向上突破

潜伏底，又称为线形底，是指股价经过一段跌势后，长期在一个狭窄的区间内波动，且成交量也十分稀疏，从图形上看，股价和成交量各自形成一条带状。

一般来说，潜伏底大多出现在市场淡静之时及一些股本少的冷门股上。由于这些股票流通量少，稀少的买卖使股票的供求十分平衡，使得股价就在一个狭窄的区域里一天天地移动，就像是处于冬眠时的蛇一样，潜伏不动。某日，可能是因为某些突如其来利好消息的影响，例如公司盈利大增、分红前景好等，出现较大成交量，股价开始上扬。潜伏底一般耗时较长，从数月到数年不等，但是一旦向上突破，往往很少回调，涨幅常以倍数计。

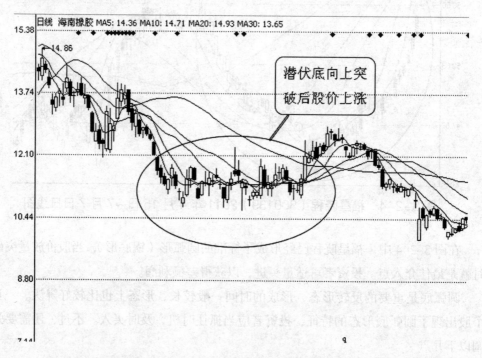

图 3-2-5　海南橡胶（601118）2011 年 4 月 27 日~7 月 6 日日线图

从图 3-2-5 中我们可以看出，海南橡胶在 2011 年 2 月 28 日开始持续下跌，后从 4 月 27 日开始进入横向整理态势，终于于 6 月 24 日向上突破，之后又迎来新一轮短线高点。

潜伏底突破后，成交量应稳步放大配合股价上涨，否则涨势不可能像预期的那样。在潜伏底涨升初期，短线投资者可大胆追涨买入。这些股票的利润十分可观，且风险很低。但是如果已经确认的潜伏底在突破后又跌回平台区域甚至跌破前期的最低价，这有可能仅是下跌中途的整理，应止损出局。

潜伏底一旦开始上扬，其势头通常十分猛烈，往往会造成连续逼空的行情，出现大阳线后再拉大阳线，超涨之后再超涨的现象，而多数投资者对潜伏底上扬时候的行情缺少足够的认识，而不敢追涨。因此，投资者在操作过程中要加强对潜伏底的认识和了解，注意以下几点：

（1）通常潜伏底时间应较长。

（2）投资者必须在长期性底部出现明显的突破时才可以跟进。

（3）在突破后的上升途中，必须继续维持高成交量。

（4）潜伏底形态除了在日线图中适用，在周线图和月线图中同样适用，和日线图具有同样的分析意义，不同的是，成交量的变化相比则较难辨别出来。

（5）潜伏底历时较长，一般都会达到几个月甚至数年之久，很多投资者都是等不及而将其放弃。因此投资者在操作过程中一定要耐心等待。

三重底完成

三重底和双重底的道理相似，但比双重底多一个底：它由三个底部组成，其颈线位置是将左底顶点与右底顶点连线延伸出去所形成的连线。在某价位上遇到重大阻力，股价也已进行了二次探底，假如出局者不多，就要进行三次探底，使筑底式洗盘时间拖得更长一些。三重底是更为扎实的底部信号。

庄家在吸筹阶段需要大量吃进股票，买盘的介入使股票成交量放大。短线跟风客入场抢筹码，使股价被推高。庄家此时如果没有买到足够数量的筹码，便会在某一价位，通常是前期成交密集区或重要技术位处，向下砸盘。迫使部分短线跟风盘离场、股价下跌，庄家趁机再次在前期低点附近吸货，反抽至前期高点后，庄家如法炮制，剩余短线客为了避免再次坐"电梯"，纷纷抛售股票。随后形成第三次底部，待股价重新回到颈线处，庄家如果发现浮动筹码已寥寥无几时，便会一举突破。此种形态称为三重底。如还有较多浮筹，则再多做几个来回。日K线图则形成2个以上凸点、3个以上的底，称为多重底。

从图3-2-6中可以看出，大连控股在2009年的9月3日、10月9日、11月2日三天分别形成了三次探底过程。该股的三次探底动作，相互之间的时间跨度大致相等，而且三次探底的低点位置也比较接近，完全符合三重底的基本技术要求。5月中旬，大连控股放量突破三重底的颈线位置。此后，该股行情见涨。

如图3-2-7，中体产业在9月底形成三重底的第3个底，此时浮筹已较少，向上突破的欲望非常明显，是很好的短线买进机会，之后该股跟随大盘走出了一波飙升行情，连续拉出3个涨停板强劲走势。

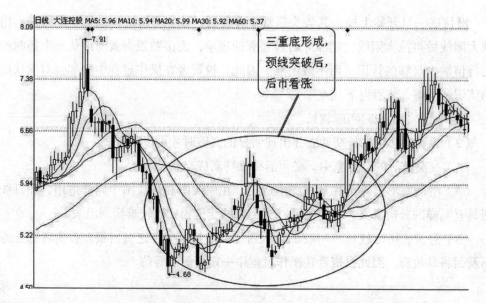

图 3-2-6 大连控股（600747）2009 年 8 月 7 日 ~11 月 5 日日线图

实际上，三重底既是头肩底的变异形态，也是 W 形底的复合形态。虽然三重底相对来说比较少见，但也是坚实的底部形态，反转的力度也更强。

三重底由于构筑时间长，底部较为坚实。因此，突破颈线位后的涨幅将大于或等于低点到颈线位的距离。所以，投资者需要耐心等待三重底形态彻底构筑完成，股价成功突破颈线位之后才是最佳的买入时机。投资者在三重底的操作过程中，应该注意以下几点：

（1）三重底的谷底与谷底间隔距离与时间不一定相等。

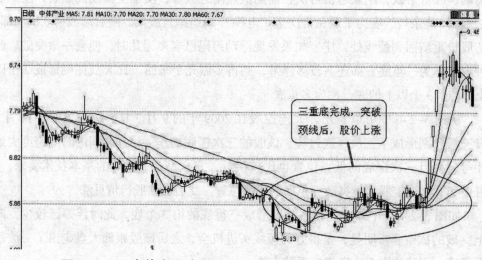

图 3-2-7 中体产业（600158）2011 年 8 月 ~9 月日线图

（2）股价在底部盘旋时间越久，上涨力度越强。

（3）三重底在第 3 个底部完成而股价上升时，成交量大量增加，即表示股价将会突破颈线而上升。

（4）底部低点到颈线位的距离越长力度越强。

底部三角形

底部三角形一般在跌势中出现，股价在 3 次探底时，几乎都在相同的价位上获得支撑，股价每次探底后反弹的高点不断下移，股价第三次探底后，反弹力度加强，成交量放大，冲过了上档压力线并立于压力线上方，在形成三角形时成交量呈逐步萎缩状态，以至出现极度萎缩，向上突破之后常常会有一次回抽，配合较小的成交量。

在底部三角形形成的后期，不能在盲目做空，而要密切注意成交量变化，一旦发现成交量放大，股价冲破压力线时就可试着做多，如回探颈线再创新高时可加码买进。底部三角形是深沪股市中最常见、最实用的底部形态之一。如果它能成功地向上突破，上升空间很大，投资者应对它高度重视。

如图 3-2-8，2011 年 5 月 18 日 ~23 日这段时间内，中国国贸形成了底部三角形形态。此后，该股开始逐级上升，从 9.18 元涨到 9.59 元。短线投资者可在低点买入，待涨至短线新高时卖出，可获得一定的短线差价。

如图 3-2-9，中煤能源股在 2011 年 9 月 16 日 ~24 日期间形成底部三角形形态。

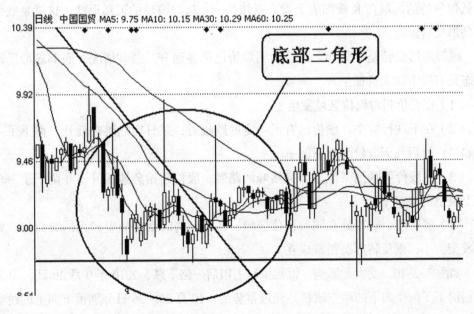

图 3-2-8 中国国贸（600007）2011 年 5 月 18 日 ~23 日日线图

此后，该股开始呈弧形上升。投资者应在低位持股，待到股价达到新的高点后再卖出，以赚取差价。

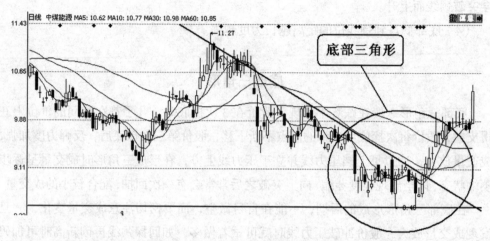

图 3-2-9　中煤能源（601898）2011 年 9 月 16 日 ~24 日日线图

底部岛形反转形态

股价在持续下跌的行情中，某日突然跳空低开留下一个下调缺口，随后几天股价继续下沉，但股价下跌到某低点又突然峰回路转，股价向上跳空开始急速回升。这个向上跳空缺口与前期下跌跳空缺口，基本处在同一价格区域的水平位置附近，使低位争持的区域在K线图表上看来就像是一个远离海岸的孤岛形状，这就是底部的岛形反转形态。

底部岛形反转是个转势形态，表明股价已见底回升。通常情况，底部岛形反转形态具有以下四大特征：

（1）在股价相对低位区域发生；

（2）在下跌行情中，股价已有了一定的跌幅后，某日突然跳空低开，留下了一个缺口，日后几天股价继续下沉；

（3）当股价下跌到某低点又突然峰回路转，股价开始急速回升，并留下了一个向上跳空的缺口；

（4）前后两个缺口处在同一价位区域，岛形反转时常伴随着较大的成交量。如果成交量小，则反转形态很难成立。

如图 3-2-10，受大盘影响，万福生科上市后一路下跌，2010 年 9 月 29 日、30 日分别留下了两个向下的跳空缺口，经过蓄势后，10 月 25、26 日分别留下向上的跳空缺口，从图中我们可以看出该图形符合底部岛型的特征，因此根据岛型反转的原则，

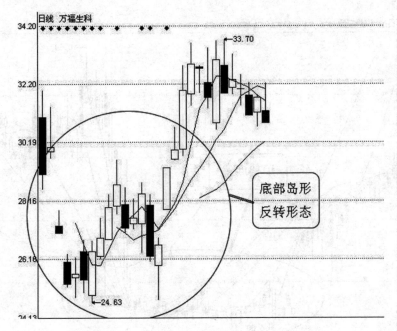

图 3-2-10　万福生科（300268）2010 年 9 月 29 日~10 月 25 日日线图

投资者在第一个缺口果断跟进有近 30% 的收益, 第二个缺口跟进也有 17% 左右的获利。

　　底部岛形反转形态经常出现在长期或中期性趋势的顶部或底部, 岛型反转形态其最佳的买卖点为跌破上升下降趋势线和第一个缺口发生的时候。当出现底部岛形反转后, 股价免不了出现激烈的上下震荡, 但多数情况股价在下探上升缺口后会止跌, 然后再次发力上攻; 投资者一旦确认岛形反转, 应及时介入做多。激进的投资者可在岛形反转后向上跳空缺口的上方处买进, 稳健的投资者可在股价急速上冲回探向上跳空缺口获得支撑后再买进。

　　这里需要提醒投资者注意的是, 对填补向上跳空缺口后股价还继续下沉的个股, 就不可再看多了, 此时投资者应及时止损离场观望。

炉架底线

　　股价经过一段很长时间的下跌后, 在低位拉出一根长阴线, 随后股价在长阴线收盘价附近做横盘窄幅整理, 小阴线和小阳线交替出现之后, 突然收出一根大阳线, 收盘价超出或接近前大阴线的开盘价。这就是炉架底 K 线形态。

　　炉架底线是可靠性较强的见底信号, 在低位拉出一根长阴线, 表明空方仍占优势, 随后出现的小阴线和小阳线显示了多空双方开始激烈争夺, 此时庄家正在吸筹, 中阳线是吸筹充分、拉升开始的重要信号。

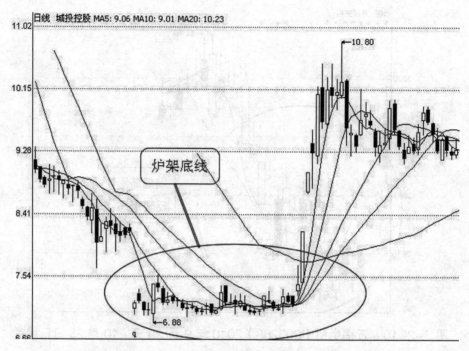

图 3-2-11　城投控股（600649）1998 年 2 月 16 日~3 月 25 日日线图

如图 3-2-11，城投控股连续下跌后，1998 年 2 月 16 日收一阴线，随后经历了近 6 个交易周的窄幅横盘，3 月 25 日收一中阳线，形成"炉架底"图线。此后，该股连涨两周，升幅达 28.55%。

如图 3-2-12，1999 年 2 月 3 日，全柴动力收一开盘大阴线，随后小阴小阳横盘整理 6 个交易日。3 月 3 日收一大阳线，形成"炉架底"图线。此后，该股逐波向上攀升，股价由 3 月 3 日的 8.97 元，上升到 3 月 19 日的 10.19 元；升幅达 13.6%。

如图 3-2-13 所示，钱江摩托 2005 年 12 月 5 日至 12 月 9 日期间股价经过幅度超过 20% 的下跌后，在低位出现标准的"炉架底"K 线组合，随后股价果然见底回升。从 2.40 元震荡上攻至 4.55 元。

以底部反转形态的姿态出现，"炉架底"成立后的上升幅度较为可观。其重要的买点有两个：一是中阳线出现当日，股价盘中接近或超过大阴线开盘价时迅速跟进；二是形态成立次日，股价回抽至中阳线实体的 1/2 水平时买进。

"炉架底"这一图形的出现是抄底很难得的时机，投资者应关注此类图线的形成，一旦出现，应坚决介入。但投资者在具体运用过程中，还需要注意一点是，"炉架底"右边的大阳线是否超过或接近前面的大阴线的最高价。如果超过，则投资者可放心买入，否则还应观望。另外，如果不太标准的"炉架底"右边的阳线不

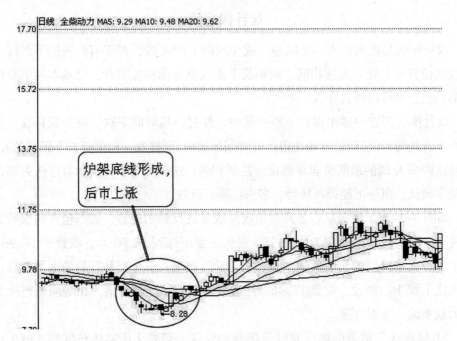

图 3-2-12 全柴动力（600218）1999 年 2 月 3 日至 3 月 3 日日线图

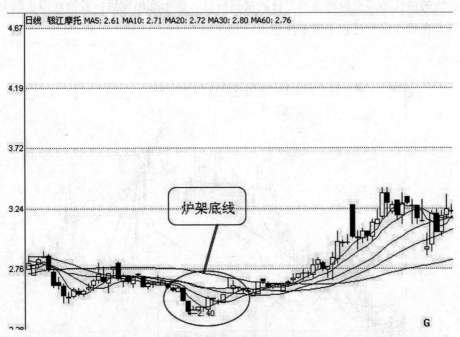

图 3-2-13 钱江摩托（000913）2005 年 12 月 5 日~12 月 9 日日线图

够长时，可用相邻的两根阳线代替。同时，在观察阳线大小的同时，应注意成交量的变化，若放量推动股价上行，就能确认"炉架底"的成立。

双针探底线

双针探底是指两根有一定间隔（或无间隔）的 K 线，都带有较长的下影线，下影线的位置非常地接近或相同。两根长下影线就像两根探雷针，已基本探明股价的底部，投资者可以择机介入。

双针探底形态一般出现在下跌行情中，经过一段时间下跌，突然某日收一根带长长下影线的 K 线，随后市场在很近的时间区域内，同样收一根带长长下影线的 K 线，而且这两根 K 线的最低价非常地接近甚至相同，这种情况下，预示着空头力竭，底部基本确认，市场可能即将转势，多头将展开反攻。

如图 3-2-14，星美联合 8 月初出现短线见底反弹的走势，底部包含两根特别的 K 线：一根"针"出现在 7 月 31 日，股价一度下探到 16.00 元，收盘于 17.96 元，留下了一元多价位的长下影线，第二根"针"出现在五个交易日后的 8 月 7 日，股价再度下探 16.09 元，收盘 17.46。随后股价开始了反弹行情，相对同期连续走弱的大盘来说，涨幅可观。

"双针探底"形态的两根 K 线下影线的长度一般要大于实体长度的 3 倍；双针探底线的最佳做多点位就是第二针的最高价位。该形态出现后，股价立即止跌上升。投资者在具体操作过程中需要注意以下几点：

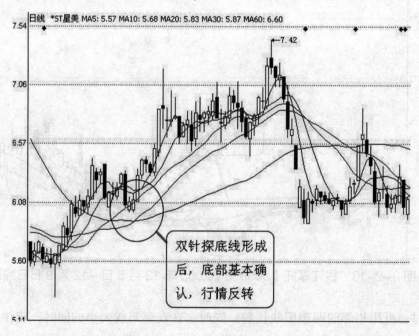

图 3-2-14　星美联合（000892）2010 年 8 月初前后日线图

（1）"双针探底"形态必须出现在低位，如果所处的位置偏高，即前期的下跌幅度小于 20% 时，就应慎重操作。

（2）"双针探底"形态中的"两针"，可以是紧密相连的两条长下影线，也可以是中间隔有几条图线的"两针"走势，但相隔的天数不能过多，多于五条以上图线的"双针探底"形态，就变成"双底"形态了。

（3）"双针探底"组合中下影线的长短并不太重要，如果下影稍短一点，就会类似于另一种 K 线组合"两次触底不穿"的走势，反弹的概率相对要小一些。"双针探底"要求这两根下影线所下探的空间有一定的深度，前后交易日其他的日 K 线位置都距这个价位比较远，否则在实战中没有太大的意义。

（4）有的股票，"双针探底"形态出现后，仅向上"虚晃一枪"就跌了下来，经过一段时间的调整后，才正式展开上升攻势。碰到这一情况时，应耐心等待，适时还可补仓。

底部缺口向上突破

缺口是指股价在快速大幅变动中有一段价格没有任何交易，显示在股价趋势图上是一个真空区域，这个区域称为"缺口"，通常又称为跳空。缺口往往是受到利多或利空消息及庄家介入或出货的影响，造成投资者情绪的波动和多空双方力量的失衡而形成的。缺口分普通缺口、突破缺口、持续性缺口与消耗性缺口等四种。从缺口发生的部位大小，可以预测走势的强弱，确定是突破，还是已到趋势之尽头。它是研判各种形态时最有力的辅助材料。

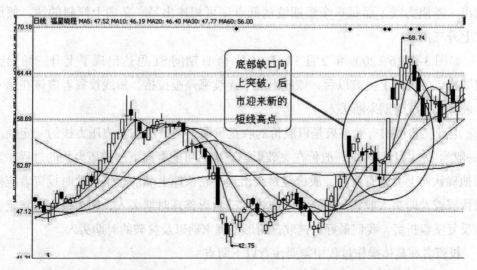

图 3-2-15　福星晓程（600100）2011 年 9 月 28 日 ~10 月 11 日日线图

突破缺口是当一个密集的反转或整理形态完成后突破盘局时产生的缺口。当股价以一个很大的缺口跳空远离形态时，这表示真正的突破已经形成了。缺口还显示了突破的强劲性，突破缺口愈大表示未来的变动强烈。这通常是该股开始进入拉升阶段的标志，显示短期内应有一定的升幅，是最佳的买入时机。

如图 3-2-15，福星晓程股价 2011 年 9 月 28~10 月 1 日形成底部缺口，之后该股小幅上升，迎来新的短线高点。投资者可适当切入，把握一段短线的利润。

突破缺口经常在重要的转向形态如头肩式的突破时出现，具有重要的分析意义。它可以帮助我们辨认突破讯号的真伪。如果股价突破支持线或阻力线后以一个很大的缺口跳离形态，可见突破十分强劲。如果缺口发生前伴有较大成交量，而缺口发生后成交量相对减少，则表明该缺口很有可能不久将被封闭。若缺口发生后成交量并未随着股价的远离缺口而减少，反而加大，则短期内缺口将不会被封闭。

上升三角形向上突破

上升三角形是众多盘整形态中的其中一种，是一种持续形态，即后市依然会延续先前趋势。

通常情况下，在回升高点的连线趋近于水平而回档连线的低点，逐步垫高，因而形成往上倾的上升斜线，而在整理形态的末端，伴随着攻击量能的扩增，一般往上突破的机会较大。价格在某水平呈现强大的卖压，价格从低点回升到水平便告回落，但市场的购买力仍十分强，价格未回至上次低点便即时反弹，持续使价格随着阻力线的波动而日渐收窄。我们若把每一个短期波动高点连接起来，便可画出一条阻力线；而每一个短期波动低点则可相连出另一条向上倾斜的线，便形成上升三角形。

如图 3-2-16，2009 年 2 月 13 日 ~4 月 14 日期间 ST 思达出现了上升三角形整理结构，股价向上突破以后，该股出现了连续涨停板拉抬。短线投资者应该在第一个放量大阳线时期果断买入。

上升三角形的有效突破是以股价的收盘价向上突破形态上边压力线的一定幅度（一般为 3% 以上）为准，股价在突破形态产生后可能有向下回抽压力线的过程。当回抽确认向上突破有效后，股价经常会出现一轮快速上涨的行情，这时投资者应持股待涨或及时买入股票。投资者不应该在三角形整理时期买入，因为投资者肯定会被反复洗盘折磨，我们最好只选取三角形整理末期以及突破的时期买入。

投资者在具体操作过程中需要注意以下两点：

（1）上升三角形向上突破时，一般都伴有较大的成交量，无量向上突破可能是

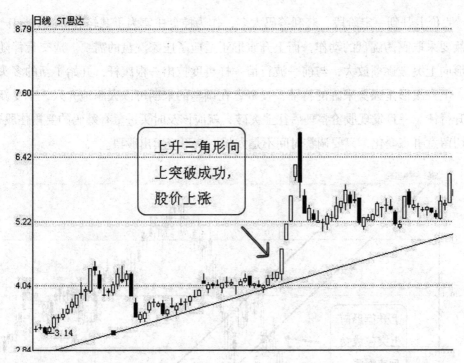

图 3-2-16　ST 思达（000676）2009 年 2 月 13 日~4 月 14 日日线图

假突破，投资者不可贸然进入。

（2）上升三角形越早往上突破，后劲儿越足，如果某上升三角形迟迟不能突破，很可能是庄家悄悄出货而故意给中小投资者设置的多头陷阱。一旦庄家达到目的，在他们出货完毕后，上升三角形非但不会往上突破，而极有可能演化成双顶形态，股价下跌就不可避免了，投资者对此务必要提高警惕。

上升旗形向上突破

旗形形态是指在急速而又大幅的市场波动中，将其下跌走势中反弹的高点用直线连起来，再将下跌走势中回落的低点也用直线连起来，就可发现其图形像一面挂在旗杆上迎风飘扬的旗子。旗形形态又可分作上升旗形和下降旗形。

上升旗形的特征为：

（1）当股价大幅上升至某一压力点，开始进行棋形整理时，其图形呈由左向右下方倾斜的平行四边形。

（2）旗形整理的时间一般不能超过 15 天。

（3）形态完成后股价将继续维持原来的趋势，也就是说一旦旗形整理结束，股价就要向上突破，继续往上攀升。

股价上升到一定阶段，获利筹码太多，作为控盘庄家为了减轻股价的上行压力，必然要采取震荡洗盘的动作，而上升旗形正适应了庄家洗盘的需要。成交量伴随着旗形向上突破逐渐放大，与前一波行情一样再度拉出一根旗杆，开始了新的多头行情。上升旗形是强势来临的特征，投资者在调整的末期可以大胆地介入，享受新的飙升行情。一旦发现股价整理后往上突破，就应该及时买进；有筹码的要捂住股票，密切留意事态变化，只要调整时间不是太长，就不应卖出股票。

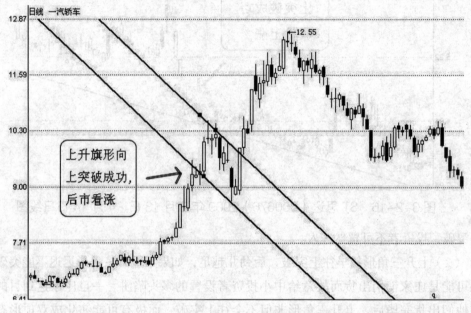

图 3-2-17 一汽轿车（000800）2003 年 4 月中下旬日线图

如图 3-2-17，一汽轿车在 2003 年 1 月 3 日 5.80 元企稳后开始爬升，3 月 31 日开始加速上行并拉出旗杆。4 月 16 日放量十字星之后展开回调并画出上升旗面，从图上可看出旗形构成期间成交量虽显著减少，但仍维持相当活跃的水平。

投资者在上升旗形的具体操作中应注意以下几点：

（1）旗形必须在急升或急跌之后出现，且成交量在形态构成期间不断地显著减少。

（2）形态完成后成交量必须剧增，即不论是向上或向下突破，成交量均有激增。由于旗形整理的周期相当短，卖压来不及消化，因此股价再度向下破位时将招致恐慌性抛盘的涌出。

上升趋势中矩形向上突破

矩形就是我们所说的箱体，它是股价在两条平行线之间上下波动所形成的一种典型和较为常见的整理形态，它既可以出现在上升趋势中，也可以出现在下降趋势中。

矩形形态体现了实力相当的多空双方的争斗，多空双方的力量在该范围之间完全达到均衡状态，看多的一方认为其价位是较理想的买入点，于是股价每次回落到该水平便会买入，形成了一条水平的需求线。与此同时，另一批看空的投资者对后市没有信心，认为股价难以越过目前水平，于是股价每次回升至该价位时，便会沽售，形成一条平行的供给线。于是股价就来回在这一段区域内波动。

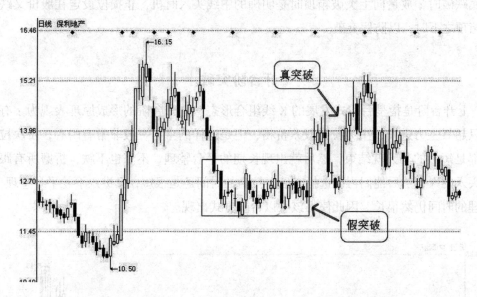

图 3-2-18 保利地产（600048）2010 年 11 月 6 日~2011 年 1 月 13 日日线图

在上升趋势中，股价经过一段时间的单边上涨之后，进入横向整理阶段，当股价上升至某一水平时就遇阻回落，但下跌到一定水平又获得支撑上升，来回反复。待时机成熟，便放量向上突破，开始新的上升波段或者是进入高一层的新箱体运行。

如图 3-2-18 所示，保利地产在矩形形态箱体震荡，长阳假突破后上涨没有多久又开始下跌，后又再次以长阳突破矩形箱体前高，真突破来到。

矩形的成交量一般是呈递减状态，如果成交量较大，则要提防主力出货形成顶部，向上突破时需要放大成交量来配合；矩形整理的时间越长，则形态的意义越可靠；长方矩形最佳的买卖点为箱体突破和回抽确认之时，日常亦可在接近箱体上下轨时做做差价，但需注意设立止损点。

投资者在具体操作过程中应注意以下几个方面的内容。

（1）矩形应由三个大致同的低点和高点组成，三个低点和高点的在相差3%的范围内都是可以接受的。

（2）矩形应由基本相同的高点和低点组成，形态内的成交量应逐步萎缩，在形态突破前应小心其演化成三重顶的可能，特别是升幅较大的股票。

（3）矩形向上突破后的升幅一般是矩形的垂直高度或是其数倍，且波幅越大的矩形其突破后的升幅越大。

（4）矩形向上突破时应有成交量明显放大的配合，否则其可靠性降低。

（5）矩形在突破前可短线操作即在箱底附近买进，箱顶附近卖出，止损点设在箱底跌破时；放量向上突破箱顶时是明确的中线买入时机，止损位设定在股价又跌至箱顶之下时，以防假突破。

上升台阶突破

上升台阶是指呈台阶式发展的K线组合形态。上升台阶的形成原理表现为：有一只超级主力进场，主力拉升股票价格，但是这样的主力一般非常有耐心，每次拉抬都是短短的几天就结束，然后就出现长期的平台整理，不涨也不跌，折磨所有跟风买入的人，然后他们再次选择突破，拉高的时间还是很短，又进入下轮平台整理，整理的时间仍然很长。因此使得该股以台阶方式出现。

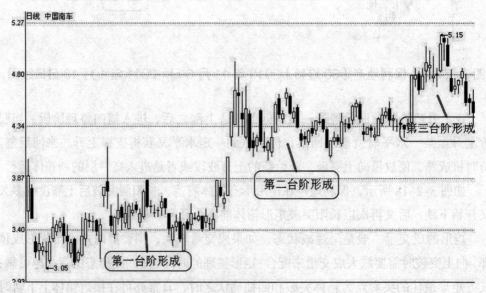

图 3-2-19　中国南车（601766）2010 年 9 月 16 日 ~2011 年 1 月 31 日日线图

因此，操作这样的股一定要选对时候，如果进得早了，浪费时间，而且被长时间的平台洗盘折磨得难受。

如图 3-2-19，该主力耐心非常足，属于超级强主力，志在长远。使得该股在 9 个月时间里，走出了三次平台突破。买入这样的股，需要有超级主力的耐心才可以赚到钱，否则多是反复进出，得不到任何满意的收益。学了今天这招，就可以安心地在它才突破平台（也可以叫台阶）的时候买入，买入以后，几天就得卖出，因为它不会连续高打高走的，很快就进入长期的台阶整理了。

上升通道买入法

上升通道是股市中股票上升趋势的形象化描述，由两条平行线组成。股价沿着一定的斜率上升，常见的有 30 度、45 度，也有些短线强势股出现 60 度陡峭斜率的上升通道。基本上每一个高点的连线和每一个低点的连线成平行线，股价大部分时间在平行线内运行，每次跌到平行线下方就会反弹，每次涨到平行线上方就会回落。短线投资者可以利用上升通道的下轨位置作为短线买点。

如图 3-2-20 所示，腾达建设从 2008 年 11 月股价见底，一直沿着 30 度角走上升通道。2009 年 4 月 28 日跌破了下轨，收盘 4.79 元，伴随着成交量减少并且缩量。后面出现了 4 个交易日的反弹，最高上冲到 5.45 元。如果在跌到下轨的当天介入，短线收益超过 10%。

股价向上突破上升通道时往往意味着行情将告一段落，投资者需要把握行情加

图 3-2-20　腾达建设（600512）2008 年 11 月~2009 年 4 月日线图

速上冲的机会获利了结；如果是向下跌破通道，投资者需要保持谨慎。上升通道形成后行情具有一定的持续性，但通道一旦破坏就需要时间重新组合，此时投资者可以选择暂时退出，直到形成新的趋势通道再进入。有的时候上升通道的向下破位，并不一定就是行情的结束，有时也意味着新的市场机遇将出现。

因此，投资者在运用上升通道买入法时需要注意以下几点：

（1）下轨是买点在基本面不变和大盘趋势走好的情况下，在上升通道中，股价每一次跌到下轨附近都是短线或中线的买点。

（2）在冲击上轨平行线时放量，在跌到下轨平行线时缩量。因此，股价在跌到下轨附近的时候，要保证下跌的量能必须是萎缩的，这样才有参与价值；如果不萎缩，则需要警惕。

（3）与 BOLL 指标相结合，进行综合分析。通常当股价跌到上升通道的下轨，BOLL 指标也会跌到下轨，这个时候买股票相对安全；相反，如果 BOLL 指标跌到下轨，不一定就是股价跌到上升通道下轨。

（4）买入这样的股，投资者需要有一定的胆量。庄家在拉抬股票价格的过程中，沿着标准的上升通道进行，到了通道的上轨就开始下跌，跌到通道的下轨就止跌，并且开始上涨，但是到了上轨以后，还是要跌回来，不过，每次高点都比前一次的高，每次的低点也比前一次的高，属于持续震荡的沿着上升通道拉高股价。投资者要抓住时机，获得最大化利润。

第四章
K 线中的卖出信号

第一节　K 线图形中的卖出信号

乌云线

　　乌云线也称覆盖线，它是由一根阳线和一根阴线组成的，阴线在阳线收盘价之上开盘、在阳线实体内收盘，形成乌云盖顶。属于一种见顶回落的转向形态，通常在一个上升趋势后出现。

　　乌云线一般出现在上升趋势之后，有时也可能出现在水平调整区间的顶部，属于顶部反转形态。这一形态一般由两根 K 线组成，第一天是一根坚挺的阳线，一般

图 4-1-1　开创国际（600097）2009 年 12 月 4 日日线图

表现为大阳线或者中阳线；第二天的开盘价超过了第一天的最高价（这就是说超过了第一天的上影线的顶端），但是市场却收市在接近当日的最低价的水平，并且收市价明显地向下扎入到第一天阳线的内部（第二根 K 线高开低走）。

乌云线可在 K 线图中的任何位置出现，但并不是所有都具有研究价值。处在高位及下降途中的乌云线是卖出信号，处在上升途中的乌云线是买入信号，而在横向盘整行情中出现的乌云线属于一般波动，无研究意义。因此，乌云线主要分为高位乌云线和低位乌云线两类。

如图 4-1-1，该股 2009 年 12 月 4 日在高价位收一根"乌云线"。随后急跌，股价由 21.2 元，下跌到 7 月 7 日的 12.2 元，跌幅达 40%，这充分说明"高位乌云线"是见顶信号，应卖出股票。当股票涨升多日，股价处在高位时，如果此时出现一根在前一阳线最高价以上开盘、在前一阳线实体内收盘的阴线，那么就叫作高位乌云线。该信号一旦出现，投资者应果断离场。高位乌云线出现的频率很高，在许多高价点位上都能见到它的身影。投资者应对这一 K 线组合引起高度重视，凡在高位出现乌云线、第二天又继续收阴时，应坚决卖出股票，等待回调。

而低位乌云线是下降途中的一个明显卖出信号。一旦低位乌云线出现，就意味着股价会加速下跌，投资者应及时卖出股票。当股价在下跌过程中，价格反弹上升时，如果此时出现一根阳线，随后又出现一根向上跳空开盘并在前一阳线实体内收盘的阴线。

如图 4-1-2，该股经过一段时间的下跌后，5 月 25 日出现小幅反弹，6 月 5 日形成低位乌云线。此后，该股股价再一次反转下跌。

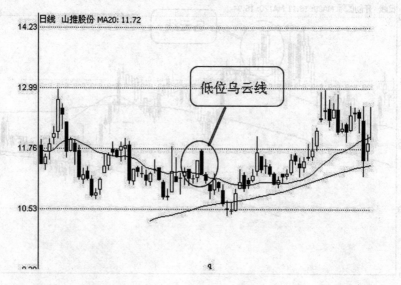

图 4-1-2　山推股份（000680）2009 年 6 月 5 日日线图

下跌三颗星

下跌三颗星由一大三小四根 K 线组成，它具体是指在股价下跌行情的初期或中期，先出现一根大阴线或中阴线，随后在大阴线或中阴线下面连续出现三根小 K 线，K 线可阴可阳，也可以是十字星，股价上下波动很小，这就构成了下跌三颗星。下跌三颗星是典型的卖出信号。

图 4-1-3　陕国投 A（000563）2010 年 4 月 20 日日线图

如图 4-1-3，该股 2010 年 4 月 20 日收一根向下的带下影线的小阳线，隔天又收一根带长下影线的小阳线，而第三天却一根阴线，形成了下跌三颗星的 k 线组合。之后，该股加速下跌，股价由 4 月 20 日的 12.30 元跌至 5 月 12 日的 10 元左右，短短的十几个交易日跌幅达 20%。可见，在这里出现的下跌三颗星是处在股价下跌初期，跌幅相当大，说明下跌初期出现下跌三颗星是强烈的卖出信号。

买家在运用下跌三颗星时需要注意以下三点：

（1）如果股价在下跌初期出现下跌三颗星，表明市场仍处于弱市，买卖意愿不强，股价仍有继续下探的空间，投资者应谨慎离场。

（2）如果在股价下跌中期出现下跌三颗星，则表示继续看跌，市场将以盘跌为主。投资者应继续做空。

（3）如果三颗星均呈跳空下降形态，则表明行情非常糟糕，投资者应做好立场准备。

在股价下跌过程中，在下跌三颗星出现以后，如果我们把握住下跌初期的离场机会，相信在之后的股票运行过程中我们会轻松很多。为了帮朋友们记住这种 K 线语言，我们给出以下四句忠告：下跌三颗星，仔细要辨清，大阴带三星，下跌令人惊。

黄昏之星

"黄昏之星" K 线组合是由三根 K 线组成的转向利淡形态。通常在一个上升趋势后出现，表示股价回落，是卖出信号，投资者应伺机抛货。"黄昏之星"由三个交易日的 K 线组成的，其技术特征为：

（1）在股价上升途中，出现一根实体较长的阳线。

（2）第二根 K 线是一根向上跳空高开的十字星，且最低价高于前一天的最高价，并与第一天的阳线之间产生一个缺口。

（3）第三天出现一根阴线，阴线下跌吞食第一根阳线实体的一部分或全部，显示出卖盘的强大力量，这根阴线预示着跌势将一直持续到收市。

如图 4-1-4，2008 年 12 月 19 日，该股以长阳涨停报收，次日冲高回落，收出长上影，巨量成交，这是典型的庄家出货形态，买家应立刻卖出离场。12 月 23 日，该股又收出一根长阴线，形成黄昏之星，下跌之势已定。

黄昏之星是上升趋势中较强的反转信号。对于激进的短线投资者来说，黄昏之星中的第三根 K 线即阴线本身就是一个较好的止损点或止盈点，投资者应伺机抛

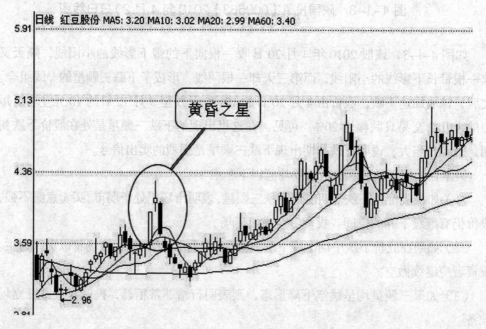

图 4-1-4　红豆股份（600400）2008 年 12 月 21 日 ~12 月 23 日日线图

货；对于中线投资者来说，黄昏之星提供的信息还是会存在一些偏差，因此，投资者在分析股市时，如果能结合成交量的研判，那么对于提高判断的准确性有更大的帮助。

一般情况下，投资者在运用黄昏之星时，还需注意以下三点：

（1）若股价在阴线之后出现反弹，且反弹能吞食掉黄昏之星的第三根阴线实体的 2/3 以上，说明买盘仍具有一定的实力，投资者不必离场过早。

（2）若股价在 2~3 天内反弹未能吞食掉黄昏之星的第三根阴线实体的 2/3，说明卖盘已占上风，下跌趋势已确立。

（3）若股价在 2~3 天内不出现小幅反弹，甚至如自由落体般出现暴跌的态势，说明卖盘力量占据绝对优势，此时投资者要快刀斩乱麻，趁早出局。

射击之星

"射击之星"是一个锤头形状的 K 线图形。"射击之星"往往都是当天的开盘价将高于前一天的收盘价，之后股价攀升到高点，但最后还是以低于开盘价的价格收盘。此时就会出现一根带长上影线的 K 线（实体可阴可阳），又称为倒锤头。

"射击之星"一般位于个股顶部，是一个十分明显的见顶信号。"射击之星"的主要特征为：

（1）此前股价存在一个明显的上升趋势。

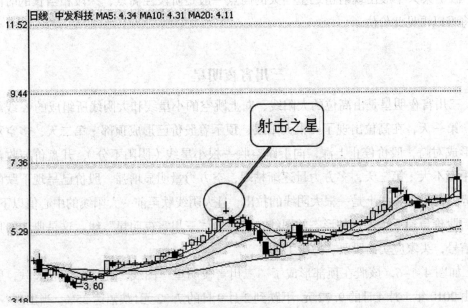

图 4-1-5　中发科技（600520）2009 年 2 月 18 日日线图

（2）在股价上升过程中，出现一根带上影线的小实体并向上跳空高开。K 线实体要很小，阴线、阳线均可。

（3）上影线的长度至少是实体长度的两倍，若有下影线，也是很短的，往往可以认为不存在。

（4）射击之星如果在高位出现，行情下跌的可能性较大。

如图 4-1-5，该股在持续上涨一个半月之后，股价小幅跳空高开近 3%，但是股价却出现了回落，短线出货特征明显。之后在当日均线附近震荡，下午 13：30 左右开始冲高，14：00 冲至最高点 6. 12 元。尾盘时却出现了大幅回落，股价回到开盘价附近。K 线形态上，出现一根阳线实体非常小的射击之星。次日跳空低开，宣布一波下跌行情开始，最大跌幅近 30%。

从技术上来讲，在一轮升势后出现射击之星表示市势已经失去了上升的持久力，多方已抵抗不住空方打击，股价随时可能见顶回落。因此，投资者在股价大幅上扬后，见到射击之星应退出观望为宜。

作为一种较多投资者知晓、影响力较大的 K 线形态，它经常被市场主力作为洗盘之用。在主力建仓完毕决定拉升时，在股价启动之初，刻意作出此形态，在低位将其他投资者的廉价筹码震出洗清，既可以增加自己仓位，又有利于后市的拉抬。因此，投资者应该很好地把握"射击之星"，了解其存在的市场意义：

（1）"射击之星"能够有效地指导投资者成功逃顶，或者逢高止损，以免越套越深。

（2）某只个股出现射击之星当天的高点一般是阶段性高点，一段相当长的时间内将难以再见此价位。

三川宵夜明星

三川宵夜明星是由高位的大阳线、向上跳空的小星线和大阴线所组成的 K 线组合。第一天，在高位出现了一根大阳线，预示着股价已形成顶部；第二天，多空双方形成对峙，股价停止上涨，向上跳空收一根小星线（阴阳不分），开盘价与收盘价距离不大；第三天，多方力量逐渐枯竭，空方力量明显增强，股价已呈现下跌的趋势，表现在 K 线上是一根大阴线的拉出，且大阴线跌至前一大阳线的中心值以下，此后股价急速下跌。这种形态的图线，就称为"三川宵夜明星"线。这是典型的顶部信号，买家应卖出股票、抛盘了结。

如图 4-1-6，该股在顶部形成了"三川宵夜明星"图线。此后，该股大跌，股价由 2010 年 1 月 4 日的 9. 72 元，下跌到 2 月 9 日的 7. 32 元，跌幅达 25%。当出现"三川宵夜明星"后，最好时机的卖出就是小星线出现的当日，如果错过这次机会，第

图 4-1-6　宝钢股份（600019）2010 年 1 月 4 日日线图

二天开盘时也是不错的卖出机会。

　　"三川宵夜明星"是股价升到高位后，经常出现的一种见顶图形，其卖出信号非常明显，应果断卖出。若是在上升途中出现这种图形，则应观察两天后再作决策，以免误将"向上空跳三法"线的买入信号，做了卖出操作。

　　不过，在三川宵夜明星的操作过程中仍需注意以下几点：

　　（1）"三川宵夜明星"出现后，有的股票仅作微调，就又展开了新一轮的涨势，后面的上涨幅度，有的甚至超过了前段的升幅。为了不至丢失后一段的上涨行情，可采取高抛低吸的办法进行操作。但提醒一般投资者不要这样操作，按"三川宵夜明星"形态卖出股票后，应离开股市，等待调整结束后的底部买入机会。

　　（2）"三川宵夜明星"有时也在低位或上升途中出现，但这两处的"黄昏星"只是图形相似，并不具备"三川宵夜明星"的三个特征，这是属于后面要介绍的"向上空跳三法"形态，显示的是继续做多的信号，应该买入股票而不是卖出。所以我们在判断黄昏星时，应注意该形态所处的位置。

　　（3）"三川宵夜明星"的最佳卖出时间为形成黄昏星的当日，这天无论收多大的阴线，应坚决出货，不然就有可能失去一次最佳的卖出机会。

三川宵夜十字星

三川宵夜十字星是三川宵夜明星的变形图，它是由高位的大阳线、向上跳空的十字星和大阴线组成的。在出现大阳线的第二天，股市收盘价与开盘价相当，向上跳空收十字星，构成了一个顶部来临的预警信号；第三天，出现了一根大阴线且跌至前一大阳线的中心值以下，股价已呈现下跌的趋势。

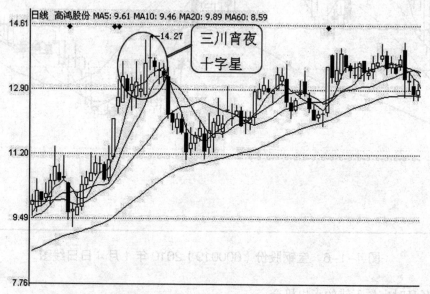

图 4-1-7　高鸿股份（000851）2011 年 1 月 15 日日线图

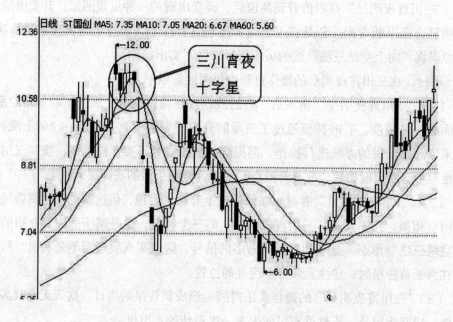

图 4-1-8　ST 国创（600145）2007 年 5 月 29 日日线图

三川宵夜十字星的卖出信号较强。出现后投资者应毫不犹豫，果断卖出股票。三川宵夜十字星如果在高位出现，预示着股价已经见顶或离顶部不远，买方力量将由强转弱，一轮跌势将不可避免，此时投资者应离场出局为好。

如图4-1-7，该股1月15日在顶部走出了"三川宵夜十字星"的图形。此后，该股股价开始下跌，从14.27元跌至11.45元，跌幅达21%。

从图4-1-8中我们可以看出，2007年5月25日~29日，该股在高价位走出了"三川宵夜十字星"后就急跌，股价由5月23日的12元，跌到6月6日的6.98元，跌幅深达41%。

三川上栖二鸟

三川上栖二鸟，又称"树上二鸦"，是由一条大阳线和两条向上跳空开盘且呈抱线形态的阴线组成的图形。第一天股价急速上升，形成一根大阳线，表示价格大幅上升；第二天空头斩仓，尽管推动价格仍然上升，但以最低价报收，未能进一步攀高，向上跳空收一根小阴线；第三天再次高开低走，收一根阴线，并且是抱线组合，表明股价会进一步下跌。

如图4-1-9，4月6日，该股形成三川上栖二鸟后，股价大跌，由4月2日的15.69元跌至5月12日的10.23元，跌幅高达30%。三川上栖二鸟有两个显著特征：大阳线后的两条小阴线，一是要呈向上空跳的走势；二是两条小阴线要形成抱线形

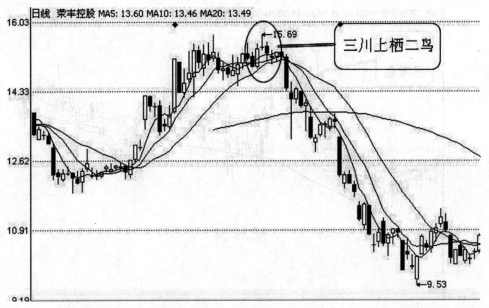

图4-1-9　荣丰控股（000668）2010年4月6日日线图

态。该 K 线组合有明显的顶部特征，是典型的见顶信号，当第二条阴线出现时，应毫不犹豫地卖出股票。

在操作"三川上栖二鸟"时，投资者还应注意以下几点：

（1）"三川上栖二鸟"一般达不到标准形态的要求，在观盘时，只要发现是处在高位、且是在阳线后出现的两条阴线，不管它符不符合要求，就应卖出，这是逃顶最省事的办法。

（2）"三川上栖二鸟"的形态有时类似"三川宵夜明星"的走势，在分不清它们的形态特征时，同样不管三七二十一，坚决选择卖出。

（3）"三川上栖二鸟"的最佳卖出时间是该形态形成的当天，如当天因帮没来得及卖出，也应在第二天出手，出货时，不能犹豫不决，那样可能会吃大亏，遭受巨大损失。

红三线思考星

股价涨升到高位后，出现了两头小（实体短小）、中间大的三条连续阳线，称之为"红三线思考星"。其中，两头的小阳线的实体不能超过中间大阳线实体的1/4，小阳线的实体越小，有效性越高；中间的大阳线的实体不得小于该股市价的3%，且越大越好。两头小阳线与中间大阳线的组合比较自由，只要小阳线不成为大阳线的抱线或中线就行。这种形态是"红三兵"的特殊形态。

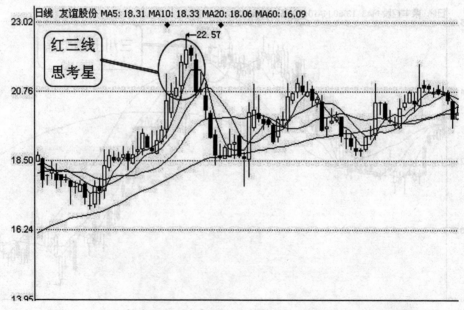

图 4-1-10　友谊股份（600827）2010 年元月 14 日~18 日线图

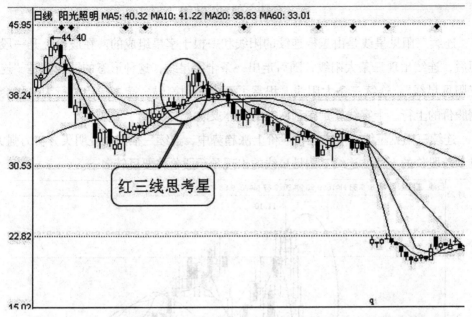

图 4-1-11　阳光照明（600261）2011 年 2 月 17 日 ~21 日日线图

"红三线思考星"的三条阳线，浓缩了股价的"兴衰"过程。由于空头买入，出现了一根小阳线；第二根大阳线则表明多头力量增强，股价快速上升；随后出现一根小阳线表示价格不确定性，是升是降难于判断，上涨无力，获利回吐的压力增加，市场将要进行调整，投资者应卖出股票。

如图 4-1-10，2010 年元月 14 日，该股收一中阳线，第二天收一大阳线，第三天则收一星形小阳线，形成"红三线思考星"。此后，该股经两周的筑顶，股价就直线下泄，由元月 18 日的 22.57 元，下跌到 1 月 27 日的 18.6 元，跌幅达 18%。

如图 4-1-11，2011 年 2 月 17 日，该股收一小阳线，2 月 18 日，该股收一大阳线，2 月 21 日第三天该股收一星阳周线，形成"红三线思考星"图线。此后，该股下跌，股价由 2 月 21 日 38.2 元，跌到 3 月 31 日的 32.08 元，跌幅达 15%。

"红三线思考星"多出现在高位，在操作过程中还需要注意以下两点：

（1）"红三线思考星"可能出现在任何位置，但只有在顶部出现时才是可靠的卖出信号，投资者应坚决卖出股票。

（2）"红三线思考星"的最佳卖出时间是第三根小阳线出现的当日。第三根小阳线多为长上影线或长下影线的小阳线，而长上影线又长于长下影线，所以投资者在操作时应注意第三根小阳线的走势，一旦发现将要出现长上影线的走势迹象时，就应及时卖出股票，一般可多获得 1~2 个百分点的收益。

连续三阳见星线

连续三阳见星线是由三根连续的阳线和一根十字星组成的。在股价上升一段时间后，连续出现三条大阳线，随后走出一条十字星线，这种形态的图线就是"连续三阳见星线"。连续三条大阳线，积蓄了不少获利筹码，逢高减磅的行为，将会压制股价的上行，十字线就是获利回吐的具体反映。

连续三阳见星线一般出现在股价上涨趋势中，连续三根阳线说明买方实力强大，推动着股价的上涨。连续三阳见星线的出现预示股价将要反转向下。

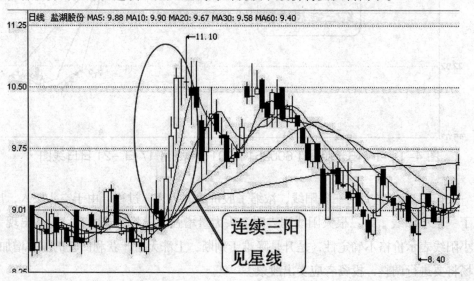

图 4-1-12　盐湖钾肥（000792）1997 年 12 月 31 日 ~1998 年 1 月 7 日日线图

如图 4-1-12，在上升趋势中，该股在新一轮上升波中，连续拉出三条大阳线，随后出现一条十字星线，形成"连续三阳见星线"的图线。此后，该股略经高位整理，就大幅下跌，股价由 1998 年元月 8 日的 11.1 元，跌到 3 月 27 日的 8.4 元，跌幅达 27.3%。

在"连续三阳见星线"的识别过程中，投资者需要注意，"连续三阳见星线"中的三条阳线都应是较长的实体，总升幅须在 10% 以上。若是三条小阳线，则另当别论。

在"连续三阳见星线"的操作过程中，在股价上升途中的一、三、五上升波中均能见到"连续三阳见星线"。若在第一和第三上升波中出现，可持股等待，伺机而动；若在第五上升波中出现，应立马出货，不要犹豫。

连续五阳见星线

连续五阳见星线是由连续五根阳线和一根十字星组成的。在股市涨升行情里，

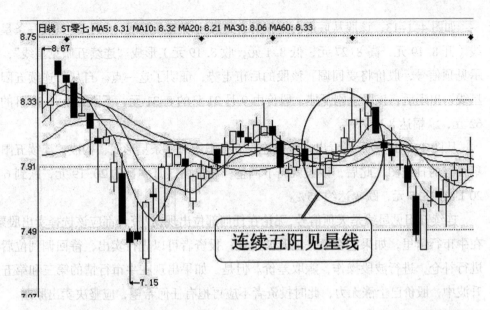

图 4-1-13　ST 零七（000007）2011 年 9 月 13 日 ~9 月 20 日日线图

有时出现连续五条阳线后，接着出现一十字线，或星形线。其中五根阳线的实体应较长，股价拉升的幅度超过 10％，且十字星位于五根阳线的后面。连续五条阳线，是上升行情中的强势表现。但是，由于连续多日的上涨，累计升幅已经很大，技术指标会出现超买现象，获利回吐必然会抑制股价上行。十字线或星形线，就是卖盘大量涌出的结果。

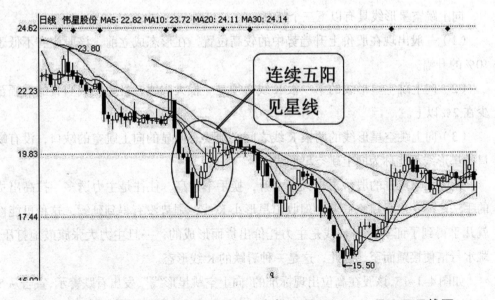

图 4-1-14　伟星股份（002003）2011 年 4 月 29 日 ~5 月 9 日日线图

如图4-1-13，该股从底部向上挺升，连续出现五条阳线，9月20日收一条星形线（开8.19元，高8.27元，低8.1元，收8.19元）形成"连续五阳见星线"，显示见顶信号，股价将要回调。该股的后市走势，证明了这一点。自从"连续五阳见星线"出现后，该股急剧下挫，股价由9月21日的8.31元，下跌到9月30日的7.62元，跌幅达8.4%。

从图4-1-14中可以看出，该股连收五条阳线和一条星形线，构成"连续五阳见星线"的日线图。此后，该股就向下调整，股价由5月9日的20.19元，跌到6月20日的15.5元，跌幅达约25%。

连续五阳见星线是天顶信号，无论在任何部位出现，投资者都应该选择卖出股票。在牛市行情里，如果它在第一上升波出现，投资者可以先行卖出，待回调到位后再进行补仓，进行波段操作，赚取差价。但是，如果出现在牛市行情的第三和第五上升波中，股价已上涨无力，此时投资者不应再抱有任何希望，应坚决卖出股票。

向上跳空星形线

向上跳空星形线是由一根较长的大阳线和一根向上跳空且有缺口的星形线组成的。第一根是一条大阳线（可以是中阳线或长阳线，当日升幅在2%以上即可），第二根是一条向上跳空高开并留有缺口的星形小K线（实体之间有缺口就行，小K线可阴可阳），这种K线组合就称为向上跳空星形线。该K线组合多在顶部出现，是强烈的卖出信号。

向上跳空星形线具有以下三个特征。

（1）一般出现在股价上升趋势中的较高位置，在形态成立前，该股应有不低于10%的升幅。

（2）向上跳空星形线的第一根K线必须是一根大阳线，且大阳线当日的升幅至少在2%以上。

（3）向上跳空星形线的两根K线之间必须要有明显的向上跳空的缺口，没有缺口的星形线不能称为向上跳空星形线。

经过大幅拉升的股价再次大幅上升，换手率过高，往往是主力诱多，拉高出货的手法之一，次日跳空高开，但收出星形小K线，强势没有得到延续，这种可能性就几乎得到了证实，小K线是主力托价出货而形成的，一旦主力大张旗鼓地打压，跳水行情便接踵而至，因此，这是一种看跌的K线形态。

如图4-1-15，该股在高位出现标准的"向上空跳星形线"，发出看跌警示，宣告从5.92元至8.42元的一波上升行情已结束，股价在2004年2月23日长阴下砸，24日

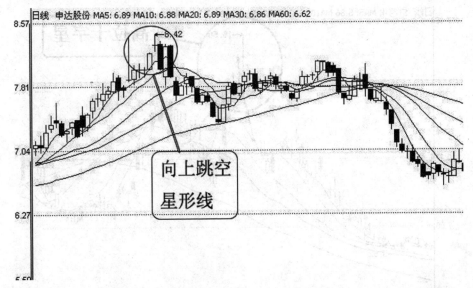

图 4-1-15　申达股份（600626）2004 年 2 月 19 日 ~2 月 20 日日线图

弱势反弹,出现了难得的再次出逃机会。随后,"狼"真的来了,股价最低探至 5.40 元。

在实际操作中,一般在向上跳高星形线出现之前,投资者都有一定的利润。但是如果此 K 线组合一出现,便是股价即将见顶的征兆,预示着股价上升趋势的结束、下跌趋势的来临,此时投资者就切莫贪高,应及时卖出,以免高位被套。

"向上空跳星形线"出现以后,一般有两个卖点:

（1）星形线出现当日,一旦发现股价向上跳空开盘,且放出较大的量能,股价先扬后抑即可认定为"向上空跳星形线",应趁机全部抛出所持股票。

（2）一旦形态成立之后,有时股价下跌途中会出现小幅反弹,没有提前出局者不要以为调整结束,要抓住这最后的机会清仓。另外,操作时为确保能卖出,可适当低挂。

另外一点需要指出的是,"向上空跳星形线"出现以后,跌幅可达 80% ~100%。因此,投资者要格外珍惜每个卖出机会,不要轻易抢反弹。

高位十字星

在 K 线图中,有一种只有上下影线而没有实体的或实体极其微小的特殊 K 线形式——十字星。十字星又称十字线。

十字星表示在交易中股价高于或低于开盘价成交,但收盘价与开盘价在同一价位或者相近。十字星往往预示着市场到了一个转折点。

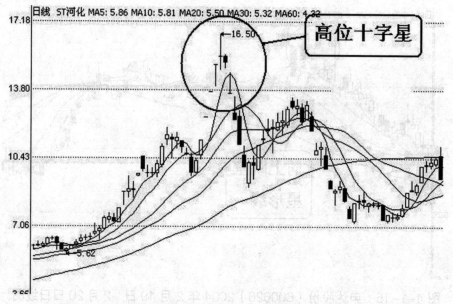

图 4-1-16　ST 河化（000953）2007 年 5 月 28 日日线图

十字星所处的位置非常重要。通常在股价高位或低位出现十字星，可称为转机线，意味着行情出现反转。如果在股价大幅持续上升的末期出现，那么就是我们所说的"高位十字星"。它是一种卖出信号，预示股价即将下跌，此时投资者应该及时出货。

从图 4-1-16 中我们可以看出，该股股价一路上行，到 2007 年 5 月 28 日由于主力开始出逃，平开后股价在盘中加大了振幅，上下影线较长，收盘 K 线形成上涨后的"高位十字星"，成交量明显放大，随后就会有股价走弱的可能，应先出局观望。昨日股价开始走弱，而今日没有走强回补欲望，收盘且站在下影线内，后势下跌已成定局，第三日又是出逃的一次机会。逃顶后股价一路下跌。

在这里需要提醒投资者的是，再利用十字星具体操作时，也不能看见十字星出现就马上抛空，因为在上升趋势中的十字星是一种常见的技术图形，如果见到是十字星就跑，反而会中了主力的圈套。在上涨后期出现十字星，如果之后两天股价还是无法突破十字星的横线，且重心下移，那么就可以判定该股真正坚定，此时应马上离场。

向上跳空十字星

"向上跳空十字星"是"向上跳空星形线"的特殊形式，它由一根较长的大阳线和一根向上跳空且有缺口的十字星组成的。向上跳空十字星在高位出现是见顶卖出的信号。

向上跳空十字星的第二根十字星与第一根大阳线要有明显的向上跳空的缺口（升

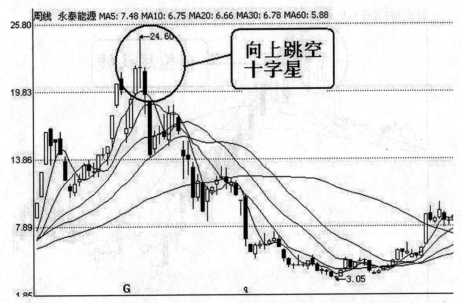

图 4-1-17 永泰能源（600157）2008 年 1 月 18 日的周线图

幅至少在 2% 以上），没有缺口的十字星不能称为向上跳空十字星。

如图 4-1-17，该股股价经过持续上涨在高位收一根向上跳空的十字星（开盘价 21.85 元，最高价：24.6 元，最低价：20 元，收盘价：21.89 元），并且创出新高 24.6 元，然而，周成交量比上周少了两成以上，证明市场处于弱势。此时投资者不应该抱任何幻想，而应该及时卖出出局。此后，股价大幅下跌，股价由 25.6 元跌至 3.05 元，跌幅高达 87%。

在股价高位，许多获利盘开始回吐，向上跳空十字星的出现正是庄家获利回吐的表现，卖方涌出，将股价向下打压。多方开始反击空方，把股价向上托起，但终因上升乏力，勉强于开盘价位收市，形成十字星，后市控制市场的庄家将由多方转为空方。

在实际操作中，如果投资者发现股价经过一段时间的涨升达到高位后出现了一根向上跳空的十字星，就可以确定向上跳空十字星的形成。那么投资者就可以在十字星出现的当日及时卖出获利股票离场观望。

高位尽头线

尽头线由两根一大一小的 K 线组成。尽头线既可出现在涨势中，也可出现在跌势中，根据所处的趋势不同，我们把尽头线分为上涨尽头线和下跌尽头线。

出现在涨势中的尽头线叫作上涨尽头线，也叫高位尽头线。高位尽头线的第一

图 4-1-18　浦东建设（600284）2010 年 4 月 12 日日线图

根 K 线是带有长上影线的大阳线或中阳线，第二根 K 线为小十字星或小阳线或小阴线，且第二根 K 线依附在第一根 K 线的上影线之内。

在上升趋势中，股价冲高拉出一根带长上影线的大阳线，一般投资者都会认为这个趋势会进行下去，但次日，在大阳线的上影线右上方，出现了一根完全涵盖在上影线范围内的小十字星或小阴线或小阳线，表明了多头势力的减弱，股价已失去上升的动力，预示股价将会下跌。

尽头线是转势信号，出现在涨势中，则是见顶卖出信号，预示股价将要下跌，这时投资者要考虑清仓离场。尽头线的上影线或下影线的右方，带着的 K 线越小（如小十字星），则信号越强。

如图 4-1-18，该股 4 月 12 日走出了顶部尽头线，第二天的 K 线实体较小，完全涵盖在头一天的中阳线的上影线内，并且中阳线的上影线较长，熟悉的股民不难发现，这个 K 线形态是射击之星。当高位尽头线中含有射击之星时，股价下跌的准确率就更高了。

因此，在股价上涨途中，如果出现高位尽头线，则意味着上升动力不足；如果再加上急剧放大的成交量或者其中一根 K 线为射击之星，那么下跌的可能性会很大。这里还需要提醒买方一点，在股市中很少有标准的图形去让你辨认，尽头线也多会以变化的形式出现。所以，如果第二根 K 线的上下影线较长，但只要它的实体较短，并且完全被第一根 K 线的上影线所包容，就可以看作是尽头线。

挽袖线

挽袖线是由一阴一阳两根 K 线组成的。根据阴线、阳线出现的顺序不同，又可以分为两种形态。第一种形态是阴线在前阳线在后，且阳线在阴线的实体内开盘，在阴线的最高价之上收盘。第二种形态是阳线在前阴线在后，且阴线在阳线的实体内开盘，在阳线的最低价之下收盘。

那么挽袖线出现了该怎么操作呢？挽袖线可在 K 线图中任何位置出现，处在高位（包括大天顶高位和上升行情的波段峰顶高位）和下降途中的挽袖线均为卖出信号，投资者应及时离场。但在波段顶部卖出股票后，投资者仍需时时关注后市走势，一旦调整到位，应及时买回，以便迎接下一波的升势。

如图 4-1-19，该股 11 月 21 日前处于上升趋势中，当天该股形成高位挽袖线的 K 线组合形态。从图中我们可以看出，此类挽袖线属于第二种挽袖线形态，此后，股市下跌，虽幅度不是很大，但是对于短线投资者来说，高位挽袖线的见顶信号的可信性也得到了一定程度的证明。投资者这此时卖出，等到股价跌到低位时再继续介入。

在实际操作中，有一点需要指出，有时候当投资者依据高位挽袖线的信号卖出股票后，有点股票并不马上下跌，而是出现了继续上扬的走势，后市上升的幅度甚至赶上或超过挽袖线形成时的升幅。这里需要说明一下，任何技术指标都不是万能的，只能作参考。高位挽袖线出现后，个别股票继续上涨的走势也属于正常情况，因为有的庄家想着更高的价位出货，所以故意将股价上抬，或者就是在

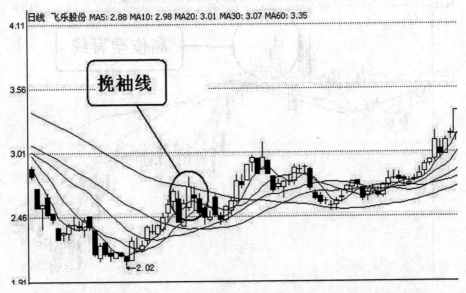

图 4-1-19　飞乐股份（600654）2008 年 11 月 21 日日线图

拉升的过程中出货。此时，就需要与其他技术指标搭配着看。它们可以帮助你更好地作出判断。

高位孕育线

孕育线是由一根大阴线和中阳线或一根大阳线和中阴线组成的。高位孕育线是指股价在高位出现一根大阴线（大阳线），随后出现一根中阳线（中阴线），中阳线（中阴线）的最高价和最低价均未超出前一大阴线（大阳线）的范围。孕育线分阴孕阳、阳孕阴、阳孕阳、阴孕阴、星孕线等形态，并且均是强烈的卖出信号。

孕育线在大阴线（大阳线）之前一定有相当明确的趋势，大阴线（大阳线）之后是中阳线（中阴线），完全包含在第一根大阴线（大阳线）的实体区域之内。后一根K线的最高价与最低价均未超过前一根K线的最高价与最低价。后一根K线看上去就好像是前一根K线怀中的胎儿，故而该K线组合又称为身怀六甲。而且，第一根K线的颜色反映市场的趋势方向，但是第二根K线的颜色就不重要了。该K线组合的出现一般预示着市场上升或下跌的力量已趋衰竭，随之而来的很可能就是股价的转势。

如图4-1-20，12月2日，该股收一根大阳线，最高价达到14.55元，预示着该股已经见顶。次日，该股收一根中阴线，且收于大阳线以内，从而形成高位孕育线的K线组合形态，说明多空双方陷入僵持。此后，该股股价反转下跌，2010年2月

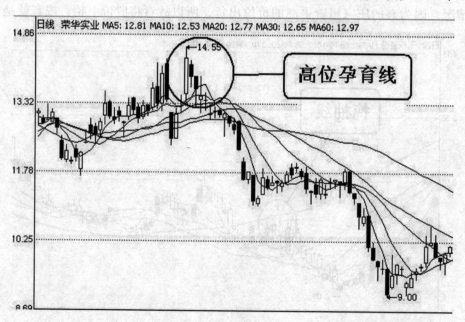

图4-1-20　荣华实业（600311）2009年12月2日~3日日线图

1日最低值达到9元。因此，投资者应该抓住高位孕线及时将手中的股票卖出。

如图4-1-21，该股4月22日当提收一根中阳线，股价最高值达到16.53元，而后收一根中阴线，形成高位孕育线的K线组合，是见顶信号。投资者应及时卖出手中持股，及时离场观望。从图中可以才看出，此后该股一路下跌，从4月22日的16.53元跌到6月22日的12.04元，跌幅达到27.2%。

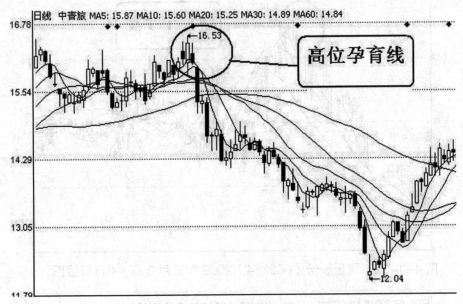

图4-1-21　中青旅（600138）2011年4月22日~26日日线图

对于高位孕育线的具体操作中，投资者应该注意以下几点：

（1）阳孕育线一般出现在上涨行情中，股价持续上涨，多方奋力拉升股价，当日拉出大阳线反映了多方的进攻，但由于获利回吐盘涌出，因此多方已力不从心，空方还有相当大的势力；次日拉出的中阴线可以看出空方必胜的决心。阳孕育线的出现预示着股价上升行情的结束，股市将迎来一轮新的下跌行情。

（2）孕育线出现在上升趋势的顶部预示着市场上升力量的枯竭，是卖出的信号。投资者若在上涨行情中发现阳孕育线，应该及时卖出止损。

（3）孕育线可以在K线图中不同的部位出现，投资者应区别其位置，灵活操作。不能将上升途中的孕育线当作顶部孕育线卖出，也不能把顶部孕育线或下降途中的孕育线当作上升信号而持股不抛。要准确判断是上升途中的孕育线还是顶部孕育线，投资者需对该股的前后走势进行综合分析，待判断基本无误后，再作买卖决定，避免操作上的失误。

孕育十字星

孕育十字星是由一根大阳线和一根十字星组成的，并且这根十字星被前一日的大阳线完全包含。这种形态又称为十字胎。孕育十字星可以出现在股市的任何趋势中。如果在下跌行情中出现孕育十字星，则预示着目前市场下跌的势头已趋缓，有

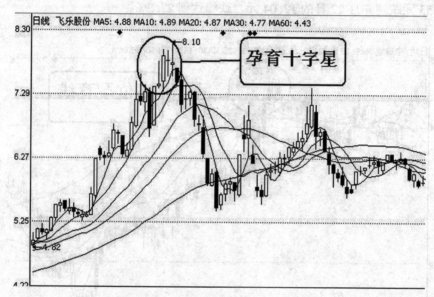

图 4-1-22　飞乐股份（600654）2009 年 8 月 3 日 ~4 日日线图

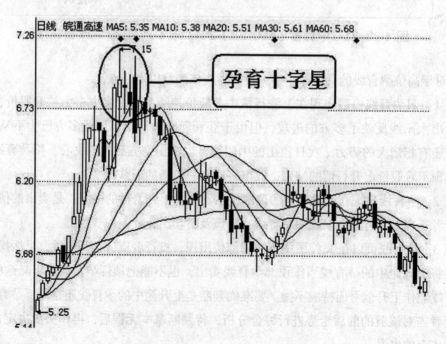

图 4-1-23　皖通高速（600012）2010 年 10 月 29 日 ~11 月 1 日日线图

可能见底回升。如果在上升行情中出现，孕育十字星可别视为一种警告或提示信号，又称为准市场逆转信号。预示着将股价继续推高的力量已经减弱，多头行情接近尾声，随之而来的很可能是下跌行情。

从图 4-1-22 中可以看出，该股持续一段上涨行情后，于 8 月 3 日收一根大阳线，次日收一根十字星，两根 K 线形成孕育十字星的 K 线组合。此后，该股开始下跌，从 8 月 5 日的 8.1 元下降到 8 月 19 日的 5.45 元，跌幅达到 34%。投资者应把握这样的见顶信号，在高位及时卖出。

如图 4-1-23，10 月 29 日，该股收一根带有上下影线的中阳线，股价最高价达到 7.15 元。次日，该股收一根十字星，与前一根 K 线形成孕育十字星的 K 线组合形态。此后，该股一路下跌，从 10 月 29 日 7.15 元跌至 11 月 7 日的 5.93 元。

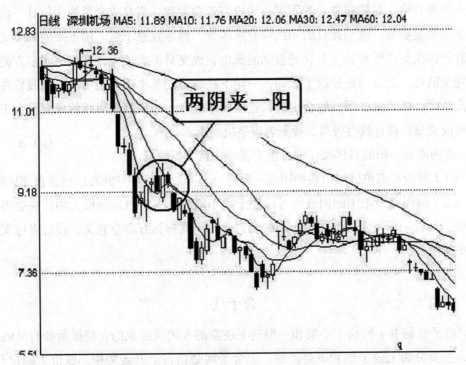

图 4-1-24　深圳机场（000089）2008 年 3 月 18 日 ~4 月 19 日 K 线图

两阴夹一阳

两阴夹一阳的 K 线组合就是一个阳线夹在两根阴线中间，庄家借助利好消息和人气高涨的机会出货，于是拉出了第一根巨幅高开的阴线，显示此时买盘压力较大，投资者发生恐慌性抛盘；庄家为了稳住人心，实行边拉边出的出货手法，投资者见股价反弹就选择了跟进，一时买盘增多，于是庄家就拉出了第二根阳线，到第三根阴线出现并和第一根阴线形成对第二根阳线的夹击之势时，庄家几乎已把筹码派发完毕，即将获利离场。此时没有了买方的支持，股价直线下跌，投资者纷纷被套。两阴夹一阳常常是一个下跌途中的形态。表示股价下跌，中间遇到小阳线的抵抗，但还是挡不住卖方的力量，股价将继续走下跌行情。

如图 4-1-24，该股于 2008 年 3 月 12 日盘中击穿年线后，一路下跌，至 3 月 20 日遇多头抵抗，收阳。至 3 月 26 日，该股盘中收阴，与前两日 K 线形成夹阳之势，显示空方胜。之后，该股继续下跌，最低跌至 6.9 元附近。

一般而言，股价持续攀升之后，到达一定高位。某一日股价高开低走，日 K 线收出一根带量的中、大阴线，显示获利盘抛压开始加重，或盘中主力已开始减磅离场。次日股价没有延续跌势，反而低开高走，收出一根中小阳线，似乎多头又开始反扑，给人一种升势未尽的错觉。然而细心的投资者会发现，当日成交量却比前日下跌时成交量明显萎缩，说明此日的阳线带有欺骗性，做多意愿不强。接下来的一个交易日股价再次高开低走，大量获利盘汹涌而出，成交量再次放大，充分说明多方能量已完全消耗，空方彻底控制了大局，一轮下跌趋势已基本确立。所以，当股价在相对高位时，两阴夹一阳一般会出现，且准确率较高。如果两条阴线的成交量大于阳线的成交量，则有效性极高，投资者应坚决卖出。

在两阴夹一阳的具体操作中，投资者应注意以下两点。

（1）股价在高位区域出现两阴夹一阳时，应立即卖出手中持股，以回避顶部风险。

（2）两阴夹一阳中的阳线也可以是十字小阳线。有时出现两根大阴线夹数根小阳线，且后一根阴线把前几根小阳线全包含时，同样具有看空意义，投资者应卖出手中持股。

舍子线

舍子线是由一根长十字星和一根向下跳空的大阴线组成的。根据所处行情的不同，主要分为上舍子线和下舍子线。上舍子线是指在上升走势中，股价大幅拉升，但较多获利盘开始在顶部抛货，卖盘压力较大，而买盘动力不足。因此出现开盘收盘同点的长十字星，随后市场行情告跌，不但跳空跌落，而且是一根大阴线收市，这表示多头买力枯竭。上舍子线出现后行情转弱。与上舍子线正好相反，下舍子线是在股价下落的过程中连收阴线，某日十字星跳空而下，然后再出现跳空的阳线，这表示空头卖力已濒临尽头，行情随时有反弹的可能。尤其在十字星出现后投资者必须提高警惕，不可再放空，如果碰到底部反转时，应立刻转空为多。在这里我们主要来给大家介绍下作为见顶信号的上舍子线。

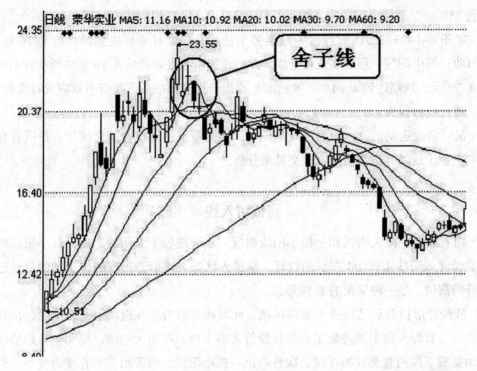

图 4-1-25　荣华实业（600311）2010 年 11 月 24 日~25 日日线图

从图 4-1-25 中可以看出，该股在 11 月 25 日收一根中阴线，与前面一根十字线构成了舍子线的 K 线组合形态。此后该股一路下跌，即使有小幅上涨行情，也很难挽救其大跌的局势。从 11 月 25 日的 20.8 元跌到 2011 年 1 月 25 日 13.53 元，跌幅

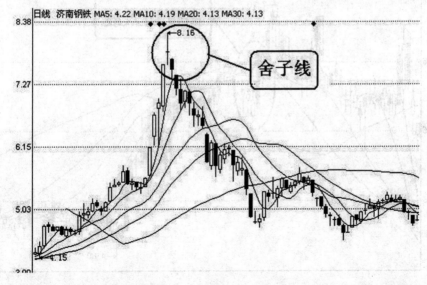

图 4-1-26　济南钢铁（600022）2009 年 8 月 4 日~5 日日线图

达到 35%。

如图 4-1-26，如该股经过一段强势上涨后，于 8 月 4 日达到最高价 8.16 元，次日收一根中阴线，形成高位舍子线。此后该股由 8 月 4 日的 8.16 元跌到 9 月 1 日的 4.79 元，跌幅达到 40.1%。等到该 K 线组合一旦形成后，投资者就应及时离场，以免遭受巨大损失。

最后需要强调的是，上舍子线出现时，成交量值往往也会随之减少。投资者在识别上舍子线时，也需要配合成交量来分析。

高位切入线

切入线由一根大阴线和一根小阳线组成。小阳线位于大阴线之后，且小阳线的收盘价渗入阴线实体 1/4 左右的位置，呈进入状态。该形态出现的位置是股价经过拉升的高位，是一种见顶的 K 线形态。

股价经过拉升后已经进入顶部区域，此时或者股价还在继续上行，或者已出现了高点，有勾头向下的迹象了。某日股价大幅下挫，收出大阴线，说明上升趋势已经动摇或下跌的意愿开始浮现，次日收出一根小阳线，可看出多方在极力抗争，但力度已经大不如前，收出的小阳线已无法创出新高，有点"回光返照"的味道，此时嗅出风险的持仓者会开始减仓，使下跌力加剧，最终演变成一轮下跌行情。

如图 4-1-27，该股股价在相对高位收出了前大阴后小阳的高位切入线，阳线收

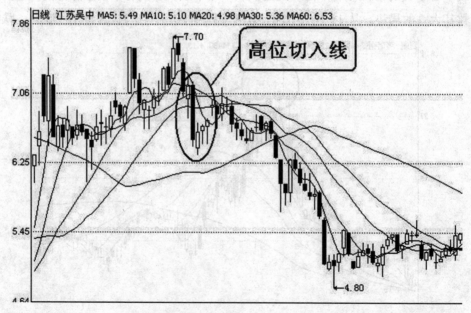

图 4-1-27 江苏吴中（600200）2007 年 9 月 11 日~9 月 12 日日线图

盘价深入阴线实体小部分。多方在 9 月 12 日极力反抗，收出小阳线，但力度大不如前，没能创出新高，开始扭头向下。

通常，看跌形态与看涨形态相比，前者的可靠性更强。因此，应用高位切入线形态卖出股票时，应该坚持宜速不宜缓的原则，具体要求是高位切入线出现后，在该形态形成的当日卖出股票。通常情况下收盘前 20 分钟就可确认切入线。万一当日不能成交，第二天上午开盘前利用集合竞价的机会卖出，这两档时间是高位切入线的最佳卖出时机，不应错过这一机会。

投资者在操作时应注意以下两点：

（1）认真做好切入线位置的判断，若是处在高位，要坚决卖出股票；若是处在低位，应果断地做多，不要犹豫不决，以免耽误进场时间。

（2）对于高位切入线的卖出时机，要坚持宜速不宜缓的原则。具体来说就是：高位切入线出现后，应在当天卖出股票。通常情况下，收盘前 20 分钟，就可确认切入线的形成，此时可挂单卖出，当日不能成交的话，第二天上午开盘前，应利用集合竞价的机会卖出股票，这两档时间是高位切入线的最佳卖出机会。

上吊阳线

上吊阳线是指在上升趋势中，股价处于高位时出现的带有长下影线的阳线实体。其中阳线实体的上影线非常短甚至没有，而下影线的长度比阳线实体的长度长，一般要求是实体长度的 2~3 倍。

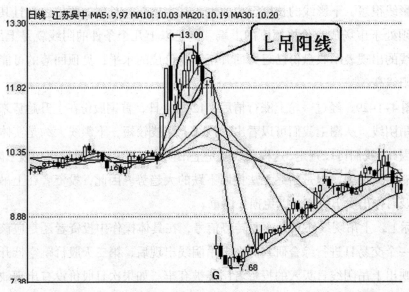

图 4-1-28 江苏吴中（600200）2004 年 11 月 4 日日线图

图4-1-28中所示K线就是上吊阳线，该股在一段上涨行情后，收一根带长下影线的阳线，且下影线比K线实体部分长2~3倍。之后该股经过两天的挣扎后还是难以扭转下跌的必然趋势，从12月8日的12.33元跌到12月6日7.68元，跌幅达到36.5%。

在具体操作者中，投资者还需要注意以下几点内容：

（1）上吊阳线一般需要经过次日K线的确认，因为它的下影线显示市场中仍有相当的买盘。一旦价格跌到上吊阳线的下方，当天在开盘与收盘附近买进的人都会亏损。

（2）在上升趋势中出现上吊阳线时，投资者可依据阳线实体和下影线的长短判别多空的力量对比，阳线实体越长，多方力量越强；下影线越长，显示空方有潜在的实力。

（3）当上吊阳线出现时，预示着空方势力的增强，股价可能会大幅度下跌。投资者可以结合第二天出现的K线形态作出判断。如果第二天开盘为低位小阴线，则是准确的卖出信号。投资者此时可以卖出股票准备离场，股价后市将呈下跌趋势。

（4）上吊阳线在不同的位置代表不同的含义，投资者应该准确判断它的位置，以免错过买卖信号。

上吊阴线

上吊阴线是股价在上升趋势末端出现的一根阴线。一般来说，该阴线无上影线或者上影线很短，下影线的长度至少要大于其实体部分长度的两倍，而且其真正的实体必须处于市场成交价格幅度的上端。满足以上几个条件的阴线就是上吊阴线。上吊阴线的出现表示收盘价已乏力回升至开盘价位的水平，见顶回落的可能性往往比上吊阳线高。

如图4-1-29，经过一轮上涨行情后，12月4日，首钢股份在上升趋势末期收了一根上吊阴线。从图上我们可以看出，该线上影线较短，下影线大约是实体部分的两倍。因此，我们可以判定，这根阴线就是上吊阴线。此后，该股呈现一波下降行情，及时也有短期反弹，但是始终无法挽回下跌的大趋势。因此，投资者在上吊阴线形成后应及时作出卖出决定，以免损失惨重。

实际上，上吊阴线还只是次要转势信号，在具体操作中投资者还是应该结合缺口与下一个交易日进行综合研判。在上吊阴线出现后，第二天股价跳空低开出现缺口，反映出上吊阴线日买入的投资者已经被套牢。如果次日股价没有出现缺口，但拉出一根阴线，收盘价低于前一根K线的收盘价，也可认为见顶。

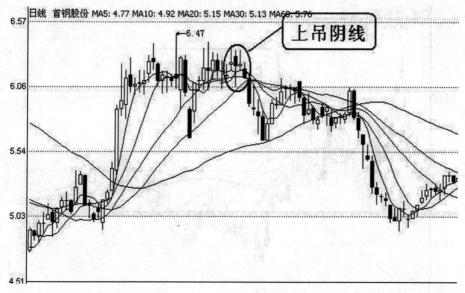

图 4-1-29　首钢股份（000959）2009 年 12 月 4 日日线图

下降覆盖线

　　下降覆盖线由在上升行情中的四根重心不断下移的 K 线组成。依次为阳、阴、阳、阴。具体形成过程是：在上升行情中，先出现了一根穿头破的 K 线组合，第二天收出了一根阳线。但紧接着又收出了一根低收的阴线，已深入到前一根阳线的实体之中。深入的部分越长力度就越大。这就形成了下降覆盖线。

　　下降覆盖线的出现，在技术上是一种见顶信号，表示日后股价下跌的可能性很大。因为穿头破脚在高位出现本身就是一个见顶信号，如果成交量也在放大，并且换手率又很高，那么下降覆盖线的转势信号就会更强。所以见到这种图形就要及时的抛空出局，以免给自己常来损失。

　　下面来详细介绍下"下降覆盖线"的具体操作过程：

　　（1）转势之初，底部廉价筹码的沉淀堆积如山，此前的套牢盘早已四下溃散、升途无阻，"下降覆盖线"之上天高云淡、风和日丽，此乃建仓的大好良机。

　　（2）上升趋势中出现"下降覆盖线"并有量能的放出，表示后市有较长时日的回调可能，阳线反复被阴线实体所吞没，足见空头抛压意愿的坚决。如回调至底位筹码峰区获得支撑而企稳后，且该峰重兵把守，毫不动摇（异动也是常有的事，但不是那种盘头时的大转移）。如 ZMF 指标（主力资金）保持继续向上，实为一种诱空组合信号，场外资金莫失良机，重仓杀入，坐待拉升。

　　（3）行情已有大幅涨升之末端出现"下降覆盖线"，不仅在阴 K 线里有获利区

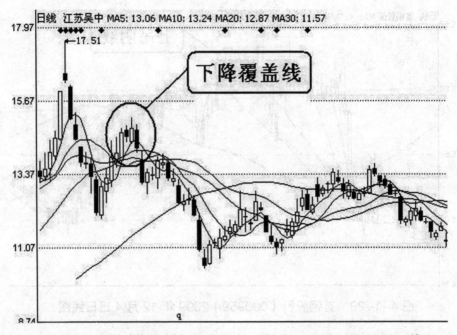

图 4-1-30　江苏吴中（600200）2011 年 5 月 6 日~21 日日线图

筹码向上大量偷移堆积阳线生成时也同样如此，故应伺机减持操作。

（4）下跌趋势中，已成定局的高位被套牢苦苦持仓期待解放，不忍离去。行情趋向下方，没有任何足够的基础筹码可言。此时如果出现"下降覆盖线"，就没有任何参考价值了。

如图 4-1-30，该股在 5 月 6 日至 21 日这四个交易日内形成了下降覆盖线的 K 线走势，此后，股价大幅下跌。因此，下降覆盖线是典型的卖出信号，一旦此 K 线组合确立，投资者应立即止损离场。

低档盘旋

低档盘旋出现在股价下跌行情中，由下跌途中的一根大阴线和低位盘整的小阴线、小阳线以及跳空低开的大阴线组成。股价经过一轮下跌，进入了小阴小阳地横向整理随后出现一根跳空下跌的阴线，将前一段整理格局打破。这就是股价将要暴跌的前兆，而前一段的横盘只不过是中期盘整而已，股价仍会继续下跌。因此，投资者见到此 K 线组合，应及时减仓。避免股价继续下跌带来的风险。

如图 4-1-31，该股 7 月 5 日已经达到了 17.25 元的相对高位，尔后开始盘跌。此后该股于 2011 年 7 月 19 日收一根中阴线，之后开始小阴小阳横向整理 9 天，第 10 天即 8 月 18 日收一根低开低走的大阴线与前面的小阴小阳构成低档盘旋 K 线组

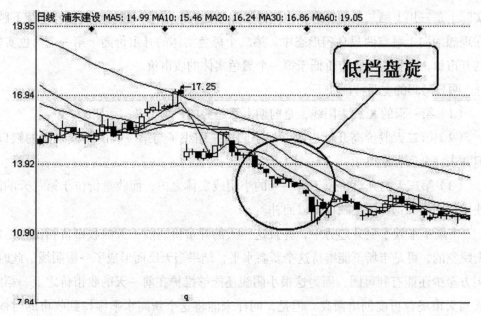

图 4-1-31 浦东建设（600284）2011 年 7 月 19 日 ~8 月 18 日日线图

合，随后就是直线下跌，一路狂跌到 8.45 元才止跌。

一般情况下，低档盘旋的意义在于，在低档横盘整理时期，正是多空双方斗争激烈、互不相让的时候，市场一旦出现不利多方的消息，则空方趁机而入，使股价跳空而下，结束低档盘旋局面，进入新一轮的下跌行情。

低档盘旋是一个卖出信号，投资者对这种容易出现久盘必跌的 K 线组合应随时保持警惕。股价在低档盘旋 6~11 天后如果不见上涨，那么下跌的可能性就很大，此时投资者就不要对股价抱有任何反弹的希望了。投资者应根据这个特点及时卖出股票，或者下跌时及时止损离场。等到股价跌到更低位时，再重新买进行抢反弹。

最后需要提醒投资者的是，在判断低档盘旋 K 线组合时应注意以下几点：

（1）低档盘旋出现在股价下跌趋势中。

（2）股价进行低位盘整时的 K 线为小阴线、小阳线，通常整理时间在 6~11 日之间。

（3）持续盘整一段时间之后，若接下来出现跳空阴线，则为大跌的起步。将前一阶段横向整理格局打破。

两只乌鸦

股价上升到高位后，出现一根大阳线，随后出现一根向上跳空的小阴线，第三天出现一根顺沿大阴线，两个黑色的实体就好像是栖立在高高的树枝上的两只乌鸦，它们不祥地向下凝视着，因此，我们将这样三根 K 线组成的图形称为两只乌鸦，它实际上是三川上栖二鸟的变形，也同样是强烈的卖出信号，股价会随惯性继续下跌。在理想的向上跳空两只乌鸦形态中，第二个黑色实体的开市价高于第一个黑色实体的开市价，并且它的收市价低于第一个黑色实体的收市价。

两只乌鸦的主要特征如下：

（1）第一天的 K 线为阳线，是前期上涨趋势的延续；

（2）第二天股价高开低走收一根小阴线，缩小了与第一天的阳线之间的缺口，但并未完全回补缺口；

（3）第三天的开盘价位于第二天的小阴线实体之内，而收盘价位于第一天的阳线实体之内，这样就使缺口得以回补。

市场本来处于上升趋势中，并且这一天的开市价同前一天的收市价相比，是向上跳空的，可是市场不能维持这个新高水平，结果当天反而形成了一根阴线。此时，买方至少还能有利可图，因为这根小阴线还能够维护在前一天的收市价之上。第三天当天市场曾再度创出新高，但是，同样未能将这个新高水平维持到收市的时候。而且，更糟糕的是，第三日的收市价低于第二日的收市价。至此，市场开始走向疲软。

如图 4-1-32，在上升趋势中，该股 11 月 4 日收一根大阳线，11 月 5 日向上跳空收一根小阴线，最高价达到 32.2 元，这预示了该股已经达到新的高点。第三天，又收一根阴线，两只乌鸦的 K 线组合形态形成。此后开始下跌，即时中途多方多次发力，出现了反弹。可最终仍无法改变局势。2011 年 1 月 18 日才最后止跌。

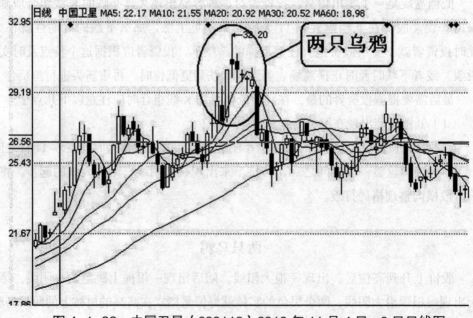

图 4-1-32　中国卫星（600118）2010 年 11 月 4 日 ~8 日日线图

由此足以看出，"两只乌鸦"是一种较为强烈的看跌信号。在上涨趋势中出现，意味着买方力量的消失。股价强势上涨之后，连续两个高开低走，表明多头的力量不足，因此第三天开盘后股价下行并收盘于第一天的阳线实体之内，且第一天上涨的阳线之间的缺口得以迅速回补。第三天的价格下跌得越多表明市场行情越看跌。

高档五阴线

在上涨趋势中，先是拉出一根较大力度的阳线，当股价上升到高位以后，接着连续出现五根并排小阴线（有时可能是六根或七根）。高档五阴线的出现提示股价涨幅已高，股价开始进入盘整下调阶段，如果此时成交量减少，可视为行情不妙，投资者应迅速卖出股票、清仓离场。

如图4-1-33，在上升趋势中，该股到达高位后进入局部调整阶段，连续出现五根小阴线。此后，股价经过小幅震荡后开始下跌，且下跌幅度较大，投资者如果没有即时离场，则损失相当惨重。因此，一旦高档五阴线形成以后，投资者应及时卖出离场。

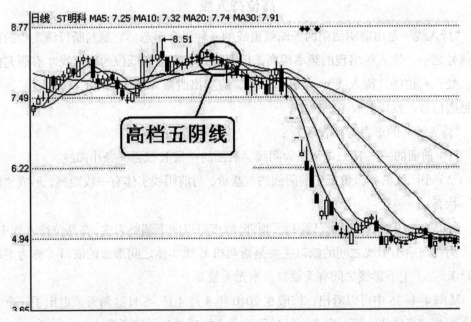

图4-1-33 ST明科（600091）2011年4月7日~13日日线图

从图4-1-34中可以看出，7月15日该股收一根十字线，且股价最高值达到14.09元，说明此时股价已达到新的高点。之后连续五日该股收五根阴线，股价进入调整时期，7月25日收一根大阴线，股价继续下跌。

图 4-1-34　啤酒花（600090）2011 年 7 月 15 日 ~25 日日线图

高位待入线

"待入线"是由前阴后阳两条图线组成的一种组合形态。它是判断行情走势的重要信号之一，待入线出现的频率很高，但只有处在高位和低位的待入线才有研究价值。处在高位的"待入线"，多显示见顶，应卖出股票。处在低位的"待入线"，则是见底信号，投资者应考虑做多。

"待入线"的形态特征表现为：

（1）前面的一根 K 线是一条大阴线，后面的一根 K 线是一条小阳线。

（2）小阳线的收盘价低于前阴线的收盘价，与前阴线实体有一段距离，形成"待入"状态。

高位待入线预示着股价已经到了顶部，后市将以向下调整为主。在高位待入线中，前大阴线与后小阳线之间的缺口主要是指两根 K 线实体之间形成的缺口（称为半缺缺口），至于上下影线之间有无缺口，则无关紧要。

从图 4-1-35 中可以看出，该股在 2010 年 3 月 4 日 ~5 日这两天，走出了一个十分典型的"高位待入线"形态，随后股价在小幅反弹后一路下滑。

在待入线的具体操作过程中，投资者首先要认真辨别所处的位置，判断待入线位置的高低一般可以用该股股价涨跌的幅度作依据。从低位累计上涨了 20% 以上，出现的待入线，可认定是处在高位的待入线。下跌幅度超过 20% 后出现的待入线，可视为低位待入线，可放心做多。在个别情况下，若前期股价涨跌的幅度不足

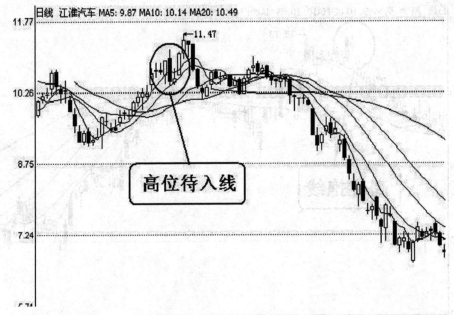

图 4-1-35　江淮汽车（600418）2010 年 3 月 4 日~5 日日线图

20％，则出现的待入线也可考虑按高位或低位的待入线进行操作，这种情况多发生在大市行情处于调整期间。其次，除了机械运用 20％ 依据外，还要灵活掌握股价涨跌的高低幅度，这样才能更好地分析股票，从而获益。

　　最后需要提醒买家注意的是，待入线和向下空跳星形线本身就是属于同一形态的图线，所显示的信号也是一致的，不论是按待入线操作还是按向下空跳星形线操作，都是正确的，不会误事。

高位抱线

　　"高位抱线"又叫高位"抱阴抱阳线"，是指价格上升到高位后，出现数条小图线，紧接着出现一条大图线，将前面数条小图线上下包容起来。高位抱线包括阴抱阳、阳抱阴、阴抱阴和阳抱阳等。该形态是可信的顶部转势信号，可据此做空。

　　高位抱线的主要特征为：

　　（1）该形态应处在高位，且下跌已经形成趋势；

　　（2）大图线前面的小图线至少要有三条；

　　（3）各条小图线的最高价和最底价均应处在后面大图线的范围之内。

　　处在高位与下降途中的"抱线"是看跌信号，高位抱线出现后意味着股价已经上升了 20％ 以上。在一般情况下，股价如此大幅度的拉升后，技术面上已有较

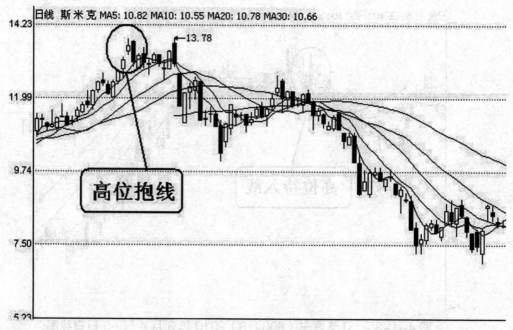

图 4-1-36　斯米克（002162）2008 年 1 月 7 日 ~8 日日线图

重的回吐压力。小阳线出现显示多方力量已不像之前那样强劲，次日冲高回落且以长阴的形式报收于阳一的收盘价以下，这是典型的先诱多，后打压，主力出货意图明显。

如图 4-1-36，该股股价经过至少 40％以上拉升后，2008 年 1 月 7 日 ~8 日在高位出现"阴抱阳抱线"，随后股价开始震荡下跌。从 1 月 21 日的 13.78 元下跌至历史新低，6 月 20 日最低价达到 5.68 元，跌幅达到近 59％。

在高位抱线的运用过程中，投资者需要注意以下几点：

（1）两根 K 线实体大小比例越悬殊，转势力度越强。

（2）第二根阴线伴随的量能越大、跌势越急。

（3）形态出现前股价拉升得越高，后市跌得越深。

（4）长阴线之前包含的小 K 线若有两根或两根以上，同样是转势力度强的信号。

（5）下跌途中的"阴抱阳抱线"，是继续看空的信号，应当以高位抱线来看待。

（6）抱线的最佳做空点位是价格向下跌破母线的最低价。

（7）处在横向盘整期间，应避免操作。

这里需要提醒买家的是：这种形态的可靠性十分强，因此操作上切莫犹豫，应果断出手。其最佳卖点是长阴线出现之日，股价盘中下破前阳线收盘价时卖出。如果因故未能在当日卖出，次日一开盘便应果断抛售。

第二节　K线形态中的卖出信号

双重顶形成

双重顶又叫 M 头，是一种极为重要的反转形态，由两个较为相近的高点构成，其形状类似于英文字母"M"，因而得名。

双重顶是市场不容忽视的技术走势，我们可以根据双重顶形成过程窥视主力资金在其中的激烈争夺。在双重顶出现之前，市场对后市一片看涨，成交量配合放大。长期上涨累积的较大获利筹码，在股价继续上冲过程中开始有获利资金出局，成交量也随之大幅增多，股价开始震荡回落，出现调整走势。但在回落过程中，一直错过前期上涨过程的投资者在调整期间逐步买入，股价回落至一定位置后前期获利资金再度进场逢低介入，股价不再下跌，反而掉头反弹走高，表面看市场依然乐观和看涨，但是成交量并没有跟进配合，较第一波高峰时的量能稍有萎缩，市场弱势逐步显现。在股价反弹至第一次回落的高位附近，获利资金因担心无法突破再度获利出局，主力也沽售，于是股价再度回落，引发市场恐慌资金跟出，跌破第一次回落低点，双重顶形态形成。

从图 4-2-1 中可以看出，该股在 2005 年 9 月 23 日~2006 年 3 月 10 日形成双顶后，出现了一波快速下跌。对于双重顶的确认还需要利用其他指标，待确认趋势结束后，

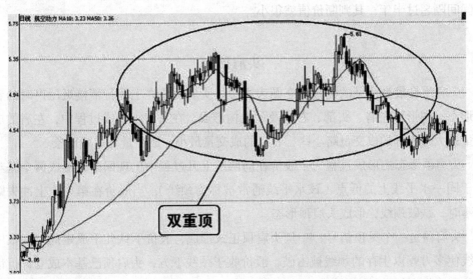

图 4-2-1　航空动力（600893）2005 年 9 月 23 日~2006 年 3 月 10 日日线图

可在股价回升形成右肩时离场，一旦右肩形成、股价穿透颈线，则必须离场。

在运用所形成的双重顶的过程中，投资者往往还需要注意以下几点：

（1）双顶的两个顶部最高点不一定在同一高度，一般相差 3% 是可以接受的范围。通常来说，第二个头部可能比第一个头部稍微高一些，意味在回落反弹过程中有看好的资金试图进一步拓展上涨高度，但因成交量不配合，主力没法使股价上涨距离第一个顶峰百分之三以上的距离就掉头向下。如果第二个顶峰超过 3%，会有更多的做多资金进场，双顶形态就会演变成上升途中的调整。

（2）形成第一个头部时，其回落的低点约是第一个高点的 10%~20% 左右。

（3）一般来说，双重顶的跌幅都较理论最少度量跌幅要大。

（4）双顶形成两个高峰过程都有明显的高成交量配合，这两个高峰的成交量同样也会尖锐和突出，在成交量柱状图中形成两个高峰。但第二个高峰的成交量较第一个显著收缩，反映市场的购买力量在减弱。如果同比反而放大，双顶形态则有失败的可能。

（5）通常两个顶峰形成，股价有效跌破颈线后，双重顶形态才能宣告形成。之后股价会有短暂的反抽动作，但将遇阻颈线，同时反抽不需要成交量的配合亦可。

（6）双顶形态最少跌幅的度量方法，是由颈线与双顶最高点之间的垂直距离。后市股价跌幅至少是这个理论跌幅。

（7）双顶形态有时候不一定都是反转信号，如果长时间没有向下跌破颈线支撑，将有可能演变为整理形态。这需要由两个波峰形成的时间差决定，时间间隔越大，有效性越高。通常两个高点形成时间间隔超过一个月比较常见，但如果日线双顶的时间间隔超过半年，其判断价值就很小。

头肩顶

头肩顶是最为常见的倒转形态图表之一。头肩顶是在上涨行情接近尾声时的看跌形态，图形以左肩、头部、右肩及颈线构形成。在头肩须形成过程中，左肩的成交量最大，头部的成交量略小些，右肩的成交量最小，成交量呈递减现象。

头肩顶形态的形成过程为：股价在前两次上升过程中出现回落时形成两个基本处于同一水平线上的低点（该水平线通常被称为颈线），当股价在第三次上冲失败回落时，跌破颈线，形成头肩顶形态。

头肩顶是一个见顶信号，一旦头肩顶正式形成，股价下跌几乎成定局。一根中阴线使多方赖以生存的颈线被击破，股价收于颈线下方，头肩顶已基本成立，行情至此，止损离场是投资者的最佳选择。投资者在实际操作时要密切留意其动态。

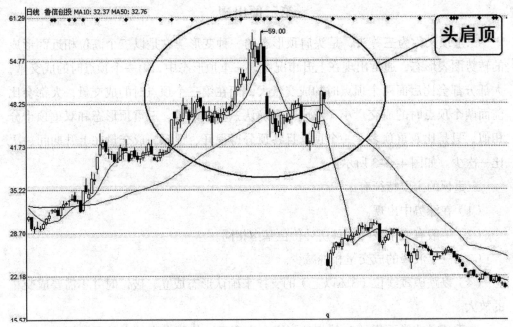

图 4-2-2　鲁信创投（600783）2011 年 4 月 9 日 ~6 月 15 日日线图

如图 4-2-2，2011 年 4 月 9 日至 6 月 15 日期间，该股走出头肩顶形态，此时该股已无力创新高，此后，该股直线下跌，。因此，短线投资者应果断减仓离场，以免损失惨痛。

头肩顶是一个长期性趋势的"转向形态"，同时也是一种杀伤力很强的技术走势。一般会在牛市的尽头出现，从头肩顶形态可以看到多空双方的竞争情况，行情升后下跌，再上升再跌，直到买方的力量最后完全放弃，卖方完全控制市场。因此，投资者在操作时应注意以下几点：

（1）头肩顶属于可靠的反转形态，失败的情形较为罕见。不过头肩顶有时也会充当持续形态，演变成喇叭形或矩形，颈线被有效跌破的确认将十分重要。

（2）借助均线的辅助研判作用。头肩顶的构筑过程表现为箱体震荡，短中长期均线在右肩时往往会聚集在一起，合久必分，随着股价的回落，向下发散的均线系统会形成死亡交叉。

（3）实战中有时会出现一头多肩或多头多肩的形态，虽较为复杂，但万变不离其宗，其实质仍为头肩底。

（4）当头肩顶完成后，股价持续下跌穿过颈线时，成交量不一定扩大；但若股价持续下跌，成交量就会扩大。在各种形态中，头肩顶的可信度是相当高的，一经确认，投资者宜果断卖出股票。

第三顶出现

三重顶又称为三尊头，是头肩顶形态的一种变形。它是以三个高位相近而形成的转势图表形态，通常出现在上升市况中，三重顶形态中，第一个顶点时的成交量，大部分都会比后面两个顶点时的成交量大，而在第三个顶点时的成交量，大都会比前面两个顶点时的成交量小，形成一个确认三重顶讯号。三重顶形态和双重顶十分相似，只是比双重顶多了一个顶，且各顶分得很开、很深。成交量在上升期间一次比一次少。如图 4-2-3 所示。

三重顶的主要特征有：

（1）在涨势中出现。

（2）一般有三个波峰，且所处价位基本相同。

（3）三个波峰的成交量相继减少。

（4）以跌破颈线位（3%以上）的支撑来确认形态成立，破位时并不需要成交量的放大。

三重顶是非常可靠的 K 线组合形态，出现后一般都会有较大的下跌幅度。一旦出现三重顶，投资者选择出局观望为上策。投资者通常以形成的最低点作为主要支持线，当价格出现双顶后回落至接近颈线（支持位），然后再次反弹至原先双顶的位置，并遭遇阻力后回落。若价格跌破颈线，便会大幅滑落，三重顶图形被确认。

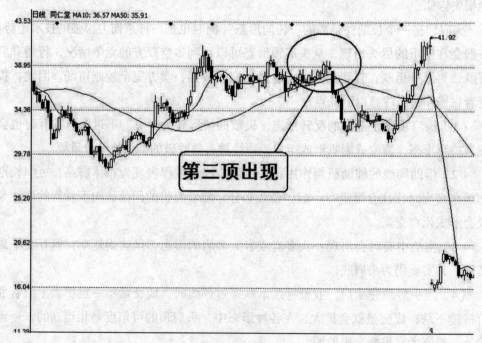

图 4-2-3 同仁堂（399001）2008 年 8 月日线图

投资者在运用"三重顶"的过程中需要注意以下三点：

（1）三重顶之顶峰与顶峰的间隔距离与时间不必相等，同时三重顶之底部不一定要在相同的价格形成。

（2）三重顶的顶峰和顶峰的间隔距离与时间不必相等，三个顶点的价格也不必相等，大至相差在3%以内就可以了。

（3）三重顶的第三个顶在成交量非常小时，即显示出下跌的征兆。

四重顶

四重顶与三重顶形成的过程基本相似，只是多了一个来回震荡。一般情况下，在一轮多头行情过后，由于惯性思维的影响，大多数投资者认为股指会在很短时间内重拾升势并再创新高，每一次反弹都是探寻底部成功的标志，这种心理很容易被庄家利用，使得庄家在不断地给投资者留下还能再创新高的幻想中边拉边撤，而投资者也就在不断抢反弹中，层层吃套，越陷越深。如果股价上升达到高位之后，屡次创新高失败，在这种情况下就会在K线图上形成四个山峰的图形，称为四重顶。当第四个峰顶形成后，投资者应该及时离场，以免惨遭亏空。

从图4-2-4中可以看出，该股在2月22日~4月25日出现了四重顶形态，四重

图4-2-4 荣华实业（600311）2011年2月22日~4月25日日线图

顶多为箱形运动形态，在这段时间的调整过后，4 月 25 日第四重顶形成，此后，股价直线下跌。投资者应迅速离场。

圆弧顶向下跳空

"圆弧顶"与"圆弧底"相反，是指股价或股指呈弧形上升，虽然顶部不断升高，但每一个高点微升即回落，先是出现新高点，之后回升点略低于前点，如果把短期高点相连接，就形成了一个圆弧状的顶。同样，在成交量方面也会呈圆弧状。出现在高价区，是下跌浪的开始。

如何识别圆弧顶？我们首先就应该了解圆弧顶的主要特征。

（1）圆弧顶的形成初期，市场往往较为平静。

（2）伴随着圆弧顶的形成，成交量在盘面有时也会呈圆弧形状。

（3）当圆弧头部形成后，股价往往不会马上下跌，而是要经过一段横向整理，这个平台整理区域叫作碗柄。股价一旦向下突破这个横向区域，就会呈现加速下跌的趋势。

图 4-2-5 中，该股形成圆弧顶，4 月 18 日该股收一根向下跳空的带有下影线的 T 字线。此后，该股股价从 3 月 28 日的 26.28 元跌至 5 月 27 日最低价 13.2 元，跌幅达到 50%。

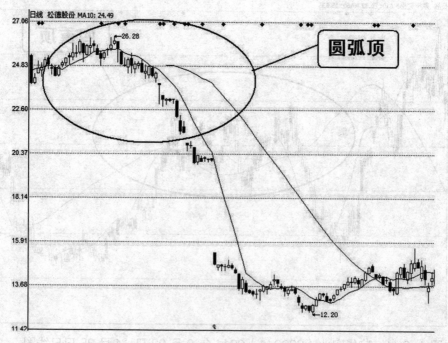

图 4-2-5 松德股份（300173）2011 年 3 月 28 日~5 月 27 日日线图

圆弧顶反转形态没有头肩形、W形、V形反转形态那样剧烈，它是市场渐进渐变的结果。圆弧顶没有明显的卖出点，投资者在作出决策之前，可以借助其他技术图形，圆弧顶形态的形成过程耗时较长，这让投资者有充足的时间依靠趋势线、重要均线及均线系统卖出股票。一旦卖方的力量超过买方，股价就会开始回落，一开始跌势不明显，但随后卖方完全控制市场，跌势转急，说明一个大跌市即将来临。圆弧顶的最小跌幅一般是颈线到圆弧顶最高点之间的直线距离。

在圆弧顶向下跳空的运用过程中，投资者需要注意以下几点：

（1）"圆弧顶"常出现在绩优股中，由于持股者心态稳定，多空双方力量很难出现急剧变化，所以主力在高位慢慢派发，K线形成圆弧。

（2）在顶部形成过程中，成交量巨大而不规则，常常在股价上升时成交量增加，在上升至顶部时反而显著减少，在股价下滑时，成交量又开始放大。

（3）在实盘中，圆弧顶出现的位置在很多情况下都不代表真正的顶部位置，它往往比最顶部稍矮一些。这也就意味着，现实中的圆弧顶往往出现在价格的中高位置上。

（4）在"圆弧顶"末期，股价缓慢盘跌到一定程度，引起投股者恐慌，会使跌幅加剧，常出现跳空缺口或大阴线，此时是一个强烈的出货信号，应果断离场。

顶部岛形反转

所谓的顶部"岛形反转"，是指股价持续上涨了一段时间后，某日出现跳空缺口性加速上涨，但随后股价在高位徘徊，不久股价却以向下跳空缺口的形式下跌，这个下跌缺口和上升跳空缺口基本处在同一价格区域的水平位附近，从K线图表看，就像是一个远离海岸的孤岛形状，左右两边的缺口令这岛屿孤立地立于海洋之中，这就是顶部的岛形反转形态。

顶部岛型反转为极强的见顶信号，岛形反转形态出现之后，股票走势往往会转向相反方向。常常出现在长期性或中期性趋势的顶部或底部，预示趋势的逆转。一旦出现顶部岛形反转则表示近期股价下跌已成定局，持股的投资者应及时止损出局，避免更大的损失，即使该股中途出现什么反弹也尽量不要参与。

如图4-2-6，2009年8月17日沪指大盘开盘就跌破3000点，盘中反弹最高点只有3020点，因此在3000点一带形成了一个典型的突破缺口。而与此日类似是状况是在7月1日，上证指数报收于3008点，次日高开，当天最低点为3011点，在3008~3011点之间形成的缺口遥相对应。把这两个缺口结合起来看，我们会发现上证指数的跳空向下使得3000点以上的K线走势构成了典型的孤岛形态，这一轮下

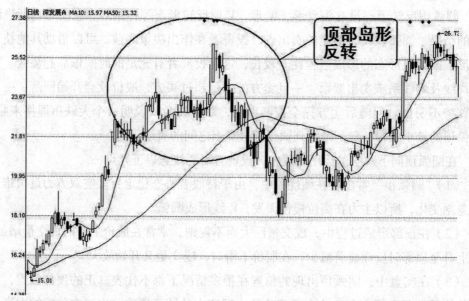

图 4-2-6　深发展 A（000001）2009 年 7 月 1 日 ~8 月 17 日日线图

跌就是典型的顶部"岛形反转"。

"顶部岛型反转"K 线组合投资者在操作时应注意以下几点。

（1）顶部岛形包括一个上升竭尽性缺口和一个下跌突破性缺口。顶部岛形反转的成交量没有底部岛形反转那样重要。

（2）顶部岛形反转的突破会十分剧烈，因此投资者的操作要快，应该在突破发生之时尽快清仓离场。

（3）如果投资者不幸在涨势末期买入，则在顶部岛形反转形成时一定要卖出止损。因为顶部岛形反转形成后，股价跌幅会很大。

突破下降平台

"突破下降平台"是指股价在下降过程中，常常在下跌几天后，在低位进行横盘整理，通常经过 6~10 天整理后，股价会再次下行，如果下跌的幅度超过 3%，且最终站稳该位。

如图 4-2-7，2011 年 4 月 12 日 ~5 月 27 日期间，该股总共出现两次突破下降平台形态，第一次经过 8 天的横盘整理后该股继续下跌，5 月 12 日后经过 7 天的横盘调整，该股再次下跌。

"突破下降平台"是一个典型的卖出信号，投资者应利用"突破下降平台"这一机会继续减仓，等股价跌到了底部，出现见底回升走势时，再把卖出的股票如数收回。

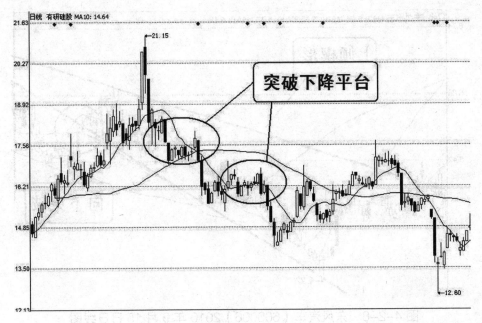

图 4-2-7　有研硅股（600206）2011 年 4 月 12 日～5 月 27 日日线图

投资者在操作时应注意以下几点。

（1）只要是股价突破了下降平台，投资者就应卖出股票。因为突破下降平台不需要成交量的配合，不论放量与否，股价都会下跌。

（2）投资者应根据下降平台所处位置的不同，相应地调整操作策略。对于处在高位和下降途中的下降平台，投资者应坚决卖出股票；对于处在接近底部的下降平台，投资者只能减仓操作，不能全部抛光，随时关注行情的走势，一旦跌不下去时，再考虑是否买回。

（3）下降平台整理过程的长短与后市的跌幅没有太大关系。整理时间达一个月以上的平台与整理时间只有七八天的平台，其后的下跌深度一般不会出现太大的差别。只要出现向下破位的走势，投资者就要卖出股票离场。

上倾楔形向下突破

楔形是一种类似于楔子的形态，同旗形形成过程差不多，先要有一根旗杆的形成，在旗杆升起之后，进行楔形整理。股价波动局限于两条收敛的趋势线中，汇集于一个尖顶，成交量也随之逐渐减少，形成一个上倾或下倾的三角形，在原来趋势上选择突破方向。它通常持续的时间在 1～3 个月。楔形具有明显的倾向性：在上升趋势中楔形是朝下倾斜的具有上涨性，而在下跌趋势中楔形是朝上倾斜的具有下跌性。

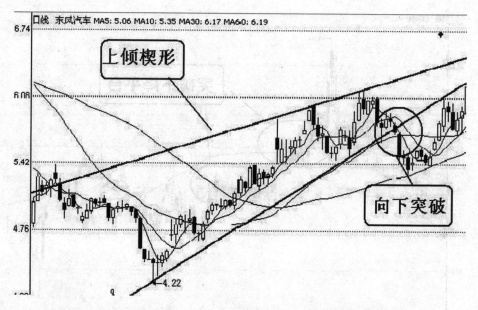

图 4-2-8　东风汽车（600006）2010 年 9 月 15 日日线图

上升楔形指股价下跌后出现反弹，涨至一定水平又掉头下落，但回落点较前次高，又上升至新高点比上次反弹点高，又回落从而形成一浪高一浪之势，"一鼓作气，再而衰，三而竭"，把高点、低点相连成两条向上倾的斜线，形成一个上倾的三角形。上升楔形是整理形态，在跌市中回升阶段出现，只是技术性反弹而已，表明多方非常顽强，锲而不舍地向上攻击，但整体来看已属于强弩之末，市场的做空能量在逐步积聚，当其下限跌破后，就是沽出讯号。其性质并不是上涨而是下跌。

图 4-2-8 中所示图形为上倾楔形，2010 年 9 月 15 日当天该股收一根小阴线，向下有效突破上升楔形。此后，股价开始下跌。

上倾楔形在形成过程中，往往要拖延 3~6 个月，提示投资者市场趋势正在逆转中。在上倾楔形的形成过程中具有明显的缩量整理现象，整体上呈现价升量减的反弹特征。但在楔形发生突破之时，成交量往往急速放大。楔形的突破在其横向长度 2/3　3/4 处。也有直到楔形尖端才发生突破的情形。楔形更倾向于在接近形态尖端部分才发生突破。

投资者在操作过程中需要注意的是，上倾楔形向下突破时，可以有大成交量，也可以没有大成交量，投资者应采取突破了结的原则。随着股价的逐渐向楔形顶部方向靠近，成交量越来越少，这种价升量减的量价背离现象本身已说明股价的升势不可能持久。短线投资者在发现成交量越来越少时，应该逢高卖出手中筹码，不必再等楔形向下突破了。

下降趋势中矩形向下突破

在下降趋势中，股价在下降到了一定程度之后，开始在一个很小的幅度内上下波动，每一个震动的高点很接近，每一个震动的低点也很接近，将所有的高点与所有的低点连接起来，得到的形态很像一个矩形。如果股价最终选择了向下突破，这样的组合形态就称为矩形向下突破。

矩形的确立需要具备以下特征：

（1）形成矩形的盘整时间较长，通常在 1~3 个月之间。

（2）上沿的压力线平行于支撑线，并且触及这两条线上的点越多越有效。

（3）突破矩形顶部时必须伴随着大的成交量，如果是向下跌破矩形底部，则不需要放量。

（4）盘整期越久，将来突破之后的行情越大。

如图 4-2-9，该股在此期间处于一个大的下降趋势中的箱体里面波动，1 月 18 日形成箱体下沿的破位，预示着经过短暂的多空双方较量，空方占据优势，跌破箱底的阴线实体越大代表空方势能越大，建议出局操作。

股价突破矩形后我们要密切观察，一旦出现与突破方向不一致的行情，就应立刻采取相应行动。一旦矩形向下被有效突破，那么后期的空间至少会等同于矩形的垂直高度或者它的倍数。

投资者在操作时应注意以下几点。

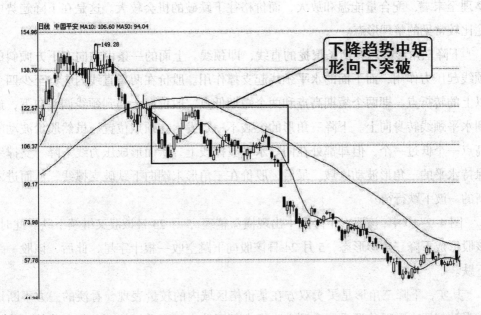

图 4-2-9　中国平安（601318）2007 年 11 月 27 日 ~2008 年 1 月 17 日日线图

（1）向下突破的时候，就意味着经过一轮的多空争夺，空方最终占据优势，应该及时出局。如果跌破矩形的时候出现成交量的放大，表明后市还将急速下跌，投资者就要坚决出局。

（2）矩形为投资者提供了一些短线炒作机会。如果在矩形形成的初期能够预计到股价将按矩形进行调整，那么，投资者就可以在矩形的下轨线附近买入，在矩形的上轨线附近抛出，来回做几次短线的进出操作。如果矩形的上下轨线相距较远，那么，这种短线的收益是相当可观的。

（3）操作时一定要合理控制好仓位和设立好相应技术止损位。在下降趋势中，当股价突破矩形的下轨线时，应视为下降趋势的继续，突破后反弹至下轨线的点均为卖出平仓的最佳时机。

（4）被突破后，也具有测算意义，矩形向下跌破目标价位等于矩形盘整区的高度。面对突破后股价的反弹，矩形的上下轨线同样具有阻止反弹的作用。

（5）形整理形态大多出现于下跌行情里，面积越大，股价越不易上升。

下降三角形向下突破

下降三角形通常在回档低点的连线趋近于水平而回升高点的连线则往下倾斜，代表市场卖方的力量逐渐增加，使高点随时间而演变，越盘越低，而下档支撑的买盘逐渐转弱，退居观望的卖压逐渐增加，在买盘力量转弱而卖压逐渐增强的情况下，整理至末端，配合量能温和放大，而价格往下跌破的机会较大。这是在下降趋势中途比较常见的整理形态。

下降三角形必须有两条聚拢的直线，即颈线。上面的一条由左向右下方倾斜的颈线起压力作用，而下面的水平颈线起支撑作用。股价在两条直线内应有至少四个以上的转折点，即两个短期高点和两个短期低点，股价向上遇到颈线调头向下，遇到水平颈线转身向上。下降三角形的突破不一定发生在顶点位置。虽然股价波动的高点一个低过一个，但却都处在同一水平支撑线上，从而形成压力线下降、支撑线保持水平的三角形波动区域。最后，股价在三角形末端向下跌破支撑线，从而进入新的一波下跌行情。

图4-2-10中，该股在下降图中出现横盘整理，5月23日该股又继续下跌。此时，该股形成下降三角形形态，5月24日该股向下跳空收一根十字星，此后，该股一路下跌。

其实，下降三角形是买卖双方在某价格区域内的较量表现，看淡的一方不断地增强沽售压力，股价还没回升到上次高点便再沽出，而看好的一方坚守着某一价格

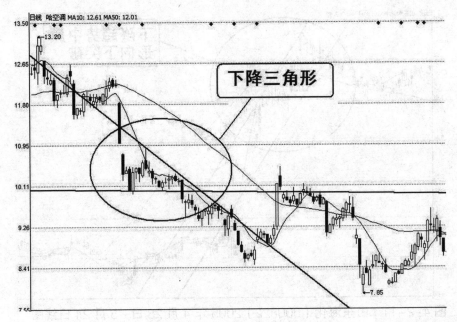

图 4-2-10　哈空调（600202）2011 年 4 月 26 日 ~5 月 23 日日线图

的防线，价格回落到该水平便获得支持。此外，这形态的形成也可能是有人在托价出货，直到货源沽清为止。下降三角形低点形成水平支撑线而高点不断下移形成一条下倾线，显示抛压不断加强，一旦水平线被跌破，卖出股票是投资者最好的选择。在整个过程中，成交量一直很少。

下降趋势中旗形向下突破

旗形的形态就像一面挂在旗顶上的旗帜，通常在急速而又大幅的市场波动中出现。价格经过一连串紧密的短期波动后，形成一个稍微与原来趋势呈相反方向倾斜的长方形，这就是旗形走势。旗形走势分为上升旗形和下降旗形。

当价格出现急速或垂直的下跌后，接着形成一个波动狭窄而紧密，稍微上倾的价格密集区，像是一条上升通道，这就是下降旗形。下降旗形具有以下几个特征：

（1）在下跌的过程中出现。

（2）反弹高点上移，两个高点的连线构成下降旗形的边线。

（3）回落低点也逐渐上移，两个低点的连线构成旗形的下边线。

（4）旗形的上边线与下边线相平行，并向右上方倾斜。

如图 4-2-11，2005 年 4 月 28 日该股股价是一个相对高点 8.93 元，在这个顶部我们看到了顶部螺旋桨、倾盆大雨及涨升尽头线，三种卖出信号产生共振卖点，接

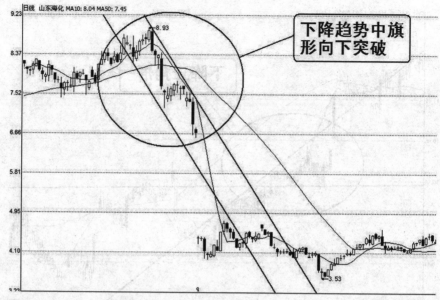

图 4-2-11　山东海化（000822）2005 年 4 月 28 日~5 月 24 日线图

着是对接式的两黑夹一红的连续下跌，并伴有成交量的放大，显示庄家正在出逃。5 月 12 日得到支撑后开始无量反弹，走出了下跌旗形的整理形态，这是庄家又一次设下的诱多陷阱，以便最后脱身。5 月 24 日跳空低开高走，走出了一根假阳线，而且股价跌破旗形的下边线，此时是最后的离场机会。

需要说明的是，下降旗形也是一个诱多陷阱。在下跌趋势形成后，股价会滑至某一个支撑价位，开始出现下降旗形的整理。这个向上倾斜的平行四边形，经过整理后还会继续下跌。投资者在操作时还应注意以下几点：

（1）下降旗形是股价长期下降通道中途的一种短期抵抗整理形态。此时，空仓的投资者应以观望为主，尽量不做短线操作，更不宜做中长线操作；已经买入或被套牢的投资者应抓住这次整理机会，趁早逢高卖出股票。

（2）当下降旗形放量向下突破旗形的下边支撑线时，投资者应及时卖出股票，以减少损失。

（3）如果在熊市的末期出现下降旗形走势，突破时的成交量放大，可是价格下跌的幅度并不大，投资者应提高警惕。

向下突破缺口

向下突破时，成交量明显增大，且缺口没有封闭。一旦向下突破缺口形成，杀伤力就会比较大，投资者应该引起足够的重视。向下突破缺口的形成是因为其水平

图 4-2-12　中国平安（601318）2011 年 7 月 28 日~8 月 9 日日线图

的支持经过一段时间的供给后，购买力完全被消耗，卖出的须以更低价才能找到买家，因此便形成向下的跳空缺口。而且这个跌势才刚刚开始，下跌的空间还很大。因此，投资者见到向下突破缺口应及时做空，尽量离场观望。

向下突破缺口是下跌趋势形成的标志，一般出现在股价打破盘局的初期，当向下突破缺口出现后，股价会迅速脱离整理状态或当时的成交密集区和支撑线。向下突破缺口在 3 个交易日内，成交量并未随着股价的远离缺口而减少，反而加大，那么这个向下突破缺口就不会被轻易回补，那么就会步入一段下跌走势。如图 4-2-12 所示。

向下突破缺口是当一个整理形态完成后突破盘局时向下产生的缺口。因为缺口能显示突破的强劲性，向下突破缺口愈大，表示未来向下的变动愈强烈。向下突破缺口说明上升趋势已发生逆转，原来的升势已经结束，接下来的将是一轮下跌，而且还刚刚开始，下跌空间还较大。

向下突破缺口若在短期内被多方封闭，则个股有可能出现有利于多方的上升和盘局走势，这时投资者不能再盲目看空，可采取一种谨慎看多的姿态参与运作。

顶部倒 N 字形

股价经过连续不断的上升，进入高位区域，先形成第一个高点后，开始回落，但回落的幅度相对较小。当股价重新攀升到略低于前次最高点的位置时，多方已无力上攻，股价开始回落，并超过前次小幅度回落的最低点，于是，在股价走势图上

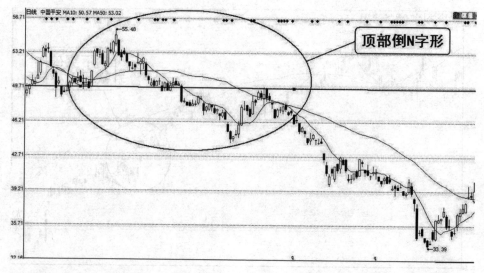

图 4-2-13　中国平安（601318）2011 年 3 月 31 日 ~7 月 8 日日线图

便出现了一个倒 N 字形的股价走势形态。

当倒 N 字形出现在股价的高位时，投资者一定要卖出手中的股票，迅速逃顶。从股价自第一高点回落后再次回升达不到第一高点便又回落的情况来看，股价跌势已定，因为上升动力的缺乏，短期内股价不可能再有起色。如果这时候投资者还犹豫不决的话，那必然要吃苦头。最明智的选择就是在倒 N 字形态在顶部出现时，做空离场。

图 4-2-13 中所示区域为顶部倒 N 字形，2011 年 7 月 8 日以后，该股继续下跌，从 7 月 8 日 48.49 元跌至 9 月 30 日的 33.39 元，跌幅达到 31.2%。

投资者在操作此种方法时应该注意以下几点：

（1）投资者可以根据股价的历史走势来判断股价是否进入了高价区域。

（2）如何识别顶部倒 N 字形，并作出合理的决策。投资者最好借助其他技术指标。以保证所判定的卖出信号更加准确。

（3）交量的萎缩，是市势疲弱的象征，说明空方已取得主导地位，应及时做空离场。

（4）股价在创下第一个高点后小幅回落，后又止跌回升，如果股价达不到前一高点处便调头向下且成交量又明显低于第一高点时，投资者应该警惕倒 N 字形头部的出现。当股价从第二高点落下，直接跌破第一次回落的低点位时，就应该毫不犹豫地卖出手中全部持股。

（5）倒 N 字形顶部形态第二次高点的成交量明显小于第一次高点的成交量。

顶部倒 V 字形

倒置 V 形又叫尖顶。股价经过三级变轨或者多级变轨加速上涨后，当涨幅达到 100% 以上时，会很快形成上升中继型头部。但这一上升中继头部平台在经过多次震荡整理后，会再次被放量突破拉升。股价迅速上涨，创现历史新高。当股价突破上升中继头部平台的波段涨幅达到 30% 左右，会出现放量滞涨现象，并形成大长针或者长阴巨量的阴包阳 K 线结构，这是股价形成中期或者中长期大顶的典型技术特征。当股价放量滞涨并展开回落时，就会形成典型的倒 V 字型。倒 V 字型是一种中长期反转形态，反转力度强，变化也快。倒置 V 形顶一般出现在牛市的末期和熊市反弹阶段。处在上涨行情的倒 V 字形就是顶部倒 V 字形。

倒置 V 形的顶部形成仅两三个交易日，在转势点伴有较大成交量。顶部倒置 V 形形成后，股价开始从高点回落，成交量随之减少。

如图 4-2-14，该股急速上升，4 月 19 日股价达到最高值 14.26 元，此后，该股直线下降，V 字形形态出现。股价下跌至 8.34 元后出现止跌反弹。

顶部倒 V 字型俗称"尖刀顶"，是主力操盘计划中典型的诱多性大规模拉高出货操盘手法。因此，当股价形成倒 V 字型后，行情出现反转趋势，后市会以反复震荡盘跌的方式结束股价大周期性上涨行情。投资者在操作时应注意以下几点：

（1）由于倒 V 字形位于市场的顶部，其一旦形成，比 V 形底的反转要剧烈得多，仅几天或一两个星期股价跌去大半是常有的事。

（2）在创历史新高的上涨过程中，出现迅速放量现象，一方面是主力出货，另一方面是散户跟风所致。此时预示着涨势已尽，投资者应该选择出货做空。

（3）识别顶部倒 V 字形可以借助 K 线理论中的反转信号进行分析，例如黄昏之星、射击之星和乌云线等 K 线组合。

（4）顶部倒 V 字形还有一种变体叫扩展倒 V 形顶。市场反转后股价马上形成一个小平台。通常，小平台稍稍地斜向新趋势的相反方向。当平台被突破时，趋势反转的过程也就完成了。短线投资者遇上该形态时应把股价向下突破小平台作为最低卖点。

凤凰顶

股价经过一段涨升后，在高位出现了"剃头顶"线，接着又走出一高一低（或一低一高）的两条图线，因为这四条线组成的 K 线组合形似凤凰头，因此就叫作"凤凰顶"。该 K 线组合见顶信号特别明显，投资者见此形态应卖出股票。

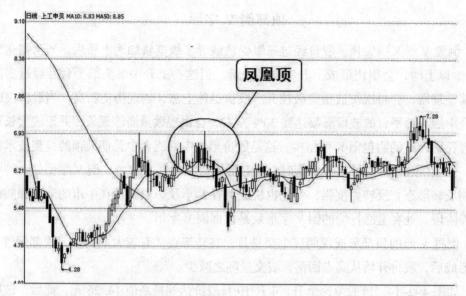

图4-2-15　上工申贝（600843）1997年9月8日~11日日线图

从图4-2-15中我们可以看出，该股出现了"凤凰顶"后，接着是一轮下跌行情。股价由9月11日的6.35元，跌到9月23日的5.12元，跌幅达19%。

如图4-2-16，该股于2011年1月10日~13日形成"凤凰线"。此后，该股进入跌势，股价由10.15元下跌到1月25日的8.07元，跌幅达20%。

"凤凰顶"无论在高价位还是上升途中出现，均是反转信号，投资者应果断卖出。对于上升途中出手的股票，可在调整结束后补回。在高位卖出后，最好远离股市，不经三波下跌，不要进场。

图4-2-16　南方建材（000906）2011年1月10日~13日日线图

菱形顶

菱形顶是指价格波动先扩大而后缩窄，形状像菱形，又称钻石型。它是一个顶部反转形态，一旦出现，即意味着上涨行情的结束。一般情况下，菱形顶形态较为少见，技术分析投资者认为在股价跌破菱形的支撑线后的跌幅为菱形最高点和最低点间的距离，所以应在形态确认前卖出股票或开始做空。

如图4-2-17，该股1月14日当天形成菱形顶，次日，股价开始下跌。从14.06元跌至12.15元，跌幅达到14.2%。投资者应及时卖出。

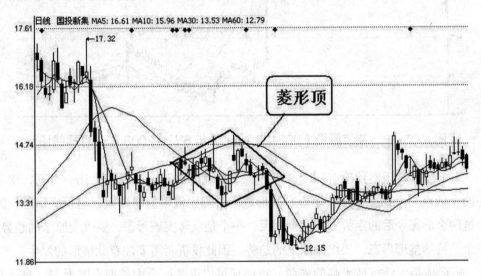

图4-2-17　国投新集（601918）2010年12月20日~1月14日日线图

矩形顶

所谓矩形顶，指的是一个箱型区域，在此区域内K线顶部有阻挡，下端有支撑，股价大致维持一个箱体震荡格局。股价经过连续大幅拉升后，主力要想高位派发出去就不能采取短时间大量出货，只能采取长时间、缓缓出货的形式，所以在形态上就形成了矩形顶，一旦出货接近结束而碰上大盘环境恶化，主力便会采取砸盘的形式出逃，于是矩形底部跌破，矩形顶也便形成。

矩形顶往往在持续上升的最后阶段出现，表明市场缺乏理性并渐渐失去控制，投资者受到市场风气或传言的影响，追涨杀跌，使股价大起大落，造成上升时高点较前期的高、低点较前期的低的现象。

如图4-2-18，2007年6月~2008年1月期间，该股股价走势呈矩形形态发展。该形态形成后，股价随后出现下跌，投资者应及时离场。

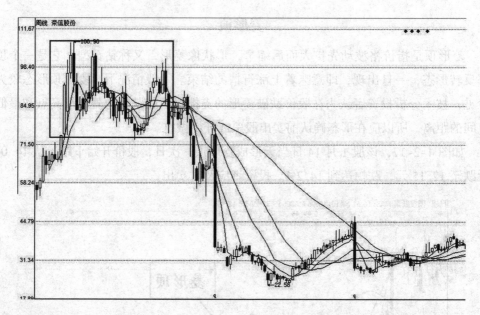

图 4-2-18　荣信股份（002123）2007 年 6 月~2008 年 1 月周线图

　　一个标准的矩形顶应有三个高点和三个低点。这三个高点一个比一个高，中间的两个低点一个比一个低。矩形在其形成的过程中极可能演变成三重顶底形态，因为这两个形态今后的走势方向完全相反，一个是反转突破形态，要改变原来的趋势，一个是持续整理形态，要维持原来的趋势。因此投资者需要注意此情形的发生。

　　矩形顶是大跌行情来临的先兆，矩形顶可以说是一个中长期下跌形态，暗示升市将尽。当股价跌破了矩形顶下边线时，市场重新恢复先前的下降趋势。此时如果投资者手中仍持有该种股票，就应立即卖出，即使有亏损也要卖出，否则损失会变得越来越大，以至于短线被迫变成长线。

　　投资者在操作过程中需要注意以下几点：

　　（1）股价向下跌破矩形顶时，成交量不需放大。

　　（2）如果矩形顶的整理空间较大且有一定差价，短线投资者可以利用股票箱的原理进行操作。一旦矩形顶开始向下突破，就应坚决卖出股票。

　　（3）大多数情况下，股价形成突破后，会向矩形顶的下边线反扑，以确认突破有效。确认完毕后股价继续下跌，其下跌的目标距离相当于矩形顶的高度。

第五章
K 线形态透析主力操盘过程

第一节　主力建仓之 K 线形态

主力如何建仓

　　股市中,主力的地位相当重要。作为中小投资者,必须关注主力的动向。随庄而动,才能不错过绝佳机会。如何判断股票有主力进场? 由以下几点现象可以判断:

　　(1)委托卖出笔数大于成交笔数,大于委托买进笔数,且价格在上涨。

　　(2)股价大幅下跌后,进入横向整理的同时,股价间断性地出现宽幅震荡。当股价处于低位区域时,如果多次出现大手笔买单,而股价并未出现明显上涨。

　　(3)虽然近阶段股价既冲不过箱顶,又跌不破箱底,但是在分时走势图上经常出现忽上忽下的宽幅震荡,委买、委卖价格差距非常大,给人一种飘忽不定的感觉。

　　(4)近期每笔成交数已经达到或超过市场平均每笔成交股数的 1 倍以上。例如,市场上个股平均每笔成交为 600 股左右,而该股近期每笔成交股数超过了 1200 股。

　　(5)小盘股中,经常出现 100 手以上买盘;中盘股中,经常出现 300 手以上买盘;大盘股中,经常出现 500 手以上买盘;超大盘股中,经常出现 1000 手以上买盘。

　　(6)在 3 ~ 5 个月内,换手率累计超过 200%。近期的"换手率"高于前一阶段"换手率"80% 以上,且这种"换手率"呈增加趋势。

　　(7)在原先成交极度萎缩的情况下,从某天起,成交量出现"量中平"或"量大平"的现象。股价在低位整理时出现"逐渐放量"。

　　(8)股价尾盘跳水,但第二天出现低开高走。股价在低位盘整时,经常出现小"十字线"或类似小"十字线"的 K 线。

　　(9)在 5 分钟走势图下经常出现一连串小阳线,日 K 线走势形成缩量上升走势。

（10）虽遇利空打击，但股价不跌反涨，或虽有小幅无量回调，但第二天便收出大阳线。

（11）大盘急跌它盘跌，大盘下跌它横盘，大盘横盘它微升。在大盘反弹时，该股的反弹力度明显超过大盘，且它的成交量出现明显增加。

（12）当大盘创新高，出现价量背离情况时，该股却没有出现价量背离。股价比同类股的价格要坚挺。

（13）大盘两三次探底，一个底比一个底低，该股却一个底比一个底高。股价每次回落的幅度明显小于大盘。

以上信号如果同时出现 5 个，说明该股有主力进驻的可能性达六成；如果同时出现 8 个，说明该股有主力进驻的可能性达七成；如果同时出现 11 个，说明该股有主力进驻的可能性达八成。投资者可在实践中加以验证。

在进行了一系列前期准备工作之后，特别是在锁定了目标股的时候，主力就会选择适当的时机开始建仓，也就是进入了实质性操作阶段。

首先要说明，一只股票在不同时期，主力是不同的，甚至在同一时候，也可以有多个主力。这些情况必然会导致走势难以分析，所以这里以长庄为主进行介绍，因为长线庄各个操盘步骤历时均较长，上涨幅度也较大，是跟庄的主要对象。永远记住，长庄只买低价，不会追高。做一次长线庄，就像打一个大战役。它们在建仓时最在乎的是价位，其次是数量，最后才是时间。筹码结构不合适的股票根本不予考虑。主力开始建仓时，股价离最近的一个成交密集区下缘已经很远了，一般在30% 以上。

让我们来看看南岭民爆（002096）主力是如何建仓的：

打开南岭民爆（002096）（图 5-1-1）的 K 线图，看到该股自 2006 年 12 月 22 日上市以来形成近乎完美的通道式长期上涨趋势，如果我们从成交量去看，发现在这个上涨过程中换手非常高，在上市半年多里，几乎平均每个月换手都达到100%，可以这样说，在这半年里南岭民爆（002096）都没有非常强的主力在里面，所以筹码一直处于发散的状态。主力要轻易获取筹码是什么时候？就是散户最愿意抛股票的时候，公司有什么利空消息或者大家都不看好市场纷纷抛售出来的时候，如果成交量放大且股价不跌为最显眼的主力介入的迹象，经过主力介入的股票在没有拉升之前通常都会出现明显缩量，在外浮动的股票数量减少，那么我们找到的最明显的建仓迹象为 2007 年 5 月 31 日～ 6 月 1 日这三天。这三天处于股市大跌时期，总成交量达到 588 万股，合计换手率达到 39%，由于当时虽然垃圾股大跌，但是市场资金还很活跃，在一些高价股里还有不少各类资金在买进，所以推测大致有其中的三成成交量为主力机构所为，所以这一阶段主力机构吸收筹码不足 200 万股，平均成本在 26 元以上。

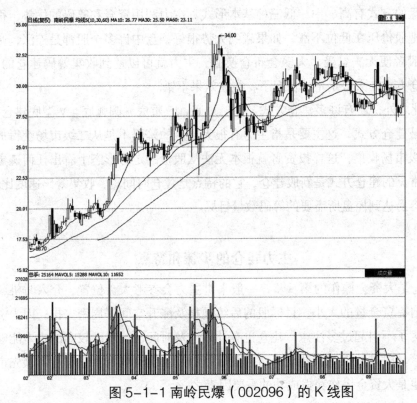

图 5-1-1 南岭民爆（002096）的 K 线图

主力建仓的时间一般都会长达数月，甚至更长的时间，下面介绍的是主力几种主要的建仓方式。

（1）单边上涨建仓：这种建仓过程，同时也是股价不断上涨的过程。这种建仓方式一般运用在大势逐渐转好的情况下，或者是主力预感到大势即将转好。有的时候上市公司隐藏着重大利好的情况下，而市场上中小投资者还没有察觉到，主力也会采取这种逼空方式建仓。这种单边上涨建仓方式，主力会不断让市场跟风者赚点小钱，同时又引诱市场投资者不断跟进，通过这种手法，在不断收集筹码的同时，又不断地降低持仓成本。

（2）单边下跌建仓：这种建仓过程基本上就是目标股不断下跌的过程。主力在初期利用手中的少量筹码，在市场上不断地打压股价，有时甚至造成大跌的走势，然后在低位更多地吸筹。随着股价的不断下跌，主力手中的筹码也越来越多，当股价止跌企稳的时候，就是主力建仓结束的时候。在这种单边下跌的建仓方式中，主力一般会借助于大势的调整，同时也常常会制造和利用上市公司的利空消息，以便更加轻松地迫使中小散户斩仓割肉，收集较多的恐慌性杀跌盘。

（3）横盘建仓：横盘建仓一般是价位偏低的状态，特别是低位横盘建仓多见。股价横盘的方式有高、中、低三种基本形式。主力利用资金和筹码的优势，很长一段时期把股价压在低位不涨，如果碰到大势很好，盘中许多个股都是连涨，则绝大部分持股者便无法忍受，大多会斩仓换股，主力就可以达到收集筹码建仓的目的。这种建仓方式在大势走牛的情况下，往往效果不错。

除此之外，还有许多建仓方式，如二重底、三重底、圆弧底、V 型底建仓方式，还有隐蔽建仓方式，这主要是指主力有很大比例的筹码不是从二级市场获得的，而是从一级市场收集，这样投资者就根本无法从股价的走势形态上看出任何迹象。另外一种常见的建仓方式是新股建仓，它的特点是建仓时间短，收集筹码速度比较快，也比较容易达到控盘所需要的筹码数量目标。

主力建仓的步骤和特点

建仓是大资金操作的第一步，一般来讲主力会参考大盘位置、介入时机、筹码分布、自有资金量的大小、目标股的后续题材及涨升空间等周密安排，因为资金量较大，为了不引起过多注意，建仓也有计划性及时间性。水准较高的主力能够在接近底部区域时开始大规模建仓，对大盘后市的发展胸有成竹，能够适当领先市场一步，这也是大资金操作获得成功的重要因素之一。

主力建仓也可以分两大类：被动性建仓和主动性建仓。这其实也是和资金的性质息息相关的。

1. 被动性建仓

采取这种方式建仓主要是因为前期坐庄失败而被套或者因为配股、增发新股承销失败而被迫吞下较大筹码，或者因历史遗留问题在一级市场已收购了较多筹码。此类建仓主力进取性一般不太强，但爆发力却很大，在大势向好时，可能成为暴利性获利品种，也就注定此类股票持续性将不会太长，主力一战而胜、功成则退的意愿也较急迫。如渤海集团主力因配股失败，被迫吃进绝大部分获配股，后在当年 8 月 1 日 "三大救市政策" 的刺激下，当日就从 3 元多暴涨至 6 元多，真是一鸣惊人！

2. 主动性建仓

（1）平台式建仓。主力在离大盘底部一个台阶时开始进行收集，目标股逐步脱离了大盘的下跌，成交量温和放出，来回上下震荡构筑了一个平台。如在大牛市中，主力也会利用高位平台建仓。此类建仓方式为各主力最常用的收集手法，因为筹码成本较低，风险相应也较小，收集时间越长成为大牛股的概率越大。如沧州化工构筑了一个长达一年的大平台，后一口气从7元多冲上30元。

（2）大盘反弹中建仓。主力在大市见底前数月的反弹中，大量吃进筹码，逐步控制了该股的走势。后市按主力喜好不同，有的随大盘再次回落，起到洗盘的效果。有的直接维持住强势，完全与大盘脱离，超强股可能还会逐步走高，因为大盘探底时暴跌的气氛也将使持有的散户在恐惧中交出筹码。

（3）缓慢推进式建仓。主力逐步推高吸货，K线组合为小阳中阳跟小阴中阴，但维持一上升通道；时间可以是大市即将见底前，也可以是大盘转势后，该类股票后面一般会有潜在的题材。

（4）暴风骤雨式建仓。这种操盘风格非常凶悍，股价狂升狂降，可以说玩的就是心跳。其中一种是快速拉高建仓式，采用此法的都是前期连续暴跌阴跌的冷门股或超跌股。底部筹码已经沉淀，靠缓慢吸纳根本吸不到什么筹码，主力只有采用连拉几根长阳线，使被套牢的筹码认为短线涨幅已大而纷纷沽售，这样主力可以在短期内吃到大量筹码。

2002年初的深深房A（000029）从1999年的16元严重超跌到年初的4元左右，主力开始拔高建仓，连续拉升，统吃割肉盘获利盘，再一鼓作气拉升至11元，达到快速建仓、快速拉升、快速出货的效果。

还有一种是连续打压快速建仓式，此法主要用在大盘恐慌性暴跌或个股出现重大利空而引发连续暴跌时，引发恐慌性杀跌盘或止损盘而主力快速统吃、快速建仓、快速洗盘、再快速拉升。如东方电子（000682）1999年12月27日因内部职工股上市流通的利空引发其连续暴跌，在上市流通当日大幅跳空低开后，巨量换手，当天反转，走出一轮大行情。

综上所述，主力建仓时，也正是散户们斩仓或获小利离场时。在主力进货初期时，主力总会尽力隐藏进货动作并散布利空传闻，制造恐慌情绪，或利用大盘大跌打压股价，打穿一个又一个重要技术位置，以影响原持股者的信心而迫使其在低位抛出筹码，以便于机构吸到便宜货。在主力进货的后期，由于低位筹码已被主力掌握较多，主力将会控制住股价，使股价小范围上升诱使获利者或无耐心的套牢者抛出，再通过建仓完成后的洗盘，为后面股价的拉升铺好道路。

三招精确计算主力持仓量

股价的涨跌，在一定程度上是由该股筹码的分布状况以及介入资金量的大小决定的：动用的资金量越大、筹码越集中，走势便较为稳定，不易受大盘所左右；动用的资金量越小、筹码分散在大多数散户手中，股价走势涨难跌易，难有大的作为，如何估算主力持仓数量呢？主要通过以下三个方法求和平均来判断：

（1）通过实战的摸索，在判断主力持仓量上可通过即时成交的内外盘统计进行测算，公式一如下：

当日主力买入量 =（外盘 × 1/2+ 内盘 × 1/10）/2

然后将若干天进行累加，至少换手达到 100% 以上才可以。所取时间一般以 60 ～ 120 个交易日为宜，因为一个波段主力的建仓周期通常在 55 天左右。该公式需要投资者每日对目标个股不厌其烦地作出统计分析，经过长时间实证统计，准确率极高，误差率通常小于 10%。

（2）对底部周期明显的个股，是将底部周期内每天的成交量乘以底部运行时间，即可大致估算出主力的持仓量，主力持仓量 = 底部周期 × 主动性买入量（忽略散户的买入量）。底部周期越长，主力持仓量越大；主动性买入量越大，主力吸货越多。因此，若投资者观察到底部长期横盘整理的个股，通常为资金默默吸纳，主力为了降低进货成本所以高抛低吸并且不断清洗短线客，但仍有一小部分长线资金介入。因此，这段时期主力吸到的货，至多也只达到总成交量的 1/3 ～ 1/4 左右。所以忽略散户的买入量的主动性买入量可以结算为：总成交量 × 1/3 或总成交量 × 1/4。公式二如下：

主力持仓量 = 阶段总成交量 × 1/3 或 1/4

为谨慎起见，可以确认较低量。

（3）在低位出现成交活跃、换手率较高，而股价涨幅不大（设定标准为阶段涨幅小于 50%，最好为小于 30%）的个股，通常为主力吸货。此间换手率越大，主力吸筹越充分，投资者可重点关注"价"暂时落后于"量"的个股。是换手率以 50% 为基数，每经过倍数阶段如 2、3、4 等，股价走势就进入新的阶段，也预示着主力持仓发生变化，利用换手率计算主力持仓的公式三：

个股流通盘 ×（个股某段时期换手率 – 同期大盘换手率）；

计算结果除以 3，此公式的实战意义是主力资金以超越大盘换手率的买入量（即平均买入量）的数额通常为先知先觉资金的介入，一般适用于长期下跌的冷门股。因此，主力一旦对冷门股持续吸纳，我们就能相对容易地测算出主力手中的持仓量。

最后，为了确保计算的准确性，将以上三个公式的结果进行求和平均，最后得出的就是主力的持仓数量。

总公式如下：

准确主力持仓量 = （公式一＋公式二＋公式三）/3

主力建仓时的技术特点及盘面特征

一般说来，主力经常制造一些非实质性的利空题材，或趁大盘走弱之机借势打压股价，制造空头陷阱，以此完成建仓。我们可以通过一系列的技术特征和盘面特征来观察主力是否在建仓。

1. 技术特征

（1）经常有大笔卖单挂留，但随即会迅速撤掉，或者所挂的卖单手数越来越少。

（2）往往先跌破某一技术支撑位（如某条短期均线），但股价却未下跌多少。分时成交常出现无量空跌的现象。

（3）在本阶段末期，一般成交量会温和放大，但股价却未大涨或只是小幅上涨。

（4）技术指标经常出现"底背离"。

2. 运用手法

（1）在低位筑平台吸货。

（2）利用打压吸货，这类手法较为常见。

（3）拉高吸货（或边拉边吸）。一般主力实力雄厚或作风凶悍，很可能是利好消息已经走漏，担心其他资金在低位抢筹码。

3. 盘面特征

（1）日K线经常在低位拉小十字星，或者小阴阳实体方块。

（2）K线组合在低位出现圆弧底、W底、头肩底、三重底、U形底、V形底等。

如何判断主力建仓已接近尾声

"股价涨不涨，关键看主力炒不炒"是沪深股市最大的特点。主力什么时候最有炒作激情？主力在吃了一肚子廉价筹码后最有激情。因此，散户跟庄炒股若能准确判断主力的持仓情况，盯牢一只建仓完毕的庄股，在其即将拉升时介入，必将收获一份财富剧增的惊喜。这里面的关键是如何发现主力已经将筹码锁定。

一般具备了下述特征之一，就可初步判断主力筹码锁定，建仓已进入尾声：

（1）股价先在低位筑一个平台，然后再缓缓盘出底部，均线由互相缠绕逐渐转为多头排列，特别是若有一根放量长阳突破盘整区，更加可确认建仓期完成，即将进入下个阶段。

（2）放很小的量就能拉出长阳或封死涨停。如果主力用很少的资金就能轻松地拉出涨停，那就说明主力筹码收集工作已近尾声，具备了控盘能力，可以随心所欲地控盘。

（3）K 线走势我行我素，不理会大盘而走出独立行情。有的股票，大盘涨它不涨，大盘跌它不跌。这种情况通常表明大部分筹码已落入主力囊中。当大势向下，有浮筹砸盘，主力便把筹码接住，封死下跌空间，以防廉价筹码被别人抢去；当大势向上或企稳，有游资抢盘，但主力由于种种原因此时仍不想发动行情，于是便有凶狠砸盘出现，封住股价的上涨空间，不让短线热钱打乱炒作计划。股票的 K 线形态是横向盘整，或沿均线小幅震荡盘升。

（4）K 线走势起伏不定，而分时走势图剧烈震荡，成交量极度萎缩。主力到了收集末期，为了洗掉获利盘，消磨散户持股信心，便用少量筹码作图。从日 K 线上看，股价起伏不定，一会到了浪尖，一会到了谷底，但股价总是冲不破箱顶也跌不破箱底，而分时走势图上更是大幅震荡。委买、委卖之间价格差距非常大，有时相差几分，有时相差几毛，给人一种莫名其妙、飘忽不定的感觉。成交量也极不规则，有时几分钟才成交一笔，有时候十几分钟才成交一笔，分时走势图画出横线或竖线，形成矩形，成交量也极度萎缩。上档抛压极轻，下档支撑有力，浮动筹码极少。

（5）遇利空打击股价不跌反涨，或当天虽然有小幅无量回调，但第二天便收出大阳，股价迅速恢复到原来的位置。突发性利空袭来，主力措手不及，散户筹码可以抛了就跑，而主力却只能兜着。于是盘面可以看到利空袭击当日，开盘后抛盘很多而接盘更多，不久抛盘减少，股价企稳。由于害怕散户捡到便宜筹码，第二日股价又被主力早早地拉升到原位。

（6）关注新上市的个股，特别是首日换手率。新股上市首日成交量大，若主力有意将其作为坐庄目标，一般都会利用上市首日大肆吸纳，迅速完成大部分的建仓任务。

投资者需注意，主力建仓完成并不等于会立刻拉升，主力拉抬通常会借大盘走强的东风，已完成建仓的主力通常采取沿某一价位反复盘整的姿态等待拉抬时机，中线投资者可关注。

主力建仓手法之一——区间波动建仓方式

区间波动建仓方式是主力们经常使用的建仓方式，它的技术形态非常容易识别，但由于投资者耐心的问题，却总是将这种走势忽略。区间波动建仓，顾名思义，指的就是在一个较小的区间范围内不断地悄然买入股票。

由于主力可以利用资金优势，所以对股价的波动有巨大的影响，通过人为地在当前价位上放上数量较大的抛盘，从而压制住股价的上涨，当投资者发现股价在近期总是涨不上去的时候，慢慢地就会失去耐心，从而将手中的股票在低位卖给主力。区间波动建仓方式对主力最大的好处就是：建仓成本可以得到有效的控制，因为主力的建仓区间就在这个波动范围之中，所以，买入的股票价格基本都是趋于一致的。主力采用这种方式进行建仓对投资者来说，最大好处就是：主力的持仓成本可以很容易地判断出来，知道了主力的持仓成本在哪里，也就可以准确地计算出主力获得多少收益，从而为决策主力出货与否提供重要的参考。

不过，对于投资者操作而言，在主力建仓的区间内，是不会有太大的盈利机会出现的，往往股价涨幅不大，便会被主力打压下去，这是为了有效控制建仓成本而进行打压操作。但是，一旦股价短线下跌了一定幅度，主力又会将股价拉上来，这是为了怕有较多的投资者在低位买入。所以，在这个区间之内，股价波动的幅度都非常小。只有在主力建仓完毕后，股价突破了这个区间时，真正的上涨行情才会随之到来。

这种区间波动建仓方式其实在盘中很容易识辨出来，当然叫法不同，学习了这个方法之后，如果在盘中遇到这种情况，就知道如何处理自己手中的股票了，炒股不仅仅需要技术，更重要的是必须要有心境，所谓守得云开就是这个道理，不要眼中看到别人的股票大涨就耐不住性子，抛了自己的，去追别人的，结果做了抬轿子的，小有收益尚可，但往往是每次都会发现自己的股票，刚一抛就涨，而这追进去的，一追就跌，这便是其中的道理。

主力建仓手法之二——温和上涨建仓方式

主力巨量资金的介入，势必会改变股价下跌时的内在性质。原本股价在下跌的过程中，抛盘的数量是很多的，同时，由于买盘数量很少，因此成交量在下跌的过程中始终会保持着低迷的状态。而当主力资金介入以后，随着买盘数量的增多，股价的下跌走势便随之停止了，同时，成交量也开始变大。这种变化在初期时投资者是很难看出来的，只有经过一段时间的延续以后，投资者才可以准确地分析出来。

如果主力在建仓的时候指数的大环境非常好，那么主力就必须抓紧时间进行建仓，牛市来临的时候，必然会有众多的资金纷纷入场进行抢筹，哪只股票还处于低位，那么就会有很多资金涌向这只股票。所以，一旦形成这种走势，对早先入场建仓的主力来讲就会有很大的威胁，直接影响他们的获利。所以，在这种情况下，主力就不能再采用区间震荡的建仓方式，否则辛辛苦苦震出的股票会让其他主力资金全部买走。因此，在这种牛市的背影下，采用温和上涨的建仓方式是最适宜的。

2007 年 12 月份，哈高科（600095）（图 5-1-2）的股价走势，这个连续小阳就是温和上涨建仓最经典的表现形式。当然除了哈高科（600095）之外，还有很多股票都是这样的，现在把这种外在的表现形式理论化来解释，这样以后大家就可以套用这个理论了。

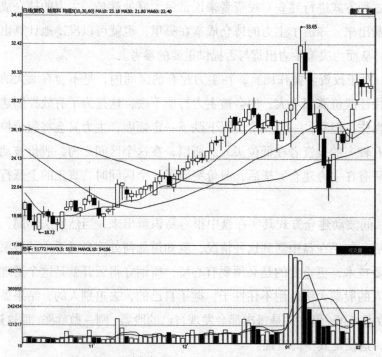

图 5-1-2 哈高科（600095）温和上涨建仓图形

当指数跌到底部的时候，随着指数由熊转牛，资金便开始积极建仓了，随着成交量的不断放大，股价的上升趋势不断地延伸。这种量价配合非常正常，资金的介入导致了买盘的增多，买盘增多必然会对股价的波动起到强大的推动作用，从而导致股价上升趋势形成。虽然股价的上升趋势不断延续，但是我们可以看到，在上涨的初期主力建仓的过程中，上涨的力度却并不太大。虽然主力采取了温和拉高建仓的手法，但依然希望股价不要涨得太快、太高，否则将会导致持仓成本的提高。

通过温和上涨建仓，虽然主力的持仓成本有所提高，但可以最大限度摆脱其他巨资的介入，因为股价上升趋势的形成，向其他资金发出了我已入场的建仓信号，除非不得已，其他的资金是不会入场进行抢筹操作的，否则只会两败俱伤。

主力建仓手法之三——急速拉高建仓方式

急速拉高建仓方式在牛市行情中经常见到，采用这种拉高建仓方式的主力往往资金实力非常雄厚，有足够多的资金承接下所有的抛盘。由于主力不计成本地推高股价进行建仓，所以，形成这种建仓方式的个股往往会在短线上出现迅猛的上涨走势，投资者操作这些个股，资金的利用效率是非常高的，短短几天的时间便可以获得巨大的收益。

进行急速拉高建仓其实并不是主力愿意的，而是行情的变化迫使主力这样运作股价。由于主力在指数牛市行情形成之前出现了判断的失误，从而错过了底部最好的建仓时机，为了在牛市行情到来时实现盈利，只能以最快的速度完成建仓操作。而想以较短的时间完成建仓，无疑只有一个方法，那就是将股价大力度地推高，让所有套牢的投资者全部解套卖出，这样一来，建仓操作便可以顺利地进行下去了。虽然持仓成本大幅提高，但是由于后期股价可以出现持续性的上涨行情，所以持仓成本的抬高可以通过快速拉高股价来抵消。

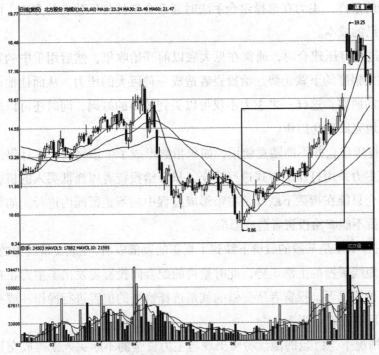

图 5-1-3 北方股份（600262）急速拉高建仓方式

北方股份（600262）的股价在图 5-1-3 中出现了一轮长时间的上涨走势，如果没有主力在盘中积极地运作，强势上涨行情又怎么可能出现呢？指数的行情再牛，主力如果不发力，股价也是不会上涨太多的。

投资者在实战操作的时候，不能等到股价走牛以后才入场进行操作，必须要有一种方法可以在上涨行情的起点处就能判断出这只股必然会走牛。这个方法就是看主力如何进行建仓！当北方股份的股价跌到了底部以后，成交量便出现了急速放大的迹象，成交量的放大说明资金在这个区间内大量的介入。在买盘不断介入的情况下，股价在同期出现了凌厉的上涨走势。量能的巨幅放大配合着大阳线的不断出现，说明此时主力结合指数的牛市行情展开了急速拉高建仓操作。

采用急速拉高建仓方式将会使持仓成本比很多普通投资者还要高，持仓成本的提高必然会决定主力后期的拉高方式。建仓紧急，上涨行情也必然会是非常快速的，这也就是为什么北方股价可以在后期连续出现涨停板的原因了。想知道股价后期如何上涨，只需要对主力的建仓手法进行分析便可以了。

主力建仓手法之四——打压建仓方式

通常情况下，一只股票在主力出货后都会有几波大的下跌，而这时就具备了主力再次建仓的条件。主力在选择建仓手法时通常会选择打压建仓的方法，因为这样可以降低自己的成本。

主力在进行打压建仓时，通常在见大底以前开始收集，然后用手中的筹码打低股价，造成大幅度的下跌走势，给投资者造成一种巨大的压力，从而让他们因恐慌而卖出手中的股票，这样一来主力不仅可以买到较多的筹码，同时还可以用较低的价格来顺利地完成建仓操作。

但是，打压建仓并不能随意使用，如果指数形成了牛市格局，并且保持着强势上涨走势，主力采用打压的方式进行建仓，只会给投资者以逢低买入的机会。所以主力压低建仓只能在指数下跌或是牛市形成过程中的调整区间内进行。如果指数不配合下跌，就不能够给投资者造成恐慌。

例如，图 5-1-4 是某股的股价下跌到了真正的底部以后，在成交量放大的情况下，股价出现了短线缓慢的上涨走势，此时量价的配合向投资者发出了主力正在建仓的信号。在这种情况下，投资者所要做的就是选择恰当的位置进行操作，或是等主力建仓完毕以后在突破点买入。

在通常情况下，巨量的抛盘纷纷出现与主力资金的不断买入使得成交量在打压的低点形成了近期的巨量。巨大的成交量说明主力利用这种方式顺利地买到了股票。打压建仓工作完成以后，股价便再度形成了上升的趋势，无法看破股价下跌原因的投资者就会上主力的当。但是，只要投资者认清了放量下跌的性质以后，在打压的底部不但不应当卖出股票，反而应当积极地随主力一起进行建仓操作。

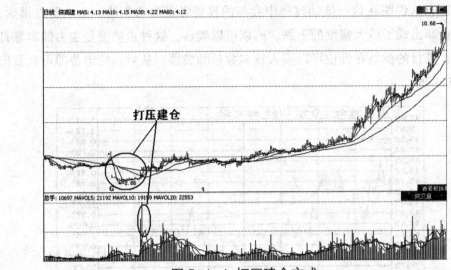

图 5-1-4 打压建仓方式

主力建仓手法之五——分时建仓方式

在分析主力是否在建仓的时候，投资者除了要对 K 线图进行仔细分析以外，对盘中的分时走势也必须要进行仔细的研究。因为分时走势是 K 线图的基本单位，主力在操盘上所做的手脚在分时图中体现得更加明确，所以，想要知道主力到底是如何建仓的，以及盘中建仓时的持仓成本是什么位置，通过对分时图的走势进行分析便可以知道结果了。

在分时图中分析主力是否在进行建仓操作，主要是从量价的配合入手进行。一般来讲，普通投资者无论如何积极的操作，都不可能在同一时间内大量的介入，并且无论普通投资者如何操作，都很难将股价打下去或是抬高上去。因此，一旦投资者发现盘中出现了连续放量的迹象时，便可以认定这是主力的建仓行为了。

在盘中进行分析的时候，绝对不能只见到一天的放量走势就断定这是主力的建仓行为，投资者必须要对近期的走势进行连续的分析。只有分时图中成交量总是不断连续地放大，才可以证明主力建仓操作的持续性，只有主力进行了持续性的建仓操作，后期股价上涨的概率才会大大增加。

主力在分时图中进行建仓的时候,各种各样的操盘手法均可以运用,或打压建仓,或区间震荡式建仓,或是拉高建仓等。无论主力采用哪种方式进行建仓，其技术特征的核心是不会改变的，那就是成交量的放大。

山东黄金（600547）在 2010 年 9 月 21 日分时建仓方式（如图 5-1-5）。

山东黄金在盘中出现下跌的走势，在下跌的过程中成交量始终保持着非常低迷的状态，这说明在这一波动过程中参与的投资者是非常少的，由于抛盘很少，但是股价却出现了较大幅度的下跌，所以可以确认，这种走势便是主力的刻意打压行为，其目的就是在低位可以买入较多数量的股票，从后面的走势即可以看出（如图 5-1-6）。

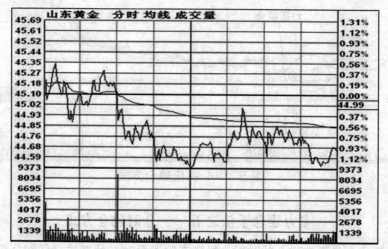

图 5-1-5 山东黄金（600547）2010 年 9 月 21 日分时建仓方式

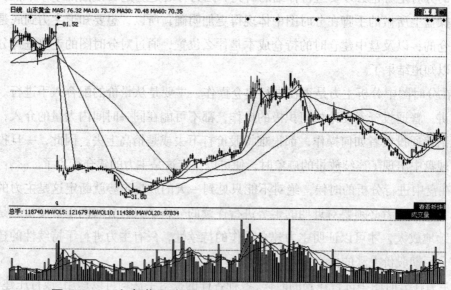

图 5-1-6 山东黄金（600547）2010 年 9 月 21 日后的走势图

盘中主力完成了打压建仓操作以后，便快速地将股价推了上去，这是因为主力担心股价长时间停留在低位会给其他投资者留下低点买入的机会。因此，在我们发现主力建仓完毕，股价有了上涨迹象的时候，一定要及时地跟随主力一起入场做多！

第二节　主力拉升之K线形态

主力会选择何时拉升

股票一旦盘实了底部后，就意味着主力吸完了筹码，紧接下来就是拉升战了。在发动拉升战前，投资者常看到股票会突然放量拉升几天，然后陷入死寂，这是主力资金的侦察战试盘，再然后散户投资者才会看到激烈的资金对流（拉升）。这其中，资金对流方式是怎么样的？主力和散户双方的心理怎样？股票进入拉升前，主力会先用部分资金进行试盘，看看多空双方力量如何。这时候，盘面看到的成交方式是这样的：主力先行挂单，对敲买卖，推高股价，这个过程中产生的量，基本是主力用自身筹码和自身资金在进行活动。如果大多数人采取的是把筹码换成资金，那盘面抛压将很沉重，资金一旦向散户手中流动，主力就会很被动，就像军队没有了后援。所以，当盘面出现抛压沉重状况时，主力有两种选择：

1. 快速拉高封上涨停板

其目的是虚造声势拉抬股价，以减轻抛压（接着几天会让股价慢慢滑落，好让短线客跟进，这样才能达到股票阶段性价格的平衡，为以后拉升减压）。这时候图形上呈现的是某天股票拉涨停后又恢复下跌，而量能则处于缩量状态。

2. 快速拉高而当天又快速滑落

其目的是当天快速收回自身筹码和资金，以保证仓位上的平衡（接着几天任由股价飘摇下跌，让其他人进行筹码资金的对流，主力继续实施底部折磨战术）。图形上呈现长阴巨量或长上影巨量，而其中的资金流动主要是散户对散户，也有部分介入的做多力量是短线客，出局的部分是对该股绝望的套牢者。主力资金侦察战中，主力主要是保存实力，观察多空双方力量有多悬殊，其最大同盟者是长期套牢该股票的投资者，而敌人是那些持股心态不好的投资者。但是谁也无法与主力在底部共舞，主要原因是大多数投资者没有耐心和恒心忍受这种底部折磨。主力资金拉升战中，主力利用侦察战观察盘面多次后，基本已知道整个盘面形势，在清楚了大概有多少筹码是不流动的以后，也就明白了有多少力量会和他进行财富争夺。拉升前，主力将仓位基本部署完毕，也可以说，接下来的股票走势图基本已先期画好，只有在遇到大异动时才会修改方案。筹码是武器，资金是兵，激烈快速的筹码资金对流——拉升战宣告展开。拉升战方式：快速拉升。主力挂单对敲拉高，每天摆出目空一切的架势，快速拉高价格，制造短线赢利的效应，吸引更多短线客进出买卖，让短线客和短线客之间进行筹码和资金的对流。在这当中，主力的主要任务是用自身资金和筹码对流，让筹码在股价上涨中升值，而短线客的频繁买卖可以省去主力资金的消耗并解除上涨时获利盘的压力。每天股票高涨幅、封涨停是拉升战的主要手法，主力力求一气呵成，快速拉高股价远离成本区，其中或是放量拉升，或是缩量拉升。

放量拉升的原因有两种：

（1）主要成交来自于短线客对短线客的对流筹码互换，让短线客为主力做活广告，吸引一批短线客进场。

（2）主力大手笔对敲自己的筹码，虚造市场热钱的运动方向，吸引短线客目光。

缩量拉升代表筹码锁定性非常牢固，整个股票群体一边倒，主力几乎可以将整个盘一锅端，在这一致看好的前提下，对敲几笔就可以把股价拉高。

通常主力只要选择合适、技巧得法，不用花费太多资金就可以事半功倍地将股价拉抬上去。例如，主力可以趁大市飙升的时候，顺势拉升股价。如实力不是很强的主力常常如此，因为借势拉升可以吸引一定的跟风盘进场，起到帮助主力拉抬的作用。但是强悍的主力却常常喜欢凭借其实力逆势而为。通常情况下，一个资金实力比较雄厚的主力控制的流通筹码都在 50% 以上，而且往往还掌握了该股不为人知的重大利好题材。主力对该股后市信心十足，所以并不刻意追求顺势而为，反倒愿意选择在大盘不好的时候突然发力，因为逆势上涨的股票更能够吸引市场的注意，并通过利好题材的陆续公布，逐渐积聚市场人气，从而使市场对该股的未来发展及其股价的上涨空间展开想象。这样，主力就可以在一片欣欣向荣的市场气氛中实现高位派货出局。

主力拉升一般有几个基本原则：一是拉升速度要快，有时整个升幅只有几根大阳线就告完成，因为快速拉升可以产生"暴利"效应，能更好地吸引场外资金的介入，同时又使股价迅速脱离主力成本区域；二是拉升要准备好理由，因为主力拉高股价的目的是为了让市场接受其股价的变化，最终说服散户投资者在拉高后的价位上接走主力的筹码。所以，主力通常都喜欢借助某些利好消息来拉高，甚至编造出某些消息来说服市场，从而使自己的拉升行为变得更加容易。比如，许多垃圾股就常常喜欢编造出一些真假难辨的重组传闻。

主力拉升的形态特征

不管主力采取何种方式拉升，在其运作的过程中，总是会留下一些较为明显的特征。我们可以从下面几方面去观察：

1. 均线系统

由于主力的拉升是一种股价上涨的趋势，所以，均线系统呈现典型的多头排列。5 日、10 日均线上升角度陡峭，一般都在 45 度以上。收盘价在 3 日均线上运行的具有短期黑马的性质；收盘价站在 5 日均线之上的具有牛股的特性；5 日、10 日、30 日、60 日均线呈有序多头排列，股价向上运行，在这一段时期中，股价往往表现为主升浪，短、中期升幅可观。

2. 成交量系统

成交量持续稳步放大，呈现价升量增、价跌量缩的特点，价量配合良好，在这段时期内，成交量整体上保持活跃状态，市场投资者积极参与，人气旺盛。

3. K 线系统

在拉升阶段中，主力经常在中高价区连拉中、长阳线，阳线的数量多于阴线的数量，阳线的涨幅实体大于阴线的跌幅实体。日 K 线经常连续收阳，股价时常跳空高开，并且不轻易补缺口，日 K 线形态中常出现红三兵、上升三部曲、大阳 K 线等。

另外两个关键的因素是：拉升的时间和空间。在主力坐庄的各个阶段中，其中拉升的时间是最短的。主力拉升时间的长短取决于主力的实力和操盘风格，以及大势的情况和市场的氛围。一般短线拉升行情在 1 ~ 2 周；中线拉升行情在 1 个月左右；长庄在 3 个月左右，也有少数大牛股的升势时间可能超过 1 年以上。

从另外一个角度来看，一般底部横盘结束以后的拉升时间在 10 ~ 30 天，以震荡方式上行的个股拉升的时间约为 2 个月左右。股票拉升的空间取决于目标股的炒作题材、市场人气、股价定位、技术形态、主力成本、筹码分布、股本大小、主力获利的目标等各种因素。其中，主力的意志和实力是最具有决定性的。股价拉升的幅度最少也要达到 30%，否则的话就没有获利空间；一般情况下是 50% 以上，幅度较大的可超过 100%。一只庄股的整体涨幅在 100% 以上是常见的事情，有的甚至会翻几番。

主力"拉升"时的操作策略

主力拉升需要等待合适的时机，庄股相互之间也在观望，对同一板块的其他股票的动向十分关注。如果选择的时机不当，往往事倍功半，出师不利会打乱整个布局方案。有些主力总是喜欢在大盘指数无所作为时跳出来表演。因为主力十分需要跟风盘的追捧，不能吸引跟风盘就意味着主力要自己举重。在大盘无热点的情况下，使自己成为热点就能吸引大量的短线资金。还有些强庄股也喜欢这么做。另外有少数恶庄股专门在大盘跌的时候大涨，大盘走稳之后出货，但大部分的主力总是选择在大盘处于上升趋势或即将开始上升的时候启动拉升，这种现象有助于我们判断大盘趋势。由于庄股从启动到目标位需要拉升多次，也就是常说的有几个波段，在每个波段中主力的操作方法都有所不同。

1. 拉离建仓成本区，形成上升第一浪

在日K线图上表现为股价从长期潜伏的底部突起，在周K线上形成旗杆，价升量增，周成交量一般可以达到前5周平均成交量的5倍以上，这一步是所有的主力都要做的。由于股价长期低迷、股性呆滞，此时在初起的1~2个小时少有跟风盘，上面挂出的抛盘反而不少，主力所要做的只是连续买入，吃掉所有挡路的抛盘。这时的主力是最好的，一往无前、视死如归。

第一浪的上升高度在起始阶段投资人是很难预料的，主力对第一波的目标高度很多时候是随机决定的，长期躺底的股票在小荷露出尖尖角的时候，非常容易吸引跟入买盘，在随后的时间内，主力只需要在关键时刻点拨一下，如当天均价位、30和60分钟超买点、整数位、中长期均线处，等等。有时为了放大成交量或吸引市场的注意或显示实力，主力经常用大手笔对敲，即先挂出几千或几万手的卖盘，几分钟后一笔或几笔买入。

当股价涨幅达到20%左右时，小道消息便开始登台亮相，有关该股的传闻在随后几天里会不绝于耳。这时投资者总是会听到相互矛盾的或不确定的消息。信不信由你，股价还在上升，仿佛在告诉你那是千真万确的好消息和赚钱机会。

独庄股和多庄股的第一波拉升高度往往是有区别的。独庄股很简单，计划怎么做就怎么做，只要没有意外情况一般都能达到目标，常常还会超额完成。脱离成本区的目标价位是从底部上升25%~35%，此时主力的持仓量增加了，最多时可能是流通股数的60%以上。多庄股的情况就复杂一些，消耗体力打冲锋的事要轮流上，短期升幅太大说不定会出叛徒，在这种相互牵制的情况下，第一波的幅度会低一点。有时在启动阶段连出天量，股价以很陡的角度上升，这可能是多个主力在抢筹码，以后会逐步调整为独庄股，最后的主力的成本价很高，经常成为恶庄或强庄。

2. 主力后续资金到位，舆论沸腾，人心思涨的时候，便可启动第三浪

这个阶段的主力操作方式和拉升期有点相似，只不过根据自己的持仓情况决定拉升的斜率。仓位重的拉升斜率陡峭，仓位轻的平坦些，这时主力所考虑的是要拉

出以后的出货空间。

由于我们对第三浪的高度和五浪结构十分熟悉，主力根本不用担心没有跟风者，也不需要刻意制造消息，只要再发扬光大就可以了，前期的消息和想象力将在这个阶段充分消化。主力只需要顺势而为，照教科书做图形就是了，由于筹码被大量锁定，盘面十分轻巧，K线组合流畅无比。所以我们经常看到缩量走第三浪的图形。主力有时为了表现自己，经常玩些逆势走高和顶风作案的把戏。主力此时最害怕的是基本面突变和其他比自己更有优势的个股崛起，使自己在跟风资金面前失宠。随着大盘扩容，个股数量激增和质量优化，一些原来的长庄股失宠，成为冷门股，为了出货而不得不另出高招，这就属于生产自救范畴了。

此刻主力和上市公司的紧密联系达到了顶峰，真正实质性的东西现在可以出笼了，有的上市公司募集资金投资项目突变，有的财务数据大起大落，有的送配股方案定局，有的重大合同签约等，都和主力有关。

从盘面来观察，通常上升行情开始时一定会有极强烈的买进信号告诉你可以大胆进场了，这个强烈的买进信号是放巨量拉长阳线。如果在盘整的行情中突然出现开盘跌停、收盘涨停，往往代表着大行情可能开始，尤其是连续几天放巨量拉长红，便代表强烈的上攻欲望。

通常多头行情开始时，股价呈现大涨小回的走势，往往是涨3天，回档整理1天；再涨3天，再回档整理1～2天；再涨3天，再回档整理2～3天；一路涨上去，一直涨到成交量已放大为底部起涨点的4倍，或股价已上涨1倍时方才可能结束。在多头市场里，个股行情起点成交量均不大，随着指数上升而扩大，直至不能再扩大时，股价指数便开始下跌，也就是最高成交量对应着最高股价指数。有时股价指数虽然继续上升，成交量却无法再放大，上升行情极可能在数日内结束，与"先见量，后见价"相印证。投资人只要在3个月之中做一波真正的多头行情就足矣了。

拉升行情的特点是换手积极，股价上涨时成交量持续放大，并沿着5日移动平均线上行；当股价下跌时，成交量过度萎缩，能够在10日或30日移动平均线处明显止跌回稳，当成交量创新纪录直至无法再扩大，股价收大阴放大量时，上升行情才结束。

主力拉升手法之一——盘中拉高手法

主力的拉升我们可以从日K线图中找到信号，但仅从日K线图中来进行分析还是不够的，也是不及时的，我们还必须将其细化到当天分时图中，通过对当天分时图的分析，我们就能进一步并且在第一时间抓住主力拉升时的种种迹象，从而在第一时间抢占先机，把握市场主动权。因此，在洞察日K线的基础上，依据分时图买卖股票，可捕捉到几乎最佳的买卖点位，取得出奇制胜的效果。同样，读懂并掌握分时图的买卖技巧，这在后期主力出货时同样能把握主动权，抢占先机，在第一时间完成出货。

一般来讲，主力在盘中拉升股价时往往采用急速拉高、缓慢拉高、波段拉高和震荡式拉高的手法，但无论其使用何种拉升手法，都必须有量的配合，没有量的配合就无法推动股价的上涨。当然，主力绝对控盘的股票及短期内市场一致看好的股票在短期暴涨时会出现缩量上涨的情况，那是因为市场筹码被高度锁定，这在日 K 线图中不易看出来，但在分时图上依然可看出有量的配合。

北方国际（000065）2008 年 12 月 24 日最后震仓结束，后用 5 天的小阴小阳小量将股价控制在一个小平台上，说明拉升之前抛盘枯竭。（图 5-2-1）

2009 年 1 月 5 日当天股价小幅高开，随后小幅回探，未破前一交易日的收盘价 6.01 元，最低探至 6.04 元后即采用集中放量、快速拉升的手法将股价快速拉升至 6.31 元，随后小幅回落并再创新高至 6.35 元，后一直在均价线上方运行。下午开盘后股价小幅回落震仓，未有大量抛出，随后股价重新回到均价线上方运行，尾盘再次集中放量，收于 6.35 元。1 月 6 日该股小幅低开 0.09 元，随后一路震荡放量上攻，股价全天都运行在均价线上方，走势稳健，盘中有两次出现集中放量。

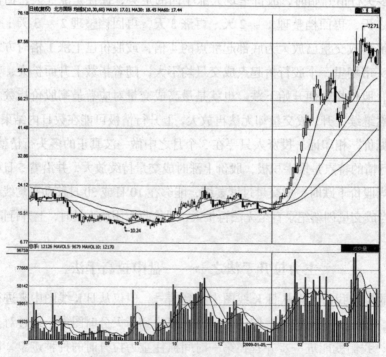

图 5-2-1 北方国际 (000065)2009 年 1 月 5 日拉升前的 K 线图

主力拉升手法之二——放量对倒拉升

在牛市行情到来的时候，并不是所有主力都有机会与时间对目标股进行高度控盘，由于种种原因（如主力对后市的判断原因、资金原因、上市公司的原因、政策的助涨助跌原因、题材原因等等），总有一些主力错过了进行连续建仓的时机。当牛市行情到来的时候，这些主力虽完成了建仓，但其持仓量并未达到高度控盘的状况，在这种情况下主力只能采取对倒拉高的手法来将股价由低位拉到高位了。其运作手法是拉高股价时在盘中自买自卖，亦即对倒或称对敲，将股价推高。这种方法的另一好处是能吸引跟风盘来共同推高股价，同时也节约了主力的资金。

图 5-2-2 为浪潮软件（600756）利用放量对倒的手法，在 2009 年 4 月的短短12 个交易日中，将股价从 6 元多拉到 17.88 元。

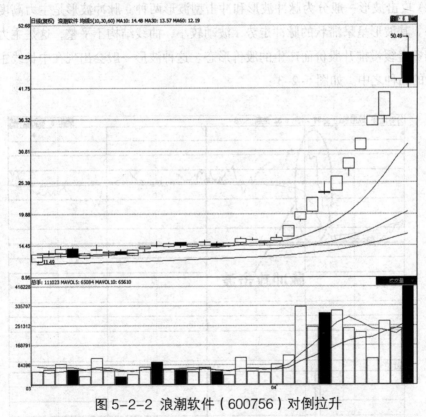

图 5-2-2 浪潮软件（600756）对倒拉升

主力拉升手法之三——攻击波形

攻击波是指当日股价在盘中拉升的过程中出现持续有力的波动特征。因为这一特征而形成的即时波形就是我们常说的"攻击波"。攻击波有两种形式，一种是脉冲波，另一种则是冲击型攻击波，均是由主力机构在盘中拉升过程中因持续稳定性密集大笔资金买入或通过对敲手段拉抬股价所引发的攻击性结果。

表现在盘面上，主力机构主动性投入巨资形成巨大买盘拉升股价所形成的即时走势，我们称之为攻击波形。攻击波形一般出现在股价拉升阶段初期、中期和盘头阶段的初期时最具有操作价值，而在股价拉升阶段的末期和盘头阶段的中后期，盘中跟进风险较大。

主力利用资金猛烈攻击，根据时间规律和每日投入资金量的大小，按照滚动操作原则，有步骤、有节奏地推高股价。此时，可见即时图中，随着股价进二退一、进三退二的节奏，盘中不断创出新高，成交量亦有序地在不断放大，此种攻击走势非常有力，对股价趋势的促动力极强。

（1）攻击波形一般分为脉冲波形和冲击型波形两种。脉冲波形是主力高度控盘的结果。其波形呈呆滞状的脉冲走势，波动较小，曲线结构不平整，这是主力利用不大的资金缓慢推升股价而产生的股价形态。这种波形一般会出现在中长线主力高度控盘的品种之中。如图5-2-3：

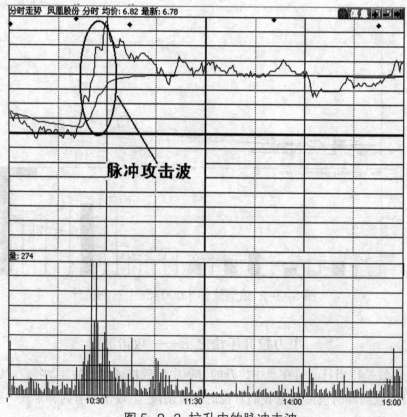

图 5-2-3 拉升中的脉冲击波

（2）拉升阶段的冲击型攻击波形与建仓阶段的本质区别在于，拉升阶段主力的主要目的不是建仓吸筹，而是利用资金滚动式操盘，不断冲击新高，因而形成冲击波形状态。这种波形主要是为了吸引盘中跟风资金来积极推进，与主力共同创造股价价升量增的完美技术形态，为后市拉高出货打下良好的市场基础。

（3）冲击型攻击波在形状上与脉冲型攻击波形的不同点在于，冲击型攻击波因资金快速冲击的特点而在盘口上留下尖角形的波形结构，波度陡峭而急促，波长较短，量峰值较大，量峰具有明显的波浪形态，股价攻击放量的规律性和时间节奏均把握极好；而脉冲型波形则没有明显的尖角形，波度比较平缓，波形较长，节奏不流畅，量峰结构较单一，较少出现具有波浪形的量峰。如图 5-2-4：

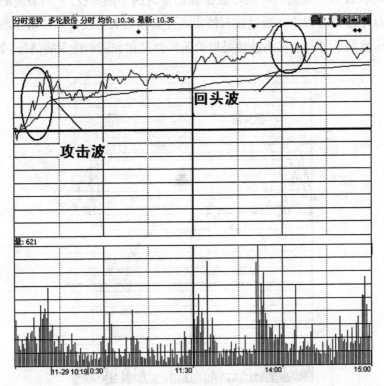

图 5-2-4 拉升中的冲击型攻击波

当攻击波形出现在股价拉升阶段的初、中期，临盘应在每段攻击波形低点及时买进（即每波创新高之后的调低点是最佳买点），此种波形出现时，短中线机会巨大。

当攻击波形出现在股价盘头阶段的初期，主力利用少量资金继续滚动操作，并有继续创新高的动能，因此，临盘可以中仓或轻仓短线参与主力最后拉高出货的攻击行情。但操作速度一定要快，期望值不宜太高，临盘一旦股价出现下跌迹象，则及时出局。

当攻击波形出现在股价拉升阶段的末期，临盘则应以观望为主，主力利用此种走势有推高出货的嫌疑，股价即将见顶。一般情况下，主力在早中盘用攻击波形拉高股价，午盘后则采用回头波形出货，形成见顶特征，因此，短中线风险极大。

当攻击波形出现在股价盘头阶段中后期和下跌阶段，此为主力诱多出货的主要特征，后市仍将继续大幅下跌，临盘以观望为主，短中线风险巨大。

主力拉升手法之四——回头波形

回头波是指当日股价在盘中拉升的过程中遭遇打压而出现回落下调的波动特征。因这一波动特征而形成的即时波形就是我们常说的"回头波"。回头波的形成是主力机构在盘中拉升过程中，通过在五档卖盘位置挂出大单或特大单阻止股价上涨而出现的打压性结果。因而,回头波也是股价阶段性见顶和回调洗盘的信号。如图5-2-5所示。

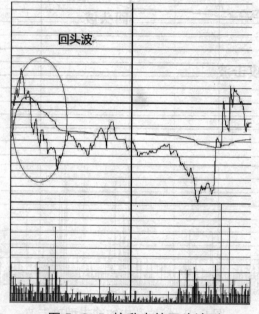

图 5-2-5 拉升中的回头波形

股价运行至一个阶段并产生一定幅度的利润空间后，主力通常会进行盘整洗盘动作，以调节过热的技术指标。同时，由于跟风买进的中小投资者过多，造成股价在后续拉升过程中将遭遇较大的压力。为保证操盘计划的顺利实施，此时主力通常会在当天早盘冲高之后，采用在盘中挂大卖单打压股价的方法，从而使其掉头向下，形成回头波形。这种波形的出现，通常预示阶段性调整已经展开。

回头波形是股价进入洗盘调整状态的重要技术信号，也是股价即将展开盘跌走

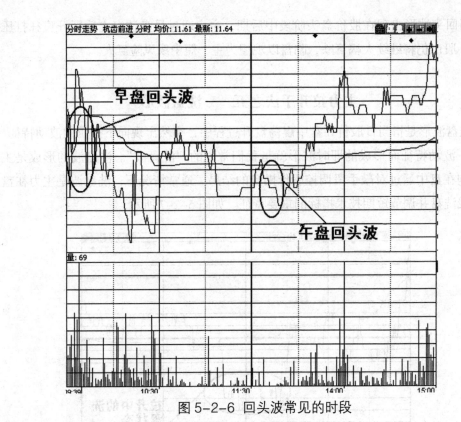

图 5-2-6 回头波常见的时段

势的重要特征，因此，临盘具有重大的实战操盘价值。

回头波形一般出现在早上开盘 30 分钟内，上午 11:00 和下午 13:30 左右，出现概率较多的时间段基本分布在早上和上午这两个阶段（如图 5-2-6）。主力运用的操盘手法通常如下：

（1）在早上开盘后采用攻击波形推高股价，量能配合较好，在拉升初中期量能表现有规律，形成较好的量峰结构，但在股价最后拉升段量能表现比较凌乱，而且量峰开始萎缩。

（2）在上午和下午的盘中交易过程中，主力先是用攻击波推高股价，然后在盘口卖一至卖五位置挂大卖单开始阻止股价上升，随即股价出现冲高受阻状态而震荡回落。股价攻击时，量峰呈纵向和横向放大特征，但在最后拉升阶段，量峰开始萎缩。

当回头波形出现在股价拉升的初中期，临盘应在回调到 10 日均线时及时买进。此种波形出现时，短中线等待抄底的机会巨大。

当回头波形出现在股价拉升阶段的末期，主力在盘中疯狂打压出货，股价已经见顶。因此，短中线风险极大，宜持币观望。

当回头波形出现在股价盘头阶段中后期，主力通过早盘诱多之后展开疯狂打压出货，股市仍将继续大幅下跌，临盘以观望为主，短中线风险巨大。

主力拉升手法之五——洗盘波形

洗盘波形是指当日股价在盘中震荡盘升过程中，突然出现向下打压的波动特征。因这一波动特征而形成的即时波形就是我们常说的"洗盘波"。洗盘波的形成是主力机构在盘中通过对敲手段调控股价操盘的结果。通常情况下，洗盘波是主力在盘中骗线洗盘并调节短期技术指标的重要特征。如图 5-2-7 所示。

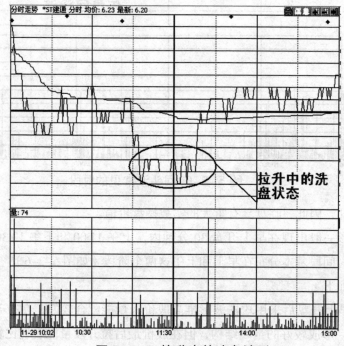

图 5-2-7 拉升中的洗盘波形

与回头波不同的是，洗盘波虽然也是一种洗盘手段，但洗盘波出现后不会导致股价进入阶段性调整，反而会仍然按照上涨趋势持续展开盘升。洗盘波出现的当天，不会出现大跌，而是有涨有跌，反复震荡整理。洗盘波出现之后数日，股价仍会持续升高。

股价在盘中快速运行时，通常为了调节短线分时系统技术指标及赶走跟风盘的需要，此时主力会采用盘中洗盘的操盘手法。

反映在即时图中，当天股价会突然莫名低开低走，股价无量下跌，导致跟风性的投资者因恐惧股价下跌而在盘中抛出筹码进行止损。

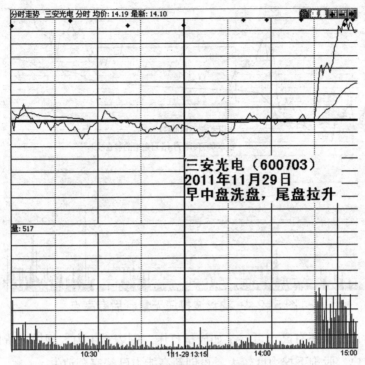

图 5-2-8 早中盘洗盘，尾盘拉升

主力在早盘和中盘洗盘完毕后，通常会在收盘前逐步拉升股价，使其再次回复到上升形态。如图 5-2-8 所示。

有时主力会在早盘、中盘、午盘或尾盘时采用突然洗盘的操盘手法，盘口上会出现大单打压，而下跌不放量的走势形态，这都是主力洗盘的重要特征。如图 5-2-9 所示。

洗盘波形出现时，当天成交量基本为萎缩状态，量比值在 1 倍以内，股价涨跌幅度在 5% 以内，高低空间震幅在 10% 以内。

和回头波一样，根据股价的运行规律与不同阶段的发展趋势，洗盘波形出现时所表达的盘面特征反映了各种主力操盘行为的意图，因此，我们可以从以下几个方面来进行判断。

其一，股价在突破 30 日均线的拉升阶段初中期，盘中出现洗盘波形，临盘观察股价在盘中洗盘打压时的放量特征，如缩量打压，则表明主力控盘态势稳定，调整幅度不会太深；如放量打压，则表示主力有阶段性滚动操作嫌疑，盘中筹码松动，股价下挫力度较大，次日还会产生调整行情。

其二，当股价经过一轮较大波段的拉升期之后，熊市涨幅 30% 以上，牛市涨幅 60% 以上，盘中出现洗盘波形，则是股价出现重大见顶的信号。临盘观察股价在盘中洗盘打压时的放量特征，如缩量打压，则表明主力盘中出货量不大，调整幅度不

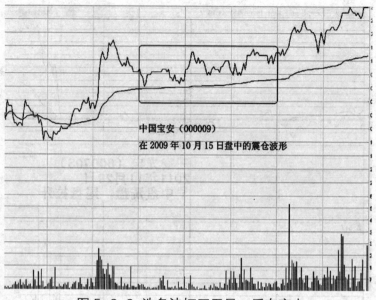

图 5-2-9 洗盘波打压无量，后有高点

会太深，后市股价还有高点可寻；如放量打压，则表示主力大规模出货以套牢跟风盘和盘中散户，股价下挫力度较大，再创新高能力已经完全消失。

其三，当股价在大涨之后阶段性高价区横盘整理末期，盘中出现洗盘波形，均是主力震荡出货的重要特征。临盘观察股价在回头打压时的放量特征，如缩量打压，则表明主力缓缓出货；如放量打压，则表示主力大规模出货，股价下挫力度较大，后市下跌趋势将无法逆转。

洗盘波也会在当日对股价产生较强的牵引力和促动力。由于洗盘波经常出现在上涨趋势中，因而，通常对股价当日的走势影响较大。

（1）早盘高开或低开出现洗盘波。当日股价以带长下影线中阳或小阳 K 线报收概率较大。

（2）盘中出现洗盘波。当日股价以略带上下影线的中阳或小阳 K 线报收概率较大。

（3）尾盘出现洗盘波。当日股价以略带上影线的中阴或小阴 K 线报收概率较大。

当洗盘波形出现在股价拉升阶段的初中期，临盘应在回调到盘中低点时及时买进。此种波形出现时，短线等待抄底的机会巨大。当洗盘波形出现在股价拉升阶段的末期，主力在盘中打压出货，股价已经见顶。因此，短中线风险极大，宜持币观望。当洗盘波形出现在股价盘头阶段中后期，主力通过反复洗盘剧烈波动疯狂出货，后市仍将继续大幅下跌，临盘以观望为主，短中线风险巨大。

第三节　主力洗盘之 K 线形态

主力洗盘的目的

（1）对计划之外的筹码进行换手，把先期持股者赶下马，防止其获利太多，中途抛货砸盘，最终威胁或影响主力的操作计划，如使主力付出太多拉升成本或影响顺利出货。（这种操作从吸货、拉升至出货初期一直在进行，主要表现在波浪的 2 与 4 回调波中。）

（2）在不同的阶段不断地更换持币者入场，以垫高其持股成本，进一步减少主力后市拉升股价的压力。通过反复洗盘，提高平均持仓成本，亦有助于主力在高位抛货离场，防止主力刚一出现抛货迹象，就把散户投资者吓跑，以便日后在高位从容派发。

（3）在洗盘过程中高抛低吸，主力可以收取一部分差价，以弥补其在拉升阶段所付出的较高的交易成本。这样，既可增加其日后拉股价的资本，增强信心，又可让市场弄不清主力的成本，辨不清以后主力出货的位置。（这种波段操作为现在市场主力操作的主流，投资者可多加以注意以及运用。）

（4）调整资金比例，如果主力在底部吃进筹码比例比较大，没留足够的拉升力量，可利用洗盘之始的较高价位出货，还原出拉升力量。（有时既达到减仓的目的，又达到洗盘的效果，投资者可以从量变中找到痕迹进行捕捉。）

（5）调整仓位结构，如果主力持有多只股票的筹码，可以通过洗盘调整所持股票的持仓比例，分出主次，使其更能显示板块效应。（有时超级主力在波段操作中，在几只股波段高位出局，让市场自然进行洗盘，而把出来的资金放进另几只洗盘完了的股票进行拉升，当到相对高位时又回撤到原来出局的洗盘快结束的股票中，充分利用资金。）

（6）等时机进一步成熟，有的利用洗盘继续吸货，也有主力等待大势或板块的配合。（洗盘等势与借势型，一般此时大盘不是太好，所以借大盘把一些不坚定的分子赶出去。）

（7）使原来想高抛低吸的人晕头转向。一些自作聪明的人往往低抛高追，许多人在低位踏空后，便到高位追涨，成了主力的抬轿夫。（主力在相对高位作出很有规律的波动，当散户以为把握规律时，再反常运行，让洗出来的踏空。）

一般主力的目的主要就是以上几点，洗盘常常跌破一些支撑位置，也有通过特意修改普通指标如 KDJ、MACD 等指标达到洗盘目的。大家可多体会、推敲，如此能更好地通过成本分析准确地判断出主力在这个阶段的真正操作意图。

总之，主力在操作中，会用不同的办法进行洗盘，从而让不同类型的散户操作的品种按主力的意图进出，从而达到主力操盘成功的目的。在这场角力中，主力是在暗处，而散户是在明处，散户只有在对市场的充分了解下，才能对股票的冷暖有充分的了解，从而破解主力的意图。

主力洗盘的两要素

在主力的洗盘过程中，洗盘的时间和空间是两个关键的因素。

洗盘讲究的是节奏，如果时间太短，难以较好处理浮筹，达到预期的效果；如果时间太长，则难以吸引新的投资者追高跟风。一般来说，洗盘时间的长短，与市场的氛围、主力的实力、操盘的风格等各种因素有关。就形态价位来说，底部洗盘时间较长，持续数月乃至一两年都是常见的情况；拉升过程中的洗盘常常是一两周或数周；在大势偏好的情况下，快速洗盘往往只需要两三天或三五天。

洗盘的空间是指主力洗盘过程中股价震荡的幅度。在底部区域，往往股价会回落到前期的低点附近，形态上是多次探底和构筑多重底的味道；脱离底部之后的洗盘，股价回调的幅度通常可以用技术分析，如拉升高度的 1/3、1/2、黄金分割等；经过整理后的快速拉升，洗盘幅度一般都在 10% 以内；有时候，以大幅震荡方式进行边洗边拉的洗盘，或者碰到了大势短期的异常波动，其洗盘的最大幅度可达到50% 左右。

主力洗盘时的盘面特征

主力为了清洗浮筹，以减少日后拉升的抛压和降低拉升成本，常常要洗盘，所以投资者就有必要了解一下主力洗盘时的盘面特征。

1. 先大阳后大阴

在洗盘之后，股价就会进入最具有爆发力的阶段——拉升阶段。主力为了确保拉升的安全性，常常会先试探大盘。某只股票会突然一改往日下跌态势，放量上攻，一些投资者会盲目跟进，但次日该股却高开之后一路打压，最终被阴线吞掉，形成"穿头破脚"的形态。跟进的投资者全部被套牢，短线筹码纷纷出逃。经过试盘后，主力如果觉得时机成熟，便会开始拉升；如果时机不成熟，主力会进一步洗盘，然后才会进入拉升。这里大阳线主要是试探市场短线获利筹码以及解套盘的压力如何，大阴线主要是试探短线止损盘的打压力度。这样一拉一打，主力对拉升的阻力就有了初步的了解。

所以，出现先大阳后大阴的组合后，投资者不要急于介入，要观察后两日该股的走势，并密切关注盘中动向，一旦主力启动，便及时跟进。一般情况下，出现这种组合后，主力洗盘不会超过两周，如果做中线投资，不计眼前得失，投资者可在第二天逢低介入。

2. 先跌停后涨停

如果在大盘的连续整体下跌走势中，某只股票却走势稳健，整体上强于大盘，缩量整理。突然有一天大盘受利空影响，跳空下挫，此后几日很快止跌，该股表现却十分异常，先是无量跌停，次日无量涨停，股价仍维持在利空前的位置。这说明主力在操控这只股票，只不过是借利空洗盘而已，但由于持股者对这只股票充满信心，或已了解主力意图，坚决持仓，才导致这种情况出现。缩量跌停后再涨停也说明主力的成本区较高，不愿在下方盘整，所以才又将股价拉至原来的水平。通常情况下，股价第二次平开后一路走高，一些胆小的投资者往往会逢高出逃，主力在某种程度上也达到了洗盘的目的。出现这种组合要坚决介入，要坚定信心，不要因为主力炒作而出逃，因为这种股票正常情况下都有翻番的能力。

投资者应该注意的是，这主要指跌停及涨停时成交量较小的情况，本条件必须是在盘整阶段适用。

3. 低价缩量两颗星

股价在底部经历了一段低迷时间，成交量也极度萎缩，随后主力进场，股价进入复苏期，伴随成交量逐步放大，股价也缓缓上升到一个高度，但离底部区域并不远。之后股价又进了一个新的盘整期，成交量也渐渐缩小至启动前的成交量，这是主力拿到筹码后洗盘并暗中继续吸筹的举动。此时一切似乎都归于平静，但也往往预示着暴风雨就要来临。伴随着成交量的放大，股价再一次震荡上行或连拉数根小阳线，各条均线开始呈多头排列趋势，投资者应该密切关注。随后股价又再度盘整两天，成交量较前几日递减，日K线收出两颗小阴星或小阳星，这意味着主力在大幅拉抬前做最后的洗盘工作。这两颗小星线就像总攻前发出的两颗信号弹。多方将展开一轮凶猛的进攻，投资者如果能及时发现此信号，跟进后将获利丰厚。

4. 三阴洗盘

股价以历史低位缓慢攀升，低迷的格局开始打破，成交量趋于活跃，而且均线系统发散向上，多头排列明显。在关键价位股价却连收三条阴线，但股价未跌破 5 日均线或 10 日均线。第 4 日该股股价止跌收阳，甚至收出力度很大、几乎能覆盖前面三根小阴线的大阳线，成交量也同步明显放大，这表明主力洗盘已告结束，将继续其拉升阶段，这时短线投资者可果断跟进。

判断三阴洗盘时应注意：三阴洗盘与缩量两颗星，虽有相似之处，但运用条件却不同。三阴洗盘时，成交量可以放大也可以缩小。如果说是拉升洗盘，通常情况下成交量放量收三根阴线，一般是小阴线，也可以是小阴星，如果出现小阴星时也同样适用。

5. T 形小阴线

当股价陷入盘局，成交量逐渐萎缩，中短期均线渐渐靠拢并呈粘连状态。此时，中短线持股者投资成本已经非常接近，短线获利盘基本清理干净，抛压也很轻，主力将股价再拉上一个台阶的时机已成熟。此后，股价小幅上扬了 2 ~ 3 个交易日，并成功突破各条中短期均线，呈现上攻形态。但是，隔日股价却并未上行，反而在盘中重新跌破各条常用均线，尾市收盘时股价略有拉高。最终日 K 线收出了一个带一小段下影的小阴线，即 T 形小阴线，成交量也有所萎缩。主力此举只不过是为了动摇那些看线跟庄者的信心，反而给有经验的投资者提供了一个及时跟进的良机。稳健的投资者可等此信号出现的第二天，日 K 线即将再收阳线的收盘前跟进，并在短线获利后及时抛出。

投资者遇到这种形态应该注意：一是股价在震荡整理过程中，成交量会极度萎缩；二是 T 形小阴线出现在连续几日小幅上扬之后，并且，当日成交量略有萎缩；三是均线系统有形成多头排列的趋势；四是出现信号当日虽以阴线报收，收盘价刚好站在多条常用均线之上。

6. 跳空放量小阴线

股价在刚刚脱离底部区域之后，又经历了一段横盘整理。当成交量再次萎缩到接近前期地量，显示盘中浮动筹码已清洗得比较干净，主力会趁机将股价迅速拉离其成本区域。此后股价开始上扬，并且，有一天突然跳空开盘，股价在巨大买盘推动下迅速拉升。随后，在短线获利盘的打压下，最终以小阴线报收，但收盘价仍较前一日收盘价为高，并留下一个跳空缺口。

此信号中日 K 线虽然是小阴线，但巨大成交量及留下的跳空缺口，却预示着低位买盘力量强劲，多方会乘胜追击，股价有望继续攀升。

此信号一般出现在低价区，股价连续 2 ~ 3 个交易日上扬之后，成交量较前几个交易日要大，短线获利筹码已被清理出局。并且均线已呈多头排列，通常尾市收盘都留有缺口，第二天买盘强劲，稳健的投资者可在收盘前 5 分钟判断收阳时大胆介入。

投资者应该注意的是：如果该信号出现在高价区，则极有可能是骗局，投资者应及时减仓，退场观望。

7. 穿头破脚阳线

此信号在各个股价区域都可能出现。股价在某个狭窄的价格区间震荡反复，一般需要 3 ~ 4 个交易周。在这期间会有成交量极度萎缩的情况出现，意味着股价经过一段时期的震荡之后，心态不稳的短线投资者已失去耐心而被清理出局，剩下的只有主力和心态稳定的中长线持股者。主力将股价向上拉抬时不会再遇到强大的短线获利抛压。突然有一日，股价跳低开盘，当少部分惊慌失措的筹码抛出之后，股价开始在大量买盘推动下逐步攀升，最终以接近全日最高价收市，并站在多条中短期均线之上。日 K 线收出了一根穿头破脚的大阳线，这显示多方进攻将全面展开。

投资者应该注意的是：此信号出现在低位时的横盘整理可信度较高，通常整理的时间至少是 2 个交易周以上。此信号出现前中期均线在上，短期均线在下，但短期均线已经开始掉头向上并且即将向上交叉中期均线，出现信号的第二天如果 K 线收阴，则这种情况不成立，投资者应该及时离场。短线获利目标不能定得太高，涨幅达 8% ~ 10% 左右应考虑抛出。

主力洗盘时盘口 K 线特征

很多散户可能都遇到过这样的情况：持有一只股票很长时间了，别的股票都大涨，可它依然"纹丝不动"，于是斩仓离场，然而刚刚斩仓，股价却疯涨起来，似乎就差我们手中这一股，你不抛他就不涨。这种痛苦相信不少人都经历过，而且大都不止一次。其实，这种现象并不是偶然的，因为就算主力吸饱了筹码也不可能一味地盲目拉高股价，股价无回档地大幅上升会使得短线客无惊无险地大赚主力的钱，这在逻辑上是不可能成立的，也是投下了巨资的主力无法容忍的，于是就有了洗盘的产生。洗盘的主要目的在于抬高其他投资者的平均持股成本，把跟风客赶下马去，以减少进一步拉升股价的压力。同时，在实际的高抛低吸中，主力也可兼收一段差价，以弥补其在拉升阶段付出的较高成本。

既然主力洗盘是为了吓出信心不足的散户筹码，主力必然会制造出疲弱的盘面假象，甚至凶狠地跳水式打压，让人产生一切都完了的错觉，这样才会让他们在惊恐中抛出手中持股。有意思的是，在关键的技术位，主力往往会护盘，这是为什么呢？答案很简单，主力要让另一批看好后市的人持股，以达到抬高平均持股成本的目的。

我们可以从盘口和 K 线中发现主力是否在洗盘。主力洗盘时的盘口特征是：

（1）股价在主力打压下快速走低，但在下方获得支撑，缓缓盘上。

（2）下跌时成交量无法持续放大，在重要支撑位会缩量盘稳，而上升途中成交缓缓放大。

（3）股价始终维持在 10 日均线之上，即使跌破也并不引起大幅下跌，而是在均线上缩量盘整，并迅速返回均线之上。

（4）整个洗盘过程中几乎没有利好传闻，偶尔还有利空消息，大部分投资者对后市持怀疑态度。

（5）盘面浮筹越来越少，成交量呈递减趋势，最终向上突破并放量，表明洗盘完成，新的升涨就在眼前。

洗盘阶段 K 线图所显示的几个特征：

（1）大幅震荡，阴线阳线夹杂排列，市势不定。

（2）成交量较无规则，但有递减趋势。

（3）常常出现带上下影线的十字星。

（4）股价一般维持在主力持股成本的区域之上。若投资者无法判断，可关注 10 日均线，非短线客则可关注 30 日均线。

（5）按 K 线组合的理论分析，洗盘过程即整理过程，所以图形上也都大体显示为三角形整理、旗形整理和矩形整理等形态。

那么，投资者应该怎样积极地应对主力的洗盘行为呢？关键是保持一个良好的心态。尤其当股票从底部刚刚拉起，市场中一般心态还停留在空头思维之中时，切不可因一些短期震荡便被洗盘出局，而应该以一种"以不变应万变"的心态坚定持股，未达目标，不轻易做空。而对于一些大幅下跌的打压洗盘方式，则可根据成交量来判断，没有出现太大的成交量则不可轻易出局。

洗盘结束有什么信号

洗盘是坐庄过程中的必经环节，能够识别主力意图的投资者完全可在主力洗盘时趋利避害：在股价出现一定涨幅之后先行退出，等待洗盘结束之后再大举介入。此时短线风险已经释放，买价亦较便宜，且洗盘结束之后往往意味着新一轮拉升的开始，达到买入即涨的效果。但是，洗盘结束时有什么信号呢？

（1）下降通道扭转。有些主力洗盘时采用小幅盘跌的方式，在大盘创新高的过程中该股却不断收阴，构筑一条平缓的下降通道，股价在通道内慢慢下滑，某天出现一根阳线，股价下滑的势头被扭转，慢慢站稳脚跟，表明洗盘已近尾声。

（2）缩量之后再放量。部分主力洗盘时将股价控制在相对狭窄的区域内反复震荡整理，放任股价随波逐流，成交量跟前期相比明显萎缩，某天成交量突然重新放大，表明沉睡的主力已开始苏醒，此时即可跟进。

（3）回落后构筑小平台，均线由持续下行转向平走，再慢慢转身向上。洗盘都表现为股价向下调整，导致技术形态转坏，均线系统发出卖出信号，但股价跌至一定位置后明显受到支撑，每天收盘都在相近的位置，洗盘接近结束时均线均有抬头迹象。要判断是否是主力洗盘，重要的是判断前期高点是否是头部，这需要从累计涨幅、股价的相对位置以及经验等各方面来综合判断。

主力洗盘的手法之一——打压洗盘手法

这种洗盘方法，适用于流通盘较小的绩差类个股。由于购买小盘绩差类个股的散户投资者和小资金持有者，绝大多数是抱着投机的心理入市的，所以这类个股的安全性就要差一些。这些散户投资者和小资金持有者常常一脚门里，一脚门外，时刻准备逃跑。而看好该股的新多头由于此类个股基本面较差，大多都不愿意追高买

图 5-3-1 西北轴承（000595），主力利用公司亏损，借大盘下跌洗盘

入，常常等待逢低吸纳的良机。鉴于持筹者不稳定的心态和新多头的意愿，作为控盘主力，他们往往利用散户对个股运作方向的不确定性，控盘打压股价，促进和激化股价快速下跌，充分营造市场环境背景转换所形成的空头氛围，强化散户投资者和小资金持有者的悲观情绪，加大其持有筹码的不稳定性，同时也激发持筹者在实际操作过程中的卖出冲动。主力通过控盘快速打压，使用心理诱导的战术，促进市场筹码快速转化，达到洗盘的目的。

打压洗盘方法的好处在于"快"和"狠"，采用时间较短，而洗盘的效果较好。

如图 5-3-1，西北轴承（000595），主力利用公司亏损，借大盘下跌洗盘。

主力洗盘的手法之二——横盘洗盘手法

横盘又称盘整，横盘是指股价在一段时间内波动幅度小，无明显的上涨或下降趋势，股价呈牛皮整理，该阶段的行情震幅小，方向不易把握，是投资者最迷惑的时候。横盘不仅仅出现在头部或底部，也会出现在上涨或下跌途中，根据横盘出现在股价运动的不同阶段，我们可将其分为：上涨中的横盘、下跌中横盘、高位横盘、低位横盘 4 种情形。

此类洗盘方法适用于大盘绩优白马类个股。正是由于这种具有投资性的个股大家都虎视眈眈地盯着的缘故，所以作为主力，绝对不能采用打压的形式洗盘。因为这类个股业绩优良，发展前景看好，散户投资者和小资金持有者的心态稳定。如果采用打压洗盘，散户投资者和小资金持有者不但不会抛售原有的筹码，反而还会采用逢低买进的方法摊平和降低持仓成本，而其他的场外投资机构也会抢走打压筹码。这样很容易造成主力的打压筹码流失严重，形成肉包子打狗，有去无回的局面。

采用横向整理洗盘的主力实力是较弱的，往往保持一定幅度的震荡，在震荡中不断以低吸高抛赚取差价以摊低成本和维持日常的开支。实力较强的主力，往往将股价震幅控制在很窄的范围内，使其走势极其沉闷。这种横向整理洗盘的方法，主要侧重于通过长期的牛皮沉闷走势来打击和消磨散户投资者和小资金持有者的投资热情和考验他们的信心毅力。

这种洗盘方法是所有洗盘方法里耗时最长的一种。一般的大盘绩优股的中级洗盘，往往要耗时 3 ~ 6 个月，有时甚至一年不等。在这漫长的等待中，面对大盘的跌宕起伏和其他个股的活跃，绝大多数的投资者都会忍不住寂寞与孤单，纷纷换股操作，选择追涨杀跌的操作方法。横盘整理的形态在 K 线上的表现常常是一条横线或者长期的平台，从成交量上来看，在平台整理的过程中成交量呈递减的状态。也就是说，在平台上没有或很少有成交量放出。成交清淡，成交价格也极度不活跃。

为什么会出现这种情况呢？其内在的机理就是：当股价上升到敏感价位、浮码涌动或市场背景有所转换的时候，主力适时抛出一部分筹码，打压住股价的升势；当股份下跌时，主力用一部分资金顶住获利抛盘，强制股价形成平台整理的格局，在这个阶段内，成交量稍显活跃，一旦平台整理格局形成，成交量就会迅速地萎缩下来。主力一般会让散户投资者和小资金持有者所持筹码在平台内充分自由换手，只是在大势不好股价下滑的情况下，适时控制股价下跌的冲动。此阶段内由于主力活动极少，成交量是清淡的。

成交量的迅速减少，也进一步说明了场内的浮动筹码经过充分换手后日趋稳定。随着新增资金的陆续入场，成交量也逐步呈放大状态，股价也开始缓缓上扬。此阶段的成交量和第一阶段强制股价进入平台时的成交量遥相呼应，形成漂亮的圆弧底形态，预示着股价即将突破平台，形成新一轮的升势。

图 5-3-2 是登海种业（002041）这只绩优股经过 4 个多月的横盘整理后爆发的图形。

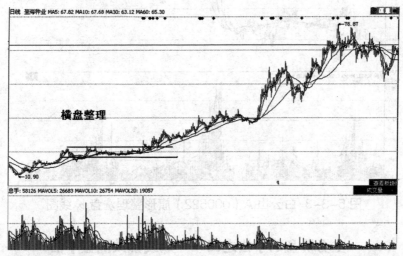

图 5-3-2 登海种业（002041）经过 4 个多月的横盘整理后爆发

主力洗盘的手法之三——旗形整理手法

顾名思义，旗形整理的图形就像一面挂在旗杆顶上的旗帜，由于其倾斜的方向不同，又可分为上升旗形和下降旗形。也经常被人们称为平行四边形。这种情况大多数是股价在上升到相当的幅度后，主力开始控盘打压股价，但股价下滑不多后主力开始护盘或者新庄入驻，股价又开始上行。由于股价已经有一定的涨幅，往往出现跟风盘不太踊跃的现象，当上行高度高于或低于前期高点时，股价再度回落，如此反复，把股价的高点和高点连接以后形成向上或向下的一条直线，把低点和低点连接后也形成向上或向下的一条直线，两条直线保持平行，形成向上或向下倾斜的箱体。这种整理洗盘形态，如果出现在上升途中，一般预示着涨升行情进入了中后期；如果出现在下跌途中，经常暗示下跌行情才刚刚开始。如图 5-3-3，是白云山A（000522）旗形整理洗盘 K 线图。

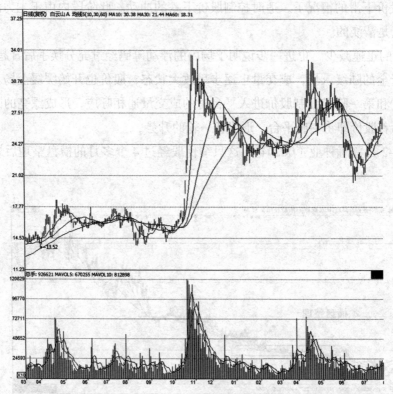

图 5-3-3 白云山 A（000522）旗形整理洗盘 K 线图

主力洗盘的手法之四——短线暴跌洗盘手法

主力采用短线暴跌洗盘的目的是将在低位买入股票的投资者吓出来，让他们在相对高位将股票卖给新入场的普通投资者，从而抬高普通投资者的持仓成本。主力在低位买入的筹码却并未抛出，现实交易中也确实有大量投资者在大盘及个股短线暴跌的过程中卖出了股票，又有不少投资者在相对低位抢反弹买入了股票，但这个"相对低位"仍比主力的平均持筹成本要高，这部分投资者在日后主力拉抬股价的过程中客观上也帮主力锁定了筹码。

图 5-3-4 为北方国际（000065）2009 年 2 月 25 日～ 3 月 2 日利用短线暴跌的方式进行洗盘。

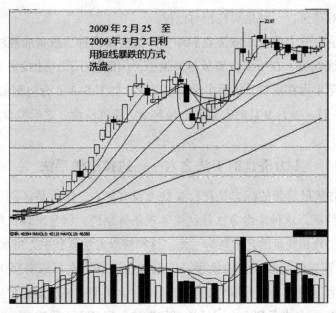

图 5-3-4 北方国际（000065）2009 年 2 月 25 日 ~ 3 月 2 日利用短线暴跌的方式洗盘

主力洗盘的手法之五——滞涨洗盘手法

滞涨洗盘的目的仍然是主力想让普通投资者卖出手中筹码，只不过操作手法略有不同，一种是吓出投资者手中的筹码，一种是磨出投资者手中的筹码；在价位上

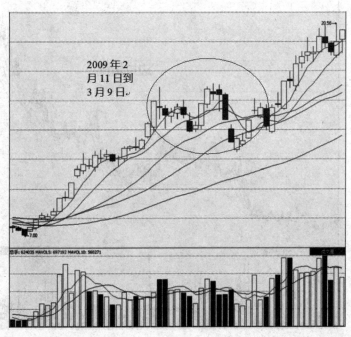

图 5-3-5 包钢稀土（600111）2009 年 2 月 11 日 ~ 3 月 9 日滞涨洗盘

一种是卖在相对高位，一种是卖在相对低位。

滞涨洗盘手法分为放量滞涨洗盘和缩量滞涨洗盘两种，放量滞涨洗盘是主力利用股价有一定涨幅后，在一定位置放量高换手，但股价不涨，让投资者认为换手高量大股价不涨是主力在出货，从而卖出手中股票。如图 5-3-5 为包钢稀土（600111）2009 年 2 月 11 日 ~ 3 月 9 日的走势图，是典型的滞涨洗盘，之后股价涨幅巨大。

主力洗盘的手法之六——边拉边洗手法

这种洗盘方式最显著的标志是在日 K 线上没有标志，这也是区别于其他洗盘方法的一个显著特征。这种洗盘方法往往受客观条件制约，常常出现在单边上扬的行情中，主力把拉升和洗盘的艺术融为一体。这种洗盘方法就是主力每次都推高股价，然后就撒手不管，任凭散户自由换手，不管股价涨跌，次日或者隔天再次推高股价……主力只管寻找机会推升股价，散户只管自由换手……这是边拉边洗的一大景观。虽然在日 K 线上找不到主力明显洗盘的痕迹，但是主力采取的是化整为零，少吃多餐的策略，常常使散户在盘中换手、洗盘。这种主力洗盘时一般在股价拉升到一定价位后，会在相对高位抛出一小部分筹码，在相对低位则无大抛单。如有大抛单，则在大抛单出来后股价立即转跌为升，或放量止跌。主力洗盘后的股价上升更加轻灵，只要少量买盘即可将股价推高。图 5-3-6 是某股典型的边拉边洗手法。

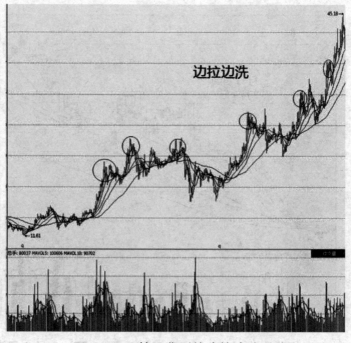

图 5-3-6 某股典型的边拉边洗手法

第四节　主力出货之K线形态

主力何时出货

股价被炒高后，主力总要为如何把手中股票卖出，将账面利润转变成实际收益而绞尽脑汁。主力们总是极力掩盖其出货的手段，但是不管主力怎样掩盖，总会露出蛛丝马迹。主力出货的前兆，主要有以下6种情况：

1. 目标达到

投资者准备买进一只股票，最好的方法就是把加倍和取整的方法联合起来用，当用几种不同的方法预测目标位都是某一个点位的时候，那么在这个点位上就要准备出货。当然，还可以用其他各种技术分析方法来预测。故当股价与预测的目标位接近的时候，就是主力可能出货的时候了。

2. 放量不涨

不管在什么情况下，只要是放量不涨，就基本可确认是主力准备出货。

杉杉股份（600884），某年11月17日的成交量是3万股，随后几日分别是20万股、9万股、22万股，24日突然成交96万股，这就是放量不涨的例子，应确认主力在出货。尽管第二天股价根本没有跌下来，且成交量也只有17万股，但随后股价大跌15元，从28元多跌到13元才重新走强。

3. 该涨不涨

在形态、技术、基本面都支持股票上涨的情况下，股价却该涨不涨，这就是主力要出货的前兆。

（1）形态上要求上涨，结果不涨的情况。

（2）技术上要求上涨，但不涨的情况。

（3）公布了预期的利好消息，基本面要求上涨，但股价不涨，也是出货的前兆。

4. 利多消息增多

报刊上、电视上、广播电台里，推荐该股的消息多了起来，这时候主力就要准备出货了。股票上涨的过程中，媒体上一般见不到多少推荐消息，但是，如果媒体的宣传开始增加，就说明主力要出货了。

5. 传言增多

投资者正在关注一只股票，突然有位朋友给他传来某某"内幕"消息，而另一位朋友也给他说起了该"内幕"消息，这就是主力出货的前兆。

6. 板块群涨

当某一板块被市场大多数人看好，报纸吹、专家捧、散户追，同一板块的个股群起疯涨，此时往往就是板块行情寿终正寝的时刻。2000 年 2 月份网络股鸡犬升天，6 月又大跃进，最终暴涨的结果只能是暴跌。

如果有了以上这些征兆，一旦股价跌破关键价位，不管成交量是不是放大，都应该考虑可能是主力出货。因为对很多主力来说，出货的早期是不需要成交量的。在这个到处是陷阱的股市里，提防吃到主力"最后的晚餐"的诀窍是眼不红、嘴不贪、手不痒、心不急。

主力出货的盘口表现

出货的盘口表现只要不受情绪影响一般比较容易识别。主力运用得最多的是高开盘，集合竞价量很大，但股价难以保持前日的强劲势头上冲，掉头向下，放量跌破均价，虽然盘中有大笔接单，但股价走势明显受制于均价的反压，前一日收盘价处也没有丝毫抵抗力，均价下行的速度与股价基本保持一致，是主力集中出货造成的。这里要注意识别洗盘时下跌与出货时下跌，洗盘时会出现大幅跳水，而出货则不然；前者会在下跌时与均价产生较大距离，且均价对股价有明显的牵制作用，而后者表现为放量盘跌，均价对股价反压力甚大。

主力的出货位置和出货细节都是不限定的，有一定获利后，大盘向上时，会有减仓行为。在涨幅超过 50% 后，所有股票都应高度警惕。单日换手超过 10%，至少是减仓行为；在出货过程中在一些关键点位，虽有大单护盘，但主力不会多花一分钱去成交。出货时的护盘，可以保障股价不会大幅下跌，把货出到好的价位。在出货过程中，一般会有消息面的配合。

在股价上升至较高位置，在买 1、买 2、买 3 挂有巨量买单，待筹码出得差不多时，突然撤掉巨量买单，并开始全线抛空，股价迅速下跌。

出货的拉升。开盘就拉，不给机会，对敲没了，多在开盘不久，然后慢慢跌，至尾盘又拉。或经常尾盘拉，次日早盘跌。很少盘中拉。对敲则卖多，买少，量一直放大。拉升成骗局，出货主基调。

盘头，下跌阶段。成交量和升幅已不匹配，对敲诱多，小单快拉，大单砸跟风。利润完成后，对敲没了，只有往下扔，没人买时，撤单或小攻一下，跟风一足，出货为主。

股价升幅已大且处于高价区时，出现下托板，但价滞量增，诱多出货；若上压板较多且上涨无量时，预示顶部即将出现，股价将要下跌。

出货，压单，市况好跟风多；小单吃，压单不断增加；偶尔有几笔大抛单；跟风不足时，会有几笔大买单敲掉压单吸引跟风盘。

出货，出现托单不会升多高；不断有抛盘；抛单到托盘处就减少；持续一段时间；偶尔出现几笔大买单激发人气。

真出货，高开大成交量，随后放量跌破均价，虽有大单接盘，但反抽无力，反压前日收盘没抵抗力，均价与股价同步下行，放量盘跌。

凶狠出货，前日走好，次日大幅度低开放量特征。低开3% ~ 5%，全日小震荡，均价与股价缠绕，股价回抽前日收盘无力。目的是，前日跟风无获利产生惜售，抛压轻免去护盘麻烦。不抱幻想，走为上策。

出货量，维持一阶段缩量下跌，重心下移，理应有个向上诱多。

下有托板，而出现大量隐形内盘，为主力出货迹象。

外盘大于内盘，股价不上涨，警惕主力出货。

内盘大于外盘，价跌量增，连续两天，是明眼人最后一次卖出的机会。

连续打出几笔大买单，而后一直以低于买单的价格卖出，在成交的同时高挂小额买单，看到的是大买单推动股价上涨，其实正是主力出货。

委买盘是三位数大买单，委卖盘则是两位数小卖单，出货。

盯紧均价线，大买单，而分时均线往下掉，假买盘，真卖盘。

经过高位对敲洗盘后，再次巨量上攻，盘面上出现在卖2或卖3上成交较大手笔，而卖2、卖3上没有大卖单，而成交之后，原来买1或买2甚至是买3上的买单已不见或减小。所谓"吃上家喂下家"，吃主力事先挂好的卖单，而喂跟风买家。

梅开二度再对敲。出货一段时间后，有一定下跌幅度，抛盘开始减轻，成交量明显萎缩。较大手笔连续对敲拉抬股价，但这时的主力已不再卖力，较大买卖盘总是突然出现又突然消失，目的只是适当抬高股价，以便手中最后筹码卖个好价。

涨跌停板。放巨量涨停，十之八九是出货。开盘跌停，如不是出货，股价会立刻复原，如果在跌停板上还能从容进货，绝对是出货。

盘口异动。本来走得很稳，突然一笔大单砸低5%，然后立刻又复原，然后再次下砸，甚至砸得更低，把下档所有买盘都打掉，打压出货变异。

买盘大手笔挂单，股价并未上涨，如不涨反跌，且成交量并没有大笔成交，意味大单已撤，诱多出货。

卖盘大手笔挂单，2 万股以内且密度小，可能大户所为。卖盘数量大且密度也大，主力所为。大卖单抛压下连续下跌，出货。

直线对敲。在早盘或盘中，突然拉高，分时线直线上扬，股价上蹿，瞬间上涨达 3%～5% 以上，主力控筹不深或出货尾期，无心恋战，直线拉出高度向下出货，能出多少就出多少。当分时线与均价乖离 2% 以上时随时打单出局，持币者不可介入。

主力出货的盘口语言有小单出货法、多卖少买、大幅度砸低股价后出货、先吃后吐、跌停板开盘出货、涨停板出货、飘带式出货等。

主力出货的盘面特征

主力出货时盘面通常会呈现出以下几种现象：

1. 跳空放量大阴线

一只股票在连续拔高之后，已经接近主力的目标价位，这时候如果有重大利好消息出台，这只股票会跳空高开，继续冲高，甚至涨停，但涨停板被不断打开，在强大的卖压下节节退守，最终会以大阴线报收。之后，股价一路下跌，随后进入漫长的调整期。

2. 穿头破脚大阴线

这种形态通常是，第一天出现一根大阳线，第二天出现一根大阴线将第一根大阳线实体全部吃掉。这种图形出现在高位，是提示卖出的信号，在第三天股价将要收阴时投资者便可以确认。

3. 白三兵

这种形态由三根中阴线组成，每一根阴线的开盘价都切入上一根阴线，上下影线越短越好。这种图形如果出现在高位，表明大势可能要反转或股价要下跌，投资者应该减仓出场。

4. 孕线

这种形态是由两根 K 线组成，但与低位时也有所不同。第一天出现一根阳线，第二天无论出现一根阴线或阳线，都会被昨日的阳线包含，也就是第二根线的最高点、最低点均没有超过第一根阳线的最高点与最低点。这种图形往往是转市的开始，所以投资者在这时应该考虑卖出股票。

孕线形态也会变形，所以投资者应注意。只要出现孕线，不论两根 K 线是阴线还是阳线，都是一种反转信号，在底部可以伺机买进，在高位可以逢高出货。

5. 乌云盖顶

这种形态是由两根 K 线组合而成的，通常是第一天出现一根阳线，第二天出现一根阴线，这根阴线实体切入前天阳线实体 50% 以上，成交量相对比较大。

这种形态出现在相对高位时，表明空方的势力比较强大，股价随时都有可能反转，投资者应该及时退出。

6. 岛形反转

这种形态如果出现在高位，标志着中级以上的调整行情开始。股价处在上涨的最后阶段，多方力量消耗殆尽，在做最后一搏，因此股价向上跳空，高开高走，但很快股价在空方的打压下向下跳空，在上方留下一孤零零的小岛形态。

出现这种形态后，投资者即使割肉也要坚决减仓，因为，大的调整行情来势汹汹，并且回调幅度极深，如果投资者动作迟缓，很可能会被套牢，从而受到重大损失。

主力出货手法之一——杀跌式出货手法

在主力众多的出货手法中，"杀跌式出货"是其中最凶狠、歹毒的出货方式，需引起投资者高度警惕。因为一旦主力采用了这种出货方法，股价短期内必将出现大幅度的快速下跌，给来不及逃走的投资者造成巨大损失，同时也给其造成巨大的心理压力。

"杀跌式出货"手法多在大盘处于疲软状态，投资者对后市普遍看淡的情况下使用。其特点是持续快速地抛出大笔筹码，从而在很短的时间内引起股价快速下跌。有时连拉数根阴线，对股票本身造成极其恶劣的市场影响，短时间内难以重聚人气。主力之所以采用这种方式出货，是因为前期股价已有巨大涨幅，由于主力获利丰厚，即使股价快速下跌后主力仍然有巨大的收益。采取这种方式出货可迅速落袋，减少随后可能的风险，缺点是出货时必须有大量买盘，否则无法使用这种方法出货。由于出货手法简单迅速，即使出掉部分股票，但由于出货过程中股价下跌幅度较大，主力获利程度也相应减少，且由于出货手法太过简单明显，买盘不敢接盘，因此主力能出掉的货也不会太多。通常这类股票在经过一段时间的下跌后会有一个反弹，目的是让投资者再次跟风买入主力抛出的股票，实现出货目的。因此，投资者对这类股票不宜过早介入抢反弹，应静观其底部调整的情况，伺机而动，否则就有吃套的可能。

云南铜业（000878）在经过前期大幅拉升后，主力获利巨大，由于对后市极度看空，再不出货将不堪设想，2007年10月，主力开始了他的出货操作，股价在短短2个多月的时间里从98元跌至47元多，跌幅极大。在经过一段时期下跌后，主力又随大盘发起了一波反弹，从图中我们可以看到，这波反弹股价从47元多反弹到71元多，从这波反弹中我们可以看出，主力仍然在借反弹出货。因此，投资者如想在反弹中操作，应快进快出，不可贪利。因为既然主力已开始出货，那么反弹后股价仍将下跌。如图5-4-1所示。

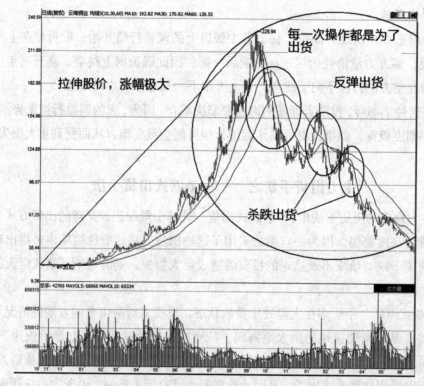

图5-4-1 云南铜业（000878）的出货图

主力出货手法之二——涨停出货手法

主力在出货的时候最喜欢的就是有人接盘，但是如果主力在出货时总是习惯采用拉高出货、震荡出货、打压出货之类的出货手法，会很容易被聪明的投资者发现，从而影响其出货。于是，在不断地实践操盘中，狡猾的主力便摸索出了一套更为隐蔽的出货方法，即利用股价的涨停来进行出货。

在所有操作手法当中，涨停出货最为隐蔽。一般来讲，当某只股票形成涨停走势的时候，必然会吸引大量的投资者进场进行操作，巨大的买盘为主力的出货提供了极好的卖出机会。此时主力会在买盘上故意放上几万、几十万甚至上百万的自己的买单，用来吸引跟风盘。等追涨的人买进时，自己再吃掉一些，最后让股价封住涨停，并在涨停板上放上大量甚至巨量的买盘，吸引其他投资者急忙挂单买进。根据盘中情况，再把自己的买单逐步撤掉，放在最下面，然后再将自己的股票逐步卖出。投资者要分清主力是否在利用涨停板出货，除了要对股票的K线图等情况进行详细的分析以外，还必须对分时图的波动变化进行详细的分析。因为在很多时候通过对分时图的波动变化，投资者就可以很轻松地判断出主力是否在出货。

例如，北方国际（000065）在出货前股价也有较大的涨幅，2009年2月11日，北方国际开盘后股价迅速拔高，面对这种快速上冲的走势，投资者必然会积极地进行参与，于是在股价的上涨过程中，成交量出现了密集的放大迹象。由于投资者买盘踊跃，给主力出货创造了机会，于是主力乘机抛出手中的筹码。由于主力的抛压加上股价短时间上涨过快，导致股价的快速回落，成交量也明显萎缩，说明在股价下跌的过程中投资者参与的热情明显降低。成交量的萎缩给主力出货带来了不便，那么如何才能再度吸引投资者进场操作呢？只要让股票再次形成强势上涨，便可吸

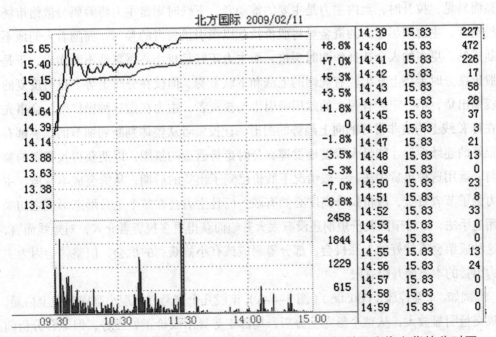

图 5-4-2 北方国际（000065）2009年2月11日主力利用涨停出货的分时图

引更多的投资者进场操作了。于是主力便有意控制着股价在均价线上方作强势整理，让投资者感觉股价是由于短时间上攻过快引起的正常整理，整理后股价仍会强势上攻。主力正是利用散户的这种心态来进行出货操作的。果然，经过在均价线上方的强势整理后，股价再次放量拉高，然后再次作强势整理，以吸引更多的买盘。由于投资者有了第一次的"经验"，在股价整理的时候不断有人买入，加上主力有意拉高股价吸引投资者，于是股价便很快封于涨停。通过下图我们可以看到，股价在接近涨停的时候成交量再一次密集放大，并创下了盘中的最大量，这说明主力的出货效果是非常不错的。当股价封于涨停后，如果主力不想出货，在涨停板上的成交量应越来越小，但是，股价涨停之后，成交量却时有放大迹象，这说明主力在偷偷出货。量能不敢放大的原因可能是主力手中持筹较多，怕放量出货引起市场恐慌，给主力以后的出货带来麻烦，同时也预示着股价后期仍有高点，从换手看，主力后期会反复震荡拉高出货。图5-4-2所示为北方国际2009年2月11日主力利用涨停出货的分时图。

主力出货手法之三——震荡出货手法

震荡出货，在分时走势图上呈现股价规则的波动状态，上涨时股价顺利上扬，没有太多明显的回档，股价下跌时则小幅震荡盘下，从时间上看则是急涨和缓跌。显而易见，拉升时，盘内主力是主要的推动者，下跌时则是主力将筹码分散给市场投资者，主力用尽量少的资金量将股价拉起以吸引投资者的参与。而随着人们地不断成熟，更多的人会选择回调时买进，而主力正好趁机小心翼翼地不断卖出，于是股价在分时走势上显出较有规则的上涨和下跌节奏。但仅在分时走势上进行反复的震荡出货，不一定会有很大的效用吸引市场投资者，主力在做这种操作时，会事先在日K线上构造非常好的向上趋势的图形，让投资者从整体判断到细节的观察都有很好的连续性，才能最大程度地发挥在分时走势营造的氛围，以期获得投资者的参与。运用这种出货手法，一般情况下股价已到了出货的后期，从资金成本考虑，主力为了节省资金，股价拉升高度必然有限。而且主力会在整个上升形态形成之初采用这手法，以希望因股价短期还没有太大升幅而获得更多投资者介入，对短线而言，这种股票会有较好的上涨机会，部分筹码应该有小幅获利的机会，但整体会因为主力出货的本质而升幅有限。

例如，东泰控股（000506）（图5-4-3），该股几个交易日出现小幅震荡盘上格局，成交量明显放大，从整个形态上分析，局部走势显示股价正处强势，但综合分析前期股价的走势，以及一系列的利好不断出现，该股可以说炒作已经非常充分，主力

图 5-4-3 东泰控股，震荡出货分时图

想要离场的意愿早在盘面显现。当天，该股分时走势上出现比较明显的急涨缓跌的特点，股价在下跌时非常谨慎，并有较小抛单持续出现，主力想要派发的意愿比较强烈。

出货时从日 K 线的形态上也会反映出反复波动的特征，分时走势上是同样的道理，对于投资者来说，看到股价有规律地波动并不重要，重要的是知道每一种波动形态体现出的盘中主力的真正意图。

主力出货手法之四——拉高回落式出货手法

强庄股因为筹码已大幅度集中的特点，出货时盘面表现的本质特征比较单一，但也正是这个原因，股价走势的盘面形式随大势变化的随意性较大，因此在分时走势及 K 线形态中有较多的形态的灵活性，但无论表现形式多么繁杂，其出货行为的本质不会改变。

强庄股的出货通常选择拉高的手法，杀跌的手段只是在万不得已的时候选用，而且有一个共性，即往往在大盘刚刚止跌后不久就开始了有计划的拉高出货。这是因为，这类股票因为筹码集中，只要自己不抛售，股价受到的实际上行压力不大，只要大盘不跌，就不会过多地影响拉高行为，而且在大盘止跌初期，市场投资者还没有太多的头绪，此时能异军突起的个股就会得到更广泛的关注。另外，如果大盘一旦能真的走强，这类股票更可以借大势的力量大面积地派发，当然，如果大盘再度沉寂，对股票本身也没有太大的影响。

判断出股票想要出货，并不意味着股价可能会很快大幅下跌，有时恰好相反，股价可能会涨得更快、更猛烈，因为成功的出货都是通过拉高出局的。而对于投资者而言，通过分时走势及 K 线组合形态判断出股票是否在出货就尤为重要，不仅可以依据其出货的本质有效地抵抗风险，而且还可以利用出货的拉升过程获取最快和最大的市场收益，而这里最为关键的是始终把握住拉升出货过程中的涨跌节奏。

主力出货手法之五——诱多出货手法

诱多出货手法是主力较为隐蔽的一种出货方式，采用这种出货方式的股票一般为强庄股，而且股票本身通常有较好的后续题材的配合。以往这种手法多出现在短线强庄股上，现在这种手法有向短中线波段操作上扩散的趋势。其特点是股价前期都有过不小的涨幅或者说是经过一波拉升，在接近阶段性顶部时股价快速拉升，同时量能较前期拉升时有明显放大或经过前期大幅拉升后股价作平台整理，但平台整理时量能并没有缩小；然后再度拉升，但量能较前期拉升时有明显放大，但股价却没有相应的涨幅。出现这种情况时，股票投资者一定要提高警惕，严密跟踪，因为

图 5-4-4 北斗星通（002151）诱多出货图

此时主力随时都可能出货。

北斗星通（002151），该股票于2008年11月份开始吸货，2009年2月吸货完毕。然后挖了一个4元钱的小坑（诱空），接着股价开始向上拉升，短短两个交易周，股价从最低16.3元拉至最高25.68元。随后股价进入短线震荡，在震荡中已在少量出货。为了吸引买盘，主力于4月上中旬连拉，其走势特征较温和，之后以一种缓慢的下跌速率来麻痹投资者的警惕性，接着连拉4个跳空涨停，股价从4月9日的最低22.80元涨到4月17日的34.99元，仅用了6个交易日。从图上我们可以看到，从4月14日开始，主力即已在进行阶段性出货操作，至4月17日图穷匕首见，该股主力已出脱了不少筹码。在随后的平台震荡中，主力继续在出脱手中筹码，只不过由于买盘的减少其成交量也相对减少。该股在经过震荡后仍又有一波向上的小行情，其股价会上摸并超过前高，但其性质仍然是拉高出货。图5-4-4为北斗星通（002151）诱多出货图。

第五节　实战K线跟庄技巧

通过成交量寻找主力

股市里经常流行的一句话就是，"成交量无法骗人"。这句话有一定道理。成交量是主力无法藏身的盘口数据，主力可以利用股价走势对技术指标进行精心"绘制"，但由于主力的进出量大，如以散户通常的每笔成交量操作，其进出周期过长将延误战机，导致坐庄失败。所以，如果平均每笔成交量突然放大，肯定是主力所为。

主力在吸筹、拉高、出货等阶段，可以用多种技术指标蒙骗股民，但千蒙万蒙，成交量是无法蒙骗人的。因为股价要涨，必须有主动性的买盘积极介入，即买的人多了，股价自然上升；反之，大家都争先恐后地不惜赔本卖，股价就会下跌。这在成交量上能反映得比较清楚。

所以，股价一上升，必定有成交量配合，说明主力在大量购入股票，散户此时应紧紧跟上。

（1）当股价呈现底部状态时，若"每笔成交"出现大幅上升，则表明该股开始有大资金关注；若"每笔成交"连续数日在一较高水平波动而股价并未出现较明显的上升，更说明大资金正在默默吸纳该股。在这段时间里成交量倒未必出现大幅增加的现象。当我们发现了这种在价位底部的"每笔成交"和股价及成交量出现明显"背驰"的个股时，应予以特别关注。一般而言，当个股"每笔成交"超过大市平均水平50%以上时，我们可以认为该股已有主力入驻。

（2）机构主力入庄某股后，不获利一般是不会出局的。入庄后，无论股价是继续横盘还是呈现"慢牛"式的爬升，其间该股的"每笔成交"较主力吸纳时是有所减少还是持平，也无论成交量有所增加还是萎缩，只要股价未见大幅放量拉升，都说明主力仍在盘中。特别是在清淡市道中，主力为引起散户注意，还往往用"对敲"来制造一定的成交假象，甚至有时还不惜用"对敲"来打压洗盘，若如此，"每笔成交"应仍维持在一相对较高的水平。此时用其来判断主力是否还在场内，十分灵验。

（3）若股价放量大阳拉升，但"每笔成交"并未创新高时，应特别提高警惕，因为这说明主力可能要派发离场了。而当股价及成交量创下新高但"每笔成交"出现明显萎缩，也就是出现"背驰"时，跟庄者切不可恋战，要坚决清仓离场，哪怕股价再升一程。

因此，我们可以得出一个简单的投资总结：当"每笔成交"与其他价量指标出现明显"背驰"时，应特别引起我们的注意。同时，我们应注意"每笔成交金额"（股价 × 每笔成交量），因为 10 元 / 股的每笔成交显然比 5 元 / 股的主力实力强劲。

武钢股份（图 5-5-1）。某年 6 月以来，该股成交量非常小，一直维持在 4000 ～ 6000 手左右，价格大体在 4 元。当年 10 月 21 日，成交量突然放大到 8800 手，第二天再放大到 3 万手，第三天放大到 7 万手。显然主力利用武钢股份的整体上市

图 5-5-1 武钢股份主力的建仓与拉升

概念开始行动，是有备而来的，此后，成交量每天都逐级放大，股价开始上升，此时散户应该建仓了。到第二年2月，该股价涨到8元左右，比4元上升了100%。

所以，股民一旦发现长期横盘中有放量的个股，可考虑跟上，与庄共舞。但要提醒股民的是：股市有涨有跌，主力迟早出货也是必然的，庄舞不可能总跳个没完没了，我们需要提前撤出舞池，把那首舞会中常用的最后一曲《友谊地久天长》的美妙旋律留给主力。

把握时机介入强庄股

有主力主持大局的股票一旦爆发起来，一定会给及时介入的投资者带来丰厚的利润。因此投资者一定要把握获利机会，及时介入强庄股。

图5-5-2是某只股票在2005年9~11月的K线图，从图中可以看出，这只股票在2005年9月份后走出了独立于大盘外的逆势上扬行情。因为这只股票是一只流通盘，只有4406万种小盘股，所以主力控盘能力很强，主力牢牢地控制着该股的开盘价与收盘价，同时盘中经常出现大幅打压的迹象，在日K线上表现为长长的下影线。从2006年9月中旬到11月初，该股在日K线上除了6根阴线外，其他的都是阳线，这表现出主力控盘能力的强大。

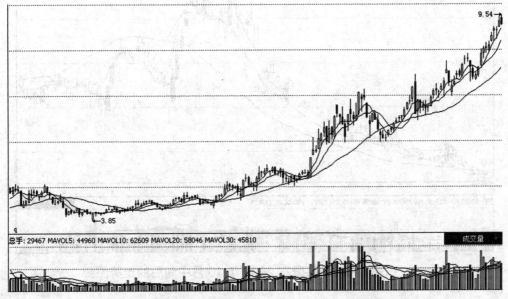

图5-5-2 某只股票在2005年9月~11月的K线图

如果投资者在这时介入该股并且耐心持有，那么它在2006年1月爆发出的大幅上扬行情就会让投资者获得巨大收益（图5-5-3）。

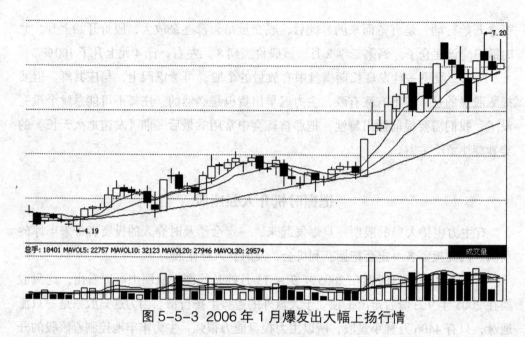

图 5-5-3　2006 年 1 月爆发出大幅上扬行情

图 5-5-4 是某股在 2005 年 10 月中旬后的走势。

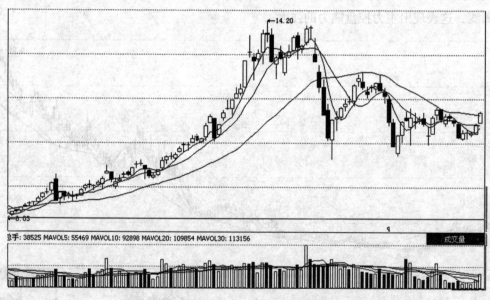

图 5-5-4　某股在 2005 年 10 月中旬后的走势图

该股在 2005 年 10 月中旬以后连续拉出 21 根阳线，而且都是沿着 5 日移动平均线稳步上扬的，股价也随着从 3.53 元启动后翻了一番。在该股上涨期间，上市公司几次刊登澄清公告，表示"本公司的重组工作市场传言较多，对此项工作本公司正处于第二个认证阶段，至今尚未签署任何有关资产重组的协议，敬请公司股东及未来投资者在买卖本公司股票之时，务必谨慎行事，注意投资风险"。

但该股却并不因澄清公告的刊登而上涨缓慢，反而屡屡冲击涨停板，这说明主力操作手法的强悍。

这种持续上扬的走势却让不少投资者减仓出场，尤其是操作理念谨慎的投资者更是不敢介入，害怕自己一介入就要遇上股价回落。

投资者只要仔细思考一下就能明白，如果主力不是具备强大的资金实力，不是对上市公司相当了解，又怎么敢于让这只股票成为市场中万众瞩目的强势股呢？

所以，对于这类有主力重仓介入、连续走强的股票，投资者可以大胆介入，而且介入越及时越好，从而保证自己获利丰厚。

如何在拉升的庄股中获取利益

对于短线投资者来说，最理想的获利方式是从正在拉升的庄股中获取短线的收益。而且只要投资者能看懂技术图形，就能轻易地从庄股中赚取短线的收益。拉升的庄股是指一些经过较长时间盘整的庄股开始逐步上涨，并且形成一定的上升斜率。这类股票出现后，投资者只要能跟住主力就很容易获得收益。这主要是因为主力为了将股价升至远离其成本区域，常会利用朦胧的题材进入拉升。但面对这类股票，众多的中小投资者一般不敢轻易跟进，认为这类股票上涨幅度较大，害怕介入后被套牢无法出场。

其实，投资者在实战中一定要介入有上升斜率的庄股，因为只有这种股票才会有较佳的短线机会，在介入时可以选择两大类股票：一种是具有较陡上升斜率的庄股当天拉阴线回调，这往往是极佳的买入点。特别是在其上升斜率还未明显陡升的时候，一旦出现拉阴线的情况更是好的买入点。另一种，在某只庄股刚开始拉升的时候，陡升斜率刚出现，这往往也是极佳的买入点，而短线的机会常会比尚未形成较陡的时候要大。投资者对进入拉升阶段的庄股一定要关注其日 K 线的情况，如果在持续上涨过程中出现大阴线，应该在第二天获利出局。

从以上内容可以看出，庄股在拉升或者其他场合常会给短线投资者带来较大的获利机会，但对庄股的介入一定要注意控制风险，否则，如果在高位被套牢，那么在主力出局后投资者就很难有解套的机会。

下跌中的庄股如何进行短线操作

下跌中的庄股可分为以下几种情况：

1. 超跌庄股

除少部分庄股会在技术形态上表现出具有较强的抗跌性以外，大部分庄股都会选择与大盘共进退，有所不同的是，强庄股往往会在大盘暴跌时，跌幅超过大盘，当大盘止跌企稳后，这类股票又往往会走出凶悍的上攻走势。这类主力往往会充分利用大盘下跌的过程对浮筹进行震荡清洗，从而较轻松地拓展自己上升的空间。

因此，对超跌的庄股应该结合两方面情况进行短线操作。其一是观察其杀跌的凶悍程度与拉升的力度，一旦发现前期曾经持续下跌的庄股形成上升通道以后，应迅速介入，从中获取短线利润。其二是观察其下跌过程中成交量的情况，不少强庄股在暴跌过程中成交量却不会减少，这类超跌庄股只要不缩量，短线机会就会增加。

2. 连续阴跌庄股

有时某些庄股会连续收出 5 根以上的阴线。如果不是因为大盘的连续多日阴跌而出现这种走势，那么该股一定存在短线机会。特别是那些收多根阴线，但股价基本上没有下跌或下跌幅度非常之小的个股，要么是主力在画图骗线，要么是主力为了显示实力以引起市场的关注。

对于这种股票，首先投资者可以认定有庄，而且是大庄；其次，筹码高度锁定，主力已经到了可以随意画线、作图的地步；第三，后市一旦拉升，行情会较凶悍，涨幅会非常可观。对于这类股票，可在放量创出新高时短线介入，通常短线收益会较大。

3. 收光头阴线庄股

在股市中，有些股票在开盘时往往放量高开 5% 以上，但在开盘后，股价很快又回落至上一个交易日收盘价附近。有的个股竟然能够在较短的时间内不断重复这种走势。

出现这种走势，可能是以下几种原因造成的。

其一是主力画图。收出一根光头的阴线，把前期走势较好的图形完全破坏，把那些当天没有看盘、仅仅参考日 K 线组合做出决策的投资者以及部分不坚定的投资者赶出局，从而减轻拉升时的抛压。

其二是一些在前一天收市后得知有关利空消息的人，不计代价地在出货。

其三是利好出尽成利空，成为某些人的出货良机。

对于这种个股，首先应分析出现这种走势的原因。如果是因为当天公布利好消息，就应根据量价关系进行分析。如股价处于相对高位，且在收阴线的当天，股价逐步盘跌，成交量为前期的 2 倍以上，则主力出货的可能性较大。

投资者对处于高位的庄股应坚决卖出，而对处于低位的庄股则可持股待涨。

跟庄如何把握买卖点

散户跟庄有三部曲：在主力拉升时买进，在主力洗盘时守仓，在主力出货前卖出。在这三部曲中，最基本的是第一部，介入时机的选择；最关键的是第三部，卖出时机的选择。散户跟庄买入需要把握以下几点：

（1）不要指望买在最低点，也不要在行情发动前买入。不要指望能买在最低点，主要原因是你没法判断这个底部是不是真的底部，很多主力在吸筹阶段盘出一个底来，还可以再盘下去，再探一个底。很多机构就是通过这样的盘底方式来完成建仓，然后拉高，最后再突破。所以，跟庄的原则是能够确认主力开始上拉之后再介入，而此时股价一般都有10%～20%左右的涨幅。如果是长期做一只股票，波段性操作的时候，能够判断出股票的底部，那就可以选择合适的时机在底部买进。

（2）不要一次性重仓买进。任何时候、任何股票都不要一次性地重仓介入。如果资金量较大，比如在20万以上，应该先少量试探一下，先买2万元试一试，待证明判断正确之后再逐渐增加。少量试探是做股票的一个原则，它可以防止你由于思路跟不上，盲目地陷进去。另外，分批介入还因为大部分的短线操作都不可能一下子买到最低价，许多股票在大幅度上涨前会有"二次下探"过程。如果投资者是从少量试探到重仓介入，就可以避免"二次下探"造成的被动局面。

（3）不要害怕股票的价高。投资者在买股时常常认为涨幅大的庄股风险也大，不适宜参与；而涨幅小涨得慢的个股后劲足，安全性高。这实际上是一种误区。股票涨幅大并不意味着风险就一定大，有的股能一涨再涨，原先自己不敢买的"顶部"最后被证明是"腰部"，而自认为是安全的股价却始终原地踏步甚至下跌。判断某只股票值不值得参与，关键是看在目前价位主力有无出局的迹象，看在目前价位股票还有无上涨可能，而不是看它涨了多少。如果一只股票出现缩量涨升，很难说它已经没有上涨空间了。

而散户跟庄卖出需要把握以下几点：

（1）持股要短中结合。所谓的短中结合是指有些品种具备中线潜力的时候就要大胆做中线，同时应该有一小部分仓位不断地做短线，以试探这只股票的活性如何，也验证自己对这只股票的市场感觉。

（2）不要按照猜测的主力拉升目标操作。你可以猜测主力拉升的目标价位，但没有必要严格按照这个目标位操作。主力的拉升目标是坐庄的最高机密，外人无法得知。虽然我们可以从许多方面推测主力的最低拉升目标，但这仅仅是猜测而已。且不说主力会不会完全按照我们推测的标准来制定目标，即使制定了也有可能根据具体情况而修改，因为主力也要见风使舵。因此，跟庄卖出的关键是自己要有一个赢利标准，如果到了这个标准，你必须卖出，而不管这只股还能不能够继续上涨。因为坐庄的是别人，投资者不可能知道主力到底要把股价拉到什么点位。

许多股民总是幻想着如何在最低价买进，如何在最高价卖出，如果做不到，即使赚了钱也高兴不起来，好像吃了多大的亏。这表面上看是在追求完美，实际上是人的贪婪本性在干扰自己。最高点和最低点都是可遇不可求的，事后才知道。而且试图在最高点卖出是十分危险的，因为在拉高到目标位后，主力随时可能出货。而且，主力一般都选在散户最麻痹的时候出货。

成功的主力都是在人们认为他最不可能出货的时候出货。如果股民过分相信主力的拉升目标，选择的抛售点位过高，就会错过抛售良机。因此，跟庄的一大忌讳就是"一跟到底"。

赶在主力出局前逃跑

主力出局与建仓一样，是在一定的价格区间内进行的，将股票在最高价位出局是理想境界，实际操作中能成功是运气，能够在主力派发时的高位区域适时退出就应该心满意足了。要想寻找到合适的卖点，就要把握"主力走，我也走"的原则。如果将主力当作敌人的话，这一点与毛主席的游击战术是相悖的。游击战讲究"敌退我进"，而跟庄到了高位时，散户投资者必须是"敌退我退"。而主力派发与建仓一样，伴随有大的成交量出现，盘口也会有迹可寻。在具体操作中，采用以下办法可以将股价出在相对高价位。

1. 适可而止

估算主力可能拉升的目标位，到达目标位附近（±10％）时结合盘面变化，一旦发现主力的筹码出现松动迹象，就坚决出局，一去不回头，不管日后还能升多少，也不再贪恋。赚到手的是钱，有资金可以再去寻找下一只目标股。最终保留胜利果实，同时也保留了一颗平常心。

2. 分批减仓

这一点与建仓是一样的，稳健的投资者可采用这种方法。当跟进的庄股已经有一大段升幅后，你随时都可以减少仓位，把账面利润转化为实际投资回报。

3. 设止赢点持有

就像有些短线投资者设止损点一样，中线跟庄的投资者在主力拉升后已有获利时，可以通过设定止赢点来确定卖点，当然止赢点不是随便设的。主力洗盘的极限位一般是成本区，拉升的第一目标位是脱离成本区 30%～50%，散户投资者可以将第一止赢点设在其成本区 20% 上方。日后，伴随股价的拉升，可以不断地调整止赢点的位置，比如上升通道下轨线、30 日均线，或根据庄股的个性灵活掌握。

跟庄失败时，及时止损

股民在跟庄时，谁也不能保证每次都胜利归来。由于种种原因，一旦跟庄失败，主力出逃，散户的收益由盈转平，再由平转亏时，要承认失败，应及时止损，即使是铩羽而归，也比杀头而归、杀身而归强。因此学会跟庄，就要学会止损。跟庄一旦失败，胜利天平的另一筹码在你自己手中，及时止损，反向抄底，乃是获利的另一法宝。

对于好容易才跟上的庄股，大多数股民当然想一跟到底了。但你需要明白的是：任何人都没有本事可跟庄到底，而且也没必要跟庄到底。如果能挣到 20% 甚至更高一些就可以收手了！太贪反而易套。在实践中没有人能从低点跟庄，高点出庄，如果你能在 1/3 处跟进，在 80%～90% 处走人，就是胜利，甚至在 50% 处撤退都是胜利。因为散户投资者既然无法在最高点出局，那么在次高点走人，见好就收，避开高处不胜寒的环境就是最好的选择。

在卖股票的那一刻，散户投资者无法知道股票会上涨到哪个价位。其实也没必要知道，散户投资者只要了解自己已经赚了，就应该感到庆幸。

当然，散户投资者可以分析主力的招法，尽量判断股价可能升到哪个最高点，但这是一项极其复杂的超高级技术，要有超人的勇气，冒极大的风险，一般人很难把握。而散户们都是普通大众，是一群小麻雀，随时都有被主力吃掉的可能。所以普通股民还是慎重点好。

最后需要一提的是，散户投资者可以有跟庄到底的战略策划，但更应该有"没必要"跟庄到底的战术方案，这样才能在次高点出货，战胜主力。否则，散户投资者可能真的会跟庄到"底"，落个牢牢被套的下场，那是很不值得的。

第六节　识破主力骗术之K线形态

空头陷阱

所谓"空头陷阱"，就是主力通过打压股指、股价，佯装"空头行情"，引诱散户恐慌性抛货，自己趁机入货。空头陷阱通常出现在指数或股价从高位区以高成交量跌至一个新的低位区，并造成向下突破的假象，使恐慌抛盘涌出后迅速回升至原先的密集成交区，并向上突破原压力线，使在低点卖出者踏空。如图5-6-1所示。

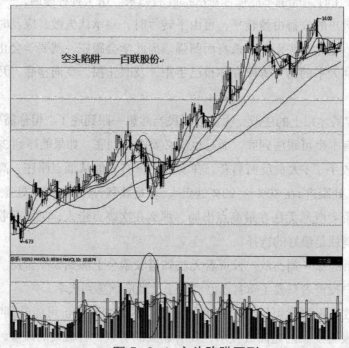

图5-6-1　空头陷阱图形

空头陷阱不是空头市场，如果散户误把空头市场当作空头陷阱或把空头陷阱当空头市场，都会做出错误的决策。

一般情况下，在一个空头陷阱后的股价，几天内有一个涨幅为10% ~ 20%的中级波段，有时也可能是一个涨幅为25% ~ 50%的主要波段。其实，如果散户把眼睛擦亮的话，是可以识破主力设置的空头陷阱的。对于空头陷阱的判别主要是从消息面、技术面、成交量、形态和市场人气等方面进行综合分析研判。

1. 消息面分析

主力往往会利用宣传的优势，营造做空的氛围。当散户遇到市场利空不断时，要格外小心。因为，正是在各种利空消息满天飞的重磅轰炸下，主力才可以很方便地建仓。

2. 技术面分析

空头陷阱在K线组合上的特征往往是连续几根长阴线暴跌，贯穿各种强支撑位，有时甚至伴随向下跳空缺口，引发市场中的恐慌情绪。

3. 成交量分析

一般情况下，空头陷阱出现的几率较小。空头陷阱在成交量上的特征是随着股价的持续性下跌，量能始终处于不规则萎缩中，有时盘面上甚至会出现无量空跌或无量暴跌现象，盘中个股成交也十分不活跃。当股价跌到一定的低点时，如果此时成交量萎缩，股价开始反弹但仍冲不破阻力线的话，基本上就可以确认为是一个空头市场；相反，如果股价在成交量配合下冲破阻力线后继续上扬，此种情形可确认为是一个空头陷阱。

4. 形态分析

空头陷阱常常会故意引发技术形态的破位，让散户误以为后市下跌空间巨大，而纷纷抛出手中筹码，从而使主力可以在低位承接大量的廉价股票，这时往往是散户介入该类个股的良机所在。

5. 宏观基本面分析

散户需要了解从根本上影响大盘走强的政策面因素和宏观基本面因素，分析是否有实质性利空因素，如果在股市政策背景方面没有特别的实质性做空因素，而股价却持续性地暴跌，这时就比较容易形成空头陷阱。

6. 市场人气分析

由于股市长时间的下跌，会在市场中形成沉重的套牢盘，人气也在不断地被套中被消耗殆尽。然而市场人气极度低迷的时刻，恰恰说明股市离真正的底部已经为时不远。值得注意的是，在经历长期低迷后，指数大幅下跌的系统性风险往往已经很小，如果再过度看空后市，难免会陷入新的空头陷阱中。

多头陷阱

"多头陷阱"是主力利用资金、消息或其他手段操纵图表的技术形态，使其显现出多头排列的信号，诱使散户买入。具体来说就是某只股票在创新高后，在其密集成交区内，股价突破原有区域再创新高，随后忽然迅速跌破密集成交区的低点，结果使在高位买进的散户严重被套。

在多头主力的攻击下，股价突破箱顶再创新高，按一般的经典技术分析，当股价突破原来的阻力线而创新高后，其上升势头仍将延续。于是许多经验丰富的人便开始纷纷杀入股市大量买入。然而，股价在高位盘旋时间不长，即应声回落，并且跌破支撑线，高位买入股票的散户便落入主力的多头陷阱之中。

多头陷阱十有八九是主力刻意制造的，目的在于借突破形态引诱技术派追进，从而大量出货。也有少数多头陷阱是市场自发形成的，原因是市场中买卖力量发生了突变。但无论如何，多头陷阱形成的前前后后总有一些征兆，要判断"多头陷阱"，需要将盘面的信号与基本面的分析和宏观政策的变动结合起来。这里提出几点规避"多头陷阱"的方法。

1. 从图形上分析主力目前的持股状态

主力吸筹总是在悄无声息中进行的。当一只股票的股价徘徊在相对的低价，而成交量渐渐放大时就有主力吸筹的可能。主力卖少买多地反复操作，直到手中筹码的积累达到预定的目标。

在有些情况下，多位主力抢盘控盘，盘中价格上下震荡，以求吸收筹码，并降低持股成本。当股价节节上升且在高位成交量放大，盘中价格震荡起伏，说明主力出货的意愿已经很强烈了。此时如果再出现技术指标多头排列，在K线图上显示连拉阳线，散户就一定要当心，可能存在"多头陷阱"。因此，散户要注意观察盘面的进一步变化，而不要急于抢着购买股票。

2. 留一定时间和空间研判指标的变化

主力往往以资金、消息和其他手段操纵技术指标来掩盖自己的真实目的。从根本上来讲，这属于逆势而为，需要的成本很高。因此，主力只能在一时做出一段多头排列的技术指标。

散户在看盘时，不仅要看5分钟线、15分钟线，更要看日线，特别是周线和月线。常见的主力设置的"多头陷阱"一般都在日线上，但是散户可以从周线图上发现卖的信号。此外，散户还可以通过能量潮OBV线图的成交量的变化趋向观察主力的意图。特别是OBV线图显示的卖出信号与K线图上的短期买入信号发生矛盾时，"多头陷阱"的阴谋就会暴露在光天化日之下。

骗线陷阱

在股市里，人人都想赚钱，散户想赚主力的钱，主力又想骗取散户的钱。主力骗线，目的是利用股价异动诱导散户作出错误的判断，使之上当受骗。

顾名思义，"骗线"就是主力设计出"美妙绝伦"或"惨不忍睹"的股票走势线路图，诱骗那些主要靠分析线路图来进行投资决策的散户掉进主力设置的陷阱里，从而方便主力高价出货，或低价进货。主力手法真真假假、虚虚实实，股市似进实退、欲涨先跌，特别是在撤退过程中经常采用各种骗线手法，以吸引跟风盘。下面试列出一些主力常用的骗线手法以便散户识别。

1. 收盘价骗线

收盘价是指某只股票在证券交易所一天交易活动结束前最后一笔交易的成交价格。如果当日没有成交，则采用最近一次的成交价格作为收盘价，因为收盘价是当日行情的标准，又是下一个交易日开盘价的依据，可据以预测未来证券市场行情；散户在分析行情时，一般采用收盘价作为计算依据。收盘价最易被主力调控。在一个正常的上升或下跌市道中，收盘价的升或跌，都属于正常的情况。如果出现一些反常情况，要特别小心研究判断，如散户看到某只股票某天一直是低开低走的，直到收市前 5 分钟，忽然巨额买单从天而降，一下子将股价拉升了 0.5 元甚至 1 元以上，第二天股价又恢复正常；也有些股票第二天仍能高开高走，这都是主力做收盘价。

尾市拔高做收盘价的目的在于让 K 线图更漂亮些，借以吸引跟风盘。还有一些主力尾市故意打压，将收盘价做得很低，以吸引部分短线抢反弹者，第二天股票一般会高开高走，随后几天一路下滑。主力以小利来迷惑短线客，自己则趁机在振荡中出逃。

2. 控尾市骗线

有些个股在交易日表现非常平稳，而在收市之前的几分钟主力突然袭击，连续数笔大单将股价迅速推高，这属于"拔苗助长"式的拉抬。这种情况说明主力并未打算进行持久战，而是刻意在日线图上制造出完美的技术图形。有时是该股已进入派发阶段，主力在盘中减仓之后，尾市再将股价拉高，一是避免走势图出现恶化，二是将股价推高，为次日继续派发拉出空间。

3. 假突破骗线

股价从阶段性高位回调，经过阶段性底部整理，某日突然放巨量上攻前期高点，此后，股价不升且小幅回调，成交量缩小，然后再放巨量给人股价必创新高之感，随后几天股价小幅上升或高位横盘；成交量未放大而萎缩，造成向上突破的假象。

一个整理形态的向上突破，常能吸引技术派人士纷纷跟进，例如有效突破三角形、旗形、箱形时常会出现一定的升幅，主力往往利用人们抢突破的心理制造骗线。当主力制造假突破的现象后，会将股价快速打压至新低点，做横盘整理走势，在横盘期间主力用少量筹码反复打压吸筹，横盘末期股价持续下跌面临跌破前期低点，诱使横盘期间跟进的散户"割肉"出局，主力完成低位骗线。

4. 进货骗钱

主力相中某只股票，可如果没有 50% 以上的账面赢利，主力是不会轻易下手的。于是选择什么样的时机入场，主力常会精心安排。显然在大盘处于上升阶段或顶部时，都不利于进货；而大市低迷且大盘已有筑底成功迹象时，进场时机最佳。如果股票质地不错，平时难以收集，经过持续下跌，持股者早已没了信心，主力只要用少量筹码趁势打压就会捞到大量"割肉"的底部筹码。

5. 假除权骗线

不少个股摆出填权的架势，股价在除权后亦短暂走强数天，但很快便一蹶不振。分析主力出货的几种方式，可以知道，除权后放量出货是一种极为隐蔽而且也易出完货的方式。主要原因在于，当股票在较高的价位时，主力若要出货的话常常会表现得极为明显，较难放量出局。

对于除权类个股能否填权，散户要把握大盘的走势。一般来说，大盘处于牛市时，主力多会顺势填权；而大盘走弱时，填权走势十有九假，此时的"假货"极多，散户投资买股时宜特别小心。

舆论、消息陷阱

利用不太明朗的消息或传闻制造舆论也是主力用来设置陷阱的一种手段。舆论在什么时候制造以及制造何种舆论，往往取决于主力操盘的需要。下面介绍几种舆论陷阱。

1. 底部吸筹时制造空头舆论

在大盘或个股趋势末期，主力为了让大量的套牢盘在底部"割肉"，以吸纳廉价筹码，往往制造空头舆论，大力营造悲观气氛，直到散户掉入其设置的空头陷阱为止。如 2006 年年底开始的一轮大牛市，散户纷纷建仓，主力为了吸到更多的筹码，2007 年年初出现了多次打压行情，接着大盘放量下跌，市场上谣言四起，很多散户抛出了底部筹码。

2. 在上升途中洗盘制造空头舆论

在大市或个股上升途中，为了减轻获利盘或解套盘的抛压，主力必须洗盘，这时候就会大造空头舆论，给市场一种行情已经结束的印象，一旦达到目的，主力就会迅速大幅拉升股价，让众多散户踏空。

3. 在顶部出货时制造多头舆论

主力出货时，借助舆论制造多头气氛，让散户坚定多头信念。散户多头信念越坚定，主力出货越容易。这些舆论主要有以下两个特征：

（1）高位利空不空，使市场以为大盘仍有上升空间；

（2）主力采用拉动部分股票的方法，出主流股票，盘中既有热门股票走软的现象，也有部分股票出现惊人的走势。

4. 在下跌途中制造多头舆论

股价或指数在下降途中的缩量平台整理会给市场以跌不下去的感觉，这时候，舆论也会渲染股指已经见底，让散户误认为是底部而积极买入。结果不久股指便跌破平台，且越跌越深，中途买入者全被套牢。如图 5-6-2 所示。2008 年 2 月，沪指跌到 4000 点上方时，舆论四起，有人提出 4000 点是"中期底部"，是跌不破的，但

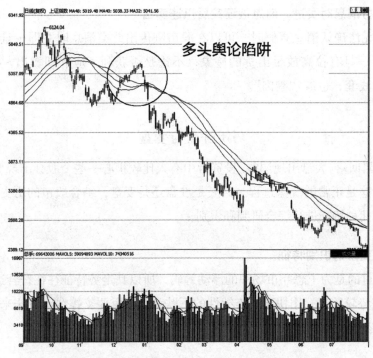

图 5-6-2 2008 年 2 月，大盘多头舆论陷阱

当大量散户入场抄底之后，大盘越跌越深，短短 2 个月，跌破了 3000 点。

消息是主力设置陷阱常用的一种工具。股票市场每天都充斥着各种各样的消息，这些消息无论真实与否、准确与否，都可以成为引起股市动荡的重要因素。主力在坐庄过程中，为达到自己的某种目的，一般都会借助于利好或利空消息设置陷阱。在市场中有较多散户主要是依靠消息炒股，以消息来作为自己投资的依据。散户如何辨别消息的真假呢？

1. 当利好出现时，首先要看股价所处的位置

如果股价处于底部，极有可能是主力保密不严走漏了风声；如果股价已大幅拉高，八成是主力为了配合出货散布的假消息。散户在判断时可以参照成交量的变化以及股价在不同位置的形态变化。

2. 有些消息可以在权威的媒体上得以证实

例如某年，山东铝业、焦作万方股价出现异常波动，传闻美国一家铝厂发生爆炸，致使世界铝的供给量大幅下降，影响铝的供求关系，给其他各国的铝业带来了机会。这种消息出现时，可以从相关的专业性杂志上得出结论，也可以直接从互联网上查询消息的来源，减少盲目性。

3. 听到好消息时买进，消息被证实后迅速卖出

当散户无法确认消息真假时，可以在股市刚传出此类消息时立即少量买进，并密切关注，一旦有拉高放量出货的迹象，不论是否获利，应立即卖出，消息被证实时即使被浅套，也应"割肉"。

巧辨洗盘与变盘

股指遇阻回落，大盘出现调整。投资者中有人比较担心一些个股会出现变盘走势，也有人认为这是正常的洗盘过程。到底是洗盘还是变盘，结合股市的历史规律，可以通过以下几种特征进行综合研判和识别：

1. 价格变动的识别特征

洗盘的目的是为了恐吓市场中的浮动筹码，所以其走势特征往往符合这一标准，即股价的跌势较凶狠，用快速、连续性的下跌和跌破重要支撑线等方法来达到洗盘的目的。而变盘的目的是为了清仓出货。

2. 成交量的识别特征

洗盘的成交量特征是缩量，随着股价的破位下行，成交量持续不断地萎缩，常常能创出阶段性地量或极小量。变盘时成交量的特征则完全不同，变盘在股价出现滞涨现象时成交量较大，而且，在股价转入下跌走势后，成交量依然不见明显缩小。

3. K线形态的识别特征

洗盘与变盘的K线特征区分，不是很明显。一般洗盘时的走势常常以长线实体的大阴线出现，而变盘的时候往往会在股价正式破位之前，出现一连串的小阳线，使得投资者对后市抱有期望。

4. 尾盘异动的识别特征

洗盘时一般在尾盘常常会出现异动，例如：股价本来全天走势非常正常，但临近尾盘时，却会突然遭遇巨大卖盘打压。变盘时尾盘出现异动的现象相对要少得多。

5. 持续时间的识别特征

上涨途中的洗盘持续时间不长，一般5～12个交易日就结束，因为时间过长的话，往往会被投资者识破，并且乘机大量建仓。而变盘的时候，股价即使超出这个时间段以后，仍然会表现为不温不火的震荡整理走势或缓慢阴跌走势。

6. 成交密集区的识别特征

洗盘还是变盘往往与成交密集区有一定的关系，当股价从底部区域启动不久，离低位成交密集区不远的位置，这时出现洗盘的概率较大。如果股价逼近上档套牢筹码的成交密集区时遇到阻力，那么，出现变盘的概率比较大。

诱多是怎么回事

诱多出货指的是在第一次出货股价调整成交量萎缩以后，主力人为将股价再次拉高，使投资者认为当前的位置并不是顶部，而只是一次短暂的调整，从而激发场外的买盘介入。通过股价的上涨，主力就可以顺利地完成再一次的出货操作。

随着主力资金出货的不断延续，在股价上涨到高位形成顶部以后，肯入场的投资者数量变得越来越少，这样成交量因为买盘的减少也会变得低迷起来。盘面的这种变化将对主力出货操作起到巨大的阻碍作用。在这种情况下，投资者看到股价上涨了一定幅度，在高位形成滞涨走势时都抱着一种谨慎的态度。要么有的投资者判断出来了顶部，要么有的投资者在等待股价调整一下以后再买，不管怎么样，像上

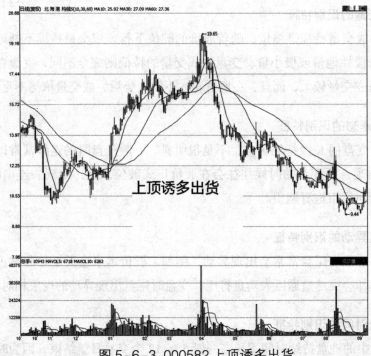

图 5-6-3 000582 上顶诱多出货

涨过程中那样肯不顾一切买入股票的投资者明显减少了。

从图 5-6-3 中可以看到股价在见底以后，在成交量放大的推动下又展开了一轮连续的上涨走势。在股价上涨到一个新的高位以后，主力开始了新一轮的出货操作，在股价第一次形成顶部的时候，成交量变得越来越小，量能的不断萎缩说明主力在盘中的出货变得越来越难。如果没有投资者资金的大量介入，主力是不可能将手中的巨量筹码全部出清的，所以主力必须进行诱多出货。从图中可以看到，股价经过一段时间的震荡，随着股价不断的上涨，成交量开始温和放大，这只是说明了只要股价上涨，就会有资金介入。

随着一根涨停板突破大阳线的出现，成交量也出现了急剧增大，并且量能创下了近期的新高。这种量能仅从 K 线形态来看，涨停板出现以后股价的确有较明显的上涨延续信号。但是一旦结合成交量的变化进行分析便可以得知，这只是主力利用投资者追高心态而进行的一种反向操作以达到出清手中筹码的目的。

图 5-6-4 为紫光古汉（000590）的走势图。我们可以从该股的走势图中看到主力资金是如何进行诱多出货的。

紫光古汉的股价在下跌到底部以后，股价的上涨伴随着成交量的温和放大，并且始终保持在温和的波动状态。即使期间出现了调整的阴线，但是成交量仍然没有

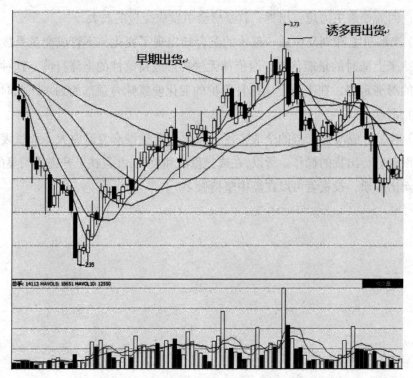

图 5-6-4 紫光古汉 (000590) 的走势图

放大，这就说明主力资金并没有进行出货操作，所以在此区间股价的波动是安全的。经过一段时期的股价的连续上涨和成交量的持续放大，股价也出现了强劲的上涨走势，并且成交量也首次创下了盘中的最大量。从图中可以看到，虽然成交量放大，可是股价并没有收出较大的实体阳线，而是出现了冲高回落的走势，这种形态明显地表示了主力在进行出货的操作。因为如果是真的想做多的话，股价就不会冲高回落。随着股价的冲高回落，成交量便出现了快速萎缩的迹象，量能的快速萎缩使得主力根本没有办法进行连续性的出货。如果主力是向下打压股票的话，就会吓出更多的抛盘，只有上涨才可以稳住抛盘，并且将场外的资金吸引入场。

所以，在股价略作调整以后，主力便再度开始了持续性的上涨走势，伴随着股价不断的上涨成交量再次放大起来。在股价上涨到最高点的时候，成交量再度创下了盘中的最大量，此时，借助诱多式的上涨，主力就会将手中的剩余筹码清仓出局。如果投资者能够看透主力的这种出货手法，就可以根据自己的持仓情况来选择卖出点，以保证自己的收益不受损失。

需要注意的是：

（1）诱多出货的走势往往非常隐蔽，投资者如果仅从 K 线形态进行分析，将很难准确地看出主力的操作意图。但是结合成交量进行分析，主力的出货操作便一目了然了，因为如果主力想要出货，就必然会引发成交量的放大。

（2）当股价上涨到高位后，量价的配合却出现了变化，不管成交量是放大还是维持在原来上涨时的量能状态，股价都无法再形成持续性的上涨行情。这种走势就是典型的滞涨走势，在高位形成这种量价的变化便意味着顶部的到来，此时便是投资者的卖出点。

（3）对于形成反弹走势的个股来说，只要成交量没有急剧放大，那就表示主力资金并没有进行出货的操作。所以，在成交量温和放大，并且在上升趋势明显的时候，不适宜卖出股票，投资者可以在盘中坚持做多。

第六章

大盘指数 K 线形态分析

第一节　大盘分析是个股分析的前提

影响大盘涨跌的主要因素是什么

对于影响大盘涨跌的根本因素这个问题，很多人可能会从政策、资金、国际环境等来寻找答案。这是对的，政策因素永远影响着股市的波动；资金有流入，股市当然就会涨，流出即下跌；国际环境，包括汇率、主要股票、期货市场价格的变化、战争等都会影响到国内股票市场的波动。但是，很多人都忽视了重要的一点——股票市场具有它自身的运行规律，就是说涨到一定幅度就会有个转势过程。下面来全面分析大盘涨跌的主要因素：

1. 国家政策

在我国市场，政策主导一切，因此政策的变化将决定市场主力的动向，所以最根本，也是最准确的判断大盘的方法恰恰是对国家政策的解读，也就是说，最终决定大盘涨跌的是政策！国家政策将主导大盘走向；同时国家政策的倾斜程度，将决定市场投资方向。当国家需要大盘上涨时，就会出台有利于大盘上涨的政策，否则就会出台政策打压股市。常用的手法就是：央票回笼策略（温和调控），调整准备金率，调整利率，发行新股，再融资，等等。

（1）国家 QFII 政策的影响

QFII 制度是指允许经核准的合格境外机构投资者，在一定规定和限制下汇入一定额度的外汇资金，并转换为当地货币，通过严格监管的专门账户投资当地证券市场，其资本利得、股息等经审核后可转为外汇汇出的一种市场开放模式。这是一种有限度地引进外资、开放资本市场的过渡性制度。在一些国家和地区，特别是新兴市场经济的国家和地区，由于货币没有完全实行可自由兑换，资本项目尚未开放，外资介入有可能对其证券市场带来较大的负面冲击。通过 QFII 制度，管理层可以对外资进入进行必要的限制和引导，使之与本国的经济发展和证券市场发展相适应，控制外来资本对本国经济独立性的影响，抑制境外投机性游资对本国经济的冲击，推动资本市场国际化，促进资本市场健康发展。QFII 制度的内容主要有资格条件、投资登记、投资额度、投资方向、投资范围、资金的汇入和汇出限制，等等。韩国等国家和地区在 20 世纪 90 年代初开始设立和实施这种制度。

（2）外资准入政策的影响

外资并购概念的炒作在最近几年相当盛行，这也受到国家政策影响的引导。国家发改委 2004 年制定了《外商投资产业指导目录》，对外商投资产业进行了明确说明；同时证监会、发改委、经贸委在 2002 年共同发布了《向外商转让上市公司国有股和法人股有关问题的通知》，规范了上市公司国有股和法人股的对外转让程序，对外商的条件做出一定的限制；对外贸易经济合作部联合税务总局、工商行政管理总局、国家外汇管理局在 2003 年发布了《外国投资者并购境内企业暂行规定》，对外国投资者并购境内企业过程中的相关问题进行了规范。这些政策对外资进入我国市场产生了重要影响。据观察，外资一般都青睐行业内有核心竞争力的上市公司，比如徐工科技、苏泊尔、双汇发展；同时也对价格低估的行业非常中意，比如钢铁、水泥等行业。随着金融行业的逐渐放开，外资对银行、证券、信托行业加快了进入步伐，深发展、民生银行、北京证券、爱建证券等外资参股已经占了相当大比例。投资者对参股金融行业的上市公司要格外留意。

（3）国家产业政策的影响

国家产业政策主要由国务院、发改委、财政部有关部门制定，是国家长期的发展规划，对我国经济的长期发展有重大影响，股市的提前预期功能以及对概念的追逐必然将国家产业政策的变动反映到相关股票价格的变动上。五年规划、全国人民代表大会、中央经济工作会议对全国整体经济布局的规划，以及发改委等部委针对具体行业的规划，对我国股票市场影响尤其重大。

国家产业政策变动将会引起相关行业估值的变化，股市由于具有提前预期的特点，相关股票价格可能因此而大幅变动。比如国家对开发天津滨海新区的重视引来了滨海新区概念股的火暴行情。国家发改委对甲醇汽油行业的扶持迅速带动了诸如泸天化等股票走牛。天威保变、航天机电、丰原生化等新能源概念股掀起了波澜壮阔的大行情，与石油价格的居高不下有关，同时也与国家对新能源行业的支持密不可分。国家对钢铁、氧化铝等行业的调控造成相关股票一路走熊，也证明了国家产业政策对股市影响是何其之大。投资者应对国家产业政策变动保持关注，对国家调控行业要提高风险意识，坚决回避，而对国家战略支持行业，可以在中长期里予以关注。如果是国家投入大量资金扶持的行业，那么这个行业未来一定会走出火暴的大牛市行情。

规避市场风险的方法就是建立起对市场资金流动方向的监控体系。市场的扩容增发会直接对业绩差于新增股票的公司的股票产生不利影响，导致这些股票重新定价；对业绩好于新增股票的个股也将在短期内产生不利影响，但经过长期的重新定价之后，资金会进一步转向好的股票。所以，对于长线投资人来说，如果是面向一个长期看好的牛市的话，就不必拘泥于短期的市场风险的规避，那样只会增加投资的难度，并增加患得患失的心理负担。在牛市中，最好的方法就是精选股票，不去理会市场的短期波动风险。此外，存款利率政策也会影响资金的供给，当降低利率的时候，存款会转向股市；提高利率的时候，资金会撤离股市。但是，当一个国家的币值被低估的时候，这种运动则成反向运动，也就是说主要矛盾会影响次要矛盾，这时，利率的提高只会更加吸引资金。此外，存款准备金的提高和降低也会对股市产生间接影响，国债等其他金融市场的变化也会影响市场整体资金的供求。总之，我们应该通过一个监控系统来科学地观测股市的变化，预测未来的市场方向。

比如，最常见的发行新股，其实其中蕴涵着很深的奥秘。如果大盘上涨到某个点位，国家开始发行新股，说明管理层开始认可当前股指点位，并对股指继续上涨进行温和打压。特别是到了 2008 年 11 月 5 日，国家出台了 4 万亿信贷，出手拯救经济危机，这是股市见底的一个重要标志，这个位置几乎是在股市的最低点位 1664 点附近。12 月份，国家再次下调存款准备金率，并且降幅是 11 年来最大的，随后在次年 2 月份鼓励银行加大信贷力度，并在 3 月份出台 10 大产业振兴规划。国家政策密集出台是实体经济和虚拟经济发生转折的信号，因此从 2008 年 11 月份开始，就预示大盘未来必然以上涨为主。大盘涨到 2900 点时，国家开始发行第一只新股：桂林三金。这表明 3000 点附近是管理层心中认可的点位，因此用发行新股进行调节。2009 年 6 月份信贷资金为 1.39 万亿，而 7 月份信贷规模锐减到 7000 亿，信贷规模的大幅萎缩，是国家宽松政策退出的标志之一。率先读懂国家政策的机构们开始大规模撤退，于是在 7 月底大盘展开调整（此时大跌绝非偶然）。在 8、9 月份不断有政府官员发表讲话，要保持货币政策的适度宽松，而不再是年初的鼓励银行加大信贷，政策论调开始转变；到了四季度，管理层抛出要防止通胀的言论，并率先打击房地产，紧缩政策开始了，因此股市不会大涨。原因很简单，一旦股市大幅上涨，锁定在股市中的数万亿套牢资金将会松动，而一部分会进入流通领域，这将会加速通胀，这是管理层绝对不愿意看到的。

2. 资金

资金的推动效应，是大盘涨跌核心因素之一。简单意义上说，有资金去买，股价就能上涨；反之，如果缺乏资金的持续性介入，价格自然也就难以维持了。大盘的涨跌就是整体资金的流动量比决定的，如果市场整体的买盘大于卖盘的话，相对来说指数应该是上涨的，反之则亦然。这是从市场大的群体容量所做的简单定位，实际过程中则另有奥妙，因为市值大，在指数成分里所占的比例就高，所以大盘股的涨跌在很大程度上往往能够左右指数走势。看盘过程中如果发现指数突然盘中大幅度上涨，这时候就需要去看看几大指标股的动向。主流权重股出现了加速上涨，顶部的随时到来应该是预期之中的事，而非主流个股的大幅度下跌同样是机会的出现，这就是说在权重板块即将见顶回落的同时，对那些非主流低价股来说很可能就意味着机会，股市当中的板块切换格局就是这样，一个是风险，一个是机遇。要想形成完全的做空动力是需要整体合力的，主流股对指数有带动作用，可非主流群体的做多效应也是不能忽视的，这从很大程度上就复杂了对市场的单边判断，所以边走边观察应该属于灵活的策略。

3. 心理博弈

大盘的涨跌主要是由于股票的买卖，就是买卖双方的心理博弈，说白了就是赌场上的下注，成交价格是买卖双方利益的暂时平衡点，所有的因素最终都通过买卖双方的心理和行为反映到价格上来。股票市场的运行是以市场信心为基础的，是市场众多人心理的具体反映。也可解释为：市场上取得了某种共识——平衡！虽然在股票市场中，不平衡是常态，但是偏离平衡太远了，它就要回归平衡。所有的因素都在这个基础上发挥作用，你可以打破趋势的进程，但不可以改变趋势。这就是规律的作用！我们每个人都有自己的心理高位和低位，而主流意见就是真理。头部是资金不再流入而流出形成，底部是资金流出萎缩而产生；头部与底部之间是趋势。当空方趋势形成时，资金在流出，持币者就会逐步增加，只有在资金流出枯竭时，也就是成交量萎缩时，资金才会考虑大规模入市，趋势也就会扭转。

简而言之，影响大盘的因素既有基本面的因素，也有市场本身的运行规律，有些时候基本面和政策因素影响大一些，更多的时候规律所起的作用大一些。对于大盘而言，高位容易形成头部，低位容易产生底部。应该说，市场的高与低是相对的，原来的高位随着时间的推移会变成低位，同样，原来的低位也可以变成高位。但是在一个时间序列（一波牛市行情）里，高的就是高的，低的就是低的。在股市中，我们每个人都有自己的心理高位和低位，都或多或少想从过去探知现在，从历史推导未来，那么，大盘的运行轨迹、时间、关键点位、支撑与压力等，都会深深地影响着我们的思维，影响着我们的判断，因为市场相信历史会重演，只是以不同的方式出现罢了。

为什么"只赚指数不赚钱"

"指数在涨却没有赚钱"是很大一部分投资人的困惑。根据一份投资者收益调查显示，即使在2007年的牛市行情中，散户投资人"只赚指数，不赚钱"现象依旧非常明显。当年指数上涨超过一倍，但是赢利的个人投资者中，只有5%左右的被调查者收益率超过100%，跑赢大盘；30%的人收益率为20%～50%；14%的人获利50%～100%。再看看2007年的情况，据之前的那份调查显示，2007年有48%的投资者在股市获利，但在全年指数涨幅超过90%的时候，只有7%的投资人全年收益率在100%以上，而且有高达51%的投资者居然没有获利。再把时间拉近到2009年，即使大盘涨幅非常高，但仍有80%以上的投资者赚到的报酬不如大盘涨幅。这种情况主要是以下原因造成的：一方面，可能你没有选对股票。很多人看到大盘每天在涨就觉得很开心，但其实自己的投资组合当中有很多股票根本没啥起色，甚至不涨反跌。另一方面，可能你在不恰当的时点进行了买入和卖出。

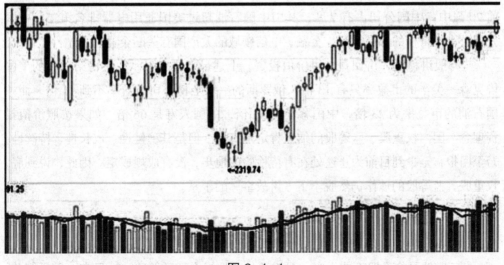

图6-1-1

观察图 6-1-1，沪指已经走出了标准的头肩底形态。在 2010 年 8 月 19 日股指第一次突破 2700 点时，由于权重板块的低迷和成交量的不尽如人意，突破最终失败。

虽然股指放量突破了前期压力位 2686 点，但从跌幅榜来看，其实大幅杀跌的个股不在少数，而跌幅居前的以前期遭到爆炒的中小板和创业板为主。因此，投资者在市场明显分化的时候一定要及时离场、规避风险，哪怕错过了后期股价的疯狂上涨也要选择回避，因为在这个市场中，能够做到风险控制、持续赢利的投资者才是最终的赢家。

因此，投资者要把握好市场的节奏，按板块轮动调整自己的投资标的，避免“只赚指数不赚钱”的尴尬。

大盘蓝筹股

蓝筹股多指长期稳定增长的、大型的传统工业股及金融股。在中国香港股市中，最有名的蓝筹股当属全球最大商业银行之一的“汇丰控股”。有华资背景的“长江实业”等，也属蓝筹股。

在内地股市大盘蓝筹股是指股本和市值较大的上市公司，但又不是所有大盘股都能够被称为蓝筹股，因此要为蓝筹股定一个确切的标准比较困难。从各国的经验来看，那些市值较大、业绩稳定、在行业内居于龙头地位并能对所在证券市场起到相当大影响的公司——比如港股中的长实、和黄，美国的 IBM，英国的劳合社等，才能享有“蓝筹股”的美誉。中国现在大盘蓝筹有工商银行、中国石油、中国神华等。

权重股、蓝筹股的崛起是中国经济发展的结果。全球上市公司市值最新排名显示，前 20 强中，中国公司占有 7 席，其中中国石油超过美国通用电器排名第二。中国公司进入排行榜的都是能源、金融、电信领域的大型国有垄断企业。

蓝筹股讲稳健，讲回报，讲价值投资。上述最新排名显示，上榜第一名的美国埃克森—美孚的市盈率只有 13 倍，俄罗斯的一家上榜公司市盈率不到 11 倍，而中国石油的市盈率为 23 倍，中国移动为 43 倍，中国人寿是 66 倍。如果按照价值投资理念，国内权重股、蓝筹股的估值肯定是高了。但是其稳健性、成长性、持续性，乃至回报，至少到目前为止还处在有待检验的地步，没有成规成矩。因此，说到底，权重股、蓝筹股的炒作仍然脱不了“讲故事”的干系。

如何忽视大盘选个股

真正赚钱是靠个股而非大盘，最重要的是选择合适的股票。这里有一种最简单、最原始的投资策略，即以业绩作为导向，做价值投资而不是趋势投资。

例如，2010 年 7 月业绩推股价上涨，许多人不看好大盘，认为当时股市的行情主要受两大因素的影响：一是欧美日等国家经济持续低迷，二是国家出台的房地产调控政策、银行债务等问题。这些对于二级市场都是利空因素。但是，国际方面，各国都在采取积极的营救措施，并尽力释放资金以维持社会稳定，国际经济并未出现恶化的迹象。至于国内调控房地产、防通胀、调配资金等对股市的影响主要表现在银行、房地产、钢铁等周期性产业上，但当时这些板块已经出现可喜的新现象：一是上市公司实际业绩高速增长，这对股价有支撑作用；二是我国经济的内生性十分强劲，这从 2010 年上半年上市公司中报平均利润 40% 的超预期涨幅就可以看出。这足以打破周期性板块持续"下台阶"的局面。值得庆幸的是，当时二级市场已经对 2010 年上半年业绩增长的超预期有正面反应，但还不够充分。在此之前，业绩超预期的利好仅仅表现在中小盘股内，尤其是部分业绩特别突出的上市公司，随后投资方向慢慢延伸到盘子较大的股票中，甚至蓝筹股里。蓝筹股一旦启动，那股市下跌的可能性就几乎没有。因此，有时做股票的策略并非以传统的"二八"来划分，而应该转为以业绩作导向。

选择个股也还可以走价值投资之路。延续这个思路，2010 年 9 月份的行情不存在暴跌的可能性，甚至投资者在操作时可以无视大盘的走向，大盘跌到哪里都无所谓。只要盯着好的上市公司做，接下来投资者只需注意一件事，就是是否有突发的重大利空，只要没有，就无需顾及大盘的走向。在大盘方向不确定的情况下，最简单的投资策略就是寻找高成长的行业和其中超业绩的个股，将这种投资策略运用在大盘蓝筹股上，当时大盘中业绩好又被严重低估的股票相当多，投资者可以提前进入。2010 年 10 月后，大盘果然有一波凌厉的上涨。

运用价值投资的方法，还要注意成交量。成交量上升意味着有大量资金流入盘子较大的板块中，而资金首先流入的应该就是业绩最佳的企业，所以投资者可按上市公司业绩增量的高低来判断下阶段的热点。

下面再来补充一下，选个股应注意的事项。如图 6-1-2：

大盘 30 日均线，横向走，没有明确的方向。意味着，如果你想做股票，得找 30 日均线向上的个股去做。下面有一个标准大家可以参考：

大盘 30 日线向上、个股 30 日线向上→首选；

大盘 30 日线走平、个股 30 日线向上→次选；

大盘 30 日线向下、个股 30 日线向上→次选；

大盘 30 日线走平、个股 30 日线走平→次次选；

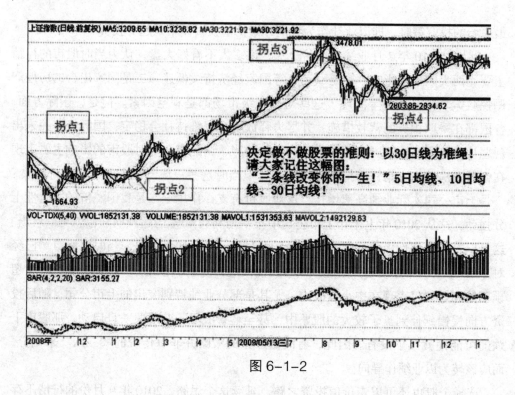

图 6-1-2

大盘 30 日线向下、个股 30 日线向下→不选。

第二节　大盘强弱的识别

强势有效市场

　　强势市场（多头市场）是指股价长期保持上涨趋势的市场，其变动特征为一连串的大涨小跌。股价包含了所有信息，甚至包括只有少数人知道的内幕消息，这样的市场就叫强势有效市场。

　　显然，在强势有效市场里，任何分析预测都是没有意义的。当然，如果市场是强势有效的，绝大多数证券从业者都要失业，所以至今很少有人接受市场是强势有效的假定。在强势有效市场中，"公平原则"得以最充分地体现，资源配置更合理有效。达到强势有效市场的前提是：投资者具有加工、分析信息并据此作出正确判断的能力，所有影响价格的信息都是流动的。这里有一实例，如图 6-2-1：

　　强势市场的战术策略：第一，注意股性不活跃的低价大盘股放量；第二，注意

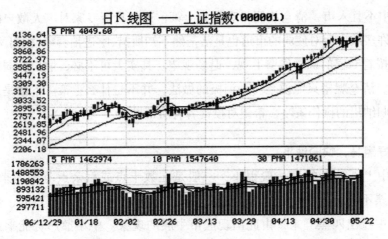

图 6-2-1

指数出现较大下跌时在涨的个股品种；第三，注意避免市场陷阱。

弱势市场

弱势市场（空头市场）是指股价长期呈现下跌趋势的市场，其变动特征为一连串的大跌小涨。如果价格、交易量、短期利率等市场交易信息已充分反映在股票价格中，这样的市场就被称为弱势有效市场。如图 6-2-2：

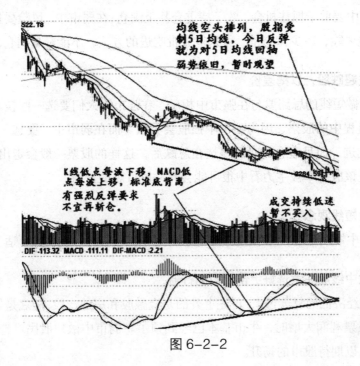

图 6-2-2

弱市中不宜入市，清仓放假，观望为上策，这是投资专家对广大散户的公式式的训导。许多散户面对疲弱的市道也是茫茫然不知所措，吃进怕套牢，抛出又怕踏空。因此只好按着专家的训导作壁上观，退场观望。其实大可不必，散户在弱市中也可大有所为，清仓观望只能说是一种消极的做法，并不是什么上策。下面是从弱市实战操作中归纳出的操作策略，希望对投资者有所帮助。

1. 选好黑马，快骑速下

弱市中上下波动幅度一般很小，一般是在数十点或百余点范围内来回拉锯，大部分股票不会有太多利润可赚。这时，机构大户是不会甘于寂寞的，会想方设法从弱市中拉出匹黑马来，由此出现熊市牛股的现象。中小散户若能乘机骑上一程，利润也是极其可观的。通过观察，弱市中的黑马有以下特征：（1）盘小、股性活、价低、绩优、有题材。（2）弱市中主力制造的题材一般有主力套牢、配股、业绩成长、内部职工股上市、收购等。（3）再结合盘面来分析，庄股的运行速度一般比股指快，不受大盘影响走出独立行情，同时伴有价涨量增、价跌量减的走势。弱市黑马行情是短暂的，散户切忌贪婪，骑上黑马走一程，赚取一些差价后迅速下马，以防被套。

2. 弱市中少持仓

在强市中要敢于抓住机会，敢于持重仓甚至满仓；在弱市中，风险要比强市中大，要善于规避风险，减少持仓量。可采取分批吃进的方法，不能轻易满仓。

3. 买进超跌股，以搏差价

在弱市做短线的思路要与在强市中相反。在强市中人们要选一些技术图形好的。处在上升过程中的股票，因为强市中强股会更强。而在弱市中，要选一些跌无可跌的低价股吃进，而且建仓的时间要选在急跌后，这样的股票一般会走出反弹或补涨行情，若是该股有幸被主力看中很可能会有一段可观的行情。

4. 树立短线观念

在弱市中短线是金，中线是银，长线是铁。要坚决树立短线观念，可适当做些中线。

5. 若做中线应注意选好上市公司的行业

股市从经济低潮复苏过来，首先上升的是金融股和房地产股，随之是轻工业股票，当重工业股票利润大增时，牛市基本已经到顶了。弱市中散户股民可选一些地产股和金融股，以期待股市的扬升。

6. 不宜频繁换股

摸清几只股票的股性、最高价和最低价，集中精力只做这几只股票。在弱市中若操作有方，同样会博得利润。尤其是中小散户，资金小、灵活、操作起来比机构便利，可以说在弱市中反而占有一定优势。弱市之中同样蕴藏着机会，抓住这种机会同样会赢利。

半强势市场

如果市场的交易信息以及所有有关公司发展前景的公开信息，都包含在股票价格之中，这样的市场被称为半强势有效市场。

经济学家所定义的公开信息，包括了公司产品、治理结构、财务报表、资本运作等一切见诸公司公告的信息。如图 6-2-3：

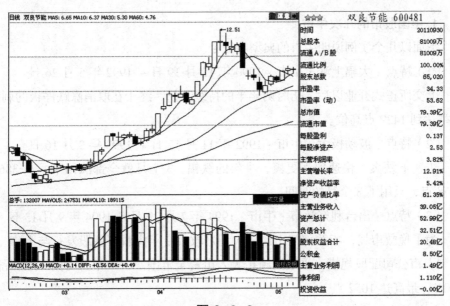

图 6-2-3

半强势市场是处于强势市场与弱势市场之间的一种状态。根据对三种市场的定义，可以看出，我国证券市场仍然处于弱势有效市场与半强势有效市场之间，最多是半强势有效市场，因为我们的市场中仍然充满了内幕消息和内部操纵现象。我们经常发现一种现象，一只股票半年涨了好几倍，我们都不知道是什么原因，结果等到了最高点，公司宣布重组等利好消息。前期介入的人就借利好出货，他们早就知道了这个内幕消息，散户与机构在信息上处于不对等的地位。

牛市

牛市（Bull market）也称多头市场，指证券市场行情普遍看涨，延续时间较长的大升市。此处的证券市场，泛指常见的股票、债券、期货、期权（选择权）、外汇、基金、可转让定存单、衍生性金融商品及其他各种证券。在股票市场上，牛市意味着股票市场上买入者多于卖出者，股市行情看涨。其他一些投资和投机性市场，也可用牛市和熊市来表述，如房市、邮（票）市、卡市等。

股票市场形成牛市的因素很多，主要包括以下几个方面：一、经济因素，股份企业赢利增多、经济处于繁荣时期、利率下降、新兴产业发展、温和的通货膨胀等都可能推动股市价格上涨。二、政治因素，政府政策、法令颁行，或发生了突变的政治事件都可引起股票价格上涨。三、股票市场本身的因素，如发行抢购风潮、大户大量购进股票都可引发牛市。

1. 中国股市的几次牛市

下面以几个实例说明牛市的典型特征：

（1）特点：大幅上涨；牛市：1990 年 12 月 19 日 ~ 1992 年 5 月 26 日

上交所正式开业以后，历时两年半的持续上扬，终于在取消涨跌停板的刺激下，一举达到 1429 点高位。

（2）特点：波动极大；牛市：1992 年 11 月 17 日 ~ 1993 年 2 月 16 日

快速下跌爽，快速上涨更爽，半年的跌幅，3 个月就全部涨回来。从 386 点到 1558 点，只用了 3 个月的时间。

（3）特点：出台利好救市；牛市：1994 年 7 月 29 日 ~ 1994 年 9 月 13 日

为了挽救市场，相关部门出台三大利好救市：年内暂停新股发行与上市，严格控制上市公司配股规模，采取措施扩大入市资金范围。一个半月时间，股指涨幅达 200%，最高达 1052 点。

（4）特点：牛市极短；牛市：1995 年 5 月 18 日 ~ 1995 年 5 月 22 日

这次牛市只有三个交易日。受到管理层关闭国债期货消息的影响，3 天时间股指就从 582 点上涨到 926 点。

（5）特点：绩优股带头；牛市：1996 年 1 月 19 日 ~ 1997 年 5 月 12 日

崇尚绩优开始成为市场主流投资理念，在深发展等股票的带领下，股指重新回到 1510 点。从 1996 年 4 月 1 日算起，至 12 月 12 日，上证综指涨幅达 124%，深证成指涨幅达 346%，涨幅达 5 倍以上的股票超过百种。两只领头羊中深发展从 6 元到 20.50 元，四川长虹从 7 元涨至 27.45 元。

（6）特点：一度历史最高；牛市：1999 年 5 月 19 日～2001 年 6 月 14 日

这次的牛市俗称"5·19"行情，网络概念股的强劲喷发将上证指数推高到了 2245 点的历史最高点。"5·19"行情直接的爆发点是上海证券报记者李威的《网络股能否成为领头羊——关于中国上市公司进军网络产业的思考》。领头的是东方明珠、广电股份、深桑达等网络股。

（7）特点：调整时间最长；牛市：2005 年 6 月 6 日～2007 年 10 月 16 日

这一轮牛熊市波澜起伏，从 998 点到 6124 点的新高，让无数新股民做了一场一夜暴富的黄粱美梦，而梦醒时分，却在 3000 点的沼泽地里痛苦挣扎。经过这轮历史上最长时间的大调整，A 股市场的市盈率降到合理水平，新一轮行情也在悄然酝酿之中。

当然，牛市的典型特征还有以下几条，也可以作为判断标准：上证综指新高频现，月线 MACD 指标变为正值，成交量不断上升。

2. 牛市操作策略

针对牛市的操作策略主要要把握以下几种：

（1）"牛市"行情一旦爆发，大资金蜂拥而入时，必须敢于重仓跟进，仍采用三分之一仓位或半仓操作者，斩获肯定有限。

（2）一旦重仓介入，就要坚定持股，不要稍有震荡或稍有获利，即抛股走人，摆脱不了熊市中的"五分钱万岁"思维。

（3）"牛市"操作，必须敢追领涨股，不怕连涨 3 个涨停板，只怕你不敢在"涨停板"上排队。

（4）"牛市"操作，强者恒强，不能孤立等待回档再介入，而是要顺应时势，该追时坚决追，该观望时则观望。

（5）"牛市"操作，技术指标大多处于"失灵"状态。涨了还涨，连涨近 10 个涨停板的情况并不少见。

（6）"牛市"操作，散户要以"我是主力"的角色换位，来揣摩预测大资金的动向，不能仍站在小散户的立场上，为打一点差价而忙碌。

（7）"牛市"操作，个股都有机会，不可见异思迁，频追热点，结果顾此失彼，赚指数不赚钱。

（8）"牛市"操作，人气是股价的翅膀，人气愈旺，股价越高，分析太理性，常用市盈率作为选股标准的，往往抓不到"大黑马"。

（9）"牛市"操作，热点多，转换快，一天几十个涨停板是正常现象，领涨股不翻番，坚决不松手。

（10）"牛市"操作，升幅大而快，"一天等于两个月"，不轻言见顶，不轻言调整。

熊市

熊市指股市行情萎靡不振，交易萎缩，指数一路下跌的态势。如：2001 年 7 月 ~ 2002 年底，就是典型的熊市。这段时间管理层频频出台利好政策救市，但股市仍然下跌，成交额屡屡缩小，无热点板块炒作，入市人数减少。

熊市也称空头市场，指行情普遍看淡，延续时间相对较长的大跌市，也称跌市、淡市、空头市场、卖空市场等。通常当市场跌幅在 20% 以上时为熊市。

1. 熊市的特征

（1）轮跌效应。比如说，前期是地产股不断下跌，最近又变成了银行、券商和有色金属杀跌，之后煤炭股又出现杀跌。这种轮番杀跌效应，对大盘当然没有起到好作用，因为总是有领跌力量向下促使大盘走低。

（2）破位补跌效应。有些股票在熊市前期也处于比较抗跌的状态，但是好景不长，一旦 K 线连续击穿多条均线，出现破位状况甚至是跌停时，后面肯定要引发新一轮的杀跌。还有就是一些个股，因为业绩连年亏损而被戴上"*ST"帽子，往往非常容易引发几个跌停式的补跌。

（3）重图不重质效应。只要是熊市来临，质地好的股票也一样会下跌，不要因为股票质地好而一定看多，系统性风险是不会管股票质地如何的。

2. 熊市操作策略

（1）不要盲目杀跌。在股市暴跌中不计成本的盲目斩仓是不明智的，止损应该选择浅套而且后市反弹上升空间不大的个股进行，对于下跌过急的个股，不妨等待其出现反弹行情后再择机卖出。

（2）不要急于挽回损失。在暴跌市中投资者往往被套严重，账面损失巨大，有的投资者急于挽回损失，随意增加操作频率或投入更多的资金，这不仅是徒劳无功的，还会造成亏损程度的加重。

（3）不要过于急躁。在暴跌市中，有些新股民容易出现自暴自弃，甚至是破罐破摔的赌气式操作。但不要忘记，人无论怎么生气，过段时间都可以平息下来，而如果资金出现巨额亏损，则是很难弥补回来的。所以，投资者无论在什么情况下，都不能拿自己的资金账户出气。

（4）不要过于恐慌。在暴跌市中，恐慌情绪是投资者最常有的。其实，股市有涨就有跌，有慢就有快，这是很自然的规律，只要股市始终存在，它就不会永远跌下去，最终会有上涨的时候。投资者应该趁着股市低迷的时候，认真学习研究，积极选股，及早做好迎接牛市的准备，以免行情转好时又犯追涨杀跌的老毛病。

（5）不要过于后悔。后悔心理常常会使投资者陷入一种连续操作失误的恶性循环中，所以投资者要尽快摆脱懊悔心理，在失败中吸取教训，提高自己的操作水平，争取在以后的操作中不犯错误或少犯错误。

（6）不要急于抢反弹。在跌势未尽的行情里，抢反弹如同是火中取栗，稍有不慎，就有可能引火上身。投资者千万不要因为贪图反弹的蝇头小利而去冒被深套的风险。

盘整市

盘整是指股价在一段时间内波动幅度小，无明显的上涨或下降趋势，股价呈牛皮整理，该阶段的行情振幅小，方向不易把握，是投资者最迷惑的时候。盘整不仅仅会出现在头部或底部，也会出现在上涨或下跌途中。根据盘整出现在股价运动的不同阶段，我们可将其分为：上涨中的盘整、下跌中的盘整、高档盘整、低档盘整四种情形。以下是这四种盘整市的典型特征：

（1）上涨中的盘整：此种盘整是股价经过一段时间的急速上涨后，稍做歇息，然后再次上行。其所对应的前一段涨势往往是弱市后的急速上升，从成交量上看，价升量增，到了盘整阶段，成交量并不萎缩，虽有获利回吐盘抛出，但买气旺盛，不足以击退多方。该盘整一般以楔形、旗形整理形态出现。

（2）下跌中的盘整：此种盘整是股价经过一段时间的下跌后，稍有企稳，略有反弹，然后再次调头下行。其所对应的前一段下跌受利空打击，盘整只是空方略作休息，股价略有回升，但经不起空方再次进攻，股价再度下跌，从成交量看，价跌量增。

（3）高档盘整：此种盘整是股价经过一段时间的上涨后，涨势停滞，股价盘旋波动，多方已耗尽能量，股价很高，上涨空间有限，主力在头部逐步出货，一旦主力撤退，由多转空，股价便会一举向下突破。此种盘整一般以矩形、圆弧顶形态出现。

（4）低档盘整：此种盘整是股价经过一段时间的下跌后，股价在底部盘旋，加之利多的出现，人气逐渐聚拢，市场资金并未撤离，只要股价不再下跌，就会纷纷进场，由空转多，主力在盘局中不断吸纳廉价筹码，浮动筹码日益减少，上档压力减轻，多方在此区域蓄势待发。当以上几种情况出现时，盘局就会向上突破了。此种盘整一般会以矩形、圆弧底形态出现。

另外，盘整形态是一种横向的运动。这在市场中形成了一个支撑特征，这经常是一个强劲上升趋势持续的基础。整固期是建立持续趋势力量的重要组成部分。盘整带的形成是稳定趋势的重要特征，盘整带使上升趋势降低速度，而不是形成趋势方向的反转，盘整带防止了一个泡沫趋势的形成。

下面来讲述当盘整已经出现时，应该如何面对：

股市有句谚语，久盘必跌，意思就是股票盘整久了，股价就会下跌，事实上并非如此。如果在底部区域，盘得越久，可能今后的涨幅就会越大，这在股市里也有一句谚语，叫横有多长竖有多高。这也就验证了事物都有其两面性的特点，在股市里体现在股价上，也是一样的。

如何面对盘整，这就要看股价是在低位还是在高位。其实股市并没有绝对的低位，你认为的低位也许并不是低位，股价可能还会向下。在这种情况下就要考虑股票的估值。如果上市公司经营良好，业绩呈现增长态势，市盈率又相对较低，这种情况可以认为是低位。

如果股价在低位盘整，有可能时间会较短，有可能时间会很长，甚至超乎想象的长。股价可以盘整到你厌恶，可以盘整到你失望，但是这种股票一旦上涨，其力度和幅度将会非常惊人。一般人难以忍受这种盘整，黑马也就这样被放跑了。

如果你看准一只股票，它在低位盘整的时候，可能是一个好机会，你可以用自己掌握的技术做 T，做差价来摊薄成本，尽量让自己的持股成本降低，一旦股票启动上涨，就能获得超额收益。

如果股价在底部启动后上涨了一段开始盘整，我们可以称之为中间位置盘整。在这种位置盘整有几个原因：其一，短线指标过高，盘整是为了修复指标。其二，清洗获利盘，进行空中加油，有利于继续上涨。在图形上表现为旗形整理或者上升三角形整理形态。其三，上档压力强大，主力无心恋战或者行情半途夭折，那么这种盘整后股价就会下跌，图形中可能会出现下降三角形盘整的状态等，但有时下降三角形整理后也会向上突破。

如果在高位盘整，那就应该小心了，久盘必跌的概率较大。在这种状态下就要参考 MACD、RSI、布林线等技术指标，进行综合分析。在高位盘整的股票一般不要去买入，如今股市已经不像以前那样齐涨齐跌，指数涨高，没有涨的股票很多，可选择的股票也很多，不要在一棵树上吊死。在这种情况下，可以选择其他的股票操作，或者选择休息。

这个市场每天都在不断变化着，如果是初学者，不妨在股票盘整的时候用心记录一下，自己模拟判断一下今后的走势，过一段时间回过头来做个验证；也可以打开其他股票的 K 线图来观察个股盘整的几种形态和结果，其实这也是一种经验。

第三节　股价和指数的分析方法

股价与指数大阳线的形态市场意义

形态市场意义主要有以下几点：

股价与指数大阳线后出现放量宽幅震荡星线；

股价与指数大阳线后出现放量下跌；

股价与指数大阳线后出现缩量下跌；

股价与指数大阳线后出现缩量且窄幅小阳或小阴线；

股价与指数大阳线后出现缩量攀升；

股价与指数大阳线放量震荡后，出现缩量；

价位拉升后的获利盘、高位被套逢高减持的割肉盘、解套盘。

这里给几个例子来详细说明：

1. 股价与指数大阳线后出现放量宽幅震荡星线（如图 6-3-1 所示）

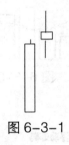

图 6-3-1

（1）股价的上涨使场内获利浮动筹码出局（如图 6-3-2 所示）

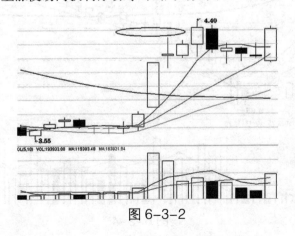

图 6-3-2

　　股价放量上涨突破均线的压制，由于股价长时间处于低位，刚刚走强时持股者心态不稳，逢高出局意愿较强。由于股价的上涨，吸引了场外资金参与，股价在第二天高开，前期的抄底资金获利出局，股价收成放量震荡星线。星线后的缩量小幅上涨的小阳线可以判断，空仓资金的介入较为谨慎，但股价浮动筹码较少，上行压力较轻。

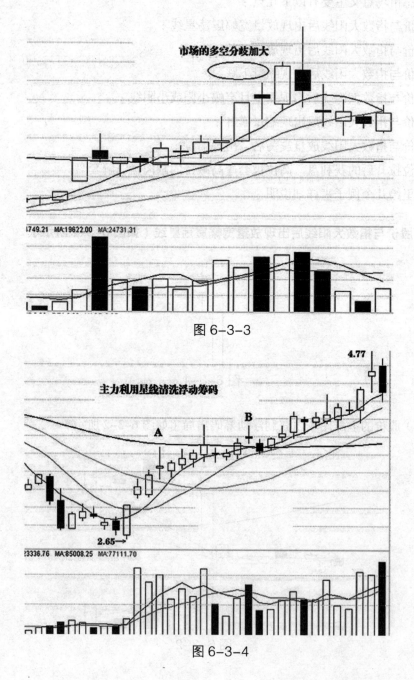

图 6-3-3

图 6-3-4

（2）市场的多空分歧（如图 6-3-3 所示）

股价经过较长一段的窄幅整理后,市场看多较为一致,出现了量能温和的大阳线。但第二天出现的放量震荡星线,说明以短线持股为目的的投资者较多,市场多空分歧较大,股价上行压力较重,需要调整。

（3）主力利用震荡星线清洗浮动筹码（如图 6-3-4 所示）

股价连续几天大阳线上涨,积累了较多的获利盘,前期被套资金也逢高出局,A 处出现放量震荡,浮动筹码进行有效的清洗。尤其在横盘后的 B 处出现放量震荡星线,其后股价缩量跳空下跌,说明浮动筹码出局较为彻底。

（4）消化前期被套筹码（如图 6-3-5 所示）

股价突然出现涨停,第二天出现了放巨量的震荡星线,其意义是一举消化了前期被套筹码。这种大幅拉升后的放量星线是主力的一种推高快速筹码收集。

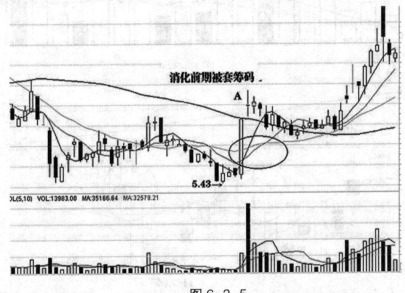

图 6-3-5

（5）连续拉抬后,主力利用市场追涨意愿派发（如图 6-3-6 所示）

由 A 处的缩量大阳线可以判断,市场一致看多,空仓的追涨意愿非常强烈,为主力高位拉高派发创造了有利条件。股价在 B 处大幅拉高,最后放量冲高回落,主力快速利用市场最高人气进行了成功的派发。由 C 处大幅跳空低开的放量下跌,可以看出主力出脱最后的筹码成功出局,头部特征就很清晰了。其形态内部所包含的市场意义,值得深思。

（6）下跌途中股价或指数出现大幅反弹,是空仓的积极买入（如图 6-3-7 所示）

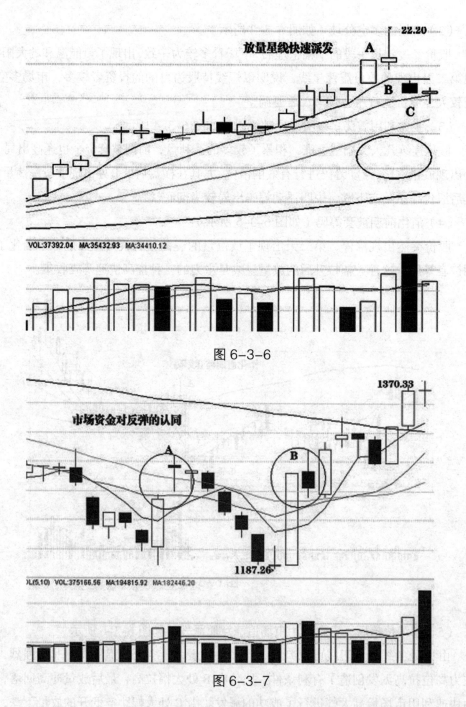

图 6-3-6

图 6-3-7

　　在严重的下跌中，指数出现了单日大幅反弹，第二天指数大幅高开，收出放量震荡的星线，说明空仓资金对目前反弹位置的认同，从而积极买入。由 A、B 两个位置的放量震荡星线就可以判断，股指将会出现反弹行情。

2. 股价与指数大阳线后出现放量下跌（如图 6-3-8 所示）

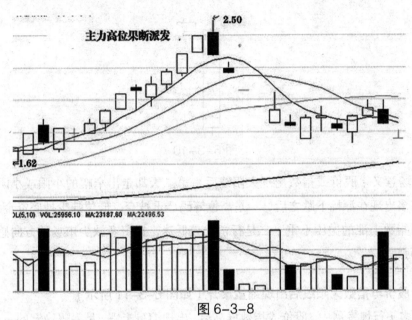

图 6-3-8

此形态特别是在大幅拉升后的相对高位，多是主力果断派发，容易形成倒 V 形反转。

3. 股价与指数大阳线后出现缩量下跌（如图 6-3-9 所示）

图 6-3-9

在弱市反弹中容易出现这种情况，其意义为：

（1）股民对后市发展不看好。

（2）市场缺少做多意愿。

（3）场内缺少承接盘。指数反弹后，不被市场投资者认同，缺少入市意愿，往往还有一定的跌幅。从这种简单的形态中可以分析下跌途中的反弹与后市方向。

4. 股价与指数大阳线后出现缩量且窄幅小阳或小阴线（如图 6-3-10 所示）

图 6-3-10

市场意义：股价或指数出现大阳线后，第二天却走出窄幅的小阳或小阴线，这种形态多出现在深幅下跌之后，一是高位筹码严重被套，低位缺少抄底资金的介入，股价或指数上涨的抛压不重；二是行情比较低迷，投资者缺少市场的方向感，入场意愿不强。

5. 股价与指数大阳线后出现缩量攀升（如图 6-3-11 所示）

在多头行情发展中，股价或指数推高后，出现缩量上涨，是筹码稳定的一种表现，股民持股待涨，但是也说明市场参与较为谨慎，追高意愿不足，多出现在行情发展的中级阶段或市场经过一轮调整后。在下跌反弹中出现这种情况，是一种缺少人气的表现，一般不会反弹太高，而是重新走向下跌。

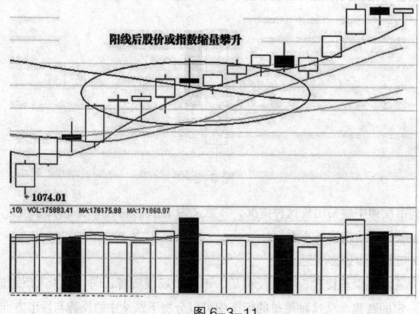

图 6-3-11

6. 股价与指数大阳线放量震荡后，出现缩量（如图 6-3-12 所示）

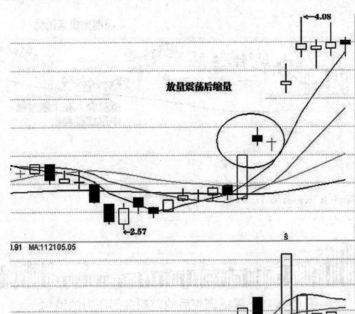

图 6-3-12

这是一种股价上升途中的洗盘形态，在放量震荡中前期获利筹码出局，股价通过充分换手、蓄势后会再行拉升。

7. 价位拉升后的获利盘、高位被套逢高减持的割肉盘、解套盘（如图 6-3-13、图 6-3-14、图 6-3-15 所示）

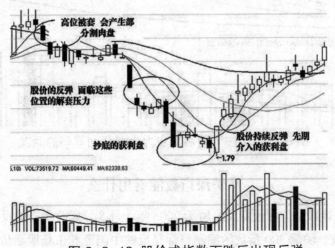

图 6-3-13 股价或指数下跌后出现反弹

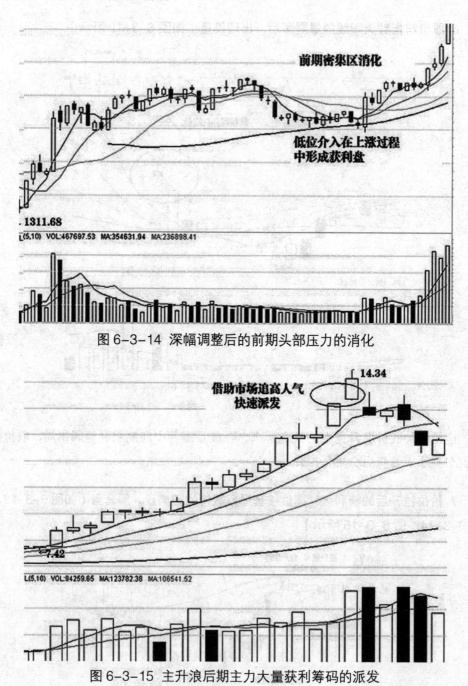

图 6-3-14 深幅调整后的前期头部压力的消化

图 6-3-15 主升浪后期主力大量获利筹码的派发

从沪深指数能看出什么

　　沪深300指数是沪深证券交易所于2005年4月8日联合发布的反映A股市场整体走势的指数。沪深300指数的编制目标是反映中国证券市场股票价格变动的概貌和运行状况，并作为投资业绩的评价标准，为指数化投资和指数衍生产品创新提供基础条件。以下是沪深 300 的一些基本特征：

第一，沪深 300 指数是以 2004 年 12 月 31 日为基期，基点为 1000 点，其计算是以调整股本为权重，采用派许加权综合价格指数公式进行计算。其中，调整股本根据分级靠档方法获得。

第二，凡有成分股分红派息，指数不予调整，任其自然回落。

第三，沪深 300 指数会对成分股进行定期调整，其调整原则为：一、指数成分股原则上每半年调整一次，一般为 1 月初和 7 月初实施调整，调整方案提前两周公布。二、每次调整的比例不超过 10%。样本调整设置缓冲区，排名在 240 名内的新样本优先进入，排名在 360 名之前的老样本优先保留。三、最近一次财务报告亏损的股票原则上不进入新选样本，除非该股票影响指数的代表性。

其计算公式为：报告期指数 = 报告期成分股的调整市值 / 基日成分股的调整市值 × 1000。其中，调整市值 = ∑（市价 × 调整股本数），基日成分股的调整市值亦称为除数。

沪深 300 指数的良好市场表现也使得以其为投资标的的指数基金业绩表现较为突出，那么作为一种强调交易性和投资性的指数，其成分股基本面上的特征，主要基于财务指标从赢利能力、成长能力、分红派息以及估值等角度，对沪深 300 指数推出以来其基本面特征变化进行一个简单的分析。从而，我们可以从沪深 300 得出以下信息：

1. 指数市场代表性

（1）总市值占比。指数的首要功能是反映股票市场的股价变化情况，因此指数必须具备一定的规模。沪深 300 指数样本覆盖了沪深市场 70% 左右的市值，具有较强的市场代表性。

（2）行业代表性。指数代表性不仅包括市场代表性，也包含指数的行业代表性。指数的行业分布和目标市场越接近，则指数越能代表市场，越有利于指数化投资者较充分地分散组合的行业风险。以证监会的行业分类为依据，沪深 300 指数的成分股覆盖了全部 13 个行业；计算结果显示，沪深 300 指数总市值的行业偏离度仅为 2.05%，同时，沪深 300 指数用较少的股票样本实现了指数行业比重与整体市场的高度一致。

（3）与其他指数的相关性。沪深 300 指数和证券市场上一些主要指数的相关性较高，具有较高的市场代表性，能够较好地反映整个 A 股市场的走势。

2. 指数的投资性分析

（1）沪深 300 指数成分股基本面良好。

（2）沪深 300 指数投资价值高，从市盈率和市净率两个指标来看，沪深 300 指数成分股的估值显著低于市场平均水平，凸现出良好的投资机会。

（3）指数市场表现，综合来看，沪深 300 指数的成分股体现了大蓝筹的特征，代表了沪深两市 A 股市场的核心优质资产，成长性强，估值水平低，其在整体经营业绩和估值水平方面对投资者具有很强的吸引力。

3. 指数流动性分析，指数的抗操纵性

从整体上分析，这些都可以反映整体的局势。

4. 绩优蓝筹股分析

自 2005 年 4 月沪深 300 指数发布以来，其所倡导的价值投资理念与机构投资者不谋而合。以沪深 300 指数板块为代表的绩优蓝筹股是基金等机构投资者重点关注的对象，因为这批上市公司整体赢利能力强、资产质地优良，投资价值高。统计显示，沪深 300 指数的成分股和基金的十大重仓股重合度非常高，且有不断提高的趋势。此外，上市公司定期报告也显示，其前十大流通股股东大都为基金、QFII、保险、社保和券商等市场上主要的机构投资者。

5. 跌幅水平分析

通过对比各个指数跌幅水平，可以判断导致沪深 300 指数上涨或下跌的股票类型，是以大盘蓝筹股为主的价值型股票还是以中小板为主的成长型股票。当成长型股票下跌而价值型股票走强时，沪深 300 指数最终还是上涨；如果成长型股票较强而价值型股票偏弱时，沪深 300 指数将下跌。由此从不同类型股票的走势，可以推断出沪深 300 指数上涨或下跌的幅度，从而为股指期货投资提供参考。

此外，沪深 300 指数走势对比还将提高股指期货套保策略的实施效果。如果投资者的股票组合以成长股为主，在进行股指期货套保时需关注价值指数的走势。如果价值指数走势明显强于成长指数，则不宜对股票组合进行套保；当价值指数与成长指数走势相近，则套期保值的安全性较高。对于以价值型股票为主的投资组合也是一样，同样需要兼顾成长指数的走势。由于有了两种指数间的对比，届时股指期货套期保值时机的选取将把握得更好，有利于提高股指期货套保的效果。

第四节　如何识别大盘和个股行情

如何判断当日个股短线机会

可以用以下几种方法来判断当日个股短线机会：

1. 个股攻击力度要求

涨幅、量。如果当日盘中第一板个股涨幅没有超过5％的，则可以判定所有主力都慑于大盘淫威，不敢动作，因此不具备短线操作机会。量比排行榜上没有量比数值大于3倍且涨幅也同时大于3％的个股，则当日肯定不具备短线操作机会。

2. 群庄协同、分化情况

热点。当日盘中涨幅榜第一板的股票混乱，不能形成横向或纵向关联，也就是说热点散乱，则当日基本不具备短线操作机会。这种状况暗示的是盘面中基本都是游资在活动，集团大资金处于局外观望，我们也应该观望。

3. 敏感时段回避要领

技术敏感、时间敏感。在大盘处于敏感的技术位置，如高位巨量长阴、重大技术关口跌破以及关键的变盘时间窗时，实战操作必须提高警惕，考虑回避风险，临盘各种做多买进操作不允许展开。

如何判别见顶还是调整

主要有以下几种方法可以判断见顶还是调整：

1. 从价格变动的角度识别

上升行情中出现的强势调整一般有洗盘的目的，股价的跌势较凶狠，用快速、连续性的下跌和跌破重要支撑线等方法来达到清洗浮动筹码的目的。而大盘构筑顶部时期的下跌则是以清仓出货为主要目的，所以，其走势特征较温和，以一种缓慢的下跌速率来麻痹投资者，使投资者在类似"温水煮青蛙"的跌市中，不知不觉地陷入深套。

2. 从成交量的角度识别

强势调整中的成交量大幅萎缩，说明市场中实际的主动性抛盘并不重。见顶回落行情中的成交量明显放大，而且，在股价转入下跌通道后，成交量依然不见明显缩小，表明市场中的主力资金撤出。

3. 从 K 线形态的角度识别

强势调整时的走势常常以长线实体的大阴线出现，而构筑顶部的时候往往会在股价正式破位之前，出现一连串的小阴线或小阳线，使得投资者对后市仍抱有期望。有时在筑顶过程中，K 线实体虽然较短，但上下影线却较长，显示盘中震荡加剧。

4. 从尾盘异动的角度识别

强势调整时一般在尾盘常常会出现异动，例如：股价本来全天走势非常正常，但临近尾盘时，却会突然遭遇巨大卖盘打压，使得 K 线图上出现破位的走势。而在见顶过程中尾盘出现异动的现象相对要少得多。

5. 从调整持续时间的角度识别

上涨过程中的强势调整行情持续时间不长，一般 5 ~ 12 个交易日就结束。而见顶的过程中，股价调整的时间较长。

6. 从成交密集区的角度识别

强势调整还是构筑顶部往往与成交密集区有一定的关系，当股价从底部区域启动不久，离低位成交密集区不远，这时出现的下跌属于强势调整的概率较大。如果股价逼近上档套牢筹码的成交密集区时遇到阻力，那么，构筑顶部的概率比较大。

判断见顶的方法无非两个要点：其一是上涨幅度，其二是换手率是否放大。这是人们熟知的道理。因为上涨幅度不大，控盘主力无所谓出逃的问题，除非大势不好，或者出了大事，或者出现了意想不到的其他事情。而主力要想成功出逃必然会伴随换手率放大的情况，无论主力的操盘水平如何高超，在出逃之前做出怎样漂亮的图形，其出逃的股票数量是遮掩不了的。有人认为除了上述两点之外，判断见顶的最简单最便捷的方法是心理分析法。主力出逃前一定会将图形做得好看，世界上没有这样愚蠢的主力或者说这样愚蠢的人，会在自己打算出逃之前将图形做坏的，因为谁都知道图形做坏以后自己就已经逃不出去了，或者说将图形做坏是为自己制造了巨大的外逃障碍。除非涨幅非常之大，主力可以毫无顾忌地出逃，出逃以后依然能够获取可观的赢利；或者出了大事顾不得盈亏了，否则绝不会出现先做坏图形然后出逃的怪事。

判断调整的信号无非也是两点：一是成交量的迅速萎缩。虽然这意味着多头的买盘力量有所衰弱，但相对应的则是卖盘力量也迅速衰弱，意味着做空能量的减弱，这自然会带来大盘的短线企稳契机。二是新股等代表着短线资金风向的品种会否出现止跌企稳。因为短线资金往往在热点中转换较快,所以,只要新股等品种出现强势,意味着市场的短多能量聚集,市场短线企稳的可能性就会迅速增强。

<h2 style="text-align:center">下跌中继平台的识别</h2>

下跌中继平台是指股市经历过一段时间调整后,自然地于某一位置暂时性出现的止跌企稳走势,市场运行多表现为平衡格局。股价的中长期下跌,往往是以下跌平台方式进行,其过程为下跌——平台抵抗——破位下跌——平台抵抗。一轮中长期下跌,通常会出现两到三个下跌中继平台。

1. 下跌中继平台的特点

(1)K 线:股价在日均线系统(21、34、55)中上下震荡,K 线形态为矩形整理形态。股价反弹时,在前期高点附近受阻回落,日 K 线组合上会出现流星线、十字星、乌云盖顶等反弹见顶信号。下探时,股价在箱底附近得到支撑,会有锅架底、早晨之星等见底 K 线组合信号。当股价第三次、第四次下探考验箱底支撑时,投资者就要小心,一旦股价向下突破箱底,则下跌中继平台就得到确认。

(2)成交量:股价在向上反弹时,成交量温和放大,而当股价上冲至前期顶部时,成交量会急剧放出,但没有持续性,随后成交量迅速萎缩,这往往是反弹见顶的信号。

(3)日均线系统(21、34、55):在下跌中继平台中,均线系统由空头排列变为纠缠状。其过程为:空头排列——金叉——死叉——金叉——死叉——破位下跌。一般而言,日均线系统在二次死叉后,便会破位下跌。

(4)RSI、21 日 RSI 在 60 附近回落,7 日 RSI 与 21 日 RSI 死叉为反弹见顶信号;21 日 RSI 在 40 ~ 50 区域止跌回升,7 日 RSI 与 21 日 RSI 金叉为见底反弹信号。若出现在 40 ~ 50 区域震荡止跌后又继续下行,则股价可能将向下突破,重新进入下跌趋势。

2. 下跌中继平台识别的技巧

(1)关注宏观基本面与政策面。宏观基本面是制约股市走势的最基本因素,政策面则是影响股市的直接因素,因而投资者对此必须保持高度关注。政策面的明朗与态度将决定股市是见底,还是继续下跌中继形态。

(2)关注市场增量资金的入市意愿。资金运动是股市的本质,缺乏新增量资金介入的股市很难有上涨的空间,而增量资金的介入将会直接表现在市场的成交量方面。下跌中继平台在量能上的鲜明特点就是成交量的不断减少，常常以一种缩量上涨或无量反弹的形式，草草结束平台后的突破走势，然后继续沿着原有下跌趋势运行。这种量能上的不配合，揭示了增量资金入市并不积极，因而市场比较容易形成下跌中继平台。

（3）适当关注技术分析方面的因素。在均线系统方面，下跌中继平台受均线的压制往往比较明显，一旦股市稍有上涨就会触及多条均线构成的阻力区，导致大盘无功而返。而且，从常用的 RSI 指标和随机指标 KDJ 的角度进行研判，可以发现：如果从日线或近期指标分析，这两种指标已进入超卖区；但是，从周线或月线指标分析，则发现 RSI 和 KDJ 并没有完全见底，这时候也容易出现下跌中继平台。

下跌中继与底部的区分

下面从两个方面来分析，一个是下跌中继与底部的相同点，另一个是下跌中继与底部的不同点。先来讲相同点：

（1）下跌中继平台与阶段性底部都是在股市经历过一段时间的快速调整后，自然地于某一位置暂时性止跌企稳，出现平衡走势。

（2）成交量会不断减少。一般情况下，阶段性底部的量能至少减少到前期峰量的三分之一以下，下跌中继平台也同样会大幅度减少。

（3）当大盘即将进入阶段性底部时，指数在盘中表现多为窄幅整理状况，表现在 K 线形态上，就是 K 线实体较小，并且经常出现单个或连续性的小阴小阳线。

（4）盘中热点逐渐沉寂下来，只有少数板块或零星个股，表演自弹自唱的行情，但对市场人气起不到聚拢和带动作用。

（5）技术指标大多处于超卖区域，其中随机指标的 J 值至少低于 20，通常是跌为负值；心理线指标的 20 天移动平均线小于 0.4；13 日 W&R 指标线低于 −80。

（6）投资者的炒作热情趋于冷淡，投资心态较为冷静，一般不愿意采用追涨杀跌的激进操作手法，而多采用一些较为保守的投资策略。

虽然这些相同特征，增加了投资者区别下跌中继平台与阶段性底部的难度，但还是有些科学的方法能够准确辨别两者的差异。对于下跌中继平台与阶段性底部的识别，重点是通过平台走势之前和平台走势之后这两个阶段进行的。

通过对平台走势前的下跌过程中的特征进行识别。如果在平台之前的下跌过程中有明显的刻意打压迹象，这时形成的平台大多属于阶段性底部。其中，刻意打压的迹象主要有：

（1）移动成本分布研判。主要是通过对移动筹码的平均成本分布和三角形分布进行分析，如果发现大多数个股的获利盘长时间处于较低水平，甚至短时间内获利盘接近 0，而股市仍然遭到空方的肆意打压，则可以说明这属于主力资金的刻意打压行为。

（2）均线系统与乖离率的研判。股市偏离均线系统过远，乖离率的负值过大时，往往会向 0 值回归，如果这时有资金仍不顾一切地继续打压，则可以视为刻意打压行为。

（3）成交量的研判。当股市下跌到一定阶段时，投资者由于亏损幅度过大，会逐渐减少交易，成交量会逐渐地趋于缩小，直至放出地量水平。这时候如果有巨量砸盘，或者有前期主流品种纷纷跳水，但股市却并没有受较大影响，则说明这是主流资金在打压恐吓。

（4）做空动能的研判。如果大盘经历了较长时间的下跌，做空动能已经消耗将尽，但股指仍然不能摆脱下跌的命运。这时投资者就需要运用反向思维：大盘是否有实质性做空因素？做空的动力来自何方？空方的动机何在？如果大盘没有实质性做空因素，则不排除主流资金正在有所图谋地刻意打压。

（5）恐慌盘的研判。在下跌过程中如果有大量恐慌盘慌不择路地出逃，而大盘却能迅速止跌企稳，说明有资金正在乘机逢低建仓，后市将出现阶段性底部。主力资金刻意打压的目的就在于在低位收集廉价筹码，如果没有恐慌盘的退出，就会给主流资金发动行情带来困难。因此，调整的时间就会延长，而下跌中继平台出现的概率也将大为增加。

如果股市的下跌没有刻意打压的迹象，而是因为市场本身存在调整压力，或受到实质性做空因素的影响导致的自然性下跌，这时形成的走势大多属于下跌中继平台。

通过对平台走势后的突破过程中的特征进行识别：

（1）增量资金的介入程度。如果平台走势后的突破过程中，增量资金积极介入，成交量是处于有效放大的，那么，比较容易形成阶段性底部。如果平台突破后，成交量不但不放大，反而持续减少，显示增量资金入市不积极的，则比较容易形成下跌中继平台。

（2）技术形态与指标状况。平台走势后的突破过程中，如果各项技术指标严重超卖，包括日线、周线，甚至月线在内的技术指标均出现一定程度同步底背离特征，而且底部形态构筑比较坚实的，容易形成阶段性底部；如果指标没有严重超卖，或没有形成同步底背离特征的，以及底部形态的构筑没有经过反复夯实的，一般会形成下跌中继。

（3）领头羊的种类与表现。平台突破后，市场中涌现出的领头羊如果是具有一定市场号召力和资金凝聚力，并且能有效激发市场的人气，具有向纵深发展潜力和便于大规模主流资金进出的热点个股，则往往能成功构筑阶段性底部。相反，领头羊是没有号召力、凝聚力，不能激发市场人气，不便于大资金进出的小盘股、超跌股或补涨股，则往往会形成下跌中继走势。

二次探底与破位下行的区分

股市经历过长时间地深幅下跌以后，往往积弱难返，不能在一次见底过程中就扭转颓势，只有在第一次反弹中先延缓下跌的速率，然后通过二次探底再蓄势整理积累做多能量，重新发动一轮上升行情。表现在盘面中的走势形态类似于"W"，这是最重要的底部形态之一，W 形底或称为双底。

众所周知，行情的启动必须以增量资金的介入为先决条件，在双底形态中量能的因素十分重要，没有成交量支持的形态是难以构筑成功的，即使从表面上走出双底，也往往不能走出理想的上升浪，有时甚至来不及突破颈线位就回落了。

对于双底的量能分析主要集中在其能否有效放量，其中需要重点观察以下四种情况：

（1）W 形底的构筑过程中，右侧 V 形走势的成交量是否能超过左侧 V 形走势的成交量；

（2）完成右底后的右侧上涨过程中是否能有效放量；

（3）特别是在突破颈线位的关键时刻，是否能够带量快速突破；

（4）W 形底的构筑过程中，均量线是否能向上移动，并处于发散过程中。

这些因素是决定双底形态能否构筑成功的关键因素。

识别行情见底的技巧

下面，分两步来解析如何识别行情见底：

1. 提前见底股的 4 大特征

俗话说，任何的犯罪都有蛛丝马迹，想要寻找那些提前见底的股票，就要从蛛丝马迹入手，其实这类股票都有这么几个特征：

（1）在下跌阶段，锁仓良好，没有大规模出货，图形上主要表现为缩量。

（2）最后的下跌阶段，不但没有出货，如果用大机构系统的主被动买卖功能追踪一下，你会发现有主力加仓迹象，这个是最关键的。

（3）价格不高，后续有运作空间，当然，这个不是普遍特征，而是这样的股票更容易被主力炒作。

（4）行业和政策扶持，后续具备炒作的题材，这个也不是必需的，但是有类似题材的会更容易炒作。

2. 股价见底的 7 大特征

在实践中，股价初步见底一般有如下 7 大基本特征：

（1）长期趋势线逐渐平缓和改变。经历长期下跌后，股票开始变得跌无可跌，其基本特征就是持续的地量发生，随后出现 30 日均线逐渐走平，其他短期均线反复黏合，每天稀少清淡的买卖，让人对盘面失去观看兴趣，下跌力量衰竭。

（2）盘口买卖稀少，浮筹减少。市场成本接近，不少个股的买一、卖一价格差距扩大，很多股票连续几分钟、十几分钟无买卖盘出现。

（3）股票价格进入到一段相对平稳的市场环境里。股票不再继续下跌，个股股价经常以小阴小阳出现，盘中波动幅度不大，这样的时间长则几个月或者是半年，短线客完全没有操作机会，直到有一天，新的主力资金开始悄然关注，有计划分步骤地进行战略性建仓。先是中短期均线逐步向上，并且前期的长期压力线，比如 30 和 60 日均线也被攻克，说明主力对当前点位坚信不疑，敢于做多。

（4）长期技术指标都向上金叉，特别是 KDJ 等重要指标，如周线、月线。从沪深 A 股 20 多年来的周 K、月线结合看，一般指标向上处于接近负值，再重新往上发生金叉后，往往就是历史大底不远，其准确程度高于任何分析值，这主要是因为长期指标跨越时间长，几乎没有主力能够轻易改变和左右，此时，市场各方可以考虑连续调集资金准备入市，积极做多。

（5）宏观经济面改善，货币和经济政策从宽，经济周期变暖，市场资金充裕。例如 1992、1997 和 2007 年的大牛市都是在这些政策背景下产生的。

（6）流通股筹码开始集中。至少是连续 4 个财务报表中能够发现，个股流通股筹码不断分化，然后在新的一份财务报表中能够发现平均持股率上升，流通股股东开始减少，说明确实有主力资金开始收集筹码，表明主力对当前股价以及底部形态的认可。

（7）大小非和限售股解禁比例超过 70%。考虑到全流通时期大小非减持这个历史新问题的影响，若能增加一项衡量标准，那就是至少个股大小非和限售股解禁比例超过 70%，股票供求关系平衡，将不再存在其他可以打压股价的力量。

识别反弹与反转的技巧

识别反弹与反转之间的差异，对于研判大势至关重要，有下面几种技巧可以借鉴：

（1）从主力的炒作理念上看，是否推陈出新。在反转行情里，市场会形成一种全新的投资理念，同时还会有一些全新的题材和概念。而反弹行情里，缺乏新理念和新思维，反弹时市场只是在重复过去的一些陈旧的题材和概念。

（2）从领涨板块上看，大盘是否有做多的灵魂。反转行情中，必须有能够被市场认可的并且能激发人气的领涨板块，如 1996 年的绩优股和 1999 年的科技股。在反转行情里有一大批强势股屡创新高，高价股的火爆能够起到示范效应，使市场的整体价格重心抬高，将上升空间完全打开，大盘的热点连续，而且持续的时间较长。反弹行情中，热点杂乱无章，而且不连续，缺乏带人气的领涨板块，行情属于超跌反弹的性质。

（3）从成交量上看，是否量能充分。如果是反转的话，大盘在筑底完成后，向上突破时，成交量成倍放大，而且连续放出巨量，此时的量应当接近或超过上一波行情顶部的量，从底部向上突破时的量越大，说明量能越充分，反转的可能性越大。而反弹的成交量较小，即使放出巨量，也不能连续放出，无法维持量能，说明多头后续能量不足。

（4）要看底部构造是否充分。大盘经过大幅下跌后，成交量长期低迷，股价已经跌无可跌，市场对利好和利空已经麻木，在多次利空的打击下，几次探底，但下跌动力明显不足，无法再创出新低，底部形态明显，这是反转的首要条件。而反弹是在下跌趋势里的一种技术性回补，反弹的底部构造不充分。

（5）从基本面上看，是否有支撑一轮大牛市的环境。反转行情中，基本面会发生根本性的变化，各种因素都支持股市走牛。而反弹行情里，基本面没有根本性的变化，甚至基本面还在继续恶化。

（6）从资金来源上看，是否有大量的新资金进场。主要标志为：新股民是否纷纷入市。反转行情里投资者的队伍不断扩大，场外资金大量进场，多头有强大的生力军做后盾。而反弹行情里，入市的新股民不多，行情主要靠场内的存量资金维持。

（7）从技术上看，短、中、长期均线是否形成多头排列。反转行情中，大盘的短期均线的上升强劲有力，中期均线紧随其后，长期均线开始拐头向上，短中期均线有效穿越长期均线，形成金叉，大盘的整体均线系统构成多头排列。在反弹行情里，短中期均线虽然拐头向上，但长期均线仍然保持一定的速率向下运行，而且短中期均线无法有效穿越长期均线，反弹行情一般在长期均线处遇阻，成交量萎缩，股指无力有效突破长期均线。

第五节　中小板和创业板盘面分析

随着中小板指数的不断新高，创业板赚钱效应的不断显现，这两大板块也成为人们关注的热点。如何从这两板块中淘到金呢？也需要掌握其中的诀窍。

主板与中小板的差别在哪里

先来了解它们各自的定义，主板市场是指传统意义上的证券市场，是一个国家或地区证券发行、上市及交易的主要场所。中国的主板市场包括深交所和上交所。有些企业的条件达不到主板市场的要求，所以只能在中小板市场上市。中小板市场是创业板的一种过渡，在中国的中小板的市场代码是002开头的。

我们来比较一下创业板与中小板、主板的主要发行条件。

1. 相同点

一般情况下，成立时间均为3年以上；

注册资本足额缴纳及股东、发起人的出资要求相同；

持续赢利的要求；

生产经营符合国家产业政策的要求；

依法纳税，合法享受税收优惠，经营成果对税收优惠不存在严重依赖；

不存在重大偿债风险，不存在影响持续经营的担保、诉讼以及仲裁等重大事项；

股权清晰要求；

资产完整及独立性要求；

会计基础规范、内部控制制度健全、资金管理制度健全、担保管理；

董事、监事和高管熟悉相关规定等。

2. 创业板与中小板的不同点

（1）财务指标

①利润指标

创业板：最近2年连续赢利，利润总额不低于1000万元，且持续增长；或者最近1年赢利，且净利润不少于500万元，最近1年营业收入不少于5000万元，最近

2 年营业收入增长率均不低于 30%。

中小板：最近 3 个会计年度净利润均为正数且累计超过人民币 3000 万元，且最近 3 个会计年度营业收入累计超过人民币 3 亿元；或最近 3 个会计年度经营活动产生的现金流量净额累计超过人民币 5000 万元。

②净资产要求

创业板：最近一期末净资产不少于 2000 万元，且不存在未弥补亏损；

中小板：对最近一期末净资产未提出明确要求，仅要求最近一期末不存在未弥补亏损。

③股本总额要求

创业板：发行后股本总额不少于 3000 万元；

中小板：发行前股本总额不少于人民币 3000 万元；

④无形资产比例要求

创业板：对无形资产比例不存在限制；

中小板：最近一期末无形资产（扣除土地使用权、水面养殖权和采矿权等后）占净资产的比例不高于 20%。

（2）主营业务

创业板：发行人应当主要经营一种主营业务；

中小板：未对此有明确强制性规定，但一般也会发表主营业务突出的意见。

（3）稳定性要求的期限

创业板：最近 2 年内主营业务和董事、高级管理人员均没有发生重大变化，实际控制人没有发生变更；

中小板：最近 3 年内主营业务和董事、高级管理人员没有发生重大变化，实际控制人没有发生变更。

（4）公司治理结构

创业板：除建立健全股东大会、董事会、监事会以及独立董事、董事会秘书制度外，明确提出要建立审计委员会制度；

中小板：未明确要求建立审计委员会制度；

（5）重大违法行为的适用范围

创业板：适用范围为发行人及其控股股东和实际控制人，期限为最近 3 年内发行人及其控股股东、实际控制人最近 3 年内不存在损害投资者合法权益和社会公共利益的重大违法行为。发行人及其控股股东、实际控制人最近 3 年内不存在未经法定机关核准，擅自公开或者变相公开发行证券，或者有关违法行为虽然发生在 3 年前，但目前仍处于持续状态的情形。

中小企业板：适用范围仅仅为发行人。

3. 主板与中小板交易的不同点

（1）开盘集合

主板：9：15 ～ 9：25 开盘集合竞价，9：30 ～ 11：30 和 13：00 ～ 15：00 连续竞价，15：00 ～ 15：30 大宗交易。

中小板：9：15 ～ 9：25 开盘集合竞价，9：30 ～ 11：30 和 13：00 ～ 14：57 连续竞价，14：57 ～ 15：00 收盘集合竞价，15：00 ～ 15：30 大宗交易。

（2）集合竞价

主板：在 9：25 的时候直接公布开盘价和成交量。

中小板：在 9：15 ～ 9：25，交易系统会按照集合竞价规则对当前已收到的有效委托进行一次虚拟的集合竞价（每隔 10 秒揭示一次，不是实际开盘价，不产生实际成交），以确定截至目前的有效委托将产生的集合竞价成交价，这个价格就是虚拟开盘价。每次揭示的虚拟开盘价会随着新委托的进入而不断更新，这样投资者可以了解当前参与集合竞价的委托情况，增加开盘集合竞价的透明度。

具体来说，在五档行情下，如果集合竞价时匹配量为 0，则在买一和卖一档分别揭示开盘参考价格和匹配量；如果集合竞价时出现未匹配量为卖方剩余，则除了在买一和卖一档分别揭示开盘参考价格和匹配量外，在卖二的数量位置揭示未匹配量，五档中的其他档均为空白，不揭示价格和数量；如果集合竞价时出现未匹配量为买方剩余，则除了在买一和卖一档分别揭示开盘参考价格和匹配量外，在买二的数量位置揭示未匹配量，五档中的其他档均为空白，不揭示价格和数量。

（3）撤单申报

主板：开盘集合竞价时，交易主机任何时间内都接受撤单申报。

中小板：开盘集合竞价时，9：20 ～ 9：25 主机不接受撤单申报，除此之外都可接受撤单申报。

（4）收盘定价

主板：以当日最后一笔交易前 1 分钟所有交易的成交量加权平均价（含最后一笔交易）来确定。

中小板：14：57 ～ 15：00 实施收盘集合竞价，以确定收盘价，收盘集合竞价不能产生收盘价的，以最后一笔成交价为当日收盘价。

如何骑上中小企业板的领头羊

中小板块即中小企业板，是相对于主板市场而言的，一些企业没有达到上主板市场的要求，在中小板市场上市。它指的是流通盘在 1 亿以下的创业板块。该板块是在 2004 年 6 月 25 日揭幕的，是深交所为鼓励自主创新而专门设置的中小型公司聚集板块。该板块的主要特点是：普遍具有收入增长快、赢利能力强、科技含量高的特点，而且股票流动性好，交易活跃。

选择中小企业板块个股必须具备的优势有：

（1）在行业产品方面要有独特性，在行业地位方面要处于行业龙头，在行业背景方面要有良好的发展前景。

（2）在市场特征方面要有低价优势。目前中小企业板中的主力资金规模不大，流通盘越小，股价越低，就越便于各种资金操作。因市场中存在着普遍的"恐高症"，所以投资者选股应尽量选择价位偏低的。

（3）在技术特征方面要有坚实的底部支撑优势。底部是否坚实主要取决于底部形态的构筑时间及形态特征的完整性，还有就是中小板块新股在底部区域的换手情况，换手越充分，则表明该股的筹码交换过程越顺利，将来该股的上涨空间就越大。

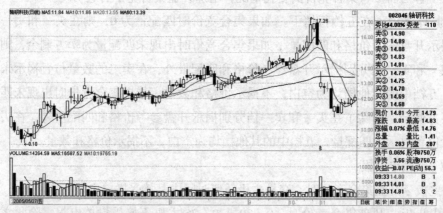

图 6-5-1 轴研科技（002046）2005 年 5 月 26 日到 2005 年 11 月 24 日的走势图

图 6-5-1 为轴研科技（002046）在 2005 年 5 月 26 日到 2005 年 11 月 24 日的走势图。该股是在 2005 年 5 月 26 日上市的，总股本为 6500 万股，流通盘 2500 万股，首次上市流通为 2000 万股。轴研所是轴承行业唯一的国家一类科研院所，是轴承业技术创新的龙头，大股东科技实力雄厚，行业地位突出。公司生产的航天特种轴承处于市场垄断地位，它的垄断地位将使得公司获得稳定的利润来源和增长。该股发行价格为 6.39 元，公司 2004 年每股收益 0.3257 元。从该股的趋势图表现来看，该股的股价会有一个很好的表现，后来的走势也证明了这一点。

图 6-5-2 苏宁电器（002024）2004 年 8 月 2 日到 2005 年 4 月 11 日的走势图

图 6-5-2 为苏宁电器（002024）在 2004 年 8 月 2 日到 2005 年 4 月 11 日的走势图。苏宁电器于 2004 年 7 月 21 日，登陆深圳交易所的中小企业板，上市后股价连续上涨了 3 天，同时引领中小企业板块的所有股票全面上涨。此次苏宁电器共发行 2500 万股股票，筹集资金 4 亿元，主要用于 11 家门店的建设，同时保持增加苏宁电器在一级市场的市场份额，从而加速市场的扩张。与此同时，2003 ~ 2004 年中国的家电连锁销售行业正处于高速发展时期，家电连锁销售在整个家电流通中的比重不断上升，但是专业家电连锁占整个家电销售的比重仍然较低。如果中国的市场能够达到国外成熟市场连锁业的程度，那么中国需要专业的家电连锁行业以继续保持较快的增长。2003 年底，我国家电流通企业超过了 3.9 万家，而美国的同类企业不足 1000 家，美国前三大电器零售商控制了高达 80% 的市场份额。行业集中度的提升，将有助于该行业的良性发展。而我国家电零售行业的行业集中度还远没有达到美国市场水平，此后数年，家电零售行业展开新一轮洗牌。苏宁电器作为家电连锁业的第一梯队，竞争力强，发展迅速。

由于苏宁电器满足行业优势、流通盘子小等特点，并且它的首日发行在技术形态方面又有支撑，在综合该股的基本面方面的优势后就可以大胆地选择该股了。从该股的日线图可以看出，该股的后市行情很好，股价在短短的 8 个月里涨了 2 倍多。

对于中小板，我们需要关注以下几方面的因素：

（1）由于资金性质的不同导致投资中小企业板的风险要大于主板市场。

中小企业板新股的上市安排是在严格地监管下有序进行的，所以在中小企业板的开创初期会出现资金过剩局面；又因为中小板市场的容量很小，这就容易造成流动性强的短线投机资金，这部分资金的操盘手法凶悍，目的是短线套利，所以很容易造成股价剧烈震荡。

（2）市场规模较小容易增加系统性风险。

因为中小企业板块的市场规模较小，所以容易引起指数的大幅波动，而且中小企业板被投资大众广泛看好，会产生要将中小板股票炒到高价的舆论，这些都会增加该板块的市场风险。

（3）存在市场运作风险和投资风险等多方面的非系统性风险。这往往是由中小企业板的上市门槛降低，中小板上市公司的经营状况、技术含量、业绩增长情况，以及上市公司的诚信道德等方面的原因引起的。

创业板和创业板指数

创业板又称二板市场，即第二股票交易市场，是指主板之外的专为暂时无法上市的中小企业和新兴公司提供融资途径和成长空间的证券交易市场。

在中国发展创业板市场是为了给中小企业提供更方便的融资渠道，为风险资本营造一个正常的退出机制。同时，这也是我国调整产业结构、推进经济改革的重要手段。对投资者来说，创业板市场的风险要比主板市场高得多，当然，回报可能也会大得多。各国政府对二板市场的监管更为严格，其核心就是"信息披露"。除此之外，监管部门还通过"保荐人"制度来帮助投资者选择高素质企业。二板市场和主板市场的投资对象和风险承受能力是不相同的，在通常情况下，二者不会相互影响，而且由于它们内在的联系，反而会促进主板市场的进一步活跃。

创业板指数，也称为加权平均指数，就是以起始日为一个基准点，按照创业板所有股票的流通市值，一个一个计算当天的股价，再加权平均，与开板之日的"基准点"比较。

2009 年是中国创业板元年，根据创业板已披露完毕的业绩快报或年报统计，已上市的 58 家创业板公司 2009 年整体业绩同比增长了 47.49％，这是一个令人欣喜的数据，因为这是 A 股上市公司业绩增速最高的一个板块。统计显示，58 家公司 2009 年实现营业收入 179.06 亿元，实现归属母公司股东的净利润为 33.79 亿元，同比分别增长 33.61％和 47.49％。58 家公司加权平均每股收益为 0.87 元。创业板股票经过爆炒和回归之后，估值水平逐渐进入合理区域，最重要的是创业板公司业绩的高增长将提升这些公司的投资价值，这也是 2010 年 2 月份以后创业板股票出现较大幅度反弹的原因。

创业板的交易规则

除上市首日交易风险控制制度外，创业板交易制度与主板保持一致，仍适用现有的《交易规则》。

在交易规则上，除上市首日增加停牌指标外，创业板与主板相同。当创业板股票上市首日盘中成交价格较当日开盘价首次上涨或下跌达到或超过 20% 时，深交所可对该股实施临时停牌 30 分钟；首次上涨或下跌达到或超过 50% 时，深交所可对其实施临时停牌 30 分钟；首次上涨或下跌达到或超过 80% 时，深交所可对其实施临时停牌至 14 时 57 分。临时停牌期间，投资者可以继续申报，也可以撤销申报。股票临时停牌至或跨越 14 时 57 分的，深交所将于 14 时 57 分将其复牌并对停牌期间已接受的申报进行复牌集合竞价，然后进行收盘集合竞价。

另外，在停牌制度方面，相对于主板，创业板主要在三方面加以改进：一是披露年度报告、业绩预告等重大事项不实行一小时例行停牌；二是出现异常情况如预计重大事项策划阶段不能保密、市场有传闻且出现股价异动的情况等，公司可主动提出停牌申请或由深交所直接实施盘中停牌；三是长期停牌公司每 5 个交易日必须披露停牌原因及相应进展情况。

投资创业板的策略

投资策略的选择，研究来，研究去，就发现如果上市公司的质量没有保障，资源不丰富，产品质量不好的话，创业板的选择肯定要失败。

选择创业板上的上市公司有以下几个基本步骤：

首先，这家公司的产品是否有足够的市场空间，该公司所在的行业竞争的激烈程度如何，是否门槛较低，因为这些关系到利润水平。

其次，公司的毛利水平有多高，其利润增长的源泉何在等问题则与该公司在行业内的竞争能力有关。在此基础上，还要注意辨识该公司的增长是否属于周期性增长。有些周期性公司从低谷向顶峰过渡时业绩增幅通常相当迅速，投资者如果不能辨识公司的周期性，往往会跟随公司跌入低谷。

当然，并不是每一个小公司都能够成长为业界巨人，微软、可口可乐这样从纳斯达克成长起来的企业毕竟只是少数。同时，以主板作为参照物，投资者对于创业板企业的成长性也应该有一个理性的认识。

创业板在制度设计上有一点和中小板、主板都不同，那就是公司没有重组的可能性，因此，高速成长就意味着高风险。到 2010 年 8 月份，创业板整体市盈率为 62.65 倍，与沪深 300 成分股市盈率的比值为 3.85 倍，显然处于高位。业内人士认为，从目前发行的市盈率来看，一些公司的估值仍然过高，建议投资者继续等待高估值风险的进一步释放。

当然对创业板的投资还有另一种策略，即申购创业板新股。一般来讲只要申购到了，是赚钱的可能性还是很大的。申购有以下步骤：

（1）投资者在申购新股之前，应办妥证券账户的开户手续，到证券公司开立资金账户，并根据自己的申购量存入足额的申购资金。

（2）申购日（T 日），投资者以发行价格委托买入该股票。

（3）交易所以实际到位资金作为有效申购，由电脑系统自动进行连续配号，每500 股配一个申购号，并在当日收市后将申购配号传给各证券公司。

（4）申购日后第二天（T+2 日），由主承销商组织摇号抽签，并于 T+3 日公布中签结果。

（5）申购日后第三天（T+3 日），投资者可以到参与申购的证券公司营业部查询申购是否中签，也可在本所指定信息披露网站查询公司的中签结果公告，同时可通过本所的语音查询电话查询中签情况。

创业板市场，是相对主板市场而言，它是专门为成长性企业进入证券市场开辟的一个新渠道。与主板市场相比，创业板市场的上市公司主要有以下特点：

（1）规模不同。在沪深交易所（主板）上市交易的公司，其股本总额不得少于 5000 万元；而创业板市场主要为中小企业服务，这些企业规模较小，股本总额只要达到 2000 万元即可。入市门槛低，使得不少有潜力的中小企业能到资本市场一展身手。

（2）对公司上市之前的赢利要求不同。主板市场的上市公司在上市之前有一定规模，在本行业中有一定的地位，企业经营已进入稳步发展期，企业赢利能力较为稳定，新的利润增长点较为可靠；而创业板的上市公司大部分是高科技企业和具有成长性的中小型企业，经营前景不明朗，企业规模小，经营历史短，生存能力和赢利能力还没有经受足够的市场考验。

（3）控股主体不同。主板市场的上市公司绝大多数由国家控股，而创业板的上市公司控股主体一般是民营企业或个人。

（4）风险不同。与主板市场相比，创业板的上市公司更具有成长性，但风险也更大。香港创业板开设之初曾有过指数上冲 1000 点的辉煌，但也有下探至 300 多点的时候；号称国内"第一新闻网"的新浪网也有在数月间从每股 58 美元跌至 5 美元的经历。创业板的风险之大可见一斑。

基于创业板的特点，普通市民在投资这一品种时，应注意以下几点：一要对上市公司的基本情况进行分析，注意选择那些在新技术开发、新材料应用上占有优势，且有竞争实力的企业。二要对上市公司的财务状况进行分析，主要分析其负债及偿债能力、获利能力、资金周转等情况。三要掌握国际市场动向。由于全球创业板市场的龙头是美国纳斯达克，它左右着许多国家创业板的走向，因此研究、了解纳斯达克的走势成为创业板投资者的必修课。四要注重稳健操作，以分散投资、组合投资为主，保持理智、冷静、果断的投资心态。

创业板投资中应明确的风险

创业板是对主板市场的有效补充，在资本市场中占据着重要的位置。在创业板市场上市的公司大多从事高科技业务，具有较高的成长性，但往往成立时间较短规模较小，业绩也不突出。创业板市场最大的特点就是低门槛进入，严要求运作。投资创业板企业股票应注意规避以下风险：

首先是信息风险。这个问题容易被许多人忽视，因为创业板企业成立时间短，企业信息少，如果企业缺乏诚信，很容易造成企业信息单一，甚至不排除虚假的信息，投资者把握不好，风险极大。中国有股市以来，信息不对称的问题长期没有被解决。上市公司内幕消息成为一个神秘的炒作题材，由此带来的法律问题、股民损失问题、监管不善问题相当严重，也是造成股民资产损失的一大原因。

然后是股价风险。就我们目前的证券市场来看，股票的价格和企业的赢利能力以及基本面并没有十足的关联。公司的基本面可以远远脱离市场，而所谓的消息、所谓的二级市场做庄就可以令股票价格飞天。创业板公司的盘子小且高度依赖技术——盘子小意味着股价容易被操纵，依赖技术意味着炒作不缺题材，二者一结合便给"忽悠"留出了巨大空间。

再次是道德风险。按照创业板的进入标准，既然创业者创立企业三年就挣得了亿万身家，暴富引发的在二级市场的套现行为已经不是秘密。在既得利益的驱使下，有些上市企业的实际控制人不顾一切地套现。国家对于目前违规套现处罚的制度并不完善，特别是有些规定在细节上依然不够严密。在打击上也是管理手段单一，方式僵化。如何采取最严厉的措施一步到位地进行打击并且有效进行防范，这一课题一直摆在管理层的面前。

最后是退市风险。企业的快速成长本身就难以持续，再加上市场波动、技术更新、团队离散……创业板上的企业注定活得小心翼翼，其根源便在于创业板的"直接退市"规定。该规定指出，企业即便没有出现亏损，只要出现以下情形之一且限期内不能改善的则将启动退市程序：被会计师事务所出具否定意见或无法表示意见的审计报告，净资产为负，股票连续 120 个交易日累计成交量低于 100 万股。这些办法和措施相信现在已经开通了创业板的股民并不一定真正了解，股民们关心它的投机成功率、收益率，却往往忽视了存在的巨大风险。

第七章

K 线操作实战技法

第一节　K 线选股 23 招

K 线图形选股

卖出要果断,买进要谨慎。那么,何谓买进要谨慎呢? 从技术上来说,就是选股时,要仔细地看 K 线图进行选股。下面就以早晨十字星和早晨之星为案例,进行选股的讲解:

如果同时碰到出现早晨十字星和早晨之星的个股,需要选择出现早晨十字星的个股买进。虽然早晨之星和早晨十字星都是见底信号,都有可能给投资者带来获利的机会。不过,早晨十字星的见底信号比早晨之星来得更可靠,因为早晨十字星中间的那一根 K 线是"十字线"或"长十字线",提示股价正处于十字路口,即关键时刻。其转势信号要比一般的小阳线、小阴线更强烈。据我们统计出现早晨十字星的股票上涨概率为 75%,出现早晨之星的股票上涨概率仅为 68%。可见,前者要比后者上涨的可能性大得多。因此,在同等条件下,应该优先选择早晨十字星的股票。

同样的道理,在相同的条件下,选择出现光头光脚大阳线的个股买进,而放弃出现带有上涨线大阳线的个股。因为光头光脚的大阳线表明多方上攻气势很盛,不给空方留有一点余地,而大阳线呈现上影线多少说明多方上攻的底气还不是很足。前者的上涨机会要比后者来得大:

(1)当个股出现早晨之星、早晨十字 K 线图形时,这时究竟能不能看多,首先要看大盘的走势如何。只有在大盘走势呈现强势时,投资者才可以看多,反之,一般就不要看多,而应采取观望态度。

(2)当个股出现早晨之星、早晨 K 线图形时,这时可不可以买进,除了要看大盘定势外，还要看个股的 30 日均线情况怎样。只有在个股的 30 日均线走强时，才可买进。

（3）在可以做多的相同条件下，应优先选择早晨十字星的股票买进，这样取胜的把握就更大一些。

严格按照规则操作。但光这还不够，我们还必须从时间上予以考虑。一般来说，股价走势显示的时间越长，人为因素就越少（因为时间越长，庄家在图形上做假就越困难），信号也就越可靠。

选择一般的股票，可以看该股近一年来的周 K 线走势图。通常，如果在周 K 线上出现"早晨之星""早晨十字星""大阳线""下探上涨形""徐缓上升形"，我们就可确定该股未来走势有可能向好。有经验的投资者认为，为了更有把握，周 K 线必须连续两周以上拉阳线，否则就不进货。

选择冷门股时，要把时间范围再扩大些。当一个股票长期受市场冷落后，积弱已久，要想翻身绝不是轻而易举的事，只有大的实力机构重新看中它，大资金进来后它才有出头之日。而大资金进场，无论主力手法多么诡秘，在月 K 线走势图上总会留有它的痕迹。买进前先要把该股近几年来的月 K 线走势图仔细分析一下，只有当月 K 线走势图上出现买进信号时，才可以考虑建仓。

"头肩底"形态选股

市场热点切换过快，短线操作困难增大。结合上面谈到，买股前先察言观色，确定是时候买入了，再在个股上下一番工夫——如何时何价买，这样可大大提高操作准确度。

一般来说，构筑一个大的头肩底需要经过一年，甚至几年的低位蓄势，只有这样才能积累股价向上攻击时所需大能量。像这种蓄势很久的头肩底的做多能量，一旦被释放出来，就会形成排山倒海之势，股价大幅上涨行情便会不期而至。

"头肩底"形态在底部形态分析中占有相当重要的地位，一个真正完善有效的形态形成之后，能量是相当巨大的。能够正确认识到"头肩底"形态并及时介入的投资者，获利是相当丰厚的。

形态在右肩即将完工时，往往会提供廉价筹码的关注时机。待股价向上突破时，短线可做差价。即使股价出现下调，向下有右肩下边线的支持，深套概率不大。无论是大型还是小型。只要处在构筑右肩或正向形态颈线进行回抽阶段的个股，就可逢低介入。

利用"头肩底"寻找明星股时要注意以下几种技巧：

（1）当"头肩底"颈线突破时，就是一个真正的买入信号，虽然股价和最低点比较，已上升一段幅度，但升势只是刚刚开始，尚未买入的投资者应该继续追入。其最少升幅的量度方法是从头部的最低点画一条垂直线相交于颈线，然后在右肩突破颈线的一点开始，向上量度出同样的高度，所量出的价格就是该股将会上升的最小幅度。

当颈线阻力突破时，必须要有成交量激增的配合，否则这可能是一个错误的突破。不过，如果在突破后成交逐渐增加，形态也可确认。

（2）"头肩顶"和"头肩底"的形状差不多，主要的区别在于成交量方面。

（3）一般来说，"头肩底"形态较为平坦，因此需要较长的时间来完成。

（4）在升破颈线后可能会出现暂时性的回跌，但回跌不应低于颈线。如果回跌低于颈线，又或是股价在颈线水平回落，没法突破颈线阻力，而且还跌低于头部，这可能是一个失败的"头肩底"形态。

"头肩底"是极具预测威力的形态之一，一旦获得确认，升幅大多会多于其最少升幅的。所以短线高手需要把握住股市中出现的头肩底行情进行选股。

如图 7-1-1，皖维高新（600063）在 2008 年 10 月 16 日走出反弹高点，在 K 线图上形成"头肩底"的左肩，11 月 5 日探底，在 K 线图上形成"头肩底"的头部。2008 年 12 月 9 日走出反弹高点，在 K 线图上形成"头肩底"的右肩，形成一个完整的"头肩底"形态，此后该股逐步上扬，升幅达 300％以上。

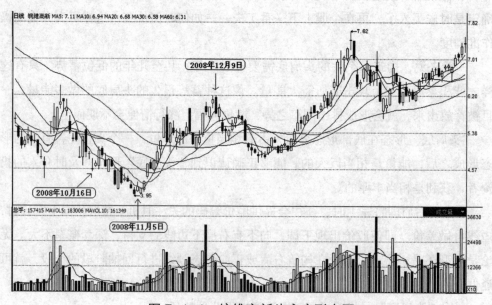

图 7-1-1　皖维高新头肩底形态图

"潜伏底"形态选股

短期市场偏弱的市道，一方面给我们炒作带来难度，但另一方面，又为我们选择潜力股建仓提供了机会，市场弱势格局下，部分股票形成的独立行情或走出的底部构筑形态，更容易为我们所认识。因此，目前市场环境下选股，应关注一批与大盘走向不同的个股，尤其是已构筑成一个大潜伏底，有望走出新的升浪的个股。这类个股的判断有几个标准：

（1）股价横向整理时间较长，已作较充分的调整，尤其经过一轮大跌之后在底部区域横向整理时间较长的个股。

（2）底部运行呈现出收敛并呈底部抬高之势，短期有较好的量价配合，存在启动迹象。

（3）个股业绩尚好，并符合目前市场炒作热点。

股价在一个极狭窄的范围内横向移动，每个股价的波幅很小。且成交量亦十分稀疏，仿佛冬眠时潜伏在底部的蛇，这种形态称之为潜伏底。通常潜伏底的时间比较长，但是其突破后产生的成交量的激增和股价的暴涨也是惊人的，所以股谚说"潜伏底，横有多长，竖有多高"。

潜伏底大多出现在市场疲弱之时或一些股本小的冷门股上。这些股票比较容易受到投资者的忽视，稀少的买卖使股票的供应十分平衡。

持有股票的人找不到急于沽售的理由，有意买进的也找不到急于买入的理由，于是股价就在一个狭窄的区域里一天天地移动，既没有上升的趋势，也没有下跌的迹象，潜伏不动。最后，该股突然出现不寻常的大量成交，原因可能是受到某些突如其来的消息，例如，公司盈利大增、分红前景好等的刺激，股价快速脱离潜伏底，大幅上扬。

在潜伏底中，先知先觉的投资者在潜伏形成期间不断收集性买入，当形态突破后，未来的上升趋势将会强而有力，而且股价的升幅甚大。所以，当潜伏底明显向上突破时，值得投资者马上跟进，跟进这些股票利润十分可观，风险却很低。

通常潜伏底的投资要点包括以下三种情况：

（1）潜伏底形成时间较长。

（2）投资者必须在长期性底部出现明显突破时方可跟进。突破的特征是成交量激增。

（3）在突破后的上升途中，成交量较高。

如图 7-1-2，熊猫烟花（600599）在 2009 年 3 月 ~7 月底的长时间内窄幅横盘，而同期大盘从 2100 点上升到 3400 点，升幅超过 60%，

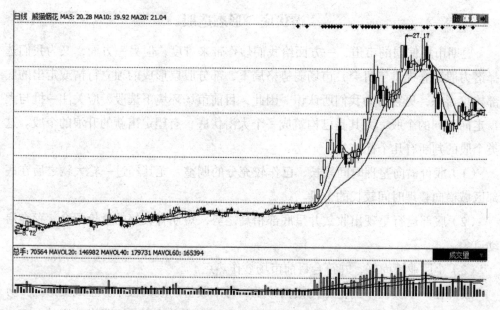

图 7-1-2　熊猫烟花 K 线走势图

　　熊猫烟花的众多散户一般很难承受如此沉闷的个股行情从而纷纷抛出。而庄家通过这种长期的潜伏底吸纳了大量筹码，终于在 8 月初拔地而起，成为耀眼明星。

　　由此，我们可以分析大恒科技（600288）这一只个股，该股为一只低价中盘科技股，以光通讯产业为主营涉足数字电视等领域，具有较好的成长潜力，目前为大券商持股较多的一个品种，该股近期一直以横向运行反复筑底形态为特点，短期调整已充分，运行近半年的大底部形态面临向上突破之势，短线有加速上行的要求，短期可以重点关注。

"双重底"形态选股

　　在双重顶的股市走势中，股价在持续下跌一段时间后，往往会出现技术性反弹。但回升时间幅度不大，然后又出现下跌，当跌至上次低点时却获得支撑，再一次回升，这次回升时成交量要大于前次反弹时的成交量。股价在这段时间的移动轨迹就像一个"W"字，这就是双重底，又称"W"底走势。

　　无论是"双重顶"还是"双重底"，都必须突破颈线（双头的颈线是第一次从高峰回落的最低点；双底的颈线就是第一次从低点反弹的最高点），形态才算完成。

　　在双重底的走势中，股价持续的下跌令持股的投资者觉得股价太低而惜售，而另一些投资者则因为新低价的吸引尝试买入，加之前期做空者也在低位回补，于是股价呈现回升态势。当上升至某水平时，短线投机买入者获利回吐，那些在跌市中持货的也趁回升时沽出，因此股价又再一次下挫。但对后市充满信心的投资者觉得他们错过了上次低点买入的良机，所以这次股价回落到上次低点时便立即跟进。当越来越多的投资者买入时，求多供少的力量便推动股价扬升，而且还突破颈线，扭转了过去下跌的趋势，开始新一轮的上升。

在"双重底"形态选股时，要采取的策略是：

（1）一般双底的第二个底点都较第一个底点稍高，原因是先知先觉的投资者在第二次回落时已开始买入，令股价没法再次跌回上次的低点。

（2）双底最少涨幅的量度方法也是一样，双底的最低点和颈线之间的距离，是股价突破颈线后至少会升高的长度。

（3）形成第一个底部时，其回落的低点约是最高点的 10%~20%。

（4）双重底不一定都是反转信号，有时也会是整理形态，这要视两个波谷的时间差决定。通常两个低点形成的时间相隔超过一个月。

（5）双底第二个底部成交量十分低沉，但在突破颈线时，必须得到成交量激增的配合方可确认。双头跌破颈线时，不需成交量的上升也应该信赖。

（6）通常突破颈线后，会出现短暂的反方向移动，称之为反抽。双底只要反抽不低于颈线，形态依然有效。

（7）一般来说，双头或双底的升跌幅度都较量度出来的最小升跌幅为大。

严格意义上的双底往往要一个月以上才能形成，但是，有许多短线高手乐意在小时图或 15 分钟图上寻找这种图形。这也是一种有效的短线操作方法。但要小心的是，一个分时图上的双底形成之后，不能认为日线图上的造势改变了，因为分

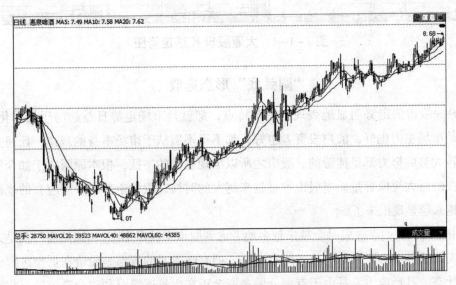

图 7-1-3　惠泉啤酒 K 线走势图

时图上的形态能量不足以改变日线图的走势。

如图 7-1-3，惠泉啤酒（600573）股价经过 2008 年熊市的长时间下跌后，在 2008 年 10 月 13 日到达最低点 4.07 元，此后出现了技术性反弹，10 月 31 日最高价 5.26 元，股价在这段时间的移动轨迹形成一个标准的双重底，此后逐步攀高。

如图 7-1-4，以大厦股份（600327，现为大东方）为例，在市场持续调整的背景之下，该股独立独行，持续放量上攻。从 K 线图看，该股上市之后，一直处于下降通道之中，2003 年 1 月 8 日见底反弹，在反弹过程中，随着前期套牢盘以及短线获利盘的涌出，该股于 3 月 13 日见顶回落，随后在 5 月 14 日股价接近前期低点附近止跌企稳之后，展开一轮发力上攻的行情，后市可适当关注其颈线位的压力。

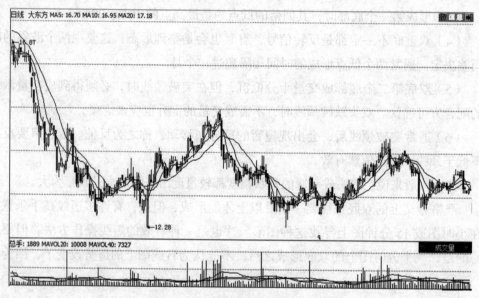

图 7-1-4　大厦股份 K 线走势图

"圆弧底"形态选股

沪深股市的走势明显地表现出一个特点，那就是市场走势日益趋向于技术化。无论是市场主力也好，散户投资者也好，都不得不服从于市场本身的规律，任何企图扭转大势的努力都是徒劳的。股市之所以出现这样的特征，根本原因在于如今股市存在的巨大规模容量。当股市容量越来越大的时候，股价走势本身所应有的规律性便越来越显现出来了。

相应的，人们在选股时会越来越多地考虑到股市中技术形态。"圆弧底"就是人们在实际操作中必要考虑的技术形态之一，拥有圆弧底的股票是股价在低价区形成弧形状态，其形成主要是由于有部分做多资金正在少量逐级温和建仓造成的，它表明股价已经探明阶段性底部的支撑位。它理论上的涨幅通常是最低价到颈线位间涨幅的一倍。

一般来说，圆弧底形态形成之前，一些主力户会可以打压，在市场中形成一种空头的形态。在重要支撑位的跌破，市场受到止损行为的影响，成交量在形态形成之初出现了剧烈的放大，此时主力并不会有意进行护盘，因而股价也不会出现较大的反弹，反而只是在震荡中市场的重心逐步下移，使投资者越补仓越被套，个股中几乎没有赚钱的机会。

在经过相当长的时间来磨灭投资者的信心后，投资者参与投资该股的兴趣逐渐减小，成交量也从开始的放大逐步萎缩，离场的人越来越多。此时主力也已完成了初步的吸纳过程。当股价调整到一个相对低的位置时，市场中的惜售心理已非常浓厚，股价下跌的动力越来越弱，当成交量开始保持在一个相对稳定的萎缩状态，主力无法再吸纳到更多的筹码时，这时候一般意味着一个巨大的升势即将开始，投资者可在成交量放大时做买进动作。

历史多次证明，在圆弧底构筑成功之后，其股价一般都沿着翘涨的惯性不断地往上冲，直至出现暴涨。在其右边往上翘涨的过程中，一般有好几个交易日，每天的K线不是大涨的长阳线，涨、跌幅也都很小，整体呈现温和上涨、温和放量态势。在此期间，任何价位和任何时刻买进都是正确的。

圆弧底的操作策略如下：

（1）圆弧底是易于确认和非常坚实与可靠的底部反转形态，一旦个股左半部完

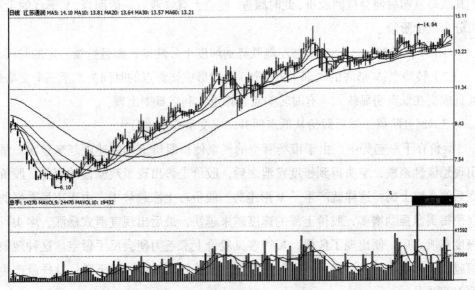

图 7-1-5　江苏通润的 K 线走势图

成后股价出现小幅爬升，成交量温和放大形成右半部圆形时便是中线分批买入时机，股价放量向上突破时是非常明确的买入信号，其突破后的上涨往往是快速而有力的。因此可见，在圆弧底末期应是最佳买入时机。

（2）由于圆弧底易于辨认，有时太好的圆弧底反而被主力利用来出货形成骗线。像某些个股除权后在获利丰厚的情况下，庄家就是利用漂亮的圆弧底来吸引投资者。因此，如果公认的圆弧底久攻不能突破或突破后很快走弱。特别是股价跌破圆弧底的最低价时仍应止损出局观望。

如图 7-1-5，江苏通润（002150）在 2008 年下半年大幅下跌之后，在构筑底部的过程中，股价和成交量的变化均呈现圆弧状，且完成的时间较长，成交量温和放大形成右半部圆形，此时便是中线分批买入时机。该股从 6.1 元启动，9 个月内涨幅超过 100%，大大跑赢大盘。

V 形反转选股

V 底形态，是指股价先一路下跌，随后股价一路攀升，底部为尖底，因为在形状上像英文字母 V 一样。它是形成时间最短，是研制最困难、参与风险最大的一种形态。但是这种形态爆发力强，可在短期内获取暴利。它的产生原因是市场受利空打击或其他意外情况影响造成恐慌性抛售，引起股价超跌，从而产生报复性的反转行情。

在 V 底形态中，庄家在大幅拉抬之前，有时会先大幅洗盘，股价到达低位，达到其战略意图后便会拉回股价，此时跟进，便会大有收获。一般而言，V 形底的走势，可分为三个阶段：

（1）下跌阶段。一般 V 形在左侧跌势的坡度十分陡峭，而且持续一定的时间。

（2）转势点：V 形底的底部十分尖锐，一般形成转势点的时间为二至三个交易日，而且成交在低点明显放大。有时转势点就在重大利空日中出现。

（3）回升阶段：随后股价从低点回升，成交量亦随之放大。

股价在下跌趋势中，由于市场看空的气氛使得股价下挫的速度越来越快。最后出现恐慌性杀跌，空头得到极度宣泄之后，股价走势出现了戏剧性的变化。股价触底后便一路上扬，这样就产生了 V 形走势。股价在上涨趋势中，由于市场看好的气氛使得买盘强劲增多，股价上涨的速度越来越快，最后出现宣泄式暴涨，多头得到极度宣泄之后，便出现了危机，短线客见股价上涨乏力便会反手做空。这种现象越演越烈，股价走势也出现了戏剧性的变化，股价触顶后便一路下跌，这样就产生了倒 V 形走势。

V形底的投资策略为：V形底最佳买点是低位放量跌不下去回升初期，或是放量大阳的转势时。在操作中需要把握以下投资要点：

（1）股价涨幅。短期内上涨幅度越大、动力越强，出现V形反转的可能性也越强，超过4%以上的巨阳或巨阴往往成为很好的配合证据。

（2）成交量放大，正V形反转在转势时成交量要明显放大，价量配合好，尤其转势前后交投的放大，实际上是最后一批杀跌盘的涌出和实力资金接盘造成的。

（3）依托均线，均线具有显著的判断趋势运行的功能，投资者需要结合短中长期的均线进行研判。如果股价突破均线系统以后，中短期均线能够迅速转向，将有利于股价的进一步上升。

在V形底部开始形成之际，投资者要敢于进场抄底，前期下跌的幅度越大，则后市上涨的空间就越大啊，投资者切不可仍然停留在"熊市"的思维和心态之上，以致错失制胜的良机。

V形底不易在图形完成前被确认，因此，在遇到疑似V形底的场合，如果投资者已经买进股票，应该随时注意股价的发展，保守一些的投资者，则可等到股价以大成交量突破左肩高点，完成V形反转之形态时，才买进股票。

如图7-1-6，该股于1998年10月21日上市，震荡一波后由于盘子太大，无法完全控盘，于是向下滑落洗盘，打破重要的支撑线、趋势线，均线指标也呈调头向下之势，一路滑落使股价不足4元。在下落过程中，意志不坚定的投资者纷纷割肉出局，而却继续增加筹码。在股价达到3.84元后，为了不使4元以下的便宜筹码落

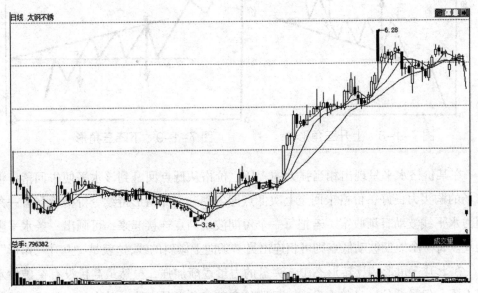

图 7-1-6 太钢不锈V底反弹走势图

入他人之手，又开始迅速拉回，我们看到 1999 年年初该股的日 K 线图呈现出典型的 V 型反转，在 4.50 元左右略微整理后，开始放量上行，基本不给空头喘息机会，成为 1999 年的一匹大黑马。

三角形反转选股

常见的三角形反转图形有对称三角形、上升三角形和下降三角形，如图 7-1-7、7-1-8、7-1-9 所示。

在股价形成对称三角形的过程中，由于买卖双方势均力敌，并对股价的变化持观望态度，其成交量会比较低，但一旦突破上斜边并产生上涨的反转行情之后，成交量将会增大。

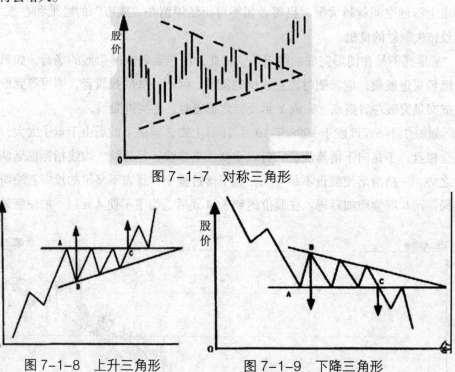

图 7-1-7　对称三角形

图 7-1-8　上升三角形　　　　图 7-1-9　下降三角形

在某价格水平呈现出相当强大的卖压，价格从低点回升到该水平便告回落，但市场的购买力良好，价格未回至上次低点即告弹升，此情形持续令价格承受着一条阻力水平线波动日渐收窄。若把每一个短期波动高点连接起来，可画出一条水平阻力线。每一个短期波动低点则可相连出另一条向上倾斜的线，这就是"上升三角形"。

在上升三角形的反转形态中。买盘的力量逐渐加强，虽然最高价没有突破性水平上限，但最低价已日趋上升。一旦股价突破三角形的上边，并有较大的成交量与

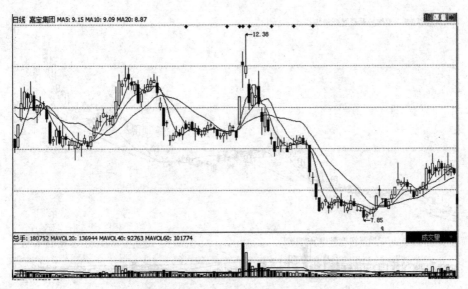

图 7-1-10　嘉宝集团 K 线走势图

之配合，这就预示着股价会出现突破性的上升行情，股民可以买进。

在下降三角形的反转形态中，卖盘的力量逐渐加强，虽然最低价没有突破水平下限，但最高价已日趋下降。在买卖双方争持的过程中，成交量不大，即使突破了下跌的底价，成交量也不会大量增加，只是在刚突破底价的一段短时间内有所增加，并马上减弱。否则的话，如有大量成交量的支撑，股价就有可能出现反弹。因此，如果股价一旦突破了下跌的底价，投资者应抓住时机卖出。

如图 7-1-10，2011 年 4 月，嘉宝集团（600622）在市场中走出了标准的三角突破走势，每年的行情会经常出现这样的走势，而一旦抓住一只个股往往就会收益一个涨停板，三角形突破走势的突破力度与其他形态相比突破力更加强劲。

缺口形态选股

缺口是 K 线图中所出现的一种特殊形态，它是指当天的最低成交价比前一个交易日的最高价还要高或者当天的最高成交价比上一交易日最低价还要低，造成相邻两根 K 线之间有一个空间，这个空间内无交易。

但要注意，相邻的两根 K 线，虽然实体部分有缺口，但如果有上下影线相连，就不是缺口，只是跳空现象。从缺口发生的部位大小可以预测走势的强弱，确定是突破还是已到趋势的尽头，它是研判各种形态最有力的辅助材料。

突破缺口的特点是蕴含着极强的动能，打破原有的平衡格局，股价脱离整理或成交密集区，至少不在 3 天内甚至一个时期不被封闭；股价变动剧烈，向上时成交

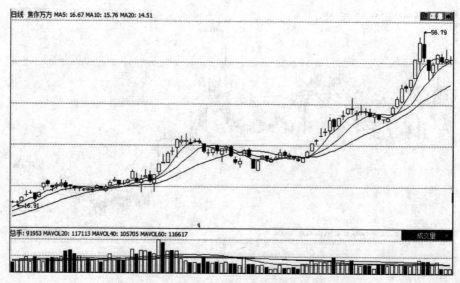

图 7-1-11　焦作万方 K 线走势图

量明显增大，向下时却不一定；其出现后，一般都会再出现持续性缺口和消耗性缺口的形态。突破缺口的分析意义极大，它一般预示着行情走势将要发生重大的变化，而且这种变化趋势将沿着突破方向发展。

　　某些个股经过一段时间箱形整理后，受利好消息面的影响或庄家的人为炒作行为向上突破，形成突破缺口，或在缓慢上涨过程中，突然加速上涨，形成突破缺口，这有可能标志着一个新的上升浪的开始，此时酝酿着极好的短线选股机会。

　　如图 7-1-11，焦作万方（000612）在 7 月 15 日拉出涨停板，次日高开 7% 左右，形成巨大突破性缺口，在 3 天内未被封闭。股价变动剧烈，向上时成交量明显增大，说明该股蕴含着极强的动能，打破原有格局的平衡，行情走势将要发生重大的变化。

　　用缺口选股要注意以下三个问题：

1. 注意缺口的性质

　　即弄清向上或向下跳空是属于普通缺口还是突破性缺口。主要是看成交量、缺口大小和 K 线形状。成交量与力度皆弱的小缺口为普通缺口，如果在重大利好或利空当天出现的较大缺口，并伴随有成交量的放大和实体较长的 K 线，则可认为是突破性缺口。

2. 注意缺口的连续性

　　一般情况下，在向上或向下的中长期趋势中，基本上会出现分布均衡，位置分别处于头部、中部和尾部的三个连续性缺口，即前面提到的突破缺口、继续缺口和竭尽缺口。出现向上突破缺口时，应在第一缺口买，第三缺口抛。出现向下突破缺口时，应在第一缺口抛，第三缺口买进。

3. 注意缺口的时间性

按正常说法，出现跳空缺口后长时间不回补，则说明其力度较强，上升中可持续持筹，下跌中耐心等待底部建仓。若一旦在短期内回补，则应引起高度警觉。

在股市中，对于那些流通盘比较大，或市值比较大的个股在放量上涨或下跌过程中出现的缺口也可以考虑采用缺口形态选股，但对于那些小盘股，或庄家已控盘的个股，选股时看缺口的意义不大。

矩形形态选股

矩形为均衡整理形态，多空双方的力量在箱体范围内完全达到均衡波动状态，在这段运动期间谁也占不了上风，理论上是多空双方力量相当的结果。

看多的一方认为其回落价位是很理想的买入点，于是股价每回落到该水平即买入，形成了一条水平的支撑线；但另一方看空的投资者对股价上行缺乏信心，认为股价难以升越其箱体上轨，于是股价回升至该价位水平便即沽售，形成一条平行的压力线。所以当股价回升到一定高度时，一批对后市缺乏信心的投资者退出；而当

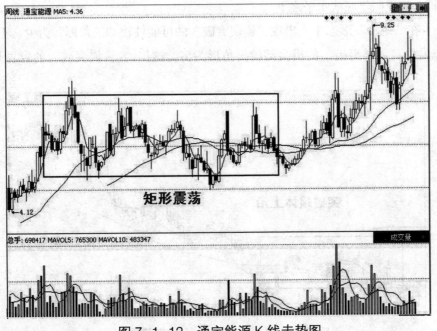

图 7-1-12　通宝能源 K 线走势图

股价回落到一定价位时，一批憧憬未来前景的投资者买进。于是多空双方实力相当，股价就来回在这一段区域内波动。

如图 7-1-12 中的通宝能源，该股的周 K 线就是个矩形形态，2011 年 5 月正是突破矩形形态的重要标志，特征是：跳空缺口向上突破。这时主力资金建仓与吸筹告一段落，要趁机做拉升的准备操作。是放量过顶突破信号，就是我们短线交易的良机。根据以往的经验，此后往往都有个回档的操作手法。从时间上看，需要一周左右时间来调整，预料该股后市将有独立的个性化行情。

在根据矩形形态选股时的注意事项是：

（1）"矩形"形成的过程中，除非有突破性的消息扰乱，否则其成交量应该是不断地减少的。如果在形态形成时，成交持续畅旺，或有不规则的高成交出现，形态出现的可能性就值得怀疑。

（2）虽然这是"整理形态"，但也有可能在升市的顶部或跌市的底部出现，所以我们必须在形态明确地往其中一方突破后，才采取响应的买卖策略。

（3）当价位突破"矩形"上限的水平时，必须有成交量激增的配合。但若跌破下限水平时就不须高成交量的增加，也该信赖。

（4）"矩形"呈现突破后，价格经常出现后抽，这种情形发生在长方形的机会比在三角形中为多，其概率约为 40% 左右。通常会在突破后的三天至三星期内出现。

（5）向上突破矩形后的"假性回跌"（后抽），将在顶线水平之上。往下跌破的"假性回升"，将受阻于底线水平之下。

（6）在"矩形"形态中，出现"错误突破"的可能性较"三角形"为少。不过，该形态发生"太早突破"的机会却较三角形为多。这里，"错误突破"的意思是价

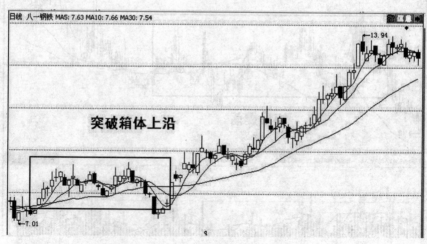

图 7-1-13　八一钢铁 K 线走势图

位于突破后，出现和理论完全相反的变动，例如往上突破后不升反跌，往下突破后不跌反升，这也是我们所说的"走势陷阱"。

（7）一个高、低波幅较大的矩形，较一个狭窄而长的矩形形态更具威力。

如图 7-1-13，八一钢铁（600581）在 2009 年 1 月从 4.9 元的低点跃上 7 元的平台后，价格上升到 9 元时遇上阻力，掉头回落，但很快在 6.5 元附近便获得支持而回升，可是回升到 9 元时再一次受阻，而挫落到 6.5 元时刚再得到支持。这就是典型的矩形整理形态。直到 5 月上旬，该股放量突破矩形上沿，步入上升通道。

菱形形态选股

菱形的形态犹如钻石，其颈线为 V 字状。成交量如同三角形，渐次减少。菱形实际是喇叭形和对称三角形的结合。左半部和喇叭形一样，第二个上升点较前一个高，回落低点也较前一个为低，当第三次回升时，高点却不能升越第二个高点水平。接着的下跌回落点却又较上一个回落点为高，股价的波动从不断地向外扩散转为向内收窄，右半部的变化类似于对称三角形。

当股价越升越高之际，投资者显得冲动和失去理智，因此价格波动增大，成交也大量增加，但很快地投资情绪渐渐冷静下来，成交减少，股价波幅收窄，市场从高涨的投资意愿转为观望，投资者等待市场进一步的变化再做新的投资决定。

菱形是一个比较特殊且少见的形态，无论出现在行情的任何位置，其技术意义都只有两个字——看跌。由于其一旦形成往往有较大杀伤力，所以在目前以单边市

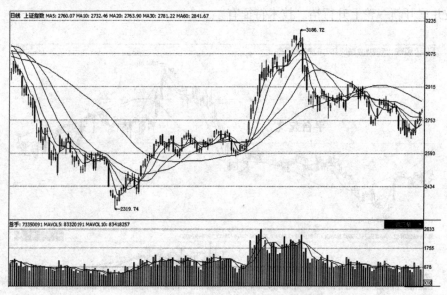

图 7-1-14　上证指数 K 线走势图

为主的内地市场上，投资者不可不防。根据菱形寻找明星股就要注意以下几个要点：

（1）菱形很少为底部反转，通常它在中级下跌前的顶部或大量成交的顶点出现，是个转向形态。

（2）当菱形右下方跌破后，就是一个卖出信号；但如果股价向上突破右方阻力，而且成交量激增，那就是一个买入信号。

（3）其最小跌幅的量度方法是从股价向下跌破菱形右下线开始，量度出形态内最高点和最低点的垂直距离，这一距离就是未来股价将会下跌的最小幅度。

如图 7-1-14，从市场大的技术形态来看，日 K 线近期形成了典型的"菱形"，技术形态看跌。

短线投资者在菱形没有破位前仍可适量运作，稳健投资者可继续观望为佳。

"平台起飞"形态选股

出现平台起飞的时间段通常是在行情启动的第一波或者第二波的调整时候，这种调整通常能够在短时间内（如一周内）结束。

股市行成一个小平台。这是市场上观望情绪较浓的表现，市场上很多股民已经发现这个指数越走越不对了，总觉得那儿要跌，但是又不想走，希望能再涨一下再走，在这种观望气氛中间，就形成了这种特定的股价技术形态。

"平台起飞" K 线组合形态是指当个股或大盘在底部区域经过充分的蓄势整理之后，终于爆发向上突破行情。在形态上显示先是有一个横盘整理的过程，然后成功突破并展开新一轮上升行情。技术特征有：

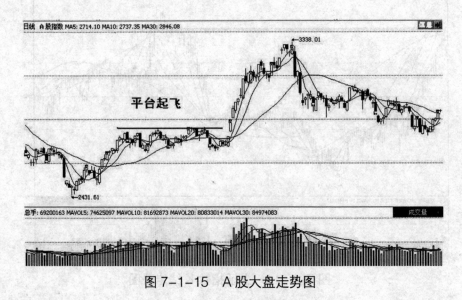

图 7-1-15　A 股大盘走势图

（1）在一段时间内，股价保持不温不火的横盘走势，每天以小阴小阳线运行。

（2）当整理行情运行一个阶段后突然出现快速上涨走势，通常是以中阳线或长阳线展开行情。

（3）在股价突破的同时，成交量也迅速放大。国电南自（600268）在2004年3月形成一段横盘走势，3月25日，该股突然发力上攻。研判这种K线的关键在于突破时的分析。不仅要注意量价关系，还要注意突破时的阳线不能依赖尾盘拉升，而要在盘中稳健上行。例如，国电南自在突破当日的走势时呈现出稳健推升态势。

值得注意的是，有时在一轮上升行情中不止出现一次"平台起飞"，而是有多次机会。以2011年的A股大盘为例，如图7-1-15所示，年初大盘再次走出震荡整理行情，围绕2900点多空展开争夺，最终收于2897点，下跌了33点，收出一根穿头破脚的小阴线。受日本地震影响，中国股市也跟着出现多日的震荡下跌进入调整阶段。

大盘在年后已经进行了两个波段的反弹冲关行情，现在正在进行着第二轮反弹行情的回调阶段。调整的幅度可能略有加大，调整的时间也有所延长。但大盘在周二深幅回落的时候显示底部支撑较大，现在已经出现构筑调整平台的迹象，等该平台构筑完成后，将迎来大盘第三轮的起飞行情。

"立竿见影"形态选股

"立竿见影"K线组合形态是通过将K线与收敛三角形结合起来进行研判的一种形态。用股市中的"立竿见影"指代该K线组合，标明它在股市走势中发挥的立即奇效的投资结果。

收敛三角形通常表示投资者对于个股比较缺乏信心和趋于犹豫，投资行为更加谨慎，观望心理占据上风。这时如果股价能形成有力突破，将极大地增强投资者的信心，从而引发新一轮行情的诞生。

收敛三角形是指反弹高点不断下移、下跌低点不断抬高的技术形态。从技术上分析，收敛三角形至少需要四个转折点构成，即在一段时间内至少应形成两个高点、两个低点，因为每条直线都需要两个点来加以确定。通过高点和高点、低点和低点的连接可以得到两条聚拢的直线。上面直线向下倾斜，对股价具有压制作用；下面直线向上倾斜，对股价具有支撑作用。

当股价运行到接近收敛三角形顶端位置时，出现一根阳线成功突破上边线，该K线即为"立竿见影"K线组合形态。而那极躲在昨日阳线里的阴线就是产生"见影"效果的竿。它表明主力资金大打出手，是行情的重大转折点。但第二天，股价又突然低开低走，给人一种形态失败的感觉。其实，这是庄家可以制造的恐怖，是为驱逐获利盘而使用的撒手锏，估计一般都会在第二天止跌企稳，重拾升势。

在个股或大盘走出该 K 线的同时，成交量必须同时放大，这样才能说明其突破力度和有效性。

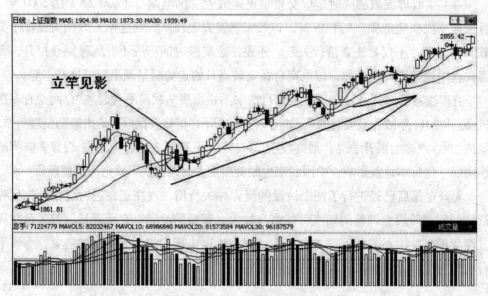

图 7-1-16　上证指数 K 线走势图

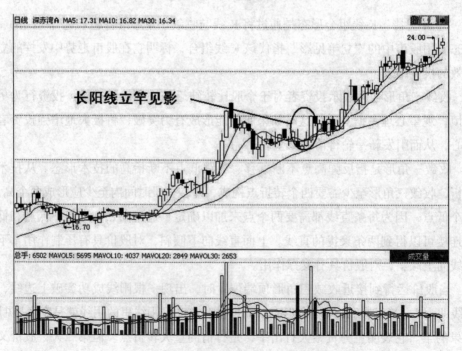

图 7-1-17　深赤湾 A K 线走势图

如图 7-1-16，2009 年 3 月 12 日股市大盘，在收敛三角形中向下寻找突破方向。3 月 12 日超短线的下跌通道上轨及短线的上升通道下轨将大盘基本限制在 2195 点 ~2086 点的狭窄空间，这个收敛三角形的突破方向就将是大盘的方向性选择。3 月 12 日，在全球商品市场绿色声中，预计大盘以下跌为主，上证将继续向下探明 2121 点、2100 点或 2080 点附近短线趋势线下轨的有效性。

如图 7-1-17，深赤湾 A（000022）在 2004 年年初形成收敛三角形，该股在 2 月 18 日向上突破走出"立竿见影"K 线组合形态，成交量也同步有效放大，证明该 K 线组合形态的有效性，此后该股出现连续上涨行情。

收敛三角形规模的大小往往会影响到"立竿见影"K 线组合形态的实际功效的大小。一般由数月时间构筑的收敛三角形效果最好，此时出现该 K 线组合形态时往往会展开有力的上涨行情。

"石破天惊"形态选股

"石破天惊"K 线组合形态是 K 线与菱形形态的组合运用。菱形又称为钻石形，是发散三角形、收敛三角形、头肩顶的综合体。当出现向上突破性质的 K 线时，个股会出现一段涨升行情。

大盘或个股走出菱形形态。该形态的左半部和发散三角形形态一样，高点却不能升越第二个高点水平，接着的下跌回落点却又比上一次的回落点低，股价的

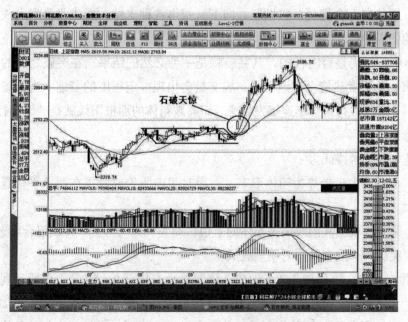

图 7-1-18　沪综指 K 线走势图

波动从不断地向外扩散转为向内收窄；右半部和收敛三角形一样，从而最终形成菱形形态。

当股价或指数运行到接近菱形尾端，即接近右侧收敛三角形顶端位置时，出现一根成功突破上边线的阳线，该 K 线即为"石破天惊"K 线组合形态。

在形成菱形过程中，成交量前半部分与发散三角形一样，具有高而不规则趋于放大的成交量；后半部与收敛三角形一样，成交量趋于逐步萎缩。当出现"石破天惊"K 线组合形态时，需要成交量保持同步放大，方能证明突破的有效性。

如图 7-1-18，沪综指自 8 月以来的日 K 线组合走出菱形形态，大盘以一根中阳线迅速突破菱形，形成"石破天惊"K 线组合形态。出现"石破天惊"K 线组合形态后，其理论涨幅由突破点开始计算，能达到该形态中最大的垂直差价。价格运动的实际距离比这一段最小量幅长。随后的上涨幅度达到理论涨幅。相对而言，菱形的构筑时间越长、规模越大，则出现"石破天惊"K 线组合后的涨幅也相应越大。

"天马行空"形态选股

"天马行空"K 线组合形态是上涨阳线与箱体形态的组合运用。

矩形是一种典型的整理形态，股价或股指在两条平行直线之间上下波动。既不能向上突破阻力线，也不会跌破支撑线，这种震荡会持续一个阶段。震荡行情中短期高点和低点分别以直线相连。箱体的形成是因为市场处于多空平衡中的一场拉锯式行情，股价向上会遭受沉重抛压，向下又获得各种支撑，造成股价陷入跌不深也涨不高的僵局中。

箱体中的僵局是暂时性的，其突破将是一种必然的结果。在突破之前的箱体整理中，市场的买卖热情会逐渐下降，成交量会出现一定程度的萎缩。当市场逐渐转为平静后，突破性行情会迅速爆发出来，而突破箱体的那根阳线就是"天马行空"K 线组合形态。

其基本的技术特征为：

（1）个股或大盘走势为箱体形态，一段时间内股价或股指在两条平行直线之间上下波动。

（2）某日一根上涨阳线突破箱体的上边，即为"天马行空"K 线组合形态。

（3）突破时，成交量同时明显放大。

如图 7-1-19，维科精华（600152）该股早盘交投至 9 : 58 分，该股呈现异动放量拉升，5 分钟内该股升幅达 4%。从统计数据看，该股半小时内特大买单加大买单占比近 50%。技术上，该股依托 5 日均线突破至 2009 年 12 月～今年 3 月构成的箱

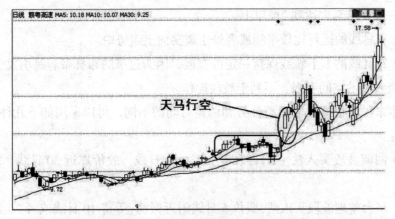

图 7-1-20 赣粤高速 K 线走势图

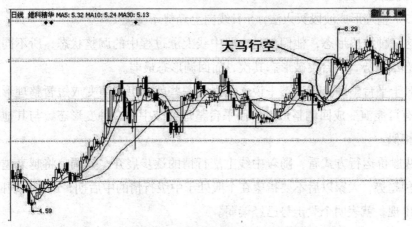

图 7-1-19 维科精华 K 线走势图

体上轨处。

如图 7-1-20，赣粤高速（600269）从 2009 年 5 月开始在 9.83~12 元形成了波动幅度仅 20％的矩形整理区域，期间曾有多次向上接近箱体高点，但都是蓄势不发，2009 年 8 月 4 日终于一举向上突破矩形区域形成"天马行空"K 线组合形态。随后，该股展开强势上涨行情，最高升至 14.48 元。

"波段买点"形态选股

买点 K 线组合是一种与技术指标结合起来分析的 K 线形态，专门用于波段操作中的买进信号。

具体的"波段买点"形态的技术特征为：

（1）最近几日的 K 线触及布林线的下轨线。

（2）股价成功摆脱布林线下轨线束缚，走出脱离下轨线的阳线，阳线实体不能过小，一般要求至少达到 2% 以上。

（3）布林线的运行比较平稳或者处于震荡向上走势中。

（4）布林线的上下轨线保持一定的宽度，因为过窄的布林带容易引发变盘行情，而且投资获利的空间有限，不利于波段操作。

总体来说，根据波段调整强势和调整时间的不同，可以采用如下几种波段买股的方法：

（1）回调波段买入法：5 日线向下穿过 10 日线，股价靠近 30 日线，30 日线趋势不变。

（2）平台整理波段买入法：股价 5 日线附近振荡，等待 10 日线或者 20 日线上移，30 日线趋势不变。

（3）整理形成波段买入法：5 日线向上趋势不变。

这三种波段形态，他们都是个股中线上涨过程中的调整状态，所不同的是，整理形态最强势，平台突破形态其次，而回调形态最弱。

对于平台整理突破形态来说，再强势一些就有可能演变成短暂整理形态，再弱些就有可能演变成回调整形态。而平台整理突破中的二种变形态，与其他二种形态非常相似。

从股价运行方式看，随着中线上涨行情的逐步展开，其调整将越来越强势。这是一种趋势，大家以后不要指望在个股处于中级行情的中后期，还能出现回调走势。如果出现，就表明个股走势已经偏弱。

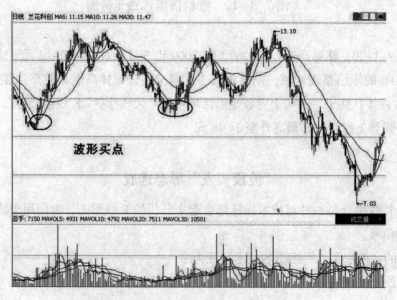

图 7-1-21　兰花科创 K 线走势图

如图7-1-21，兰花科创（600123）在2004年的9月14日和2005年的1月12日分别走出"波段买点"K线形态，给投资者提供了良好的买入时机。

"大浪淘沙"形态选股

所谓"大浪淘沙始见金"，就是指用水冲洗、去掉杂质，在大浪中洗净沙石。它运用在股市中表示经受住考验、筛选的优质股票和行情。"大浪淘沙"K线组合形态通过对常态行情的过滤，显露出已经出现突破走势的个股介入机会。

该K线组合形态是K线与主图指标布林带结合起来运用的形态。布林线指标由约翰·布林先生创造，布林线利用统计原理，求出股价的标准差及其信赖区间，从而确定股价的波动范围及未来走势，利用波带显示股价的安全高低位，因而也被称为布林带。其上下限范围不固定，随股价的波动而变化。当K线经过强势整理之后迅速突破布林带上轨线，将形成"大浪淘沙"K线组合形态。其技术特征为：

（1）K线要连续在布林带中轨的上方运行，这一过程至少需要保持9天。期间每根K线的最低价不能低于布林带中轨。

（2）一根阳线突然向上突破布林带上轨线，该阳线实体相对较长，股价涨幅较大，从而形成"大浪淘沙"K线组合形态。

（3）在形成突破之前，布林带的带宽呈现出收窄现象为好。

（4）当布林带的波带向上移动时出现该K线组合形态的效果较好。

（5）当走势图上出现该K线组合形态时，投资者可以结合成交量的表现情况，选择适当时机介入。

运用"大浪淘沙"K线组合形态时最需要注意的是不能过度追高，当股价已经大幅上涨70%或1倍时，投资者介入不仅获利空间有限，而且具有一定风险。有时股价上涨虽然不到1倍，但涨速过快时也不宜追涨。

第二节　涨跌停板操作实战技法

低位稳健反弹中的加速涨停板

个股上涨至高位后出现了一波深幅下跌走势，并在一个明显的阶段性低位区开始企稳回升，走出了相对稳健的反弹走势，随后，一个向上的涨停板出现，此时反弹走势呈现出加速势头。这就是低位稳健反弹走势中的加速涨停板形态。

一般来说，低位稳健反弹走势中的加速涨停板形态预示着短期反弹走势将进入到加速阶段，如果此时个股与前期下跌前的高位区距离仍然较大，那么这多预示个股将二次冲顶。此时，对于空仓投资者来说，可以适时进行短线买入操作；而对于手中仍持股的投资者来说，则不妨等到个股随后二次探顶时再作出是否卖股的决断。

如图 7-2-1，该股 12 月 14 日开始出现大幅下跌走势，随后，于阶段性低位出现了企稳回升的反弹走势，反弹走势进行得较为稳健，这往往是多方力量开始积蓄的标志。随后，该股 2 月 11 日当天收一根向上跳空的涨停板形态。此时，与之前的稳健反弹走势结合来看，我们可以更加确信短期内主力资金有意拉升个股，个股的短期反弹走势也将进入到加速阶段。之后，2 月 21 日该股收一根大阳线，创出短线历史新高。

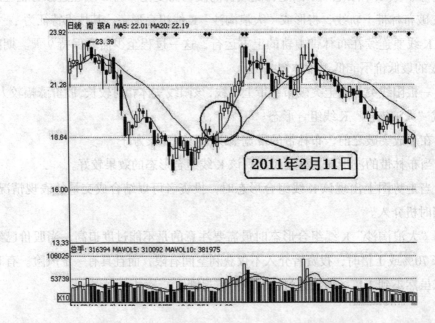

图 7-2-1　南玻 A（000012）2010 年 12 月 14 日 ~2 月 21 日日线图

如图 7-2-2，该股在深幅调整后的低位区出现了稳健的反弹上涨走势，随后，在 2007 年 12 月 19 日，此股在反弹中出现了一个高开高走、强势上封涨停板的 K 线形态。这是主力资金短期有意强势拉升个股的信号，也预示着一波强势的反弹上涨走势将展开。此时投资者可以积极买入。之后，该股加速上涨，与 1 月 17 日创出历史新高，最高值达到 26.13 元。如果投资者涨停板形态形成当天买入股票的话，那么到阶段性高点当天，该股涨幅达到 40.1%，收益相当可观。

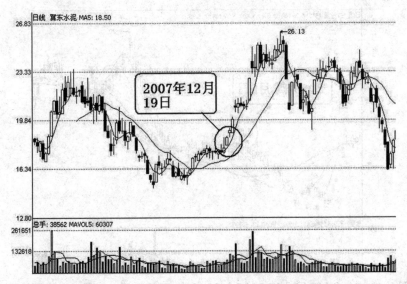

图 7-2-2　冀东水泥（000401）2007 年 12 月 29 日~2008 年 1 月 17 日日线图

升势中涨停突破后的强势盘整

个股自低位区开始步入了稳健攀升的上升趋势中，均线形态呈多头排列形态，此时股价重心也稳步上移，随后，一个涨停板出现使得个股创出新高，其走势也呈加速突破上行形态，但在此涨停板之后，个股并没有加速上涨，而是在涨停板价位附近出现了横向的窄幅盘整走势，升势中涨停突破后的强势整理形态。

当个股处于上升途中的最高点时，市场获利大量抛压，虽然主力此时并没有强势拉升个股，但是由于极强的主力控盘能力和较强的持股意愿，使得该股并没有调头向下。这种形态多是主力在继续拉升个股前所进行的一次途中洗盘操作，其目的就是提前市场平均持仓成本。为随后的拉升做好准备，投资者在具体操作中，仍应耐心持股，场外投资者则可以积极地介入，买股布局。

如图 7-2-3，该股股价深跌至 4.62 元开始反转上行，此时的均线开始呈多头排列形态，上升趋势已经形成。在这样的背景下，该股在 2010 年 8 月 9 日以一个涨停板的形态出现。随后，个股在涨停板价位附近出现了强势的窄幅整盘走势，这说明市场获利抛压不重、主力控盘能力极强，这一窄幅整理平台正预示着主力将再度强势拉升个股的起涨前的整理平台。此后，该股一路上涨，如果以 8 月 9 日的 6.09 元买入，那么到 9 月 29 日创出历史新高，达到最高值 8.2 元，涨幅达到 36.7%。投资者应当把握这一买入信号，及时进场。

如图 7-2-4，该股股价从 7 月 5 日开始上涨，此时均线开始呈多头排列形态，已经形成上升趋势。该股于 2010 年 8 月 17 日以一个涨停板的形态出现。之后该股

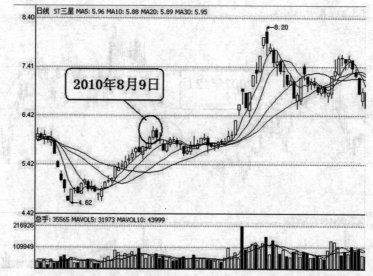

图 7-2-3　ST 三星（000068）2010 年 7 月 6 日 ~9 月 29 日日线图

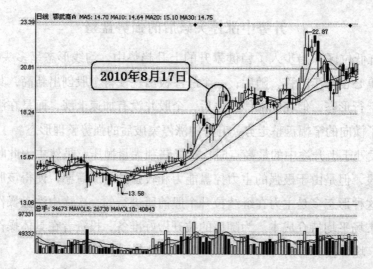

图 7-2-4　鄂武商 A（000501）2010 年 7 月 5 日 ~9 月 28 日日线图

走势呈现窄幅整盘形态，这说明此时市场存在主力控盘，且能力较强。因此，这一窄幅整理平台正是主力在积蓄力量，不久股价将会再度强势拉升。此后，该股快速上涨，9 月 28 日该股达到最高值 22.87 元，与涨停板当日相比涨幅达到 17.4%。

箱体区涨停突破后的强势盘整

　　个股在上升途中或阶段性低位区域出现箱体式的横盘调整走势，随后，一个涨停板使得股价达到或突破箱体上沿位置处，且在这一涨停板后，个股呈现出强势的盘整走势，并没有在获利抛压下而再度跌回箱体区域。这就是箱体区涨停突破后的强势盘整理形态。

一般来说，箱体区涨停突破后的强势盘整理形态个股将突破上行的标志，是短期内有上涨行情出现的信号。这种形态的出现多与主力的强势运作有关，是主力资金短期内有意拉升个股的结果。投资者在实际操作中应该注意一点，只要这一箱体区并不是处于持续大涨后的明显高位区，那么我们仍然可以继续追涨买股。另外，如果涨停板当日及次日的量能表现为温和放大，而不是巨幅放量，则说明主力的控盘能力相对较强，并没有逢高卖股的强烈意愿，这也是主力并没有使用诱多出货手法的体现。

如图7-2-5，在上升途中，在累计涨幅不大的情况下该股出现了长时间的横盘振荡走势，这使得该股于上升途中形成了一个宽幅振荡的箱体区域，随后，该股在2009年6月3日当天出现了一个上冲箱体上沿的涨停板形态。之后，个股在箱体上沿的突破位置区呈强势盘整，这说明主力有较强的拉升意图，预示着个股将突破行情。

如图7-2-6，该股在上涨途中出现了一段箱体振荡走势，2007年4月4日，该股以一个涨停板的形态实现了对这一低位箱体区的突破，而涨停板只能来自主力资金的运作，因而，这是主力拉升的信号。随后，此股在涨停板突破后出现了强势的横盘整理走势，这说明主力此时的控盘能力已经较强，市场抛压尚在可控状态下，因此，个股还将继续上涨。果然，5月9日，该股迎来新的高点，最高值达到14.28元。

图7-2-5 亿城股份（000616）2009年5月4日~7月3日日线图

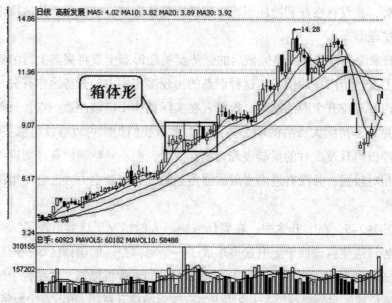

图 7-2-6　高新发展（000628）2007 年 3 月 13 日 ~5 月 9 日日线图

强势突破后受大盘带动的二度回探

个股以涨停板的形式向上突破了长期盘整区，并在突破之后出现了一波强势上涨，此时个股迅速上升，涨势明显。但此时的大盘却出现了一波快速的深幅下跌走势，受大盘影响，之后个股开始调头向下运行，并且探至其当前的涨停板价位附近。这就是强势突破后受大盘带动的二度回探形态。

该形态的出现表明，个股受同期大盘走势影响，即使主力短期内有意强势拉升个股的意愿，最终却并没有拉升成功。由于上一波拉升行情，主力的持仓成本大大提高；如果不再度拉升个股的话，主力将会明显地处于被动地位。因此，当大盘止跌企稳后，主力仍会再度拉升个股。个股强势突破后受大盘带动的二度回探走势不仅暴露了主力的强势拉升意图，而且还给予我们逢低买股的时机。因此，一般此种形态出现，投资者应把握住这个绝佳的买股时机。

如图 7-2-7，该股在上升途中出现了一段时间的盘整走势，随后，在 2011 年 7 月 7 日以一个涨停板的方式实现了对这一盘整区的突破，并且在突破之后，个股的开始上涨。但在 2011 年 7 月 18 日开始大盘出现了一波快速下跌走势，因此，星宇股份再度下探至起涨前的位置附近，这种快速的下探走势并不是主力有意反转做空，它只是受大盘带动所致。之后该股又出现反弹，因此，投资者应把握这个买入时机。

如图 7-2-8，该股在上升途中经横盘振荡走势之后，于 2011 年 7 月 15 日以一个涨停板形式实现了突破上行。但在个股快速突破上行过程中正好遇到了大盘同期

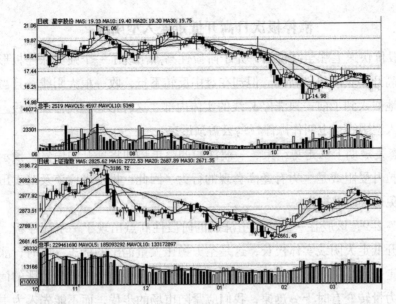

图 7-2-7　星宇股份（601799）与上证指数（000001）2011 年 6 月 20 日 ~10 月

25 日日线图

出现的一波深幅下跌行情，此时该股也受带动而向下二次回探至上次低位时，此时
也是投资者中短线买入的好时机，之后该股迎来新一轮反弹。

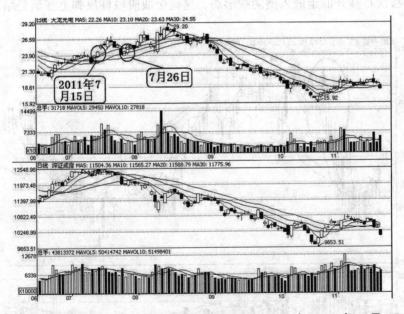

图 7-2-8　大龙光电（600159）与深证成指（399001）2011 年 7 月 15 日 ~8 月

12 日日线图

涨停板次日高开低走嵌入型阴线

个股股价快速上涨至高位后，先于阶段性高点出现了一个强势涨停板形态，次日又跳空高开，企图再创新高。但却在盘中反转下行，收一根大阴线，且当日的收盘价深深地嵌入到了前一根涨停 K 线的实体内部。这种形态就叫作涨停板。次日高开低走嵌入型阴线，也叫作涨停板乌云盖顶形态。

该形态是短期上涨走势结束、一波深幅调整走势即将展开的信号，预示着主力短期内的拉升受阻或是主力有逢高套现的行为。因此，投资者应该及时卖出，离场观望，以免遭受惨重损失。

如图 7-2-9，该股在一波快速上涨后的阶段性高点出现了一个涨停板。涨停板次日的高开低走大阴线实体极长，这是空方抛压大量涌出的标志，此时，涨停板次日高开低走嵌入型阴线形态形成。虽然前一日的涨停板是个股强势上涨的信号，但市场多空力量转变有时十分迅速，我们应紧随市场的步伐，而不能先入为主地主观臆测个股的走势。一旦涨停板次日高开低走嵌入型阴线形成，投资者应选择逢高卖股的操作。在几波震荡之后，该股快速下跌，经过 4 个月的下下跌，该股股价从14.64 元跌至 10.91 元，跌幅达到 31.5%。

如图 7-2-10，该股在 2010 年 11 月 5 日连续出现三个涨停板，股市上涨走势较为迅急。11 月 15 日该股又收一个涨停板，次日，该股高开低走以一根大阴线收尾，形成涨停板次日高开低走嵌入型阴线形态，这是个股阶段性反弹上涨走势结束的信

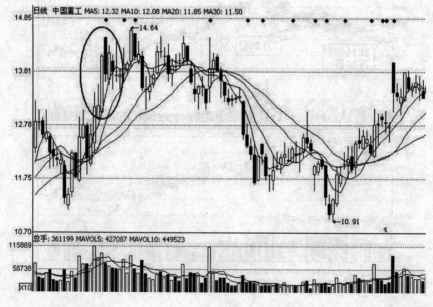

图 7-2-9 中国重工（601989）2011 年 1 月 31 日~5 月 31 日日线图

图 7-2-10 中国国旅（601888）2010 年 11 月 15 日~2011 年 1 月 21 日日线图

号。此时，投资者应进行短线逢高卖股操作。果然，该股经过短期震荡后，仍继续走向下跌行情。

前后涨停、中间收阴的三日组合

前后涨停、中间收阴的三日组合形态，又称为涨停多方炮形态，一般由前后两个涨停板中间夹一根阴线（或是中间夹一两根小阳线、小阴线）组成。

这种形态一般出现在盘整后向上突破处，是一波上涨行情即将展开的信号。这里需要提醒投资者的是，我们可以在操作中，结合个股前期的走势情况进行综合判断。如果个股前期的上涨走势较为稳健、且累计涨幅不大的话，这种形态的出现则预示着个股短期内将会迅速上升，涨势凶猛，投资者可以进行较为激进的短线追涨操作；如果此形态在一波稳健反弹走势中出现，则意味着该股短期内仍有可能出现反弹，我们不妨持股待涨或轻仓追涨买股。

如图 7-2-11，该股在短暂下调后的低位区出现了一个涨停多方炮形态使得个股反弹走势加速，这说明主力仍有意拉升个股，个股的短期反弹走势将进入到加速阶段。因此，对于空仓者可以轻仓追涨买股，而持股者则可以持股待涨。此后，该股继续保持上涨态势，于 8 月 5 日达到 6.9 元的最高值。

如图 7-2-12，该股在上升途中出现了较长时间的横盘振荡走势，随后，在盘整

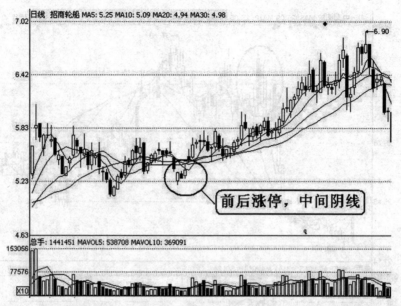

图 7-2-11　招商轮船（601872）2009 年 5 月 25 日 ~8 月 5 日日线图

突破时，该股以一种首尾两个涨停板、中间夹两根小阳线的涨停多方炮形态呈现出来，这是主力资金强势作为的信号。而且，首尾两个涨停板并未出现明显的放量，这说明主力资金依然控盘能力极强，市场获利抛压也并不沉重，这预示着个股随后将在主力的强势拉升下而加速上扬。该股在 2008 年 1 月 14 日迎来历史新高，达到 17.27 元。

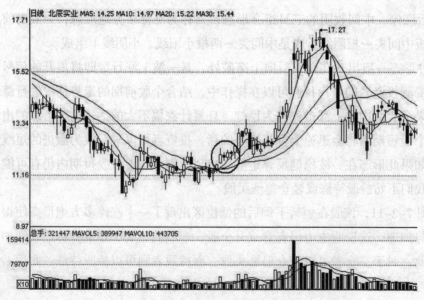

图 7-2-12　北辰实业（601588）2007 年 12 月 3 日 ~2008 年 1 月 14 日日线图

被次日大阴线"抱"住的涨停板

经过一波短期快速上涨，在阶段性高位先是出现了一个涨停阳线，这是个股惯性上涨的体现，也是主力资金当日积极做多的体现。但次日，个股并没有延续上一日的良好上涨势头，而是出现了一根高开低走的大阴线，而且，上一根涨停板最高价低于大阴线的最高价，而最低价又高于后面大阴线的最低价。因此，从形态上来看，后面的大阴线好像"抱"住了前面的涨停板，这种形态就是涨停看跌抱线，也就是被次日大阴线"抱"住的涨停板形态。

涨停看跌抱线的出现受多种因素的影响，可能是由于个股突发性的利空消息所导致市场抛压大量涌现，也可能是因为主力突然性的反手做空，总的来说，它的出现正说明了当前抛盘正涌现，个股短期内可能会有深幅调整走势出现。因此，投资者面对此种形态，应该及时卖出，离场观望。

如图7-2-13，该股在2010年12月31日上市当天即收一根大阳线，股价处于高位，1月5日、6日出现了一个涨停板看跌抱线形态。1月6日当天所收阴线实体较长，成交量较大，这说明市场抛压十分沉重。此时，我们不应恋战、对它还抱有太多幻想，应该及时短线卖股。

如图7-2-14，该股在经短期快速上涨后，于阶段性高位出现了一个涨停板看跌

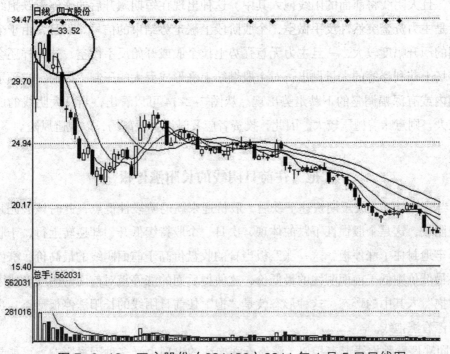

图 7-2-13　四方股份（601126）2011 年 1 月 5 日日线图

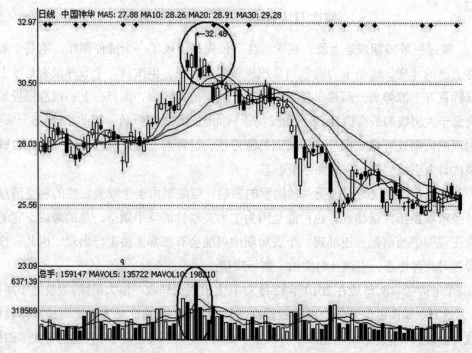

图 7-2-14　中国神华（601088）2011 年 7 月 5 日~10 月 11 日日线图

抱线形态。虽然 7 月 5 日所收涨停板当日的阳线实体较长，但是次日的大阴线实体更长，且大阴线将前面的阳线抱入其中。这种出现在短期飙升后的涨停看跌抱线形态正是主力资金突然性反手做空，个股阶段上涨走势结束的信号。而且，由于个股短期的飙升幅度较大，一旦主力无意强势上拉个股或开始反手做空，这同样还会引发市场上获利浮筹的大量抛出，对个股继续上涨形成巨大的压制，因而，它预示着短期内或有深幅调整的下跌走势出现。从图 7-2-14 可以看出，当日大阴线的成交量较大，则意味着抛压较大。因此，投资者应及时地卖股离场，以规避风险。

"抱"住前日阴线的长阳涨停板

当股价经过一波短期快速下跌后，股价迎来新的阶段性低点，此时该股先是收一根阴线，这是个股惯性下跌的体现，次日，个股持续低开，却逆转上行，于收盘前牢牢地封住了涨停板，这一涨停板当日的收盘价高于前面阴线的最高价，涨停板当日最低价则低于前面阴线的最低价，这使得后面的涨停板对前面的阴线形成了一种"抱"入其中的形态。这种形态就是"抱"住前日阴线的长阳涨停板形态，也叫作涨停看涨抱线。

同涨停看跌抱线形态相似，涨停看涨抱线的出现也受多种因素影响，可能是个

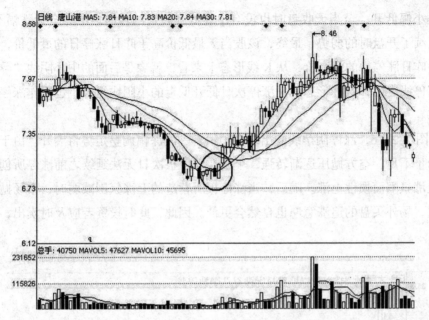

图 7-2-15 唐山港（601000）2011 年 6 月 9 日 ~7 月 14 日日线图

股突发性的利好消息导致买盘资金急速涌入所致，也可能是主力实施了确切的反手做多行为所致。总之，它说明当前买盘资金正强力流入。这是个股短期内将有大幅上涨走势出现的信号。此时，投资者应积极买入，及时进场。

该股在深幅下跌后，在阶段性低点出现横盘整理形态，9 月 28 日、29 日两天出现了一个涨停板看涨抱线形态。涨停板次日的阳线实体更长、低开高走的反转上行势头更强烈，这是主力资金短期内有意做多个股的信号，多预示着反弹走势将展开。因此投资者在实盘操作中，应积极买入进场。之后，该股直线上升，10 月 25 日迎来新的短线高点。

如图 7-2-15，该股在经短期快速下跌后，于阶段性低位出现了一个涨停板看涨抱线形态，这是多空力量瞬息转变的标志，多预示着主力资金在短期内有意反手做多，且主力短期内的拉升意愿较强。由于个股处于阶段性的低点，因而，这预示着一波反弹上涨行情出现。此后，股价上涨趋势显著，7 月 14 日创出历史新高，股价最高值达到 8.46 元。

涨停次日低开低走的小阴线组合

股价经过一波短期快速上涨后，迎来新的阶段性高点，此时，先出现了一个涨停阳线，这是主力资金当日积极做多的体现，但是在次日，个股并没有惯性高开，反而是小幅低开，至当天收盘时也没有出现低开高走的转向。虽然全天跌幅不大，但却延续了开盘时的弱势，最终，该股当天最低价高于昨日涨停日的最低价，最高价低于昨日涨停日的最高价，从 K 线形态上来看，就像是后面的中小阴线"孕"于前面涨停线之内，这种形态就是涨停次日低开低走的小阴线组合，也叫作涨停阴孕线形态。

如图 7-2-16，涨停阴孕线的出现多预示着一波深幅调整走势将展开。由于多方推升力量不足、空方抛压逐渐转强，个股在涨停板次日无法延续之前涨停所创造的良好上涨氛围而惯性上涨。随后，当涨停板所营造的上涨氛围减弱时，市场抛压更加沉重，场外买盘的追涨意愿也自然会更低。因此，此时投资者应及时卖出，做空离场。

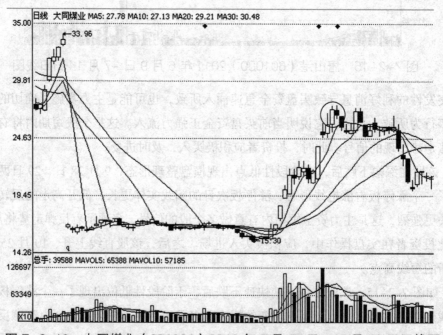

图 7-2-16　大同煤业（601001）2010 年 9 月 28 日~10 月 25 日日线图

如图 7-2-17，该股在短期快速上涨后的阶段性高点出现了一个涨停阴孕线形态，这是多方推升力量不足的体现，也是主力短期内拉升意愿下降的体现，由于此时的个股正处于阶段性获利抛压较重的位置区，因而，这预示着短期内的凌厉上涨走势将结束，短线投资者可是适时逢高卖出。从图中来看，此形态出现后，该股震荡下跌，即使中途出现小幅反弹，也难以挽救其下跌行情，最终该股与 6 月 20 日跌至最低价 10.35 元。

图 7-2-17　文山电力（600995）2011 年 3 月 15 日~6 月 20 日日线图

如图 7-2-18，该股在持续上涨后的高位区出现了横盘振荡走势，该股在震荡区的箱体上沿位置处出现了一个涨停阴孕线形态。很明显这种形态是空方抛压转强的信号，它非但不是个股能突破上行的标志，反而是短期内深幅调走势将展开的信号。因此投资者应卖出手中持股。出现阴孕线后，该股快速下降，6 月 20 日迎来历史新低，最低值达到 9.01 元。

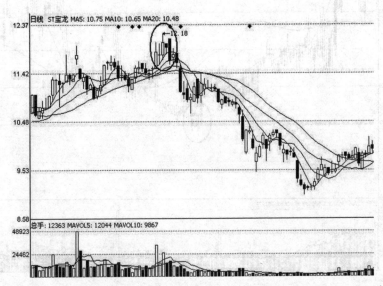

图 7-2-18　ST 宝龙（600988）2011 年 4 月 18 日~6 月 20 日日线图

低位反转时的涨停穿越线

个股经过一段快速下跌或是振荡行情后，创出新的阶段性低点。此时先收一根惯性下跌的阴线，次日则收一根高开高走的涨停线。由于涨停当日的收盘价明显高于上一交易日的最高价，因此涨停当日对上一交易日正好形成了一个向上的穿越。这种形态就叫作低位反转时的涨停穿越线形态。

这种形态的出现多预示着快速的上涨行情的出现。这种上涨行情的出现于主力突然性的反手做多行为有关。虽然当天个股出现了涨停板，但从局部走势来看，个股仍处于相对的低位区，短期上涨空间较大。投资者在具体操作时，可以积极做多，等待上涨行情到来，在出现历史新高点后再卖出，以赚取差价。

如图 7-2-19，该股在下跌至阶段性低位时，于 1 月 18 日、19 日两天形成了一个低位反转的涨停穿越线形态，这是主力资金突然性反转做多行为的体现，也是个股新一波上涨行情展开的信号。此时，投资者可以积极地入场买股，以分享主力资金的拉升成果。该股 3 月 7 日当天最高价达到 5.71 元。

如图 7-2-20，该股在前期强势突破了盘整区之后，受大盘带动而出现了一波深幅调整走势。随后，在阶段性的低点位出现了一个涨停板向上穿越的形态，这是主

图 7-2-19 中国银行（601988）2011 年 1 月 18 日~3 月 7 日日线图

图 7-2-20　出版传媒（601999）2012 年 8 月 12 日~10 月 27 日日线图

力资金再次强势拉升个股的体现，也预示着新一轮上涨行情的展开。因此，在此形态出现后投资者可以考虑适量买入，等到高位时再转手卖出，来赚取额外差价。

高位反转时的涨停下破线

个股股价经过一波快速上涨走势，之后形成新的阶段性高点，在高位首先出现一个涨停板形态，预示着上涨行情的加速。次日，股价走势急剧转变，收一根低开低走的大阴线，并且，当日大阴线的收盘价明显低于上一交易日的最低价。当日的大阴线形态即对上一交易日的涨停板形成了一种向下破位的态势。这就是高位反转时的涨停下破线形态。

高位反转时的涨停下破线形态的出现往往与主力突然性的反手做空行为相关。它预示着新一波下跌行情即将出现。虽然个股当日出现了大阴线，但从局部形态来看，个股仍处于相对高位，短期内仍有较大的下跌空间。投资者此时应顺势操作，卖出手中持股，以规避随后快速下跌所带来的风险，等股价下跌至低位时再买入进场。

图 7-2-21 中信银行（601998）2010 年 3 月 30 日 ~6 月 8 日日线图

图 7-2-22 建设银行（601939）2011 年 4 月 15 日 ~9 月 28 日日线图

从图 7-2-21 中可以看出，该股在一波短期反弹后，在阶段性的高点出现了一个预示着反转下行的涨停下破线组合形态。在涨停下破线的组合形态中，第二根大阴线的实体极长，说明空方抛压十分沉重且正大量涌出。这意味着该股短期内仍将有很大的下跌空间。此时投资者应积极进行短线卖股操作。两个月后，该股达到历史新低，最低值达到 4.97 元。

如图 7-2-22，该股 4 月 15 日当天收一根涨停板，这一根大阳线正好与次日的大阴线组合而成了一个高位反转下行的涨停下破线形态。此后，该股迎来一波新的下跌行情，股价从 4 月 15 日当天的最高价 5.34 元跌至 9 月 28 日的 4.33 元，跌幅达到 18.9%。当此形态出现后，投资者可以适量卖出手中持股，以免被套牢后遭受巨大损失。

超跌时的先整理后跳空上行的涨停板

一般来说，超跌是股价的过度下跌的一种技术名词，是指股价跌到远远低于正常股价的价位。所谓超跌状态也就是个股自最高点位开始持续下跌，累计跌幅超过了 30% 的位置区，这一位置区可以看作它是中短期内的一个超跌位置区，它往往与个股的反弹走势有关。超跌时的先整理后跳空上行的涨停板形态就是建立在超跌状态之上的，是指在个股处于中短期的超跌位置区时，先以数个交易日的横盘整理出现，随后，出现一个跳空上行的涨停板。

超跌时的先整理后跳空上行的涨停板形态既与大盘回调有关，也与主力打压后的反手拉升行为相关。表明多方力量开始转强，主力资金短期内有强烈的拉升意愿。虽然它并不常见，但是只要一出现，个股的中短期上涨空间是十分可观的，因此，超跌时的先整理后跳空上行的涨停板形态是一个可靠的买入信号，投资者应把握住这一难得的买股时机。

如图 7-2-23，该股在 2011 年 5 月 30 日之前处于持续下跌走势中，相对于下跌走势前的最高点而言，中短期的跌幅超过 30%。因而，此时的个股处于明显的超跌区域内。随后，此股在 2011 年 7 月 18 日出现了一个向上跳空的涨停板形态，此时投资者可以积极地追涨买入。

如图 7-2-24，该股在持续的下跌后，股价从 3 月 5 日的 14.89 元跌至 6 月 21 日的 8.91 元，跌幅达到 40%。该股在短期内处于明显的超跌状态。随后，该股在连续数日的整理后以一个跳空上行的涨停板走势出现。这是个股阶段性反攻序幕拉升的信号，也是主力资金短期内强势拉升个股的信号。此时，投资者可以积极买入，及时进场。

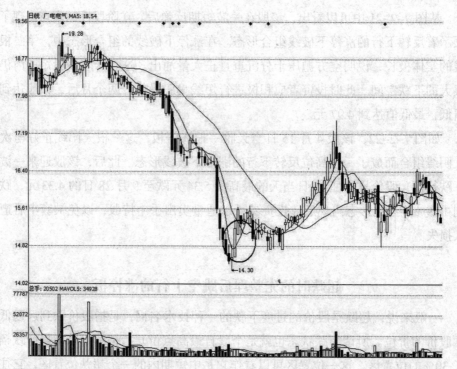

图 7-2-23　广电电气（601616）2011 年 5 月 31 日~7 月 18 日日线图

图 7-2-24　二重重装（601268）2011 年 3 月 5 日~7 月 5 日日线图

在这里，还需要提醒投资者的是：对于个股的超跌情况，如果个股此前的累计下跌幅度越大，则随后出现的涨停反转上行时的空间就越大，我们在反弹行情出现后的收益就越大、风险则更小。

对于"整理后跳空上行的涨停板"的具体定义，则后市发展有着不同的寓意：如果它是之前持续下跌走势中的第一个涨停板，则它所预示的短期看涨含义更浓，个股短期上涨空间也越大：如果不是，那么它所预示的看涨含义就相对淡一些，投资者在实盘操作时应适当控制仓位，以规避风险。

"一"字板后的高开低走大阴线

个股先是以连续"一"字板形态出现或是在阶段性的高点出现了一个"一"字板，次日，个股惯性高开，却在盘中反转向下，收了一根大阴线。这就是"一"字板后的高开低走大阴线形态。它是"一"字形态的涨停板是当日的开盘价、收盘价、最高价、最低价均为涨停价位的一种特殊涨停板形态。

一般来说，这种形态的出现多与利好消息或是题材炒作相关，它是主力资金在阶段性高点进行大力出货的体现。如果个股阶段性的上涨幅度较大，此组合形态出现则表明强势上涨行情结束、短期内将出现深幅调整走势或是振荡滞涨走势。此后，空仓投资者则不应继续追涨买股。而对于手中持股者，则不妨进行短线减仓或清仓

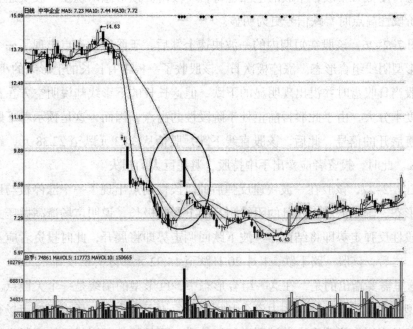

图 7-2-25　中华企业（600675）2010 年 4 月 23 日 ~2011 年 1 月 27 日日线图

操作，以规避短期大幅波动所导致的利润快速缩水。

如图 7-2-25，该股在 2010 年 4 月 23 日开始下跌，股价从 14.63 元跌至 6.97 元，之后，受有利消息影响，该股出现局部反弹，连续出现了两个"一"字形涨停板。但这则消息的利好程度显然有限，在第二个"一"字之后，此股出现了一个高开低走的放量大阴线形态，这说明市场抛压十分沉重，主力资金也有着强烈的逢高派筹意愿，这种形态自然也预示了短期反弹上涨走势的结束及随后再度下跌走势的展开。此时，持股者应立即卖出手中持股，及时离场观望，而空仓者也不可买股入场，应远离该股。

最后还需要提醒投资者的是，与这种组合形态市场含义完全相同的另一种形态是"丁"字板后的高开低走大阴线。其形态特征也表现为当日开盘价、收盘价、最高价均为涨停价位，但不同的是，其最低价低于涨停价。这是涨停板的另一种特殊形态，投资者应当有所留意。

涨停后的巨影型阴线组合

当股价上涨至某一阶段性高点后，先出现了一个体现个股涨势加速的涨停板，随后，又出现一个上影线或下影线极长、实体相对较短的阴线。这种形态就叫作涨停后的巨影型阴线组合形态。

涨停板与巨阴线组合形态是一种极为可靠的看跌信号，它的出现预示着主力资金已无意再度推升个股，个股的上涨也将告一段落。该形态出现在一波快速上涨走势后的阶段性高点时看跌信号更为明显。

如图 7-2-26，该股在短期内的一波快速上涨后，于阶段性高点出现了一个涨停后的巨影型阴线组合形态。涨停板次日，该股收了一根带有长长的上影线的小阴线，虽然个股当日收盘时并没出现明显的下跌，但这长长的下影线却说明空方在盘中的打压力度十分大，由于此股目前正处于阶段性的高点，因而，这是预示着下跌回调走势即将展开的信号。此后，该股直线下跌，股价从 34.3 元跌至 22.38 元，跌幅达到 35.2%。此时，投资者应卖出手中持股，避免巨大的损失。

如图 7-2-27，该股在一波快速反弹后的阶段性高点出现了一个涨停板与巨阴线的组合形态。图中涨停板次日的阴线当日的上影线极长，说明市场逢高抛压力度较强，阶段性反弹走势即将结束，一波下跌回调走势即将展开，此时投资者应及时卖股离场。之后，该股一路下跌，1 月 20 日跌至 14.92 元后才有所反弹。

在这里需要指出的是，在这一组合形态中，巨影型的阴线是一个关键点。这种含巨影型的阴线形态往往与主力资金利用追涨氛围而大力度打压出货的市场行为有关。长长的上影线说明多方曾试图进行过拉升，而长长的下影线又体现了空方逢高

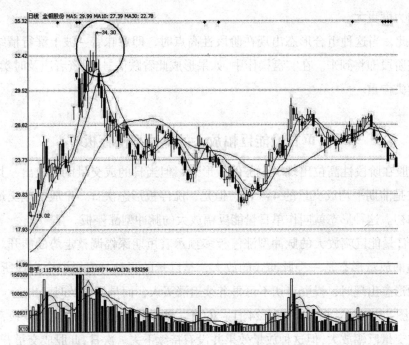

7-2-26 金钼股份（601958）2010 年 11 月 10 日~2011 年 1 月 25 日日线图

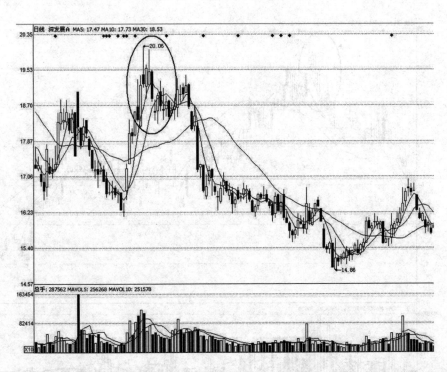

图 7-2-27 深发展 A（600001）2010 年 10 月 15 日~2011 年 1 月 20 日日线图

打压的力度更大。

因此，当这种组合形态出现在阶段性高点时，即意味着一波上涨行情结束、深幅调整阶段即将到来。在实盘操作中，如果形成此看跌信号，投资者应及时卖出离场，以免损失惨重。

单日量能巨幅放大的脉冲型涨停板

个股在阶段性高位出现一个涨停板形态，但当日的成交量巨幅放出，其放量效果往往是前期平均成交量的 4~5 倍，但是，涨停板形态次日，个股的成交量又迅速恢复如初。这种形态就叫作单日量能巨幅放大的脉冲型涨停板。

单日量能巨幅放大的脉冲型涨停板多预示着短期深幅调整走势的展开。涨停板所伴随的放量形态是一种脉冲式的放大，是巨量的买盘与卖盘资金交锋所造成的。当此种形态出现时，投资者切不可再继续追涨买入，而是应该及时卖出。

如图 7-2-28，2011 年 3 月 24 日 ~26 日，该股连续三天都出现涨停板，且这三天的成交量巨幅放大，但这种放量效果并没有持续下去。次日，此股成交量开始萎缩，逐渐恢复到了放量前的水平，这就是单日量能巨幅放大的脉冲型涨停板形态。在阶

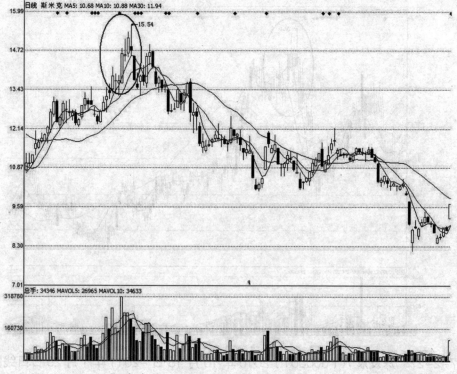

图 7-2-28　斯米克（002162）2011 年 3 月 24 日 ~8 月 8 日日线图

段性高点出现这种涨停板，即预示着一波深幅调整走势将展开。因此，此时投资者应进行短线卖股操作。

如图 7-2-29，该股经历一波稳健的上涨行情后，在阶段性高点出现了一个单日量能巨幅放出的脉冲型涨停板。脉冲放量型的涨停板形态是一波深幅调整走势即将展开的标志，它预示着阶段性回调走势出现的概率更大。因此，投资者在具体操作中，应进行短线卖股操作，以便及时离场观望。

挖坑后的涨停板突破

在稳健的攀升走势中或是盘整振荡走势中，股价突然出现幅度较大的下跌走势，随后，股价在阶段性低位持续窄幅振荡整理，股价重心缓缓上移，从而形成了一个"坑"形，之后，个股突破坑体上沿，并出现了一个强势的涨停板形态。这种形态就叫作挖坑后的涨停板突破形态。

挖坑后的涨停板突破形态大多是因为个股已有强控盘主力入驻，且主力当前正积极运作个股的体现。如果个股前期累计涨幅不大，那么此形态的出现就意味着主力将对个股实施强势拉升操作，当前的走势是一种拉升前的洗盘操作。在此种形态的识别过程中，还需要指出的是，这类个股在涨停板突破前期坑体区时，一般并不会立刻强势上涨，大多会出现或深或浅的一波回调走势（主要视当时大盘走势而定）。

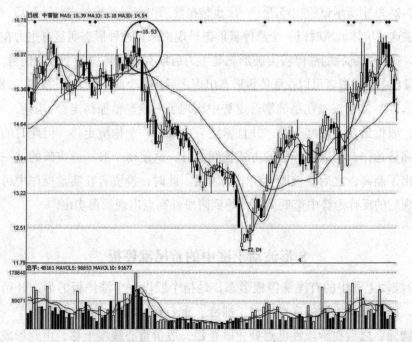

图 7-2-29 中青旅（600138）2011 年 4 月 22 日~6 月 20 日日线图

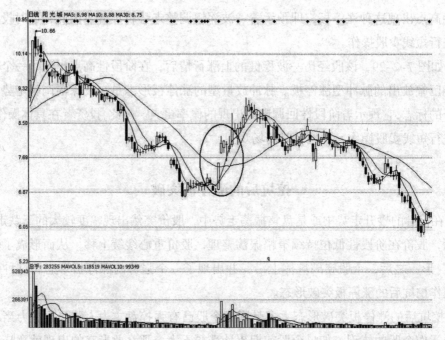

图 7-2-30　阳光城（000671）2011 年 3 月 7 日~7 月 5 日日线图

因此，投资者在实际操作过程中可以在涨停突破后回调时的阶段性低点买入进场，以分享主力后期对个股展开的拉升，从中获利。

图 7-2-30 中所示该股在经历了一段盘整振荡后出现一波挖坑走势。随后，当个股向上突破这一坑体区域时以一个涨停板形态呈现出来，这种形态明显有主力在其中强势运作。这种挖坑后的涨停板突破形态是主力后期有意强势拉升个股的信号。因此，在实盘操作中，投资者可以在涨停板形态出现之后，逢个股回调之机进行买股操作。

如图 7-2-31，该股在稳健攀升走势中出现了一段盘整振荡走势，随后，个股向下突破，股价出现大幅度下跌，并且紧随着出现了一个挖坑走势，但此时的主力资金开始强势运作，并以涨停板的方式连续拉升，这使得个股一举突破的这一坑体区域并创出了新高，之后，该股后期上涨凶猛。此时，投资者在实盘操作中可以在涨停板出现后的反弹走势中逢低买入，等到阶段性高点出现后再卖出。

S 形波动上涨中的首尾涨停板

S 形波动上涨中的首尾涨停板形态，是指个股以一个涨停板的形态开始一波上涨行情，随后在阶段性的高点出现了滞涨，重心开始回调，其走势类似于一个弧面朝上的圆弧，之后在阶段性低点处止跌企稳，股价重心缓缓上移，由此形成了一个

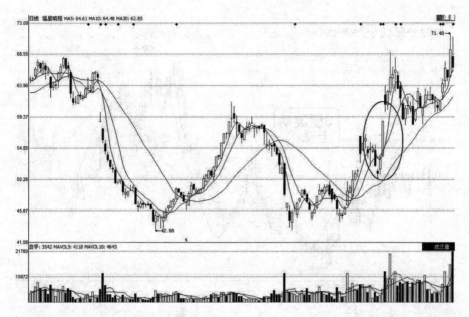

图 7-2-31　福星晓程（300139）2011 年 7 月 7 日 ~11 月 17 日日线图

弧面朝下的圆弧，这两个圆弧正好组合成了一个类于横躺着的英文字母 S，随后，当个股于圆弧右侧突破上行时，依然是以一个强势的涨停板形态出现的。

这种形态的出现往往与主力的拉升行为相关。在个股振荡缓升的走势中，它也是主力强势介入运作的体现。主力资金对个股展开强势拉升之初，是很好的买入时机。在具体操作过程中，投资者可以在个股以一个涨停板的方式向上突破这一横向 S 形区域时追涨买入。因为此时投资者可以较容易辨识出这一形态，抓住这次时机，投资者也可以很好地把握住一波强势上涨行情，获得较大利润。

如图 7-2-32，2011 年 2 月 23 日，该股自低位区开始反转上行，于 2 月 25 日以一个涨停板形式实现了突破上行，随后出现波动走势。在 2009 年 4 月 6 日，该股又再度以一个涨停板的形态实现了对这一波动区域的突破。2011 年 2 月 25 日 ~4 月 18 日之间的这种走势形态正好构成了一个 S 形波动上涨中的首尾涨停板形态，该形态说明个股强控盘主力介入且正在积极运作，而且，主力当前的拉升意愿较为强烈。因此，S 形波动上涨中的首尾涨停板形态形成后，投资者则可在第一时间追涨买入。

如图 7-2-33，该股自深幅下跌后的低位区开始企稳回升，与 2011 年 8 月 19 日至 22 日 4 天连续出现了涨停板形态，这两个涨停板之间的走势形态正好构成了一个 S 形波动上涨中的首尾涨停板形态。此时的个股距离阶段性的最低点累计涨幅并不大，且前期还出现了深幅下跌走势，因此，该股后期的上涨空间仍然充足。投资者可以在 2011 年 10 月 10 日出现涨停板后，积极地买股入场。

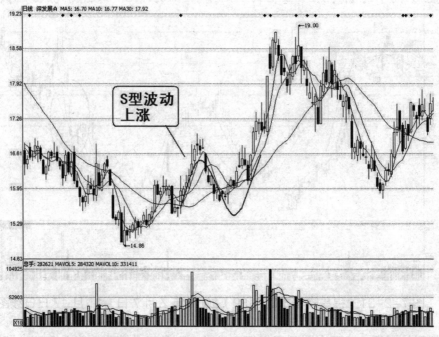

图 7-2-32　深发展 A（000001）2011 年 2 月 25 日 ~4 月 18 日日线图

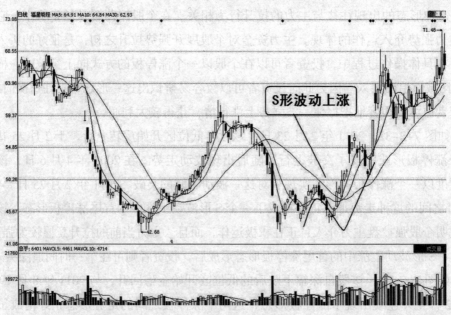

图 7-2-33　福星晓程（300139）2011 年 8 月 19 日 ~10 月 18 日日线图

第三节　底部操作实战技法

价"托"

交叉点 a 是 5 日均价线从下向上穿越 20 日均价线所形成的结点；交叉点 b 是 5 日均价线从下向上穿越 10 日均价线所形成的结点；交叉点 c 是 10 日均价线从下向上穿越 20 日均价线所形成的结点；由这三个结点组成一个封闭的三角形，这个三角形就称为"价托"。图 7-3-1 就是一个标准的月价托系统。

以月平均系统形成的价托为例，说明价托的市场意义：

（1）当 5 日均线与 10 日均线黄金交叉时，意味着 5 日内的投资者愿意比 10 日内买入的平均价更高的价位追涨；也意味着 5 日内的股票需求量大于股票供应量；还意味着 10 日内以平均价买入的人已有赢利。此时股价下跌趋势减缓，人气开始转暖。

（2）当 5 日均线与 20 日均线黄金交叉时，意味着 5 日内的投资者愿意比 20 日内买入的平均价更高的价位追涨，还意味着 20 日内以平均价买入的人已有赢利。此时股价下跌趋势进一步减缓，人气进一步转暖。

（3）当 10 日均线与 20 日均线黄金交叉时，意味着 10 日内的投资者愿意比 20 日内买入的平均价更高的价位追涨，10 日内的股票需求量大于股票供应量，在 20 日内以平均价买入的人已经获得赢利。此时股价下跌趋势基本结束，开始进入上升通道。

（4）以上三个黄金交叉点和 3 条均线组成一个封闭的价托三角形，三角形的最

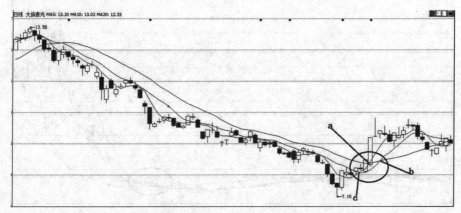

图 7-3-1　月价托系统图

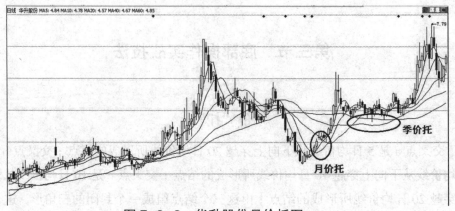

图 7-3-2   华升股份月价托图

高点和最低点之间的价位是最近人们买进该股的平均价格区间。既然人们愿意用这个平均价区间买入，那么总希望有利可图，以后股价在此区间会有一定的支撑。

除了月价托系统，还有由 20 日、40 日、60 日均线及其交点组成的季价托系统，5 日、10 日、60 日均线及其交点组成的长短结合价托系统。

投资者在进行操作时主要注意以下两点：

（1）在三个黄金交叉点附近分批逢低买入。

（2）看清楚价托后在回档时逢低买入。

如图 7-3-2，华升股份（600156）采用价格平均线参数 5、10、20、40、60，在 2011 年 1 月中旬由 5、10、20 日均线形成月价托的封闭三角形，尔后，3 月初由 20 日、40 日、60 日构成季均线系统。股价在经历近两个月的震荡横盘后，稳步攀升。

如图 7-3-3，上海梅林（600073）采用价格平均线参数 5、10、60，在 1999 年 12 月上旬的时候该股票形成封闭三角形，这是一个短长结合的价托。股价在短长结

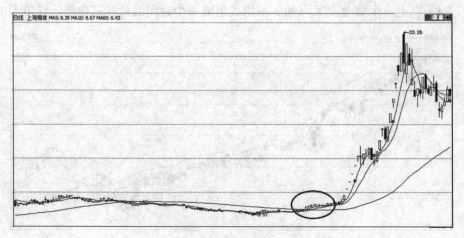

图 7-3-3   上海梅林短长结合价托图

合的价托上横向震荡 3 个交易日开始稳步攀高。

量 "托"

在讨论日 K 线的均价线的同时，投资者必须同时研究均量线，在某种意义上说，均量线的三角形托甚至比均价线的三角形托更加重要。量托是在成交量柱体图上，由三条量平均线自上而下然后扭转向上所形成的封闭三角形。

月量托是由月量均线系统自上而下然后扭转向上所形成的封闭三角形。它由 5 日、10 日、20 日量平均线及其组成的黄金交叉点封闭而成。季量托是由季量均线系统自上而下然后扭转向上所形成的封闭三角形。它由 20 日、40 日和 60 日量平均线和量平均线及其黄金交叉点封闭而成。

以月量托为例，说明量托的市场意义：

（1）当 5 日量平均线和 10 日量平均线黄金交叉时，说明 5 日内买进该股的成交量大于 10 日内买进该股的成交量，意味着该股在近期开始热门。

（2）当 5 日量平均线和 20 日量平均线黄金交叉时，说明 5 日内买进该股的成交量大于 20 日内买进该股的成交量，意味着该股在近期开始进一步热门。

（3）当 10 日量平均线和 20 日量平均线黄金交叉时，说明 10 日内买进该股的成交量大于 20 日内买进该股的成交量，意味着该股在近期越来越热门。

（4）在月量托形成后的一段时间内，成交量不会很快低于月量托以下的成交量柱体高度，意味着该股将惯性热门一段时间。

操作方法：

（1）在月量托出现后，应注意该日 K 线图，尽快逢低介入。如果价均线也能出

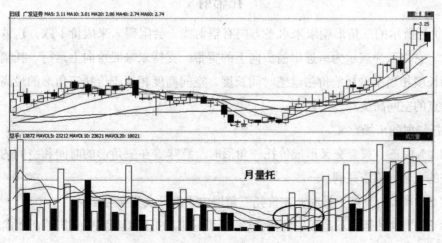

图 7-3-4　广发证券短线月量托图

现月价托，那么更应该积极入市。

（2）当月量托出现后，如果未能及时入市，可等待不久将出现的老鸭头走势，并在老鸭头嘴部区间，成交量出现芝麻点时逢低介入。

如图 7-3-4，广发证券（000776）量柱体图上的量平均线采用 5、10、20 参数，2006 年 3 月下旬量平均线形成一个封闭三角形，说明有增量资金介入，是明显的买入信号。

如图 7-3-5，上海梅林（600073）的柱体图上的量平均线采用 20、40、60 参数。1999 年 12 月上旬量平均线形成一个封闭三角形、说明有增量资金介入，这是明显的买入信号。

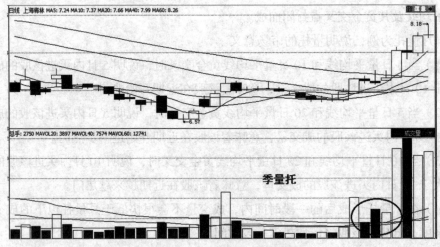

图 7-3-5　上海梅林月量托图

托辐射

价托所示的三角形朝未来水平方向有辐射线，会阻碍未来股价下跌，这就是托辐射。它表示为表示为一连串箭头向上的宽带，支持未来股价向上运行。托辐射的时间长度相当于价托前价格盘整时间长度，空间高度相当于价托三角形的最高点和最低点的空间高度。

托辐射的市场意义：

（1）由三个黄金交叉形成价托三角形时，意味着在三角形的时间和空间内所有买进的人都面临着赢利。

（2）当股价继续上升时，在价托三角形内买进已成为实际赢利。

（3）当这种赢利示范效应传播开后，会引起市场追风，从而进一步支持股价向上。

（4）上升一段时间后股价回档，当回档低点进入到托辐射带内时，在价托三角

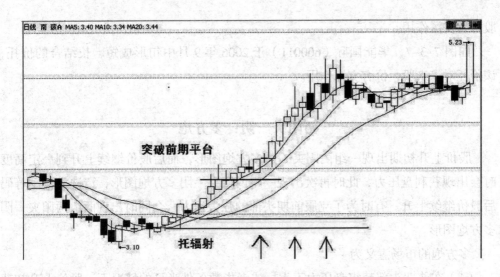

图 7-3-6　南玻 A 月价托图

形内未满仓的人可能会继续买进，从而使回档在托辐射带内遇阻而重新回升。

投资者进行托辐射的操作方法：

（1）一旦看清楚价托后，应尽快逢低买入，且安心持股，不轻易卖出。

（2）如有踏空者可等待股价回落到托辐射带附近时买入。

如图 7-3-6，南玻 A（000012）在 2005 年 7 月中旬形成月价托，该价托对未来

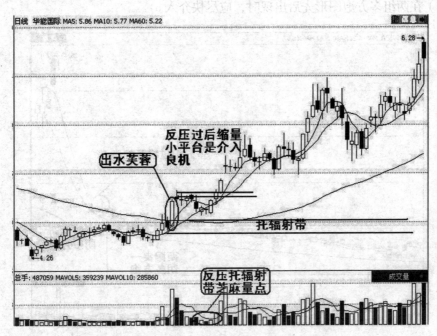

图 7-3-7　华能国际短长结合价托图

股价有支撑作用。

如图7-3-7，华能国际（600011）于2006年9月中旬形成短、长结合的价托，该价托对未来股，价有支撑作用。

两阳夹一阴：多方炮

股价上升初期出现一组两阳夹一阴多方炮图形，而后股价继续上升到一定高度时会出现获利盘压力，此时再次出现一组两阳夹一阴多方炮图形，清洗完浮动筹码后股价继续上升。有时为了克服前期头部的强大压力，会同时出现两组两阳夹一阴多方炮图形。

多方炮的市场意义为：

（1）在前期头部套牢盘压力不大，或者指数条件尚可的情况下，股价上升初期使用一组两阳夹一阴多方炮图形即可启动。在上升浪的中部由于获利盘压力较大，可能再使用一组两阳夹一阴多方炮牵引股价继续上升。

（2）在前期头部压力很大，或者指数条件恶劣的情况下，股价上升初期使用两组两阳夹一阴多方炮图形才能启动。

在进行多方炮的操作时要注意：

（1）在高低两个多方炮图形出现时，继续持股待涨。

（2）在两组多方炮图形先后出现时，应尽快介入。

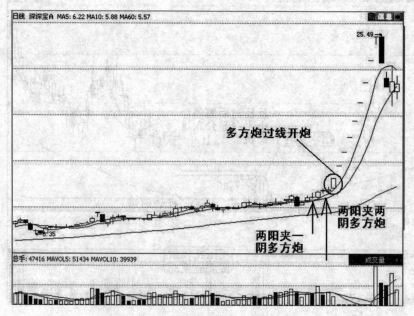

图7-3-8　深深宝A多方炮图

如图 7-3-8，深深宝 A（000019）2007 年 4 月 23 日、24 日和 25 日形成两阳夹一阴多方炮，使股价从前期盘整平台升起。一般情况下，第一门多方炮要解决的问题是克服前期平台或前期头部的压力。一旦向上突破后，股价会以跳空形式向上开炮。经过一段时间上升，获利筹码增加，势必有短期套现盘涌出，于是股价会出现阴线。但是由于看好该股后市，庄家在第二天再拉阳线，于是在股价上升浪的中途又出现了两阳夹二阴多方炮。第二门多方炮要解决的问题是克服套现盘，重新获得上升动力。像这一类在第一门多方炮后不久再出现第二门多方炮的图形，被称为多方叠叠炮。

"托" + "多方炮"

价"托"往往是重要的底部形态，一般它表示"托"的力量，使股价下跌趋势减缓，并形成一个底部平台。如果说"托"解决了股价不再下跌的问题，那么股价上升的问题需要另找动力。

两阳夹一阴"多方炮"经常出现在底部区间，它往往在"托"的基础上构筑向上攻击的图形，虽然此时攻击还未开始，但聚集力量承上启下，使多方在总攻前有一个喘息的机会。如果在价"托"上或价"托"旁出现两阳夹一阴多方炮，表明下档空间封闭，上升空间打开只是时间问题。

如果"多方炮"图形正好在三角形"托"上方，这使股价下跌的空间几乎被封闭，

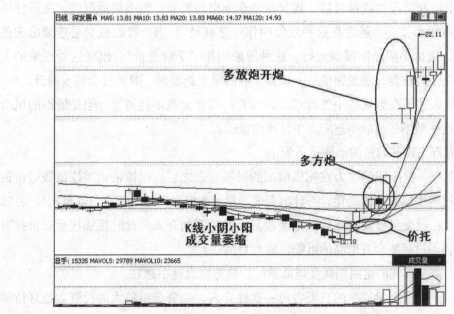

图 7-3-9　深发展 A "多方炮 + 托" 走势图

剩下的是如何开炮的事。一般在"多方炮"上方都有一两根跳空高开的长阳线，从而彻底结束空头行情，进入多头上升通道。

"托"＋"多方炮"的市场意义：

（1）三角形"托"表明 5 日、10 日和 20 日买入该股的人在三角形封闭的那一天都有盈利了。这使多头力量初胜空头力量，这使长期亏损转化为初获盈利。

（2）两阳夹一阴"多方炮"高，第二天空方打压股价回落，到第一天阳线的顶部。在这个表明第一天多方拉阳线股价推第三天多方继续买入将股价恢复涨一跌再一涨的过程中，多方力量制服空方抛压，同时逼空翻多。第四天一般发生跳空高开其多方能量来自于多方的继续进攻和空方的回补筹码。

（3）在股票中出现"托"加"多方炮"的组合时，投资者可以继续持股待涨，尽快介入。

图 7-3-9 为深发展 A（000001）在 K 线图上出现两阳夹一阴图形（见小圈内），多方炮将 K 线从三均线下上升到三均线上运行。几经震荡吸筹后，股价开始缓慢上升，形成一组三角形"托"和多方炮。

投资者可按照价"托"、多方炮，沿 5 日、10 日均线一路跟踪，到达 25 元左右的高位。"托"高价也能轻松获得。

底部芝麻量

当个股在阶段性放量过后，成交量便连续出现萎缩，萎缩到地量时，在量柱体图上只有很小实体，通常把这种现象叫作"芝麻量"。当个股的成交量连续出现萎缩之时，股价小阴小阳横盘运行，这种现象叫作"芝麻量价"。出现这种现象的主要原因是主力洗盘，洗盘完毕后，该类个股的量重新放大，股价就会同步回升。

有些人并不在意这些小芝麻点，因为它们实在太微不足道了。但是股市的机会就是从这些微不足道的小芝麻点中显现出来的。

当底部出现芝麻量的操作技巧为：

（1）当一只个股的主力在完成前期的吸筹建仓之后，应该密切关注该股股价回档调整过程中成交量的变化，一旦出现成交量"芝麻量"时，就可以逢低积极买进。

（2）在成交量极度萎缩后又重新放量上升的瞬间介入，此时更加接近股价拉升的时机，不过可能会有追高的可能，成本要高些。

（3）需要强调的是回档幅度越低越好，量芝麻点越小越好。

（4）一般资金量较少的投资者可一次性介入，而资金量较大的投资者最好待该股重新放量时才介入。

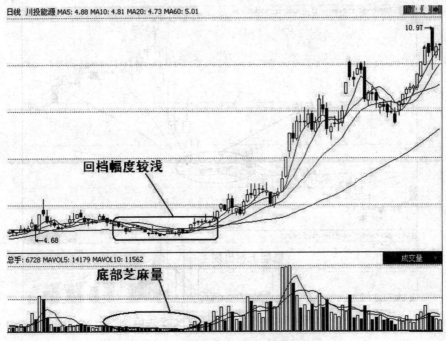

图 7-3-10　川投能源底部芝麻量图

如图 7-3-10，川投能源（600674）1998 年 3 月前后成交量极其萎缩，成交量柱状图已成为扁平的小芝麻群，3 月下旬有主力进场收集筹码，一根小阳线上穿 30 日均线，成交量柱状体升高，以后在成交量的推动下股价从 5 元上升到 6 元，继而发生上升行情。7 月中旬股价冲高到 11.70 元，实现股价翻番。散户可根据股价回档时成交量极度萎缩时所产生的小芝麻点进行逢低吸纳。回档时成交量要越小越好，跌幅要越浅越好，来日才会有大行情。

"散兵坑"

散兵坑是指在股价缓慢上涨过程中，成交量也逐渐放大，但此时突然股价快速下挫，成交量萎缩，不过这种下挫不会持续很久，经过几个交易日或一周左右的时间，股价就会继续原来的上涨行情，而成交量也会再次放大。

散兵坑实际上是主力在拉升途中进行的凶悍洗盘，经过这样的洗盘，原本获利的大量浮动筹码会被震出来，散户的持股成本将被大大抬高。

"散兵坑"的市场意义为：

（1）股价要处于慢牛趋势初期或中期时，最好已有 10％以上的涨幅，说明了上涨趋势已初步确立。

（2）股价突然间无量下挫，止跌位置相对于股价的绝对涨幅不能超过 50％，最

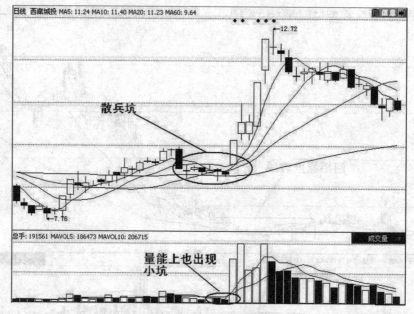

图 7-3-11　西藏城投散兵坑图

好在 0.382 黄金分割回吐位之内，如比例过高，向上的爆发力往往会减弱。

（3）在短时间内又有能力恢复到原有的上升趋势中，最好在 1 周内完成，否则时间过长，爆发力往往会减弱。

（4）在股价回升时候，成交量应该有所放大，快速的回升往往预示着爆发力较强。

（5）重返上升趋势之际，是介入的好时机。

如图 7-3-11，2011 年 3 月初，在西藏城投（600773）的日 K 线图中出现了散兵坑形态，这是主力在强力洗盘的标志。3 月 8 日，股价结束散兵坑形态后继续上涨行情，此时买点出现。

"散兵坑" + "彩虹桥"

散兵坑和彩虹桥都是主力的典型洗盘行为，两个洗盘先后发生，足见主力的处心积虑，其蓄势自然更为充分，后市理应更看好，若遇上这样好的机会我们自然不能错。"散兵坑 + 彩虹桥"就是一种比较常见的大牛股复合形态。当它们出现时，我们应该高度重视，把握启动时机，及时跟进，往往会有丰厚的回报。

出现这种形态，主力先是用散兵坑洗盘，然后迅速突破拉升，既清理了浮筹，又避免了散户的跟随。之后长时间的彩虹桥整理足以消耗持股者的耐心，为后市的第二波拉升奠定了基础。

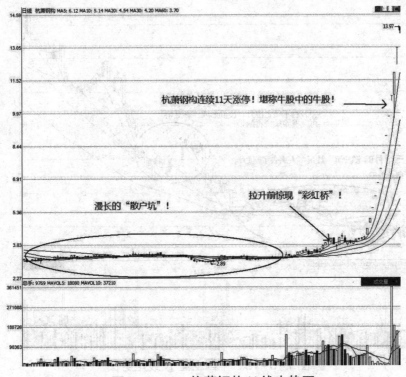

图 7-3-12　杭萧钢构 K 线走势图

　　如图 7-3-12,杭萧钢构（600477）在 2005 年 7 月 21 日见 2.40 元的历史低点后,构筑窄幅整理平台。之后,该股开始缩量洗盘,形成长达三个月的"散兵坑"。杭萧钢构的庄家的坐庄迹象很明显,2007 年 1 月份不断放量振荡,以及盘口异样的表现形态,可以判断此股将在近期有突破的表现。随后,该股振荡走高,形成"彩虹桥"走势,随着"彩虹桥"形态的构筑完毕,股价迫近平台历史高点。次日该股早盘高开后,便直接放量冲击涨停,突破长达一年的平台整理,短线进入主升之路。2 月 12 日当天以 9.9% 的涨幅标志拉升的开始。随后的 11 天,杭萧钢构不仅开盘就涨停,而且连续跳空高开,走势让人惊叹！从漫长的散兵坑时代的不到 3 元每股,飞升到了将近 14 元。

　　如图 7-3-13, 中国卫星（600118）从 2009 年 9 月末开始,到 2009 年 12 月末,中国卫星形成了一个三个月的"散兵坑"。2009 年 12 月 28 日该股突然涨停,散兵坑形态就此形成。

　　2009 年 12 月 28 日的上涨对中国卫星意义极大,打开了后市上涨空间。很多投资者此时介入以为主升浪即将开始,可是该股此后并没有继续拉升,而是横盘整理。这时横盘走势显然是主力刻意的震荡整理蓄势,即彩虹桥。彩虹桥应该还是主力洗

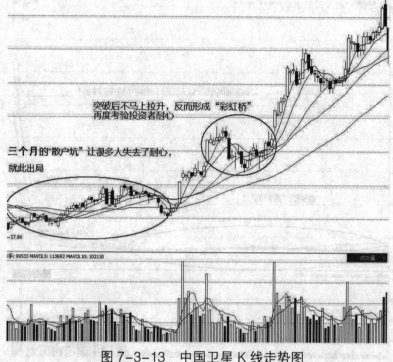

图 7-3-13　中国卫星 K 线走势图

盘动作,这也说明主力前期吸筹还不充分。中国卫星前期的小幅上涨,属于主力建仓,随后下跌应是洗盘动作, 这从成交量的萎缩上可以看出。

2010 年 1 月 8 日该股收出中阳线,次日涨停,在彩虹桥整理的时候我们可以密切注意, 等待股价突破横盘区间。长线投资者可以在突破前高时介入,在此后的彩虹桥走势中也可以适当加码。当彩虹桥整理结束的时候,短线投资者可以积极追进。

东方红，大阳升

地图总是上北下南左西右东,这和日 K 线图有点相似:上高下低,左边是过去,右边才是未来:未来在东方。因此,人们特别注意日 K 线图东边的颜色。在日 K 线图上东边的颜色发黑的时候条条阴线让人胆战心惊,而东方露出大阳线时,让人感到未来有希望。东方红在日 K 线图上同样是喜气洋洋的。

特别是 5 日、10 日、20 日均线经过长期的空头排列后,指数跌无可跌。此时三条均线像浩瀚海洋的水平线,平静地等待着一轮红日升起。

当股价形成底部时,必然是庄家大量买进的区间。因此,在 60 分钟 K 线图上会连续出现阳线,有时会成片出现阳线,使图纸的东方呈现一片红色称为东方红。在日 K 线图上也会出现多根阳线,也是东方虹的图形。

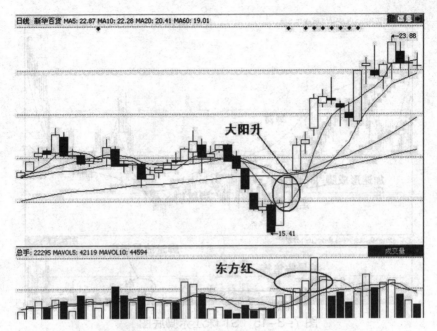

图 7-3-14　新华百货 K 线走势图

东方红的市场意义是：

（1）东方红是庄家全力地、密集地建仓的特征。

（2）大阳升是庄家建仓后股价迅速上升的图形，标志着一段跌势的结束和一段涨势的开始。

投资者可以根据东方红的技术特征，进行如下操作：

（1）当出现东方红的成交量时应尽快买入。

（2）当出现大阳升时可在股价冲过前一平台或前一头部时迅速跟进。

如图 7-3-14，新华百货（600785）从 2009 年 8 月 20 日开始放量，冲过季均线系统，在以后交易日中成交量明显放大，成交量柱体图连成一片红色，大阳线已从前期盘整平台升起，是典型的东方红大阳升的图形；考虑到当时的底量比 2008 年 8 月份的上一轮涨势中的顶量还要大，我们判断该股有一轮涨势。

一脚踢出大黑马

"一脚踢出大黑马"中的美丽大脚又称"赤脚底"。

庄家往往在下跌后期有一个加速赶底的动作，快速跌到底部后就形成了脚跟，因为快速下跌后有反弹，反弹到中长期均线处必然遇阻回落，之后股价在中长期均线的压制下逐步走低，此时的中长期均价线就像脚背，股价的回落能够不创新低，

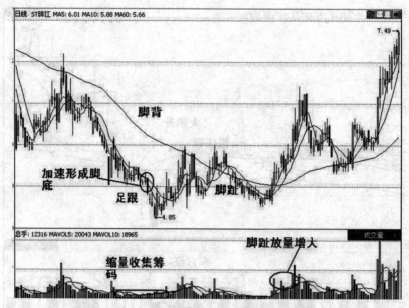

图 7-3-15　ST 珠江赤脚底图

最后股价的活动空间越来越小，如果曾有庄家在足部区间建仓的话，此时往往会放量突破各种均线，从而走出一段上扬行情。

赤脚底的关键是脚下一定要放量，只有放量才能证明是有人在建仓，否则就不

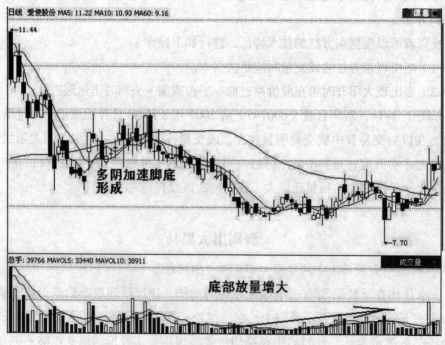

图 7-3-16　爱使股份赤脚底图

叫"赤脚底"了。量是关键点，量缩放要有规律，除了脚底要有量，还有突破脚趾头时也要放量，还有一个关键点就是股价盘整到脚趾头那个位置时必须各种中短期均线几乎收敛在一起，那才是最有力的脚趾头。

如图 7-3-15，1998 年 11 月初，ST 珠江（000505）的股价从脚趾上爬升起来，这使你相信这赤脚底的威力巨大。当股价从脚趾或脚背处升起时只有 5.35 元左右，5 天后就到达 7.17 元。

如图 7-3-16，1997 年 10 月下旬到 1998 年 2 月中旬，爱使股份（600652）的 K 线走势就像一只大脚，连大脚趾都画出来了。这种形态表明股价已经跌无可跌，其下跌空间不大了。剩下来的是能不能涨起来。以后该股一路飙升，1998 年 3 月到达 12.58 元的高位，可见赤脚底的底部是何等重要。

庄家咽喉部

庄家就像是一只肉质肥美而又十分凶猛的鳄鱼，每个投资者都渴望能够吃到鳄鱼的肉，但是在多次的尝试中被鳄鱼所伤。

庄家在新兴股市中特别多，对市场影响特别大。庄家依靠雄厚的资金实力或是强有力的融资能力，通过高水平的操盘手在股市中兴风作浪，让股价日日拉出长阳线，也可以挥之即去，让股价天天拉出长阴线。散户们对庄家又爱又恨。

那么怎样才能够成功地抓住鳄鱼而又不被它咬伤呢？非洲壮汉在捕捉鳄鱼时并

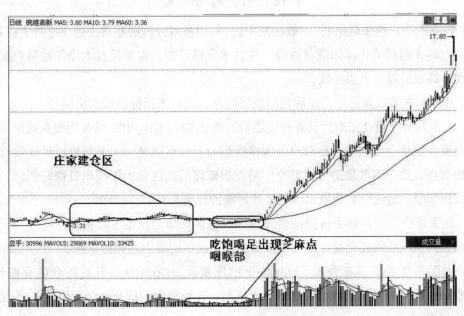

图 7-3-17　皖维高新 K 线走势图

不施拳施脚，而是奋力扼住鳄鱼的咽喉部，直至鳄鱼趴下为止。非洲人捕捉鳄鱼的成功经验告诉我们：任何强大的对手都有其薄弱部位，扼住鳄鱼的咽喉部才是关键！而庄家的咽喉部在哪里呢？

如果你和庄家换位思考的话，你会发现：

（1）庄家必须在低价位区缓慢地买入股票，而且越多越好。

（2）庄家必须保证消息不外露，在吃饱大量筹码后伺机而动。

（3）大量吸筹后庄家已不能全身而退，拉高出货成了唯一的出路。这时候如果泄密的话，人们会在这时纷纷买入。

由此可见，当庄家吃饱喝足的时候才是他最薄弱的时候。

如图 7-3-17，皖维高新（600063）在 2006 年 8 月份主力开始建仓，冲高到 4.34 元以上后开始震仓回落，而后一路吸盘至 10 月份，股价底部抬高，呈缓慢上升状态。此时主力基本吸足筹码并有启动迹象，在众散户追风下主力不得不紧急拉高，11 月份主力再次打压股价，下跌时成交量出现芝麻点，在 3.42 元附近做低位震荡，标志着盘整接近尾声，此时主力已吃饱喝足，已经全身介入无后退之路，这个位置是庄家的咽喉部。面对人们的逢低买入，庄家只好睁眼相看。12 月 14 日一根阳线上穿三均线，庄家不能容忍散户们跟风，开始拉高股价，而后该股价格直线上扬，一路上涨到 21.18 的高位，进入庄家派发区。

石狮怒吼，海鸟飞天

现在的散户越来越精明，识破庄家手段，利用技术分析居然常常到庄家身上谋利。庄家也越来越精明，深知散户懂得一些技术分析要领，常常反技术操作使散户疲于奔命，高吸低抛留下买路钱。

庄家首先要吸盘建仓，而后开始破坏图形，让技术指标出现卖出信号。

庄家常常在建仓完毕后故意打压股价，将让 CD、KD、RSI 以及均线系统形成死亡交叉，制造空头陷阱，使散户失去持股信心。而后在某一天突然放巨量使股价接近前高点，散户不敢猛追全线踏空。将图形破坏后用巨量大阳线单日修好图形，称为石狮怒吼。怒吼时必须吼出巨量，才可能冲过前头部。

庄家还会采用各种手法隐蔽坐庄，散户也应该学会反技术指标炒作的技巧。其中像石狮怒吼般的成交量，海鸟飞天般的长阳线一定要引起充分重视。

如图 7-3-18，五矿发展（600058）的庄家从 2006 年 9 月开始震仓破坏图形，在底部逼散户出局，而后用巨量将股价推高，连续放大的成交量使股价从 7.25 元附近冲到 32 元。

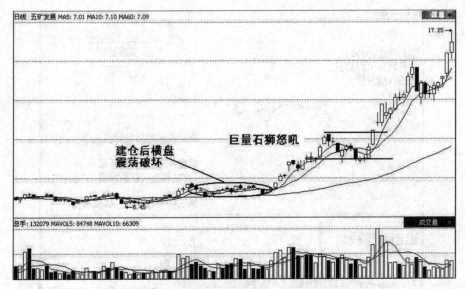

图 7-3-18　五矿发展石狮怒吼图

买入在开盘后 15 分钟

股市从昨收盘到今开盘的过程中，经过了基本面的变化、主力的精心策划和股民们的深思熟虑，对第二天的行情有重大的影响。这种影响往往表现在开盘后的 15 分钟内。利用 15 分钟以内的价量变动，可判断今日大盘的涨跌或个股的涨跌，此时短线高手大有用武之地。

开盘后 15 分钟买入的好处：

（1）假如主力发动行情，往往在当日 4 小时的交易中拉出向上突破性阳线，此时尽早跟进符合短线炒作的趋强原则和风险原则。

（2）启动信号明确。庄家在一夜策划后一般在第二天上午发动行情，拖拉时间不利于保密，会引来众多跟风盘。往往出现向上跳空缺口且回档较浅。往往伴随着巨大成交量。这些条件比尾盘买进要好得多。

（3）开盘后 15 分钟，昨收盘至今开盘的基本面变化体现在股价和成交量之中，当日已无报纸杂志发行，受突发性消息影响较小。

投资者在开盘 15 分钟买入需要注意的是：首先要等待指数趋势明朗后再做买入决策；其次是事先对可能出现的强势股要有心理准备，买入才能从容不迫；再次是应选择在指数跌无可跌或企稳回升阶段买入；最后需要强调的是成交量必须放大方可买入，每笔买入量最好有三位数字。

图 7-3-19 为东方雨虹（002271）12 月 2 日到 12 月 3 日的 5 分钟 K 线走势图，

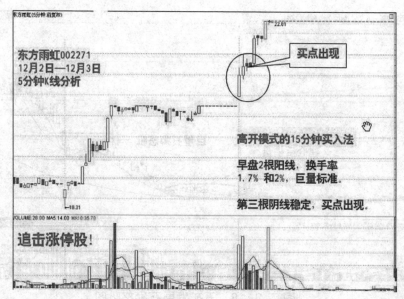

图 7-3-19　东方雨虹与分钟 K 线图

2 日开盘后 15 分钟，股价迅速上升到 21 元，此时成交量迅速放大，股价从平台升起。收听开盘后的股评正在推荐该股。由于买入点掌握得好，减小下跌风险，以后该股一路上扬，短期获利颇丰。

买入在收盘前 15 分钟

短线操作的本质是为了规避长期持股中的风险，获得短线利润。因此短线客时刻记住的是现在的买进是为了 4 小时或 8 小时后的卖出，无论盈亏都必须在短期内轧平账户。

短线客牺牲了长线客所能得到的长期稳定利润空间，通过巧妙地利用时间将小利润拼装成大利润。短线客不得参与沉闷而寂寞的盘整，在目前 T+1 的交易制度下，当日买进后一旦发生风险当日不得卖出，因此短线客将买入时间选择在收盘前 15 分钟。在收盘前 15 分钟时买入其当日风险只有 15 分钟，此时间段不跌的话明日任何时间如果感觉有风险随时可卖出。此举既符合 "低风险" 原则又符合 "趋强势" 原则。

由于收盘前 15 分钟已是一日收盘前夕，当日早晨、中午的股评已时过境迁，因此要求短线炒手有较好的炒作技巧和临场经验。近来也有收盘前半小时的股评节目，对短线新手有较多的帮助。

图 7-3-20、图 7-3-21 是中国国贸（600007）在 2010 年 5 月 28 日的分时图以及在此附近的 K 线走势图，在收盘前 3 小时股价在 12.35 元附近震荡，成交量继续

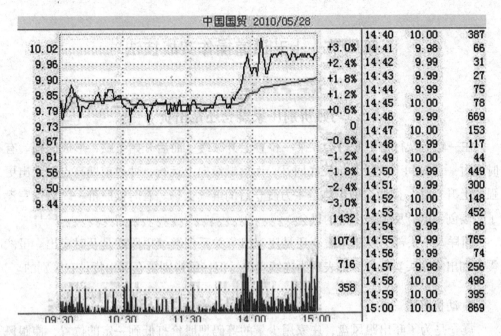

图 7-3-20　中国国贸分时图

图 7-3-21　中国国贸K线走势图

放大，其价位明显比前一天的收盘价高，收盘前一小时股价又上一台阶，成交量已超过昨日，此处是安全的买入点。于收盘前 1 分钟买入，在以后的两个月中，该股价格一直上升到 12.98 元附近，短线利润颇丰。

第四节　上升通道操作实战技法

巧妙辨别庄家震仓还是出货

在一轮上升行情中股价会在某一位置上升减缓，而后开始下跌，形成回档。有时经过一段时间下跌后股价见底回升，而后继续向上运行，冲过前期高点，走出更强的上升行情，显然这种走势是主力震仓后的继续上扬。有时候股价一跌就没完没了，屡创新低，反弹是出货的机会。

同样一个头部，是庄家震仓还是庄家出货关系到继续捂股还是及时卖出。虽然震仓和出货在买卖行为一都表现为连续卖出，但仔细辨别震仓和出货是有区别的。

1. 动机不同

震仓是为了吓出跟风盘，庄家用少量的筹码把股价打低到一定的位置，使跟风者失去跟风的信心。而庄家出货是为了把筹码尽快地派发出去，希望出货量越大越好，时间越短越好。震仓是假戏真做，假出货真回购；出货是真戏假做，真出货假回购。

2. 出货量深度不同

震仓的出货量深度有一定的分寸，打压股价下破 5 日均线其震仓力度属于一般，但打压股价下破 10 日均线其震仓力度就偏大了，假如打压至 20 日均线庄家不得不考虑震仓风险。而出货并不介意跌破多少条均线，庄家关心的是筹码能不能尽快卖出。要说照顾股价也只能是庄家想卖个好价或拖延出货时间，一旦出货完毕股价下破 5 日、10 日和 20 日均线都不加考虑。

3. 走势不同

震仓下跌时成交量并不大，下跌斜率不陡，而拉升时成交量放大，上升斜率较陡。通常震仓走势的大卖出盘往往放在卖一、卖二、卖三上，大接盘能在买一、买二、买三上停留较长时间。出货的走势为大手笔卖出，下跌斜率陡，任何大接盘一出现在几十秒钟内就被抛盘打掉。

在日 K 线图上震仓使得阴线成交量往往比前几天上升时的阳线成交量要少得多，即下跌无量。而出货时留下的阴线成交量往往比前几天上升时的阳线成交量要多得多，即下跌有量。

4. 打压价位不同

震仓所在的价格位置并不高，往往发生在第一轮涨势后的回调，其跌幅表现为第一浪上升总高度的 1/5 或 1/3，超过 1/2 就应该怀疑有出货迹象。出货所在的价格位置较高，往往发生在第二轮涨势后或第三轮涨势后。

图 7-4-1 是中国服装（000902）的 K 线走势图，从图中可以看出股价在震荡后期出现一个仙人指路看跌信号，随后股价连续出现三连跌。在出现跌停后成交量极为弱小，为无量下跌在下跌终止后随即出现大量买单，因此可以断定这是庄家的一次震仓活动而非出货。果不其然，股票在止跌后就出现一根中阳线，连穿两线开始一路上涨。

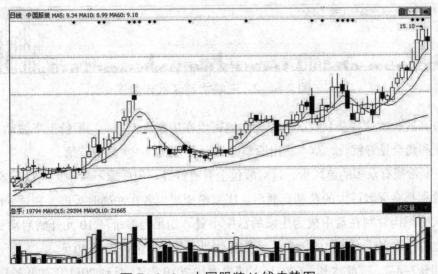

图 7-4-1　中国服装 K 线走势图

庄家为什么震仓

散户最痛恨的是庄家震仓。好好在涨的股票突然跳水向下，刚才账面上还是赢利多多，几分钟后已成了亏损户。

当庄家建完仓后如果遇到泄密，此时会引来大量散户跟风。骤然放大的成交量表明散户每股要向庄家提款。为了掩盖庄家拉高股价的真实动机，为了使散户对该股失去信心，有的庄家采取打压股价的办法。每天巨量对倒低开盘，使散户首先吓一跳，紧跟着在收盘前巨量对倒杀尾盘。连续几天阴线后追风盘开始消失，随之而来的是割肉盘纷纷涌出。此时庄家只要少量震仓筹码就可以引起散户多杀多，引诱股价进一步下滑，等其中的跟风盘已彻底洗尽，主力又将收集大量廉价的筹码。

庄家建仓完毕后股价总有些上升，此时已有一定的获利盘存在其中，如果一鼓

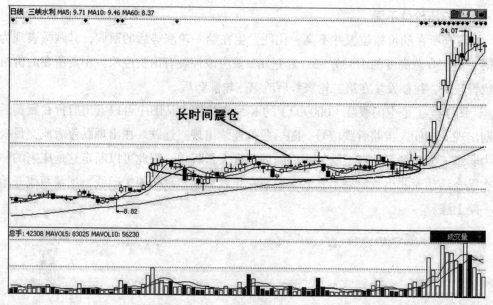

图 7-4-2　三峡水利 K 线走势图

作气拉高股价，这些获利盘会有惊无险地寄生在庄家身上。一旦股价上下波动，大部分获利盘会见好就收，草草卖出股票，从而失去以后一大段好行情。

庄家希望有众多的追风盘，这对股价上升有好处。但庄家不希望追风盘有盈利，任何盈利都会导致巨大的获利盘涌出。庄家希望跟风者在冲高时买进，在杀跌时卖出，从而把肉片割在盘中成为庄家的盘中小餐。如果当股价从 10 元开始启动到 20 元价位时，许多买进卖出的散户几乎没有盈利，其成本也许正好 20 元。

如图 7-4-2，三峡水利（600116）的主力从 2010 年 11 月到 2011 年初开始建仓，股价缓慢爬高，而后主力开始震荡，当散户失去信心的时候庄家在连续拉出小阴线，此图形难看得无以复加。正在这时一根巨量阳线上穿 5 日、10 日均线，假如你不赶紧追进的话又连续拉出小阳线，如果你再不追进再拉三根长阳线，以后股价一路上扬，地板价上被震仓割肉的散户能怪谁呢？

后量超前量，一浪高一浪

成交量是股价上升的根本动力，短线炒手应十分注重成交量的变化，一般来说有主力建仓的个股其成交量会有明显的放大。股价呈波浪形上升，如果后面的上升浪成交量比前面的上升浪成交量大，称为后量超前量。

主力有时采用突击建仓，这时成交量在短期内骤然放大，出现几个月乃至几十个月从未出现的巨量。有时采用分批隐蔽建仓，这时的成交量会温和放大。总之一个庄股必然有成交量由小到大逐步上升的过程。

这种后量超过前量的量分布说明：

（1）主力建仓的决心已定，且仓位不断地增加。

（2）主力仓位越重其今后的上扬空间必然大，否则不足以出货。

（3）随着股价的缓慢上升，后面的成交量实际支持的股价已超过了前面成交量所支持的股价。或者说，前面股价成交的量已被后面更高价的成交量所消化，已消除套牢盘只剩下稳定的获利盘，这为今后股价上升减少了阻力。

（4）随着股价的继续上升和成交量的继续放大，股价连续突破前颈线位，拓宽了上升空间。从此股价将一浪高一浪，开始为小阴小阳的推高浪，然后进入主升浪。

投资者在操作时可以在两浪之间的量极度萎缩区介入。在后浪放量时并且股价冲过前一头部的要瞬间介入。

图 7-4-3 是五矿发展（600058）2006 年 9 月成交量逐步放大的过程。图中显示 10 月下旬主力开始建仓，成交量稍有放大。11 月主力连续建仓，成交量呈阶梯式上升。12 月上旬主力再次建仓时成交量继续放大。在四个月中成交量的高点形成一条向上倾的斜线。

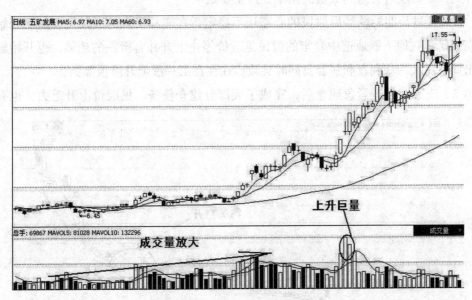

图 7-4-3　五矿发展后量超前量图

千金难买老鸭头

"老鸭头"是采用 5、10 和 60 参数的价格平均线组成的走势形态。当 5 日、10 日均线放量上穿 60 日平均线后，形成鸭颈部。股价回落时的高点形成鸭头顶。当

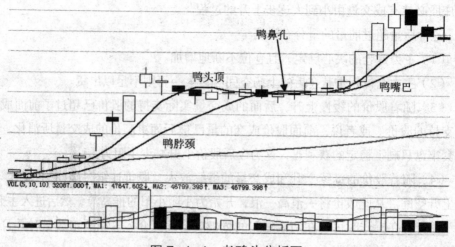

图 7-4-4 老鸭头分析图

股价回落不久，5 日、10 日均线再次金叉向上形成鸭嘴部。鸭鼻孔指的是 5 日均线死叉 10 日均线后两线再度金叉时所形成的孔。如图 7-4-4 所示。

当股价从底部区间腾空而起，庄家抓紧收集筹码，成交量会骤然放大。当股价上升到一定高度时会遇到大量的抛单。这主要是：

（1）经过长期的跌势后股民的心态还不稳定，在底部买入的股民见有盈利开始逢高减磅；在原下跌通道中套牢的股民见股价停止上升并有滑跌的趋势，也开始解套出局。巨大的获利盘和解套盘同时夹攻，往往在第一浪上升浪顶部做头。

（2）庄家在经过紧急建仓后，完成了大部分建仓任务。见股价上升乏力，也有

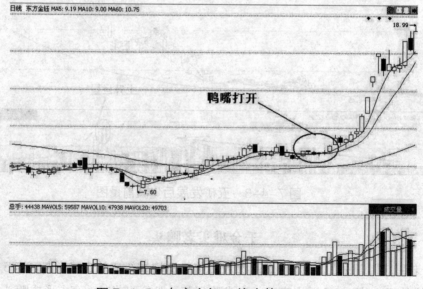

图 7-4-5 东方金钰 K 线走势图

打压股价，清洗浮动筹码的动机。

于是股价开始回落，做出小头部。但不久庄家对低价筹码又发生兴趣，反手做多，继续买进，使股价下跌趋缓。根据小头部处股价回落的幅度，会形成不同的K线形态。如果回落幅度在1/3附近，K线形态会形成"老鸭头"，这是常见的强势回调形态。不久股价继续缓慢上升。当均线出现以上形态时，投资者可以果断短线买入。

如图7-4-5，2010年7月~8月，东方金钰（600086）的日K图上形成了老鸭头形态，这个形态说明市场上涨动能逐渐积累，是股价会持续上涨的信号。8月24日，股价放量上涨，此时老鸭头形态的嘴巴张开，买点出现。

涨势中莫把腰部当头部

股价在经过一段时间的上升后，上升速度减缓，出现回落。此时5日均线、10日均线和20日均线可能出现三角形"压"，均线呈空头排列，向下延伸。在这里最容易误解为头部形成。

上升通道中腰部的市场意义：

（1）从底部到腰部为庄家大规模收集筹码的过程，而后庄家开始震仓洗盘，把意志不坚定的跟风者吓出盘内。在腰部构筑头部技术形态使技术派也失去持股信心。

（2）庄家在第一波上升行情中建仓不足需要将股价向下打压，而后在底价区再次建仓以扩大库存量。

（3）庄家在第一波建仓后开始休息，等待该股潜在的利好题材最后落实。一旦

图7-4-6 东方明珠小头部图

题材有望，紧跟着发动第二波主升浪。

那么怎样才能区分腰部和头部？

（1）从个股基本面分析，该股价格不应该在腰部处筑头或其下跌的空间相当有限，此为腰部。

（2）从第一波上升浪的成交量分析，假如成交量或换手率较大，则此处不应是头部。

（3）从腰部下跌的成交量分析，下跌中如成交量萎缩或下跌幅度有限，则此处不是头部。

（4）从下跌中的分时走势图看，如刻意打压痕迹较重可怀疑为震仓。

如图 7-4-6，东方明珠（600832）在 2009 年 6 月形成"小头部"，股价从 12 元滑落到 9 元附近，而后一根长阳线上穿三条均线，此时研判 7 月份上升浪中的成交量无法释放出来；8 月初下跌成交量严重萎缩；9 月份出现一根长阳线一个半小时几乎涨停板，成交量未见放大，足见主力已基本控盘。由此可以判断此处不是头部而是腰部，该股可能有更大的上升空间。

升势中关注支撑点

上升趋势线也可以称为支撑线。上升趋势线所连接的点数越多，则它对个股回调时所具有的支撑作用就越强。当个股回调至上升趋势线附近时，也是我们在升势中逢回调后低点买股的时机。

在上升趋势中，由于买盘力量的不断增强、多方攻势的加速，个股在整体上行过

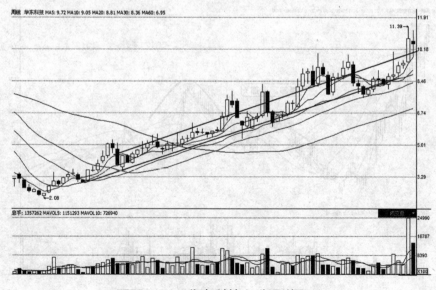

图 7-4-7　华车科技上升通道图

程中并不是匀速前进的，往往会经历由缓到急、由慢到快的过程。这时，上升趋势线的角度会逐渐变陡，此时我们应及时调整上升趋势线，以此来反映个股最新的运行情况。

图 7-4-7 所示为华东科技（000727）2008 年 12 月 ~2010 年 4 月期间的走势图。此股在此期间处于振荡上行的上升趋势中，通过将振荡上行过程中的波段低点进行连接即可以得到一条反映个股整体走向的上升趋势线。从图中可以看到，上升趋势线较为准确地体现了个股回调时的支撑点位，是我们把握趋势运行状态、展开实盘操作的重要指导工具。

勇于在"空中加油"时介入

如果一只股票走牛而你没有来得及骑上，那么还有一个机会，就是在这只黑马奔跑途中加料喝水休整的时候套住它。从技术上，就是在第一波上涨后的二浪调整阶段，趁机介入，也就是在人们常说的"空中加油"时买入，吃它的第二段行情。

如图 7-4-8，申通地铁（600834）2009 年 12 月 21 日结束回调反转上行，股价快速拉高。2009 年 12 月 30 日该股开始横盘震荡，即进行所谓的空中加油。当股价结束横盘后再度突破的时候，我们可以快速进场，收获第二段上涨。该股后市的涨幅比较大，足见空中加油的魅力。

但是在进行空中加油的时候，判断空中加油能否成立还需要看后市能否向上突破，如果根本没有往上突破，则无所谓空中加油。空中加油有两个条件需要明确：一是该股前期刚进行过一段快速拉升，缓慢上行的股票无所谓空中加油；二是空中加油末端必须是大阳线突破横盘整理区间，此后才可能有第二段拉升。

图 7-4-8 申通地铁空中加油图

第五节　顶部操作实战技法

头部早知道

所谓"买股容易卖股难"，股票投资者最头疼的就是卖股票了。卖早了心痛不已，卖晚了又亏得慌。那么有没有一种好方法能提前十几天知道头部在哪里？

庄家买进股票不是一天两天的事，大庄建仓起码有一个过程：时间的过程和量的过程。没有时间就不能充分建仓，庄家卖出股票、拉高股票都是需要一定时间的支持，这是一切庄家都不能回避的。庄家必须有一个炒作时间表，大概地计划买入的时间段、拉高的时间段和卖出的时间段，至于下跌的时间段恐怕不由他主管了。

为了避免因为时间过长造成成本负荷，主力将尽快地完成建仓、拉高和派发的过程。这一点制约了庄家在坐庄过程中尽量少出花招。由此为先提条件，现在我们为庄家计划：

（1）从建仓的第一根阳线开始庄家将尽快完成建仓任务。我们不知道庄家要建多少仓，但我们可以找到上力建仓量最大的一天，而后一些日子成交量将逐步减少，这说明主力的钱用得差不多了，这等于建仓完毕的同等意义。

（2）以后庄家将用少量资金维持股上升，在这时不再需要大量资金。这就像一列沉重的列车一旦启动加速出站后不必要多大的动力就能维持列车高速运行。股价

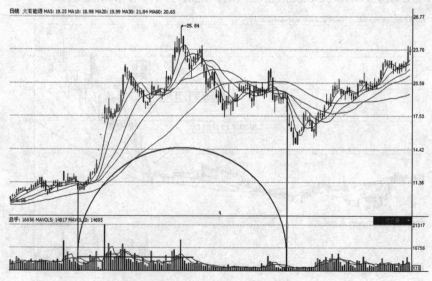

图 7-5-1　大有能源寻头图

向上爬行时成交量越来越小。我们用5日均量线和40日均量线来测量成交量变化，以该点为圆心以首日启动阳线为半径画成的圆：圆前切线为买入点，圆后切线为卖出点。

（3）庄家将在圆后切线点的时期完成派发任务。

图7-5-1为大有能源（600403）的K线走势图，以它为例说明如何寻找股票头部。用5日、40日均量线死亡交叉点做圆心，以首日启动点为半径做圆。后圆切线所指的几乎是该股本轮行情的最后出货点。

麻雀是怎样逃光的

曾经在乡村待过的人大概都有过儿时捕捉麻雀的经历，但是有时候也会碰到进入箩筐的麻雀又全都逃光的经历。其实仔细琢磨，你会发现逃跑的麻雀跟你在股海中即将到手的利润极为相似。

那么我们先看一下，麻雀究竟是怎样逃光的：

（1）摆好箩筐，飞来一只麻雀。很快又吸引来十几只麻雀从屋檐下飞到雪地上，显然它们可能进入箩筐。

（2）十只麻雀进入箩筐，仅剩几只还在外面。此时捕麻雀的希望它们也赶快进去。

（3）从箩筐内跳出两只麻雀，以为是招呼其他麻雀进入的，于是继续等待。

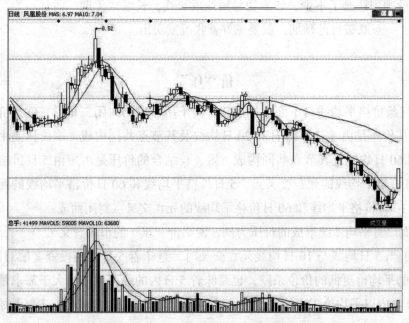

图7-5-2 凤凰股份K线走势图

（4）箩筐内又跳出两只麻雀，继续等待心理和见好就收心理斗争，最后选择等待。

（5）筐内又跳出三只麻雀，箩筐下只剩下三只麻雀，下定决心准备收网。

（6）一只麻雀进入框内，考虑要不再等等看，等到够五只起码不亏。

（7）箩筐下的谷子越来越少，四只麻雀突然一起飞走。剩下捕麻雀的懊悔不已。

在股市中，像这样到手麻雀又飞走的情况相当多，下面以凤凰股份（600716）为案例来说明股市中的麻雀是怎样逃光的，如图 7-5-2 所示：

（1）有投资者在 6.68 元买进凤凰股份一万股，几天后涨到 8.4 元，短线获利不错，捂住不放。

（2）几天后股价回到 7.2 元，投资者认为是回档，继续等待回档后的上升。

（3）几天后股价到了 6.68 元，正好与买进价相等，已经亏了手续费，却告诫自己问题不大，千万要沉着。

（4）几天后股价掉到 6.2 元，心存侥幸，期待反弹的出现。

（5）几天后股价到了 5.5 元，决定买股解套，觉得反弹即将出现。

（6）几天后股价跌到 5 元，前后两万股全线套牢，跌去那么多总有反弹，哪怕亏点手续费也要逢高清仓。

（7）再过几天股价跌到 4.5 元，据传说企业利润大减，看来下跌空间还很大，干脆割肉止损。

最后发现，自己买入股票赚的钱就像小时候本来到手的麻雀，却不飞走了。自己不光没赚到还赔了不少。炒股切忌短线成长线，长线成无期。而且不要期待明天的时期，一旦跌破自己预期，就要见好就收赶紧卖出。

价"压"

由三条价格平均线自下面上然后扭转向下所形成的封闭三角形，就是价"压"。其中，月价压是由 5 日、10 日和 20 日均线及其节点共同构成。季价压是由 20 日、40 日和 60 日均线及其节点共同构成。短、长结合的价压是由短由 5 日价格平均线和 10 日价格平均线的死亡交叉点，5 日价格平均线和 60 日价格平均线的死亡交叉点以及 10 日价格平均线和 60 日价格平均线的死亡交叉点封闭而成。

下面以月平均系统形成的价压为例，说明价"压"的市场意义：

（1）当 5 日均线与 10 日均线死亡交叉时，意味着 5 日内的投资者愿意比 10 日内买入的平均价更低的价位杀跌，也意味着 5 日内的股票供应量大于需求量，还意味着 10 日内以平均价买入的人已有亏损。此时股价上升趋势减缓，人气开始向淡。

（2）当 5 日均线与 20 日均线死亡交叉时，意味着 5 日内的投资者愿意比 20 日

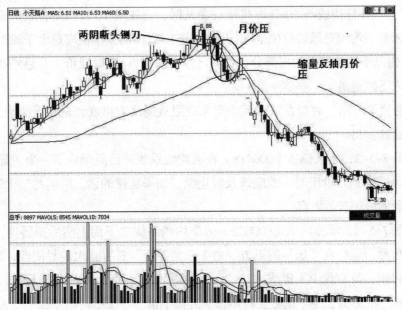

图 7-5-3　小天鹅 A 月价压图

内买入的平均价更低的价位杀跌，也意味着 5 日内的股票供应量大于股票需求量，还意味着 20 日内以平均价买入的人已有亏损。此时股价上升趋势进一步减缓，人气进一步向淡。

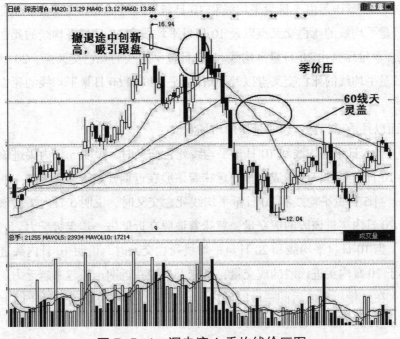

图 7-5-4　深赤湾 A 季均线价压图

（3）当 10 日均线与 20 日均线死亡交叉时，意味着 10 日内的投资者愿意比 20 日内买入的平均价更低的价位杀跌，也意味着 10 日内的股票供应量大于股票需求量，在 20 日内以平均价买入的那部分投资者已经出现亏损。此时股价上升趋势基本结束，开始进入下跌通道。

在遇到价"压"时要在三个死亡交叉点附近逢高卖出或者是在看清楚价压后在反弹时逢高卖出。

如图 7-5-3，小天鹅 A（000418）在破均线系统时已经形成了一个明显的价压，股价缩量回抽到月价压时，就应该及时止损，如果犹豫的话，后面的三个连续跌停会让持股的股民苦不堪言。

如图 7-5-4，深赤湾 A（000022）的季均线系统自下而上然后扭转向下时形成封闭三角形，运行在"压"的下方，由于三角"压"具有强大的封闭性，将上升空间彻底封闭，虽有盘中上影线冲过"压"的瞬间，但都受到空方强烈狙击，收盘都回到"压"的下方，终于指数支持不住，开始下滑。

量"压"

量"压"系统是由三条量子均线自下而上然后扭转向下所形成的封闭三角形。同样，因为均线的不同，会形成三种月量压、季量压不同的均线系统。

其中，月量压是由 5 日量平均线和 10 日量平均线的死亡交叉点，5 日量平均线和 20 日量平均线的死亡交叉点以及 10 日量平均线和 20 日量平均线的死亡交叉点封闭而成。季量压是由 20 日量平均线和 40 日量平均线的死亡交叉点，20 日量平均线和 60 日量平均线的死亡交叉点以及 40 日量平均线和 60 日量平均线的死亡交叉点封闭而成。

下面以月量压为例，说明量压的市场意义：

（1）当 5 日量平均线和 10 日量平均线死亡交叉时，说明 5 日内买进该股的成交量小于 10 日内买进该股的成交量，意味着该股在近期开始走势乏力。

（2）当 5 日量平均线和 20 日量平均线死亡交叉时，说明 5 日内买进该股的成交量小于 20 日内买进该股的成交量，意味着该股在近期进一步走势乏力。

（3）当 10 日量平均线和 20 日量平均线死亡交叉时，说明 10 日内买进该股的成交量小于 20 日内买进该股的成交量，意味着该股在近期走势越来越乏力。

（4）在月量压形成后的一段时间内，成交量不会很快高于月量压以上的成交量柱体高度，意味着该股将惯性冷门一段时间。

在量压出现后，应尽快逢高派发。应注意日 K 线图的位置，如果股价也出现相

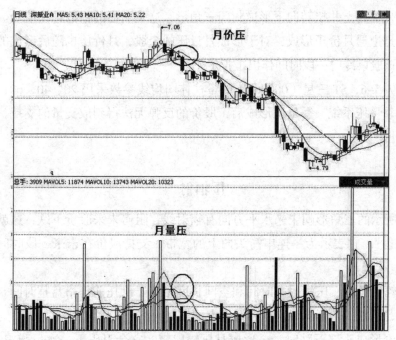

图 7-5-5 深振业 A 月量压图

应价压，那么需要彻底清仓。在量压出现后，投资者如果未能及时出市，可等待不久将出现的反弹浪，并在反弹浪高点逢高清仓。

如图 7-5-5，深振业 A（000006）的量柱体图均线参数采用 5、10、20，三条价

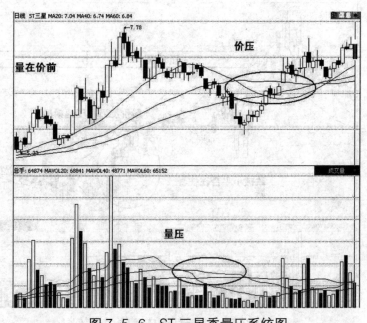

图 7-5-6 ST 三星季量压系统图

格平均线自下而上并扭转向下形成封闭三角形，这是明显的指数见顶信号。一般的月量压都是遭遇月价压形成，对于形成月量压的个股，月价压也随后形成的话，那么就是对该股票冷门一段时间作出了肯定。

如图 7-5-6，ST 三星（000068）的量柱体图均线参数采用 20、40、60，形成自下而上的季量压系统，季量压形成后，股价的反弹无法得到成交量的支持，自然形成了季价压。

压辐射

价压所示的三角形朝未来水平方向有辐射线，阻碍未来股价下跌，这就是所谓的"压辐射"。它表示为一连串箭头向上的宽带，支持股价在未来一段时间仍旧向上运行。

与托辐射类似，压辐射的时间和空间长度相当于价托前价格盘整时间长度。空间高度就是价托三角形的最高点和最低点的空间距离。

当股价形成头部下跌时，会形成月压辐射带，它会阻碍下一次反弹浪的上升。当下一波反弹失败后，股价继续下跌又会形成另一个新的月压辐射带，并会阻碍再下一次反弹浪的上升。如此逐浪下跌就形成双层或多层压辐射。这种跌势会延续到股价反弹减弱为止，俗称"反弹不是底，是底不反弹"。

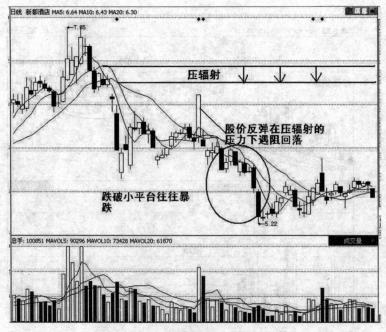

图 7-5-7　新都酒店压辐射走势图

当股价接近头部时会出现高位震荡，并多次出现 15 分钟价压，这些价压形成多层压辐射。当多层压辐射累积到一定厚度时，会形成较重的压力带，阻碍股价上升。一旦股价掉头向下，多层辐射带的压力有助跌作用。

一旦看清楚价压后，应尽快卖出。在压下不抢反弹。如有套牢筹码，应等待反弹高点出货，而反弹高点往往在压辐射带附近。

如图 7-5-7，新都酒店（000033）的 5 日、10 日和 20 日形成价压后，股价一路顺势向下。在中间阶段曾经出现一波小反弹，由于受到压辐射的威慑力，股价再度被压了下去。

断头铡刀

断头铡刀，简单说就是一根在高位的大阴线，是一种凶险无比的 K 线形态。当股价在高位盘整后渐渐下滑，此时的 5 日、10 日和 20 日均线形成的均线系统呈现收敛状，若一根长阴线连续击破三根均线，就构成了一个一阴断三线的"断头铡刀"形态，它是股价从位于三条均线之上转为位于三根均线之下的转折点，也是均钱系统由多头排列到空头排列的关键反转日，空头气氛逐渐变得浓重。

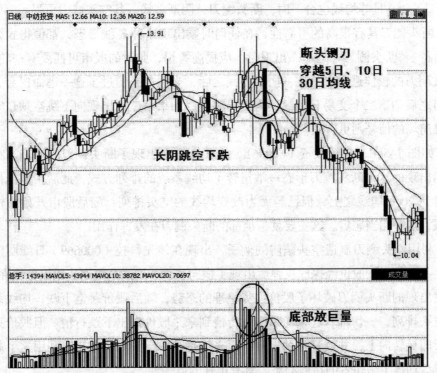

图 7-5-8　中纺投资断头铡刀图

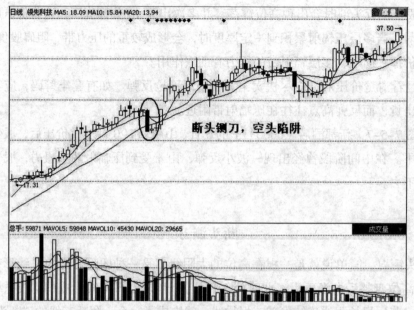

图 7-5-9　领先科技断头铡刀图

　　断头铡刀往往是在向下突破重要技术支撑位时才出现的，如前期平合成交密集区等；而均线系统也不仅仅局限于 5 日、10 日、20 日三条均线，如在 30 日、60 日、120 日、250 日等均钱也合一时，断头铡刀一阴断多线，其空头威力更强。

　　断头铡刀具有很高的可靠性，在任何时候出现这种 K 线形态，都值得投资者认真对待。"断头铡刀"的形态出现时，应提高警惕，此时的股市可能要有一轮跌势。断头铡刀的较佳逃命点是在一阴断多线之际，当然如果错过了这一逃命机会，断头铡刀之后的第二个交易日仍继续为出局时机，如果第三日出现向下跳空缺口时，其中线离场的信号则更有效。

　　如图 7-5-8，中纺投资（600061）的日 K 图上出现了断头铡刀的形态，在反转时期出现的这个断头铡刀形态一举扭转了均线系统的排列方式，此后指数虽然偶尔反弹到 20 日均线之上，但已经无力改变均线的空头排列，随后股市开始由慢跌到暴跌，走势相当恶劣。这主要就是顶部的断头铡刀在发挥作用。

　　利用断头铡刀制造空头陷阱的例子，出现在领先科技（000669）日线图上，如图 7-5-9 所示，股价经探底反弹后出现了横向整理，均线系统逐步收缩缠绕在一起。突然出现的断头铡刀破坏了股价强势整理的态势，随后股价跳空下跌，均线系统出现空头排列、一切都看起来像是空头行情到来；股价定出下跌行情。但股价只跌了三天即反转向上，并放量强劲上升。原来又是一个空头陷阱，庄家利用这个赶出了跟风盘动摇了坐轿者的持股心态，具有很强的欺骗性。

两阴夹一阳："空方炮"

空方炮，就是两阴夹一阳的K线组合，它是一种常见的短线见顶信号、看空信号。通常发生在某只个股即将要见顶、未来会处于下跌时。股价下跌中会遇到小阳线的抵抗，但是仍然不能抵挡卖方的力量，仍然将持续走低。该K线组合的形成一般要借助高涨的人气，形成位置主要在阶段性顶部，杀伤力非同小可。

第一根阴线通常为巨幅高开阴线，庄家主要用利好消息和人气高涨这两点来达到出货的目的，将股价压低，由于长期的上涨使人们逢低即买。第二根之所以收成阳线，是庄家为了稳住人心，实行边拉边出手法，第二天买入盘涌入而收阳线。第三天出现阴线与第一天阴线形成夹击形态，说明庄家已把筹码分发完毕。见高价筹码再次大力出货，再收阴线。

由于形态的构造时间短且成交量异常，是明显的庄家震仓行为，所以散户往往事后才会发现。一旦空放炮形态正式形成，建议不要补仓，应该尽快离场，就算斩仓也势在必行。在两阴夹一阳图形的当天收盘前应及时卖出，在两阴夹一阳图形的第二天开盘后不久应越反弹卖出。同时，投资者也要结合其他的技术指标来进行操作。

图7-5-10所示是中信证券（600030）的K线走势图，2010年1月11日，在股价顶部出现一根巨阴见顶信号。尔后，股价稍有反弹收阳线。13日，一根长阴线切

图7-5-10　中信证券空方炮图

断 5 日、10 日均线，以此后两天出现的一阳一阴形成两阴夹—阳的空头炮的图形。需要强调的是空头炮图形切断均线系统，实际上是两个断头铡刀，这比单个断头铡刀具有更大的杀伤力。在股市高位时如出现这种情况，应尽快卖出，空仓看跌。

"压" + "空方炮"

头部三角形"压"往往是一轮行情的头部形态。而两阴夹一阳"空方炮"也经常出现在头部区间。如果两者同时出现，将使头部形态更加巩固。

三角形的价"压"表明 5 日、10 日和 20 日买入该股的人在三角形封闭的那一天都有亏损了。这使空头力量初胜多头力量，这使长期赢利转化为初获亏损。

如果"空方炮"图形正好在三角形"压"下方，这使股价上升的空间几乎被封闭，剩下的是"空方炮"如何开炮的事。一般在"空方炮"下方都有一两根跳空低开的长阴线，从而彻底结束多头行情，进入空头下跌通道。

在出现压下"空方炮"时，投资者要在当日收盘前卖出。出现压力空方炮时，可以在次日开盘时卖出。

图 7-5-11 是中南建设（000961）在 2010 年 4 月份的 K 线走势图。在股票盘面上可以看出，在 4 月 9 日起，该股形成了 5 日、10 日和 20 日均线交织的三角形短线价压系统。随后，在股价下跌途中出现了阴阳线夹杂的空方叠叠炮。价压和空方

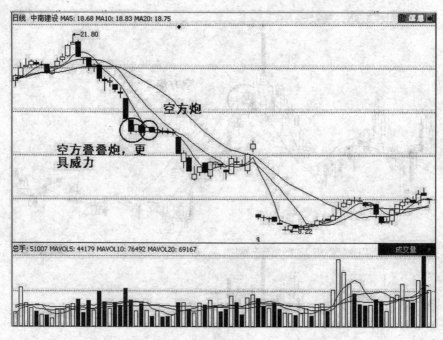

图 7-5-11　中南建设空方炮图

炮的组合，使股价一路走低，从 21.80 元跌到 8.20 元，下跌幅度超过 60%。

"压"+"断头铡刀"+"空方炮"

"空方炮"表示日 K 线由阴线、阳线、阴线组成的"两阴夹一阳"图形，如果此图形出现在"断头铡刀"的位置，实际上是两把"断头铡刀"和一个小反弹。如果阴线的成交量大，阳线的成交量小，更说明多方反扑力量小，空方力量强盛。"空方炮"本身具有强大的向下攻击力量，第二天一般会"放炮"出连续的阴线或长阴线。

"压""断头铡刀"和"空方炮"三种状态都有较强的向下攻击力，如同时出现的话，可确认本次上升行情已接近尾声，一轮新的下跌行情开始形成，此时应坚决离场。

如图 7-5-12，2011 年 2 月，中国铁建（601186）的股价在最高时涨至 8.35 元后开始回落。2 月下旬，该股的 5 日均线先后死叉 10 日均线和 20 日均线。在 2 月18 日开始，一根中阴线接连拉出阳线和长阴线的空头炮组合，而空头炮里的第二根阴线是长阴，向下突破 5 日、10 日均线形成断头铡刀。3 月 2 日，5 日、10 日和 30日均线形成月价压系统。在三重打压下，股价狂跌不止。

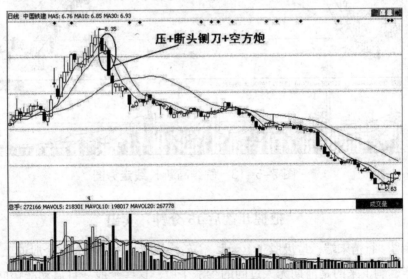

图 7-5-12　中国铁建 K 线图

龙吐珠

当股价初跌后会形成一个"压"，与 5 日、10 日、20 日均线连起来看就像是一个龙头拖着龙身，龙嘴就在三角形"压"的下方。10 日均线为龙嘴的上嘴唇，5 日均线为下嘴唇，20 日均线作龙舌，此时在上嘴唇和下嘴唇中常常出现几根 K 线，有时是两阳夹一阴或一阳拖两阴，总之几根阴线组成一个小圆。这就是股票中的"龙吐珠"形态，这个小圆圈就是龙嘴中的珍珠。

在股票见顶时强大的龙头压力将迫使龙嘴张开，从而使龙珠滚落。由于向上的空间已被龙头封闭，股价将沿着龙嘴吐出，发生更大的跌势。

在一轮下跌行情开始的时候，许多人猝不及防。"龙吐珠"的出现，基本上可确认头部形成，跌势开始，警告投资者紧急避险。

图 7-5-13 是皖维高新（600063）在 2007 年 10 月中旬的 K 线走势图。龙嘴的上唇 10 日均线和龙嘴的下唇 5 日均线清楚地吐出一颗大珠，其中包括一阳一阴两根 K 线，阴线的实体比阳线长得多，而后发生了较长时间的下跌。

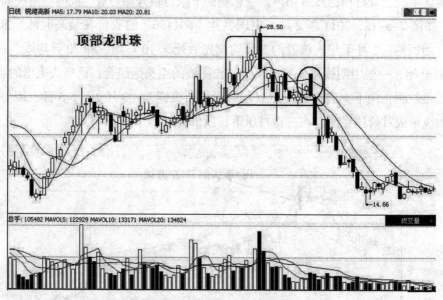

图 7-5-13　皖维高新 K 线走势图

把握开盘后 15 分钟，卖出

所谓"行情末端，垃圾股飞上天"，一轮多头行情将绝大多数个股的上升空间开发完毕，剩下来的是前期无人过问的少涨个股，这些个股一旦启动涨幅同样惊人。经过一晚上的担惊受怕后，如果第二天股价行情仍旧走势良好，那么手中的垃圾股一样也会涨幅惊人。假如运气好该股碰到涨停板则应坚决卖出。

前一日大盘运行基本平稳，个股盘面并无明显的跳水迹象，则行情还能坚持一两天。此时应选择那些没有涨过的个股或涨得不多的个股小仓位买入。如 15 分钟冲高后有回落迹象也应尽快脱手，毕竟也有盈利。

买得好更要卖得好，在开盘后 15 分钟卖出要注意以下几点：

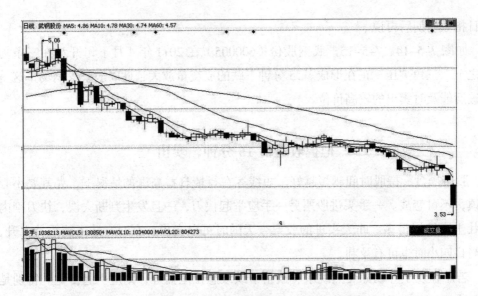

图 7-5-14　武钢股份K线走势图

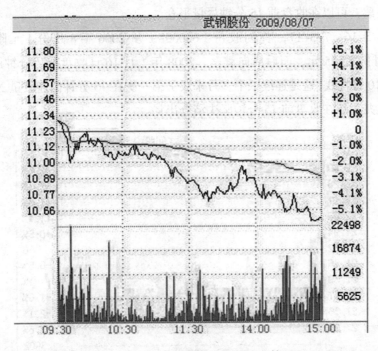

图 7-5-15　武钢股份分时走势图

（1）指数继续上升则可继续等待卖出时机，发现上升无望时则更应在15分钟内卖出。

（2）在行情震荡起伏中也可分批卖出，但必须当日清仓。尽早卖出，不得恋战。

（3）卖出后不急于做买入动作，可等待收盘前15分钟再决定买入少涨股或等待

411

明日指数明朗后再说。

如图 7-5-14、7-5-15，武钢股份（600005）在 2011 年 4 月下旬开盘在三条均线之下，三角"压"正在形成。15 分钟下跌的成交量放大，此时应坚决离场，这是突破后能及时卖出的较高价位。

把握收盘前 15 分钟，卖出

股市操盘，持股时间越短越好。短线客在行情日益高涨的情况下，尤其要小心谨慎，不可恋战。一手买进股票另一手应举起快刀，一旦发生判断失误，快刀割肉比壮士断臂好得多。昨天买进的股票今天随时可以卖出，有时行情还能维持上升，则当日四小时也可有盈利。

若尾盘发生异动如突然跳水、放量下跌或急拉尾盘等，则应引起警觉。特别是人气高涨而指数几天不涨，成交量巨大而阴量居多，则应担心有利空。对于继续狂跌不止的股票，可以在收盘前 15 分钟尽量平仓。

如图 7-5-16、7-5-17，首创股份（600008）从 2006 年 8 月份 4 元附近上升 2007 年 9 月份 23.95 元，而后横向震荡，2008 年 1 月 16 日收盘前巧分钟股价突然跌破 5 日、10 日均线，这是连续三个多月来股价第一次在 15 分钟内连破量三条均线，此为不祥之兆，故在收盘前 15 分钟坚决清仓出局。

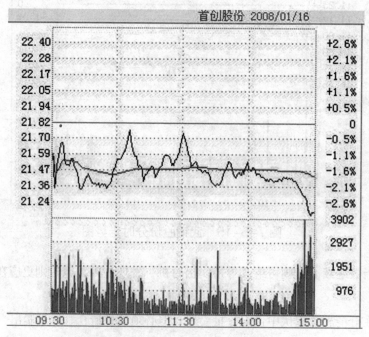

图 7-5-16　首创股份分时走势图

图 7-5-17　首创股份日 K 线图

卖出在周 K 线的顶部

日 K 线图的头部固然重要，但经常有日 K 线的假头部，指数在假头部做出下跌的架势，但不久上穿头部展开另一浪更凶的涨势。

一般来说，周 K 线顶部出现在连续涨势后，且有相当的涨幅才算是筑头的区间，涨幅不大只是上升阶段中的休息区，暂时滞涨并不会筑头。上影线表示冲高后遇到

图 7-5-18　五矿发展周 K 线走势图

压力，筑头的K线一定要有上影线相伴。涨势中必须出现明显量放大才会酝酿筑头。量不骤然放大说明市场能量没有发泄出来，也说明庄家无法乘混乱出货。如能选择月K线、周K线、日K线、60分钟K线的头部"共振"区间，则该头部的可靠性极高。

看周K线图，把观察时间放得更长一些，目光更远一些，从中长期的眼光看股市自然不容易被日K线的小头部所迷惑。处事不惊，等待周K线图筑头后再卖出。

图7-5-18、7-5-19是五矿发展（600058）的周K线图和日K线图，在2008年9月股市下跌途中筑起小平台，使不少投资者误认为是股市已经到达底部开始横盘。但是观察该股的周K线可以发现，该时间段附近的周K线仍为阴线下跌状态，均线并未形成多头，可以判断底部尚未达到。

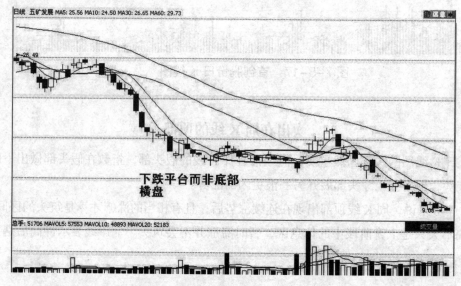

图7-5-19　五矿发展下跌平台图

第六节　下跌通道操作实战技法

乌云飞刀不可伸手

何谓"乌云飞刀"？乌云说明是股价已经到高位，上升乏力了，这时候往往抛压加重，犹如乌云压顶！如果此时出现跌破均线系统或头部底边线的第一根长阴线时，这第一根长阴线就称为"乌云飞刀"。

股价经过初涨、大涨和末涨后到达了头部区间，在这里庄家要完成派发的过程。

通过主力将股票分批小量地逐步派发，此时股价还能维持小涨或盘整的格局。而后主力加大力度，成交量开始逐步放大，股价开始下滑，带上影线的小阴小阳线形成一个头部区间，这说明上档的压力越来越大，当主力库存大部分派发完毕后股价已到了跳水的边缘，出现一根长阴线。

股民以为在连续的上升过程中，股价大幅回落会有新高出现。入市不久的股民纷纷填单买入，殊不知犯了买入中的最大的错误。对于短线炒手来说，云中落刀去伸手是相当危险的。它不但使你的资金卡也拉出长阴线，而且使你未来的短线操作无法进行。乌云飞刀一般会由连续下跌的几根长阴线，伸手接刀者多数断指断手，稳健者不可为。

如图 7-6-1，深南电 A（000037）的股价经历初涨、大涨和末涨之后在 2007 年 5 月 29 日迎来了股价的最高潮。在股价破位后的第二天就连续暴跌三天，跌破头部底边线。即便中间出现反弹，也被无情压制回去。这一切都说明顶部乌云飞刀的威力，接者即断手。

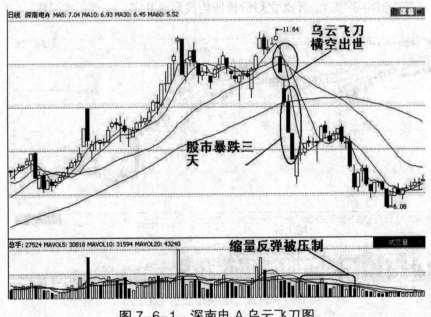

图 7-6-1　深南电 A 乌云飞刀图

天上井，地上井

当 5 日、10 日价格平均线跌破 20 日、30 日价格平均线时，自然形成一个井字形。仔细观察井字形是由四根价格平均线、四个死亡交叉点和两个价压组成，这是"天上井"。成交量均量线同理，也由四个死亡交叉点组成一个井字形，这个井字形称为"地上井"，伴随地上井同时出现的也有两个量压。这个组合也成为"一井两压"。

"天上井"和"地上井"的市场意义是：

（1）价格出现四个死亡交叉点是见顶信号，出现两个价压也是见顶信号，当它们重叠在一起更是见顶信号。

（2）量出现四个死亡交叉点是见顶信号，出现两个量压也是见顶信号，当它们重叠在一起更是见顶信号。

（3）当价格出现四个死亡交叉点、两个价压时，如同时出现成交量四个死亡交叉点、两个量压，则可确认头部已经形成。

当四条均线形成一个封闭性的井字形后，在井字形下方运行的日K线将在不久向下滑行。一般情况下会越滑越快，直至暴跌。形成井字形后四条均线将以空头排列向下运行，并压迫股价下行。日K线图很难向四条均线反抗，即使反抗顶多是瞬间反弹，此乃出货良机。

如图7-6-2，华联控股（000036）在2001年7月上旬形成成交量四均线井字，这时已预警头部将要形成，不久之后股价四均线形成井字，头部正式形成。

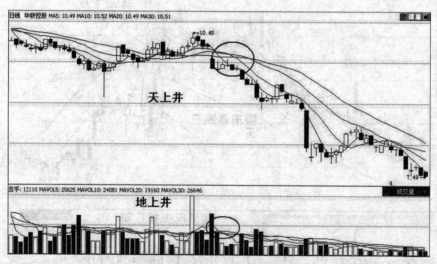

图7-6-2　华联控股井线图

一江春水向东流

当第一根长阴线向下突破颈线位，以后可能出现几根长阴线，这在大陆股市的下跌初期是常见的。而后股价经震荡经过一个下跌通道，从日K线图上观察K线和5日、10日、20日均线犹如一江春水向东流。

当主力将库存全部清仓后该股价格就靠散户的力量支撑着。而散户的力量是涣散的、无序的，当第一批抢反弹失败的散户意识到要割肉退出时，很难在同价位找到接盘者，于是不得不低价而沽，形成价格位置下移。

当跌势进入无量阶段时，下跌速度将会减缓。未来看中该股的庄家并不甘心把时间浪费在缩量减速过程中，而采取打压的手法，利用低开盘杀尾盘来加速股价下跌。这样的话股价仍能维持原有速率下跌，甚至加速下滑。

短线高手应回避"一江春水向东流"的走势，在任何价格买入顶多抢一个微小反弹，而更多的是在"一江春水"中受潮。如果大盘指数也出现"一江春水向东流"的跌势，可以挖掘一些逆势而上的绩优股和强势股进行操作。

如图 7-6-3 所示，五矿发展（600058）2011 年 6 月份先后出现地上井和天上井，此为较可靠的头部形态，以后股价连续下跌，价均线和量均线呈一江春水向东流，不可阻挡。8 月初曾有一次放量反弹，但挡不住水流湍急，终于跳空而下。

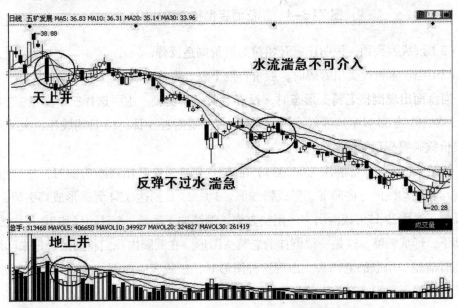

图 7-6-3　五矿发展井线图

倒挂老鸭头

在股市下跌通道中经常会存在一种倒挂老鸭头的形态。采用 5、10 和 60 参数的价格平均线。当 5 日，10 日均线跌破 60 日平均线后，形成鸭颈部。在股价反弹的低点形成鸭头顶。股价反弹不久，5 日、10 日均线再度死叉向下形成鸭嘴部。

股市中出现倒挂老鸭头的市场意义是：

（1）形成鸭颈部，说明庄家开始卖出筹码，股价缓慢下跌。

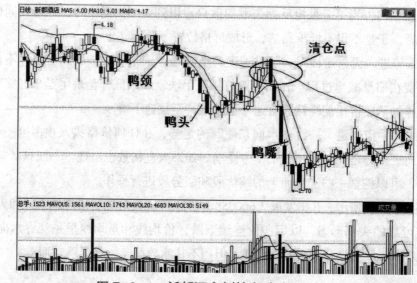

图 7-6-4　新都酒店倒挂老鸭头图

（2）形成鸭头顶，说明庄家开始拉高股价制造反弹。

（3）当庄家再度卖出筹码时，股价再度下跌，形成鸭嘴部。

当盘面出现倒挂老鸭头形态时，投资者要主动卖股。主要选择三个卖点：5日、10日均线跌破60日平均均线形成鸭颈部时；在鸭嘴附近5日、10日均线死亡交叉时；当股价跌破鸭头顶瞬间时。

如图 7-6-4，新都酒店（000033）在 2005 年 3 月 2 日出现断头铡刀，然后短期均线与长期均线同方向向下，形成鸭颈部。3 月 23 日到达 3.34 元，形成鸭头顶，而后反弹。3 月 29 日形成两阴夹一阳空方炮，继续向下运行，5 日均线和 10 日均线方向朝下，形成鸭嘴，这是一幅倒挂的老鸭头图形。在圆圈内我们将图形反过来印刷，就能看清楚一个顺的老鸭头。出现这种图形时，短线客应在倒挂老鸭头的鸭嘴处开始清仓出局，否则会有较大的损失。

九阴白骨爪

股价见顶后连续小阴线下跌，有时会连续出现多达 9 根阴线。这些阴线中间，可能会夹杂着一两根小阳线。有时阴线数量会少一些，但是不应少于 5 根。在股价下跌的带动下，各条均线（如 5 日、10 日、20 日均线）开始呈现空头排列，会形成类似爪子的形态，这就是在些跌途中令人闻风丧胆的"九阴白骨爪"。

九阴白骨爪的出现，预示着机构在密集、连续地进行出货，标志着一段涨势的结束和一段跌势的开始，发出强烈的卖出信号。高位连续出现多根阴线时，构成卖点。

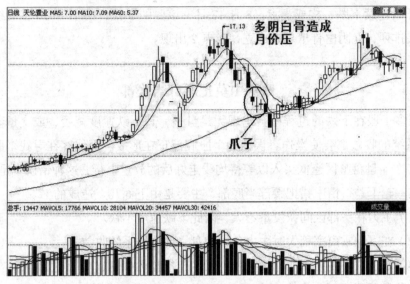

图 7-6-5　天伦置业月价压图

当出现九阴白骨或多阴白骨时就应该引起警惕并适当减磅。同时出现均线死亡交叉或出现价压时应坚决清仓。

如图 7-6-5，2007 年 6 月下旬，天伦置业（000711）在日 K 线中形成多阴白骨。同时加上顶部月价压的辐射作用，股价持续走低。

如图 7-6-6 所示，经过一段上涨趋势后，2009 年 8 月初，马钢股份（600808）

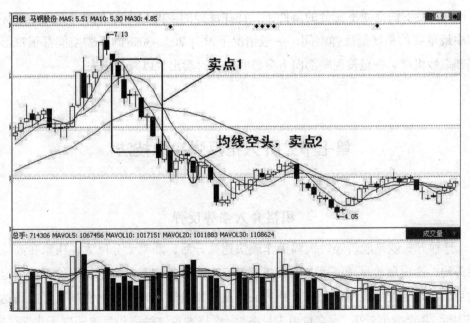

图 7-6-6　马钢股份 K 线走势图

股价开始连续下跌，构成卖点。8 月 17 日，该股的 5 日、10 日和 20 日均线开始呈现空头排列，九阴白骨爪形态成立，卖点 2 出现。

跌势中莫把腰部当底部

很多个股在下跌的过程中会出现无量盘整，其下跌速度减缓、成交量萎缩以及均线系统的收敛都会使操作者误认为个股底部正在形成。短线客在寻找个股机会时有可能在缩量盘整区逢低买入以等待均线走好后的放量上行，这种错误也是常见的。

在一轮下跌行情中错把腰部当底部，主要是由下面几点造成的：

（1）主力在头部区间派发量不大，因此下跌速度不快。

（2）在下跌乖离率稍大时主力急忙护盘，使均线系统收敛。

（3）在下跌中主力无法继续派发，又由于接盘稀少使成交量更加萎缩。

下跌腰部形成后，主力本身由多翻空，突然压价出货使腰部盘整带悬空，稍后股票会继续呈现下跌。在腰部买入的直接结果就是使守株待兔的短线炒手要么套牢，要么跟着多翻空出局。

那么，如何避免把腰部误认为底部？

（1）当均线簇收敛后必须等待黄金交叉，而这种黄金交叉又必须有成交量的确认。

（2）成交量萎缩并不意味短线买入机会，只有当成交量萎缩到极点后又出现连续的成交量放大，此时才可以考虑买入。

（3）在下跌空间不充分的条件下，往往反弹的空间也十分有限。因此在腰部炒作中最重要的是度量反弹空间，一般情况下没有 20%~30% 的下跌空间都很难形成局部短炒机会。一旦发现腰部向下突破时应及时卖出，以减少损失。

第七节　介入抢反弹实战技法

积极介入强势反弹

这种方式就是股价经过大幅操作或快速拉升后，涨幅十分巨大，庄家在高位派发筹码，造成股价见顶回落。由于庄家没有在高位集中派发完毕，股价下跌一定幅度后，出现强劲的反弹走势，上涨势头不亚于主升段的攻势，上涨高度可能到达顶部附近，甚至微创新高，成交量也未见萎缩，严格地说这种强势反弹还属于头部区域。

图 7-7-1　上证指数反弹走势图

通常在下跌行情开始后，出现的第一波反弹行情都属于强势反弹性质。

庄家通过强劲上攻势头，使散户产生强烈的追高欲望，从而协助庄家拉抬价格，促使庄家加快出货步伐。

散户持股者在股价反弹到前期高点附近，出现滞涨或收阴线时，卖出做空；持币者在股价深幅下跌后，出现放量上涨时，少量买进做多。

如图 7-7-1，2011 年 7 月 6 日，沪市指放量震荡后再度冲上年线，场内再现沪强深弱的格局。短线市场在周三阳包阴后，继续呈现强势特征，但周四深成指收阴，暗寓着后市中小板、创业板或许会迎来个股分化和股价回调的风险，不排除后市市场风格发生转变的可能。收盘沪指报一根略带下影线的小阳线。

7 月 7 日大盘持续了前一天的反弹趋势，虽然反弹力度不是很强，但是大盘再次成功收复 2800 点，并再次站到年线上方表明市场在经过小幅调整后，消化 2800 点上方获利盘后展开继续上攻的态势。

展望后市，股指近 3 个月后再次站上 60 日线，多头继续占据盘面主动。这是一条多空分水岭、也是市场心理层面上的主要分歧点。温和放量并突破 3 个重要关口，表明市场心态逐步好转。在经历了加息、上半年宏观经济数据公布、意大利债务危机之后，短期市场很难在遇到多大利空，A 股目前所处的环境将有利于进一步反攻。

抢入井喷反弹浪

反弹操作是指数处于弱势行情中经常要使用的方法，由于指数以及众多个股超跌过度后引发的技术性上涨，构成了投资者在弱势时难得的获利机会。反弹的操作并不是说股价或指数跌得多了就可以买，必须在大环境趋弱的情况下，弱势可以延续，而且还需要很多技术条件作为依托。

庄家在高位没有完成全部出货任务，在股价下跌一定幅度后突然放量向上腾空而起，散户以为新一轮行情产生而追涨买进。股价在回落中突然快速放量反弹，像平地竖立的旗杆，这就是井喷式反弹。

但是不可否认，井喷式反弹来得急、去得快，涨势仅维持两三天甚至仅上涨一天就结束。其后股价继续回落或沿原趋势下跌。快速反弹的时间周期特别短，反弹在几天内快速完成，成交量也呈突然放大的态势，反弹的幅度不会太大。这种反弹在跌势初期出现的机会较多，回落中途也偶尔出现，回落后期则不太可能出现。

这种方式也可能是新的短庄介入，通过短期建仓，掌握了少量的筹码，然后运用少量的资金炒一把就走，不需要讲究什么方法和技巧。这种方式也可能是受某种突发性利好消息的刺激，而引发"井喷式"反弹行情。庄家自己则继续向外出货。若是新短庄则另有意图，即获取短期利润差额。

散户持股者在股价放量冲高回落，收阴线、长上影线、十字星时卖出。持币者

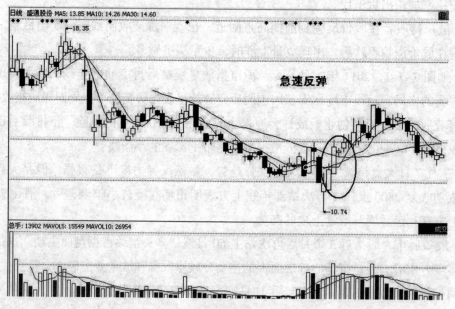

图 7-7-2　盛通股份急速反弹图

可以在第一天放量拉高时少量跟进，若错过这个时机，则以观望为好，因为毕竟是反弹行情，不做也罢。

图 7-7-2 所示是盛通股份（602599）在 2011 年 7 月到 11 月的部分 K 线走势图。该股从高位一路下跌，股价跌幅约 42%，此时开始出现连续几天快速大幅反弹，成交量大幅放大，形成旗杆形状走势，反弹结束后股价继续沿原趋势下跌。

弱势反弹浪谨慎操作

弱势反弹通常是庄家在高位没有顺利完成派发任务所形成的一种走势。股价出现一轮下跌后，维持小幅震荡爬高或形成平台走势，成交量明显萎缩，庄家在此继续实施出货计划，然后恢复下跌趋势。股价涨幅很小，甚至没有什么涨幅，其实它是以平台代替反弹走势，因此也叫下跌中继平台，或叫出货平台。此种形式多数出现在市场极度弱势之中，在回落的中期出现的机会最多。

在股市的调整过程中，时常会出现反弹走势，反弹行情在追逐利润的同时，也包含着一定风险。具体而言，在市场处于以下情况时，投资者不宜抢反弹：

（1）多杀多局面中不宜抢反弹。多杀多局面下的杀伤力不容轻视，投资者需要耐心等待做空动能基本释放完毕后，再考虑下一步的操作方向。

（2）仓位过重不宜抢反弹。抢反弹时一定要控制资金的投入比例，既不能重仓，更不能满仓。如果仓位已经较重的投资者，再贸然参与反弹行情，将会很容易出现全线被套的被动局面。

（3）股市新手不宜抢反弹。参与反弹行情属于短线投资行为，通常需要投资者具有优秀的投资心态，以及敏锐的判断、果断的决策和丰富的短线投资经验。

（4）弱势确立不宜抢反弹。当行情处于熊市初期，后市还有较大下跌空间；或者市场趋势运行于明显的下降通道、行情极度疲弱时，不宜随便抢反弹。

（5）下跌放量不宜抢反弹。在股价已经持续下跌过一段较长时间后，跌市已近尾声时，抢反弹要选无量空跌股，而不能选择放量下跌股。

（6）股价抗跌不宜抢反弹。抢反弹要尽量选择超跌股，抗跌股有可能在股市的某一段下跌时间内表现得比较抗跌，但是，这种抗跌未必能够持久。

散户先前在高位没有退出的散户，此时股价冲高时应离场。在股价接近均线，5日、10日、30日三条均线黏合后，股价出现向下突破时．坚决斩仓离场。此阶段成交量的大幅萎缩，表明没有得到场外资金的关照，持币者不宜过早介入。

如 7-7-3 国投新集（601918）在 2008 年 5 月走势图显示，同期的大盘受利好刺激反弹，而却在以平台的方式完成反弹，反弹结束后沿原趋势下跌。

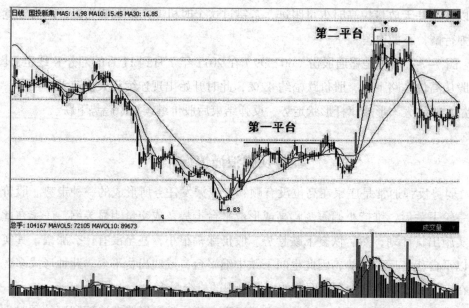

图 7-7-3　国投新集 K 线走势图

国投新集在反弹出现之前，形成了新低不创的强势特征，指数同期创新低，而股价却形成低点抬高的迹象。反弹到高位后，股价的波动重心依然保持着向上的状态，这种走势最具欺骗性，此时投资者不能只看 K 线形态，而一定要结合成交量变化进行综合分析。股价在高位震荡的时候，成交量依然保持着放大的状态，量能的放大此时无法推动股价连续的上涨，构成了放量滞涨走势。这表明庄家出货意愿十

图 7-7-4　宏润建设 K 线走势图

分强烈，散户应避免参与这类股票的反弹操作。

图7-7-4是宏润建设（002062）在2008年8月走势图。宏润建设在下跌过程中弱势特征很明显：股价每一次反弹都无法收出大实体的阳线，多头力度非常虚弱。2000年7月期间指数连续震荡反弹，但是股价却依然保持着弱势特征，弹而不起，说明股价当前没有任何做多的动力，投资者应当继续回避。弱势震荡后，股价开始接近前期低点，并且最终以一根大实体的阴线完成了破位走势。破位的形成意味着新一轮下跌行情的开始，此时，只有及时地止损才可以回避后面下跌的风险。

疲软反弹浪果断离场

这种反弹方式就是股价回落一定幅度后，受场外资金影响，或庄家继续完成出货的需要，股价企稳后不断以小幅震荡的方式向上反弹，股价在一个近似的上升通道里运行，反弹角度不大，走势形成25~45度的斜坡。反弹的总体幅度不大，但所需时间周期较长。与顶部巨大的成交量相比，这时成交量虽然有较大的减少，但仍然维持在一定的温和水平。在日K线图上，阴阳交替上升，小阴小阳为多，很少出现大阴大阳的现象。

由于庄家在高位没有全部撤退，当股价下跌一定幅度后，采取边反弹边出货的方法进行派发，慢速反弹持续时间长，出货时间充分，又不需要太大的拉升成本。

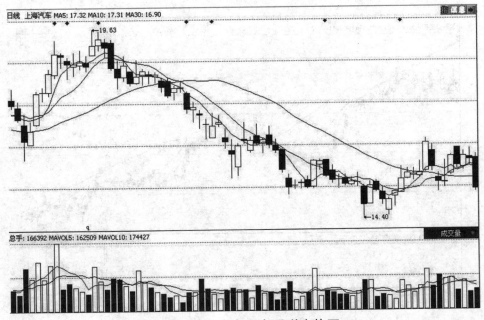

图7-7-5 上海汽车反弹走势图

从操作角度讲，只要盘面保持一定的活跃度，股指不出现大跌，每日两市涨幅超过 5% 的个股在 50~60 家之上，涨停的个股超过 10 只，跌幅超 5% 的个股不超过 5~10 只，短线投资者就可以积极操作五成以上仓位，中线投资者也可以专心选股适量建仓 2~3 成。

股指站稳 20 日均线处，可以中短期建仓，股指首度冲到 60 日均线和 2600 点后，应该适量减仓。耐心等股指调整完毕后再行加仓，股指站稳 60 日均线，成交量站在 60 日均量线后，才是真正中线转强的信号，此时再重仓出击也为时不晚。

散户在股价出现大幅下跌后，可以用少量的资金做一些反弹行情，但利润要求不能太高，适可而止。在熊市时期，以悠闲的心态去炒股，养好精神，保持良好的平常心在牛市中发挥。

图 7-7-5 是上海汽车（600104）在 2010 年 7 月 6 日到 10 月 10 日的 K 线走势情况。该股在下跌过程中出现了两次小幅度的反弹行情。股价以小幅攀升的方式碎步上行，出现斜坡形反弹走势，角度不大，持续时间没有几天又继续开始下跌。这就是所谓的疲软慢反弹，反弹结束后股价再创新低。

出货反弹浪先走一步

在反弹走势中，最常见到的卖点就是异常放量卖出，成交量一旦在反弹的高点形成放大迹象，往往就意味着庄家的资金开始了出货的操作，在主流资金不断向外

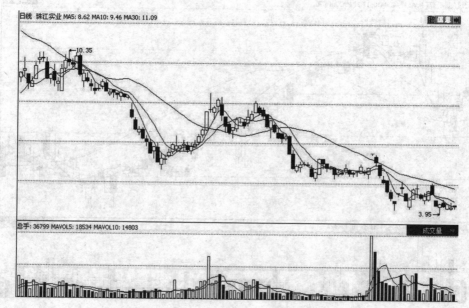

图 7-7-6 珠江实业反弹走势图

撤离的时候，便是风险开始形成之时。

由于庄家在顶部出货，震动了散户，引发股价出现较大幅度的下跌，等股价跌至庄家的目标利润线附近时，庄家利用一些其他形势的配合，如大势企稳等，主动组织反弹，从而达到充分出货的目的。如上升楔形、下降三角形、下降旗形和扩散三角形等，就是利用这种反弹形式完成的。

图7-7-6是珠江实业（600684）在2008年7月走势图。该股股价下跌的走势满足了超跌个股的选股要求：下跌无量、下跌幅度大及一下跌速度快。股价反弹的初期，成交量出现了一天的异常放量迹象，对于这种突发性的放量要进行回避，不过由于这一天的量能并未创下近期的最大量，加上股价涨幅并不是很大，所以后期理论上还有上涨空间。股价连续上涨到高点以后，成交量出现了异常放大的迹象，这一天的量能创下了近期的最大量，这种走势说明场中的资金出货意愿非常强烈，巨量的形成对于投资者而言就是卖出点的到来。

在支撑价位抢反弹

股价在回落中，受到技术支撑而引发的短暂反弹行情，如均线支撑、百分线支撑、黄金分割线支撑、成本支撑、心理趋势线支撑、成交密集区支撑、股价（指）整数支撑和前期低点支撑等，一般均会出现大小不等的技术性反弹。

有时，股价在前期上涨时，盘中留下上涨跳空缺口，一般在股价回调到这个跳空缺口附近时，具有一定的支撑作用，也能引发一波短暂的反弹行情。

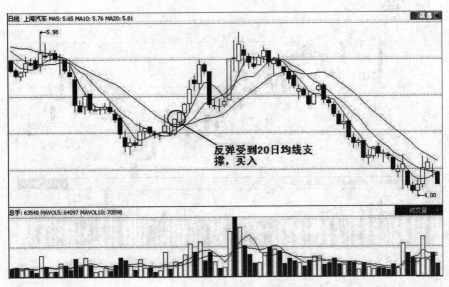

图7-7-7　上海汽车反弹走势图

技术支撑一般常与大势或板块的反弹同时出现，才更有确定意义。受均线支撑而反弹的，大多出现在跌势刚刚开始或跌势接近尾声之时，均线一般处于走平或微向上。

图 7-7-7 是上海汽车（600104）在 2004 年 12 月到 2005 年 3 月的 K 线走势图。该股票在 2004 年初一路下跌，在 2005 年 1 月 7 日的时候出现一根长阳宣告反弹行情的开始。1 月 19 日反弹中的 K 线突破 20 日均线，受到 5 日、10 日、20 日均线的支撑。短线投资者可以在受支撑的点介入。

政策性反弹快进快出

在下跌过程中，遇到某种突发性利好而引起的短暂反弹行情即为政策性反弹。在现实中，这类突然的出人意料的消息引起的反弹力度都不大。因为庄家对此没有进货的准备，在庄家没货的情况下的任何反弹都是形式上的表示。如果这一现象在庄家刚刚出完货的过程中出现，这只能给散户带来一次出货的机会。如果将此作为进货的依据，其结果是可想而知的。

如图 7-7-8，2011 年 10 月 24 日，受政策利好刺激，两市出现触底反弹，增强了多头的信心。

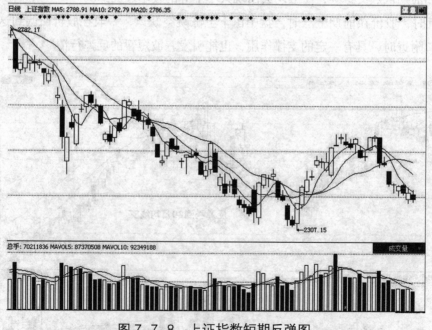

图 7-7-8　上证指数短期反弹图